文化ファッション大系
改訂版・服飾造形講座 ❷

スカート・パンツ

文化服装学院編

序

　文化服装学院は今まで『文化服装講座』、前書をもとに内容を改めた『文化ファッション講座』をテキストとしてきました。
　1980年ごろからファッション産業の専門職育成のためのカリキュラム改定に取り組んできた結果、各分野の授業に密着した内容の、専門的で細分化されたテキストの必要性を感じ、このほど『文化ファッション大系』という形で内容を一新することになりました。
　それぞれの分野は次の四つの講座からなっております。
　「服飾造形講座」は、広く服飾類の専門的な知識・技術を教育するもので、広い分野での人材育成のための講座といえます。
　「アパレル生産講座」は、アパレル産業に対応する専門家の育成講座であり、テキスタイルデザイナー、マーチャンダイザー、アパレルデザイナー、パタンナー、生産管理者などの専門家を育成するための講座といえます。
　「ファッション流通講座」は、ファッションの流通分野で、専門化しつつあるスタイリスト、バイヤー、ファッションアドバイザー、ディスプレイデザイナーなど各種ファッションビジネスの育成のための講座といえます。
　以上の3講座に関連しながら、それらの基礎ともなる、色彩、デザイン画、ファッション史、素材のことなどを学ぶ「服飾関連専門講座」、トータルファッションを考えるうえで重要な要素となる、帽子、バッグ、シューズ、ジュエリー、アクセサリーなどの専門的な知識と技術を修得する「ファッション工芸講座」を合わせて、五つの講座を骨子としています。
　このテキストが属する「改訂版・服飾造形講座」では、被服に関する総合的な知識と製作技術を修得し、さらに創造力と美的感性の開発を目指し、学習できるようになっています。
　まず、服飾造形の基礎知識から入り、それぞれの基本的な服種（アイテム）の「服作り」を通して、服飾全般の知識と応用を学びます。
　さらには、ますます専門分化が進んでいるアパレル産業からのニーズに応えられるように高度な専門知識と技術を身につけます。
　〝作ることは、商品を創ること〞の意識のもと、技術の修得を主とするこの講座でスキルを磨いていただきたいと思います。

目次 スカート・パンツ

序 …………………………………………………………… 3
はじめに ………………………………………………… 8
スカート・パンツのコーディネーション …………… 9

第1章 スカート……………………… 13

1 スカートについて ………………………… 14
　スカートとは ………………………………… 14
　スカートの変遷 ……………………………… 14
2 スカートの名称・デザイン・素材 ………… 16
　形態による名称と素材 ……………………… 16
　ウエスト部分の形態による名称 …………… 21
　スカート丈の名称 …………………………… 21
3 スカートの機能性 ………………………… 22
　動作による寸法の変化 ……………………… 22
　歩行と裾回り寸法の関係 …………………… 22
4 タイトスカート(基本形)の作図 …………… 23
5 デザイン展開と作図・パターン展開 ……… 26
　基本パターンからのシルエット展開 ……… 26
　セミタイトスカート ………………………… 27
　ヨーク切替えのヒップボーンスカート …… 30
　ゴアードスカート(6枚はぎ) ……………… 33
　部分プリーツスカート ……………………… 36
　マーメードスカート(8枚はぎ) …………… 38
　ティアードスカート ………………………… 43
　ギャザースカート …………………………… 44
　ソフトプリーツスカート …………………… 46
　ペッグトップスカート ……………………… 48
　フレアスカート(4枚はぎ) ………………… 50
　　サーキュラースカート(全円) …………… 54
　　セミサーキュラースカート(4枚はぎ) … 55
　フレアギャザースカート(4枚はぎ) ……… 56
　キュロットスカート ………………………… 58
　ワンウェープリーツスカート ……………… 62

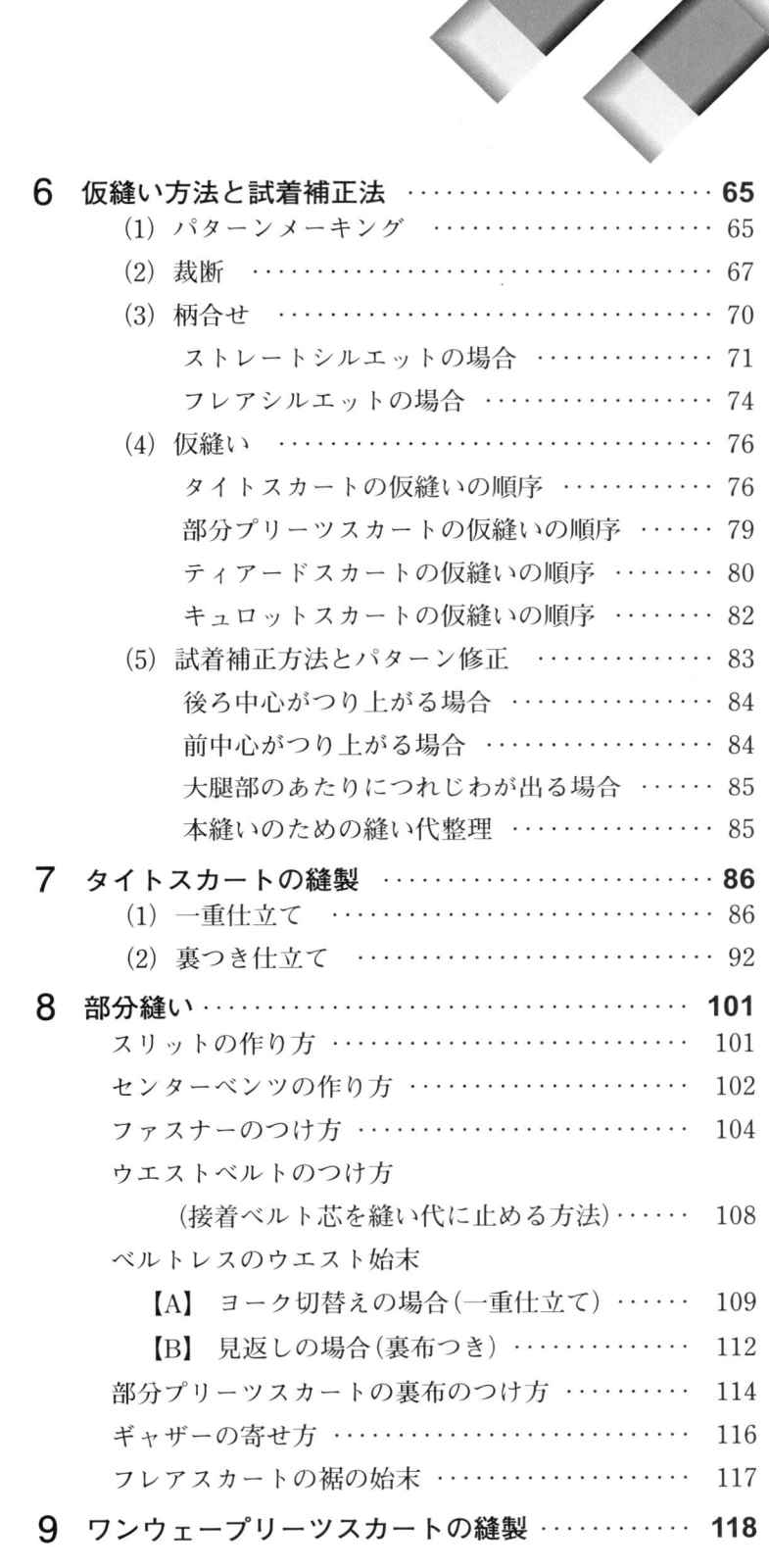

6　仮縫い方法と試着補正法 ･･････････････ **65**
- (1)　パターンメーキング ････････････････ **65**
- (2)　裁断 ･････････････････････････････ **67**
- (3)　柄合せ ･･･････････････････････････ **70**
  - ストレートシルエットの場合 ･････････ 71
  - フレアシルエットの場合 ･････････････ 74
- (4)　仮縫い ･･･････････････････････････ **76**
  - タイトスカートの仮縫いの順序 ･･･････ 76
  - 部分プリーツスカートの仮縫いの順序 ･････ 79
  - ティアードスカートの仮縫いの順序 ･････ 80
  - キュロットスカートの仮縫いの順序 ･････ 82
- (5)　試着補正方法とパターン修正 ････････ **83**
  - 後ろ中心がつり上がる場合 ･･･････････ 84
  - 前中心がつり上がる場合 ･････････････ 84
  - 大腿部のあたりにつれじわが出る場合 ････ 85
  - 本縫いのための縫い代整理 ･･･････････ 85

7　タイトスカートの縫製 ･･････････････････ **86**
- (1)　一重仕立て ･･･････････････････････ **86**
- (2)　裏つき仕立て ･････････････････････ **92**

8　部分縫い ･･････････････････････････････ **101**
- スリットの作り方 ････････････････････ 101
- センターベンツの作り方 ･･････････････ 102
- ファスナーのつけ方 ･･････････････････ 104
- ウエストベルトのつけ方
  - （接着ベルト芯を縫い代に止める方法）････ 108
- ベルトレスのウエスト始末
  - 【A】　ヨーク切替えの場合（一重仕立て）･････ 109
  - 【B】　見返しの場合（裏布つき） ･････････ 112
- 部分プリーツスカートの裏布のつけ方 ････ 114
- ギャザーの寄せ方 ････････････････････ 116
- フレアスカートの裾の始末 ････････････ 117

9　ワンウェープリーツスカートの縫製 ･･････ **118**

縫い代つきパターンメーキング ････････････ 123

第2章　パンツ　125

- 1 パンツについて　126
  - パンツとは　126
  - パンツの変遷　126
- 2 パンツの名称・デザイン・素材　128
  - 形態による名称と素材　128
- 3 パンツの機能性　134
  - 動作分析　134
  - 体型の観察　134
- 4 採寸　135
- 5 ストレートパンツ(基本形)の作図　136
- 6 デザイン展開と作図・パターン展開　140
  - スリムパンツ　140
  - ベルボトムパンツ　142
  - ワイドパンツ　146
  - フレアパンツ　151
- 7 仮縫い方法と試着補正法　154
  - (1) パターンメーキング　154
  - (2) 裁断　155
  - (3) 柄合せ　156
  - (4) 仮縫い　157
  - (5) 試着補正方法とパターン修正　160
    - 腰の脇の張りに引かれてしわが出る場合　161
    - 後ろヒップラインが上がる場合　162
    - 後ろヒップラインが下がる場合　162
    - 後ろが余り、しわが出る場合　163
    - パターン修正と本縫いのための縫い代整理　164
    - 付属布の裁断　165

8 ストレートパンツの縫製 ･････････････････････ **166**
   (1) 一重仕立て ･･･････････････････････ 166
   (2) 前裏仕立て ･･･････････････････････ 174
   (3) 総裏仕立て ･･･････････････････････ 178

9 部分縫い････････････････････････････････ **184**
  ハイウエストの脇ポケット ･･･････････････････ 184
  カーブ切替えポケット ･･････････････････････ 186
  サイドシームポケット ･･････････････････････ 188
  片玉縁ポケット（腰ポケット）
    【A】 玉縁の縫い代を割る方法（厚地の場合） 191
    【B】 口布と向う布を1枚の布で作る方法
                    （薄地の場合）････ 193
  ハイウエストの前あきの作り方 ･･･････････････ 197
  カーブしたウエストベルトのつけ方 ･･････････ 202
  ダブルの裾の始末 ･････････････････････････ 204

作図表示の記号（文化式）････････････････････ 206
作図の略称 ････････････････････････････････ 207
参考寸法
  日本産業規格（JIS）のサイズ ･･･････････････ 208
  文化服装学院女子学生参考寸法 ･･････････････ 209

はじめに

　ファッション産業は、人々の生活全体にまで大きな広がりを持つようになりました。中でもアパレルに関する分野は広く、これらの仕事に携わる人たちにとって、服作りについての専門的な知識は欠くことのできない大切なことといえます。

　近年、ライフスタイルの変化にともない、日本人全体の体位が向上し、特に若年層を中心にした女性の体型に大きな変化が現われています。その実状を的確に把握した服作りが考えられなくてはならないことを切実に感じています。

　「文化ファッション大系」を刊行するにあたり、同学院では独自に「衣服製作のための計測項目」を検討し、学生を被験者として人体計測を実施しました。一方、サイズ別に原型の試着実験を行い、若年層の女性を対象として原型と標準サイズの改訂をしました。

　作図法に関しては、これらの年齢層への適合を重点に検討し展開してあります。

　「改訂版・服飾造形講座」の基礎編は全5冊からなり、「基礎知識」と、服種別に「スカート・パンツ」「ブラウス・ワンピース」「ジャケット・ベスト」「コート・ケープ」と分冊になっています。

　この「スカート・パンツ」編では、初心者のために、歴史的な変遷をひもときながら、デザイン的な知識、パターン製作の基本となる採寸法、その寸法に基づく作図理論、各種シルエットへの展開方法を、作図とパターン操作による展開法を併用して解説をしました。

　実物製作の方法については、個々の体格、体型に合わせて作るクチュール的な方法を基本にしてあります。また、裁断、仮縫い、試着、縫製のプロセスの部分は図解を多く取り入れて、わかりやすくし、一段と内容を充実させてあります。

　服作りを学び、将来プロフェッショナルを目指す方々が、この本から基本的な知識や技術を習得し、自己能力の開発に役立てていただけるように願っています。

スカート・パンツのコーディネーション

Semi-tight Skirt

Gathered Skirt

Pleat Skirt

Gored Skirt

スカート・パンツのコーディネーション

Culotte

Tiered Skirt

Wide Pants

Straight Pants

スカート・パンツのコーディネーション

スカート・パンツのコーディネーション

Peg-top Skirt

Tight Skirt

Flared Skirt

第1章

スカート

skirt

1 スカートについて

スカートとは

　スカートとは、女性の下半身を覆う衣服である。女性の衣服の歴史の中では最も古いもので、一般には女性が年齢に関係なく着用するが、例外としてイギリスのスコットランドの民族衣装として男子が着用するキルトなどもある。

　スカート〔skirt〕は英語で、フランス語ではジュープ〔jupe〕という。日本語では腰衣のことであるが、現在ではスカートという名称は日本語化されている。一般的にはスーツなど、二つの衣服の組合せの中で、下半身を覆う独立した衣服を示す名称であるが、ワンピースドレスなどの上下続いた衣服の、ウエストから下の部分を示す名称にも使われる。

スカートの変遷

紀元前3000年

ロインクロス　　　チュニック

　スカートの始まりは紀元前3000年ごろ、古代エジプト時代で、男女とも布を腰に巻いて結んだり、ウエストで布を巻きこみ、つりひもをつけたものだといわれる。

13世紀〜14世紀

立体的な構造のシュルコ・トゥヴェール

　13〜14世紀に入ると、ダーツやフレア、ゴア（まち）などの仕立て技術が発達し、古代の平面的なスカートから立体的なスカートへと変化する。このころから衣服に男女差が生まれ、スカートは女性の基本的な衣服となっていく。

16世紀〜18世紀

ファージンゲールの入った　　　パニエの入った
16世紀のローブスタイル　　　ローブ・ア・ラ・フランンセーズ・スタイル

　16〜18世紀には服装全体の装飾化が始まる。シルエットを形作るためのペチコート（フープ）を着装した、人工的にふくらみのあるスカートになる。その代表的なものが、16世紀のイギリスのファージンゲールや、18世紀のフランスのパニエ（両脇を張らせたペチコート）である。

19世紀

エンパイアスタイル

クリノリンスタイル

バッスルスタイル

　フランス革命（1789年）を契機に誇張したフープが消え、ハイウエストで自然なシルエットのエンパイアスタイルが19世紀に登場する。
　その後ナポレオン3世の后妃ウージェニーが社交界のリーダーになり、クリノリン（裾広がりのドーム形のシルエットのペチコート）を着装したスタイルが流行する。
　19世紀末には、フープの代りにバッスルという腰当てを入れ、後ろをふくらませたスタイルに変わっていく。

20世紀（現代）

ディオールのニュールック　　クレージュのジオメトリックラインのミニスカート

　20世紀に入り第一次世界大戦、第二次世界大戦を経る中で、女性の社会進出、スポーツへの関心の高まりなどの影響や、そのときどきの社会情況の中で、スカートも機能的なものへと変化していく。
　その中でもスカート丈への意識は目ざましく、流行の大きな要素となった。1947年、クリスチャン・ディオールは布をたっぷり使った長い丈のスカートが特徴の〈ニュールック〉を発表した。また、1960年代になるとイギリスのデザイナーのマリー・クワントのミニスカート（膝上20cm）と、フランスのデザイナー、アンドレ・クレージュのミニスカート（膝上5cm）の丈が話題になった。
　その後、1960年の後半にはマキシスカート（床上り10cm）が現われ、スカート丈は流行とともにめまぐるしく変化し、スカート丈やシルエットも多様化していく。
　現在では、個性を重視するファッションの流れの中で、女性の基本的なボトムとして上に組み合わせるものにより、素材やシルエット、スカート丈など、自分のライフスタイルの中でさまざまに着こなし、楽しんでいる。

1　スカートについて

2 スカートの名称・デザイン・素材

スカートはその時代の社会背景や生活様式の変化にともない、さまざまなデザインが生まれてきた。現在、日常生活の中で一般的に着用されているスカートを、形態別と丈別に分類してみると次のようになる。

形態による名称と素材

(1) スリムシルエットのスカート

ヒップのゆるみが少なく、脇線がヒップから裾に向かってまっすぐ、また裾でやや細くなっているスカートをいう。歩行のための裾の運動量が少ないため、プリーツ、ベンツ、スリットなどを入れて歩きやすくする。

素材

ゆとりが少ないので、布にかかる負担が大きいため、打込みがしっかりした、丈夫で弾力性のある布が適している。

ウール素材ではフラノ、ミルドウーステッド、ギャバジン、サージ、サキソニー、ベネシャン、ダブルジョーゼット、ヘリンボーン、ツイードなど。

綿素材ではデニム、ピケ、コーデュロイ、ギャバジンなど。

また、季節や用途に合わせて麻、化学繊維なども使われる。

タイトスカート〔Tight skirt〕

ウエストからヒップにかけてぴったりとそわせ、ヒップから裾までまっすぐにしたシルエットのスカートをいう。スカートの基本となる形である。

ナロースカート〔Narrow skirt〕

ウエストからヒップにかけてぴったりとそわせ、ヒップラインから下もほっそりとした裾幅の狭いスカート。その時代によって呼び方が変わり、シーススカート〔sheath skirt〕、テーパードスカート〔tapered skirt〕、ペンシルスカート〔pencil skirt〕ともいう。

タイトスカート

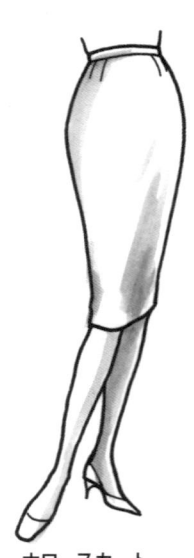
ナロースカート

運動量として裾に入れるプリーツとあきの名称

プリーツ〔Pleat〕

布を折りたたむことをいう。プリーツは折り方により名称がつけられている。

ひだが片側だけにあるものを、片返しプリーツ、ひだ山が突合せになったものをインバーテッドプリーツという。

スリット〔Slit〕

細長いあきのことで、あき部分での重なりがない。

ベンツ〔Vent〕

馬乗りと呼ばれているスリットの一種で、持出しの重なりがある。

片返しプリーツ

インバーテッドプリーツ

スリット　　ベンツ

(2) トラペーズシルエットのスカート

フランス語で台形のことで、裾広がりになった台形のシルエットをもつスカートをいう。

素材
タイトスカートに準じる。

セミタイトスカート〔Semi-tight skirt〕
タイトスカートと同様にスカートの基本となる形で、ウエストからヒップまでは体にそわせ、歩行ができる程度にやや裾広がりになっている。

セミタイトスカート

(3) 裾に向かって広がったシルエットのスカート

ウエストだけでフィットさせた形態のスカートで、裾線が弧線を描く動きのある美しいシルエットのスカートである。また、ウエストにギャザーを入れたギャザーフレアのスカートもある。

素材
織糸のたて、よこ両方向の弾力、質感が同じものがよい。形くずれがしやすいので、ざっくり織られた布目がゆがみやすいものは避けたほうがよい。

ウール素材ではフラノ、ダブルジョーゼット、サキソニー、ウーステッドなど。

綿素材ではブロード、綿サテンなど。

また用途によっては化学繊維などもよい。

フレアスカート〔Flared skirt〕
ウエストから裾にかけて、朝顔の花びらのように広がり、ヘムラインが波打っているスカート。

全円裁ちにしたものをサーキュラースカート〔circular skirt〕、半円裁ちをセミサーキュラースカート〔semi-circular skirt〕という。

フレアギャザースカート〔Flared-gathered skirt〕
フレアスカートにギャザーを入れたスカート。

フレアスカート　　サーキュラースカート

フレアギャザースカート

2　スカートの名称・デザイン・素材

（4）いくつものパターンで構成されているスカート

パターンを何枚かのピースに切り替え、はぎ合わせて形作るスカートで、シルエットはトラペーズやフレアなどさまざまである。

素材
分量の少ないシルエットは打込みがしっかりした弾力性のある布、フレアが入ったシルエットには軽くてしなやかな布が適している。

ゴアードスカート〔Gored skirt〕
何枚かの縦切替えで構成されたスカート。ほかのスカートに比べ、立体的でシルエットが美しく、どんな体型にも合わせやすい。

4枚、6枚、8枚など、はぎ合わせる枚数を変えることでデザイン変化がしやすく、はぎ目を利用してフレアやプリーツを入れることもできる。

マーメードスカート〔Mermaid skirt〕
ゴアードスカートの一種。ヒップラインあたりで体にぴったりそわせ、裾で人魚の尾ひれのように開いているシルエットで、動きが美しいスカートである。

エスカルゴスカート〔Escargot skirt〕
かたつむりの殻のように螺旋状に切替えの入ったスカートで、全体の感じはフレアシルエットになる。

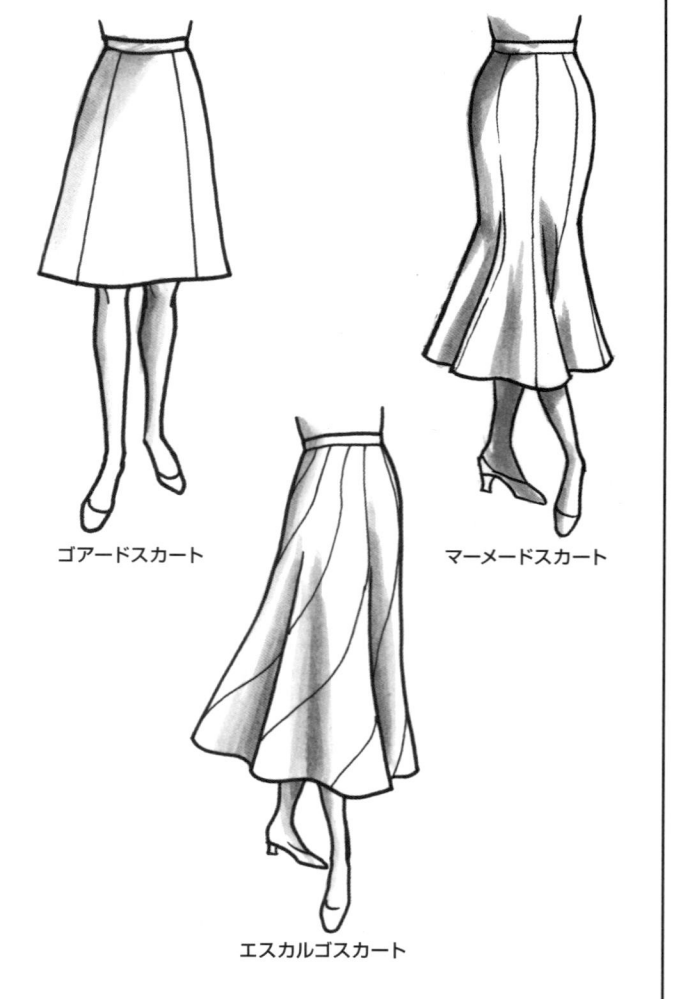

ゴアードスカート　　マーメードスカート

エスカルゴスカート

（5）ウエストからヒップにかけて、ふくらみをもたせたスカート

ウエストでギャザーやタックをとり、ヒップのあたりにボリューム感を出したシルエットで、裾幅によってはスリムシルエットのスカートと同様に、歩行のための運動量としてスリットなどが必要である。

素材
ボリューム感を必要とするので、弾力性があり、張りのある布が適している。タイトスカートの素材に準じる。

ペッグトップスカート〔Peg-top skirt〕
ペッグトップとは西洋梨形のコマのようなという意味で、ウエスト部分でふくらませ、裾にかけて細くなっているスカート。ふくらみはダーツ、タック、ギャザーなどで形作る。

バレルスカート〔Barrel skirt〕
バレルとは樽の意味で、ヒップのあたりでふくらみ、ウエストと裾でつぼまったシルエットのスカート。

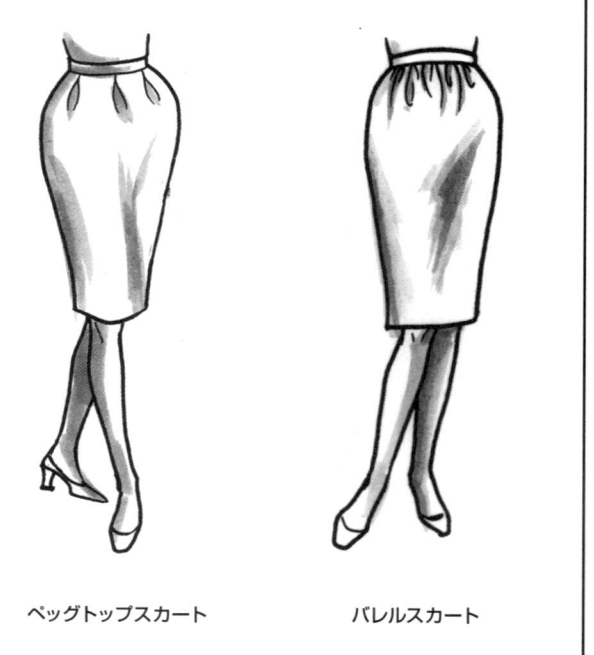

ペッグトップスカート　　バレルスカート

(6) プリーツの入ったスカート

布に折り目をつけてたたむことをプリーツという。素材やプリーツの折り方、プリーツの幅、スカート丈により、カジュアルにもドレッシーにも着用できる。

素材
プリーツを折ることで布が重なっていくため、薄手で軽いもの、またプリーツの折り目がとれにくい熱可塑性のあるポリエステル混紡のものがよい。

インバーテッドプリーツスカート〔Inverted-pleat skirt〕
ひだ山を突合せにしたプリーツが入ったスカートのこと。前中心や後ろ中心などに裾幅の運動量として入れたものが一般的である。

ボックスプリーツスカート〔Box-pleat skirt〕
箱のような感じに折り目が裏で突合せになったプリーツが入ったスカート。

ワンウェープリーツスカート〔One-way pleat skirt〕
ひだを一方方向にたたんだスカートで、車ひだスカートともいう。プリーツ幅を細く、本数は多くするほどドレッシーな感じになる。

アンブレラプリーツスカート〔Umbrella-pleat skirt〕
裾に向かって雨傘が開いたようにプリーツが入ったスカート。

インバーテッドプリーツスカート

ボックスプリーツスカート

ワンウェープリーツスカート

アンブレラプリーツスカート

(7) 股つきのスカート

スカートのように見えるが、パンツのように股のあるスカートで、ゆとりが少ないストレートシルエットからフレアやプリーツが入ったシルエットまである。

素材
緻密に織られた弾力性のある、しっかりした布が適している。

キュロットスカート〔Culotte skirt〕
キュロットとはフランス語の半ズボンのこと。キュロットスカートという名称はフランス語と英語をつなぎ合わせた和製語で、英語ではディバイデッドスカート〔divided skirt〕という。

婦人の乗馬スカートとして考案されたスポーツ用のスカートであったが、最近ではスポーツ着から街着まで広範囲に着用されている。

キュロットスカート

(8) 直線のパターンで構成されたスカート

　長方形の布を縫い合わせ、ギャザーやタックでウエスト寸法に縮めてベルトをつけたスカート。丈の長さや縮める分量、素材などでさまざまな雰囲気を表現することができる。また、横に切替えを入れることでデザインに変化をつけることができる。

素材

　全体の分量が多くなるので、軽くて張りのある薄手の布地がよく、パターンが直線なのでボーダー柄を生かすデザインにも適している。

　ウール素材ではジョーゼット、ウールシャリーなど。

　綿素材ではブロード、綿サテン、ギンガム、ボーダープリントなど。

　おしゃれ着としてなら薄手のシルクや化学繊維などが適している。

ギャザースカート〔Gather skirt〕

　ウエスト寸法に合わせて、布を縫い縮めてギャザーを入れ、ベルトをつけたスカート。

フラウンスドスカート〔Flounced skirt〕

　裾の部分にフラウンスをつけたスカートをいう。

　フラウンスの幅を変化させたり、フラウンスの端にレース、リボン、チロリアンテープなどをつけると華やかな感じになる。

ティアードスカート〔Tiered skirt〕

　段々に切り替えてギャザーを寄せ、縫い合わせたスカート。裾にいくにしたがって分量が多くなり、裾広がりのシルエットになる。ギャザーだけでなく、タックをとったり、フレアで切り替えたものもある。

ソフトプリーツスカート〔Soft-pleat skirt〕

　プリーツの折り山をやわらかく折ったスカート。素材に合わせてプリーツの数や分量を変えるとよい。

ギャザースカート

フラウンスドスカート

ティアードスカート

ソフトプリーツスカート

ウエスト部分の形態による名称

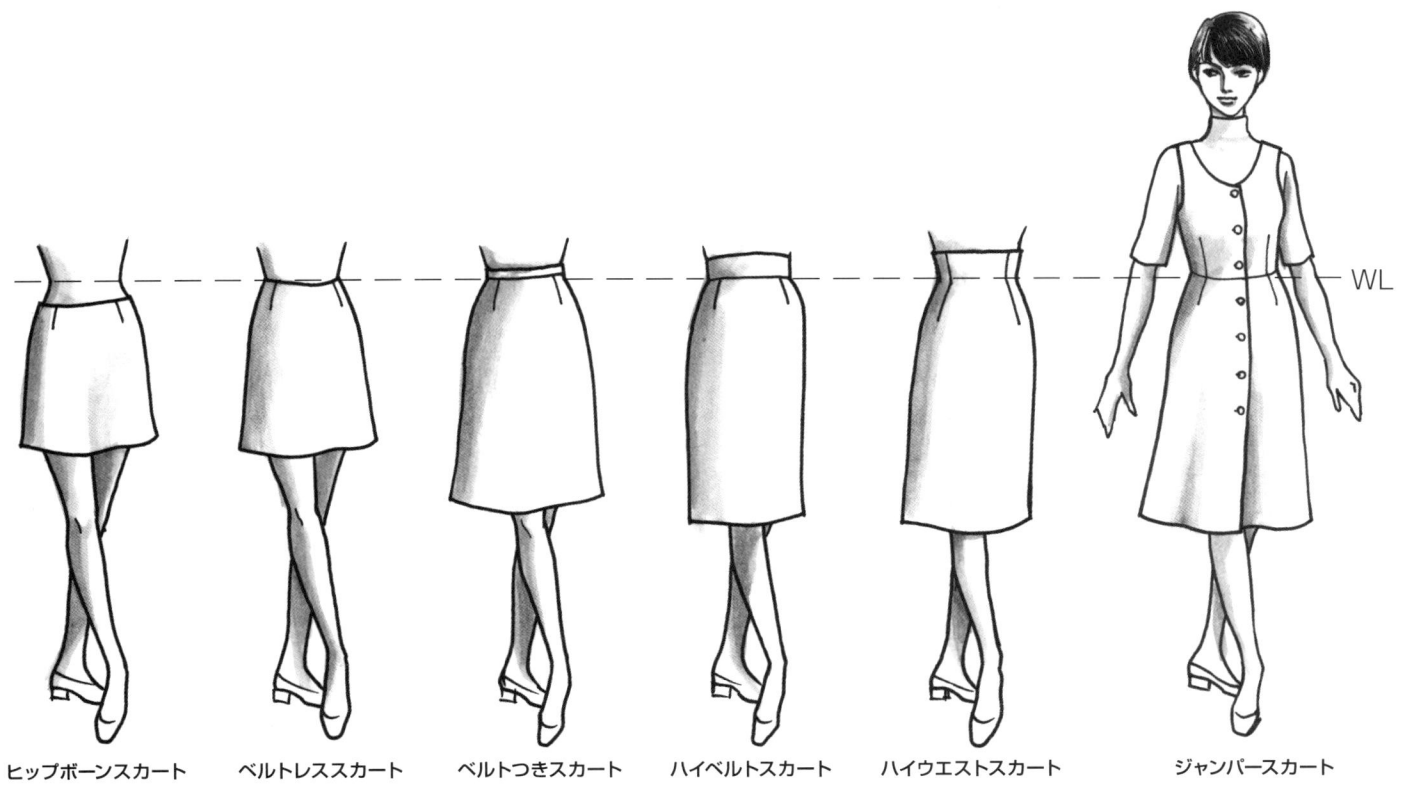

スカート丈の名称

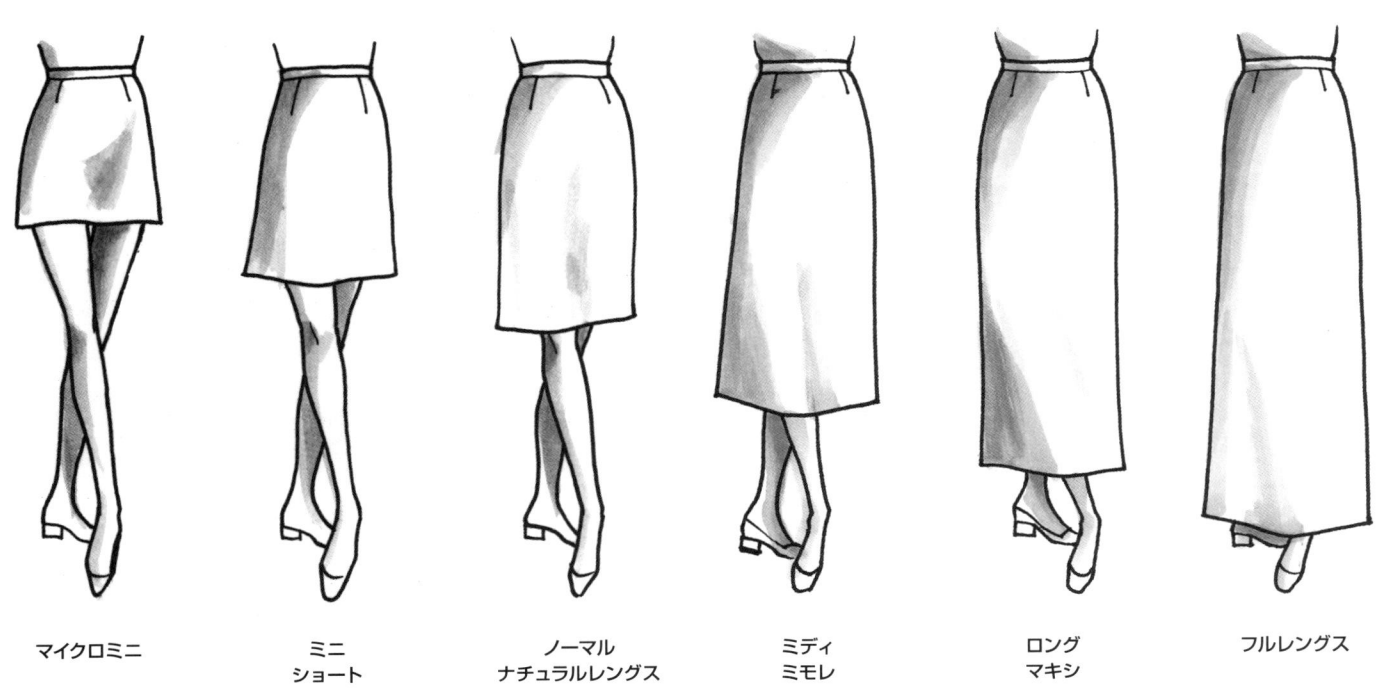

3 スカートの機能性

スカートは、日常生活の動作において、下肢の動きを妨げない形態であることが最も大切である。日常生活における下肢の動きを分析してみると、大きく二つに分けられる。

足を閉じる動作……腰かける、座る、足を組む
足を開く動作………歩く、走る、階段の昇降

これらの動作によるウエストやヒップの寸法変化、歩行に必要な裾回り寸法など、スカートの機能性を考えてデザインし、作らなければならない。

動作による寸法の変化

それぞれの動作による寸法の変化は、体格や体型によって差はある。腰かけたり座ったりするとウエストでは約1.5～3cm、ヒップでは約2.5～4cm大きくなる。動作による寸法の変化だけを考えると、作図上ではウエストに3cmぐらいのゆとりが必要ということになるが、立って動かないときにはゆるすぎて着心地が悪くなる。生理的には2cmくらいの圧迫は体に悪い影響はないので、ウエストのゆとりは1cmぐらいあればよい。

また、全体にゆとりが少ないスリムシルエットのスカート

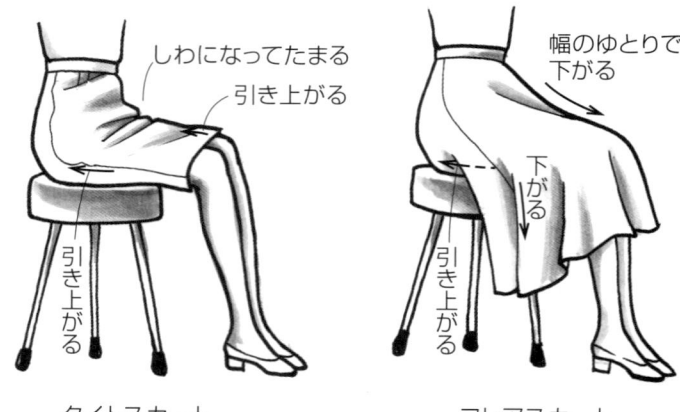

タイトスカート　　　　　フレアスカート

で腰かけたとき、後ろは引き上げられて寸法が不足し、逆に前は余る状態になり、立っているときよりもスカート丈は短くなる。ヒップのゆとりが多く、裾幅の広いスカートの場合は、体からスカートが離れるため、裾幅の広いものほど座ったときの丈は長くなる。特にミニ丈やロング丈の場合にはこのことを考慮してスカート丈を決めなくてはならない。

歩行と裾回り寸法の関係

スカートの裾回り寸法は歩行に直接関係してくる。平均歩幅によるスカート丈と裾回り寸法の変化の一例を図と表に表わしてみると、スカート丈が長くなるほど裾回り寸法は多く必要となることがわかる。

スリムシルエットのスカートでは、膝丈より長い丈になると歩行のための裾幅が不足してくるので、プリーツを入れたり、ベンツやスリットなどのあきを作って補わなければならない。縫止りは日常生活の動作から考えると、膝関節位置より18～20cmくらい上が適当であるが、デザイン、用途に合わせて決めるとよい。

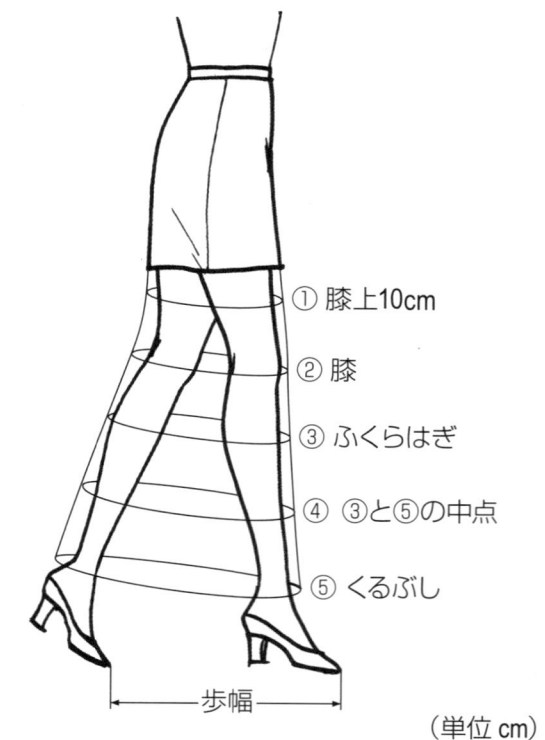

（単位 cm）

項目＼計測部位	歩幅	①膝上10cm	②膝	③ふくらはぎ	④③と⑤の中点	⑤くるぶし
平均	67	94	100	126	134	146

4 タイトスカート（基本形）の作図

　タイトスカートは、年齢を問わず誰にでも着られ、着用範囲の広いスカートである。スカート丈は、流行や好みで決めるとよい。丈によっては歩行のための運動量が不足するので、後ろ中心にあきを作って裾幅を補足する。

　作例では後ろ中心のベンツにしたが、スリットやプリーツを入れたり、前中心に打合せ分を加えてボタンあきにしてもよい。

　布地は無地だけでなく、プリント柄やチェック柄などを使用すると感じが変わる。

使用量　表布　150cm幅70cm
　　　　接着芯　90cm幅25cm
　　　　表布　110cm幅140cm

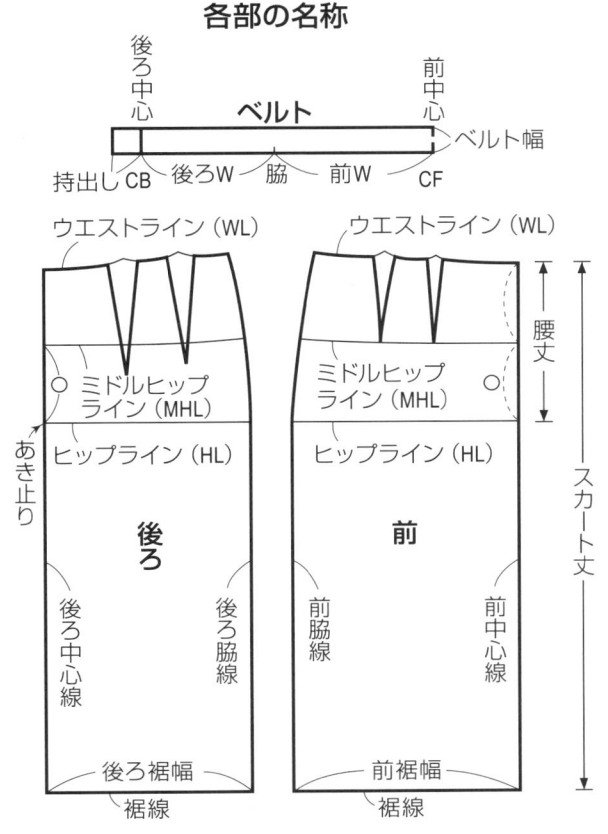

各部の名称

図1　20歳代標準体型

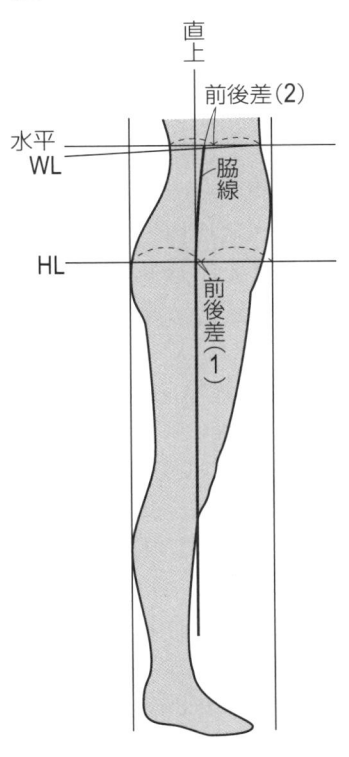

作図順序

右半身を基本として作図する。

①**基礎線を引く。**縦にスカート丈、横に腰丈の位置でヒップラインを引き、$\frac{H}{2}$寸法に日常動作に最小限必要なゆとりを2cm加えて長方形をかく。体型によっては、ゆとり分を3cmぐらいにする場合もある。

②**脇線を引いて前後に分ける。**側面から見てバランスのよい脇線の位置として、2等分より1cm後ろに移動して前幅を広くし、前後差をつける（図1、23ページを参照）。

ヒップライン上で、前は$\frac{H}{4}+1$（ゆとり分）$+1$（前後差）、後ろは$\frac{H}{4}+1$（ゆとり分）-1（前後差）となる。

③**ウエストの必要寸法とダーツ量の配分。**ウエストには日常動作に支障のないゆとり分として、ウエスト寸法に1cmを加える。脇縫い目を、ヒップから続くバランスのよい線にするには、図1のシルエットから見てウエストでは2cmの前後差をつけて、前と後ろのウエスト寸法を決める。

ただし、ウエストの2cmの前後差は殿部の突出の程度によって変わってくる。殿部の突出が少ない場合は前後差は少なくなり、前後のダーツ量の差が少なくなる。

④**ウエストからヒップまでの脇線とウエストラインを引く。**前ウエストで必要寸法（∅）をとり、脇までの残った分量の$\frac{1}{3}$を前後の脇でとって脇線をカーブで描く。腰の張りに合わせるために脇丈寸法をウエストラインで1～1.2cm追加する。脇線のカーブはヒップラインに向かってなだらかなカーブで描くとよい。

後ろウエストラインは図1のように体型に合わせて0～0.5cm後ろ中心でくり下げる。

⑤**ダーツ位置を決める。**スカートを立体的に形よく見せるには、ダーツの位置が重要なポイントになる。

前面、後面、側面それぞれの方向から見て最もバランスのよいダーツの位置は、前後のヒップライン寸法をそれぞれ3等分し、その位置を基準にしてダーツをとると体格の大小に関係なく、バランスのよい位置が求められる。

⑥**ダーツをかく。**20歳代の体型の特徴は、側面から見た場合（図1）、後ろ殿部の突出が強く、前のウエスト位置でのくびれが少ない。この体型に合わせるとダーツ分量は前が少なく後ろが多く必要である。

前ダーツ量の配分は、腰の張りと大腿部の突出のために、前中心側のダーツ分量より脇側のダーツ分量が多く必要となる。

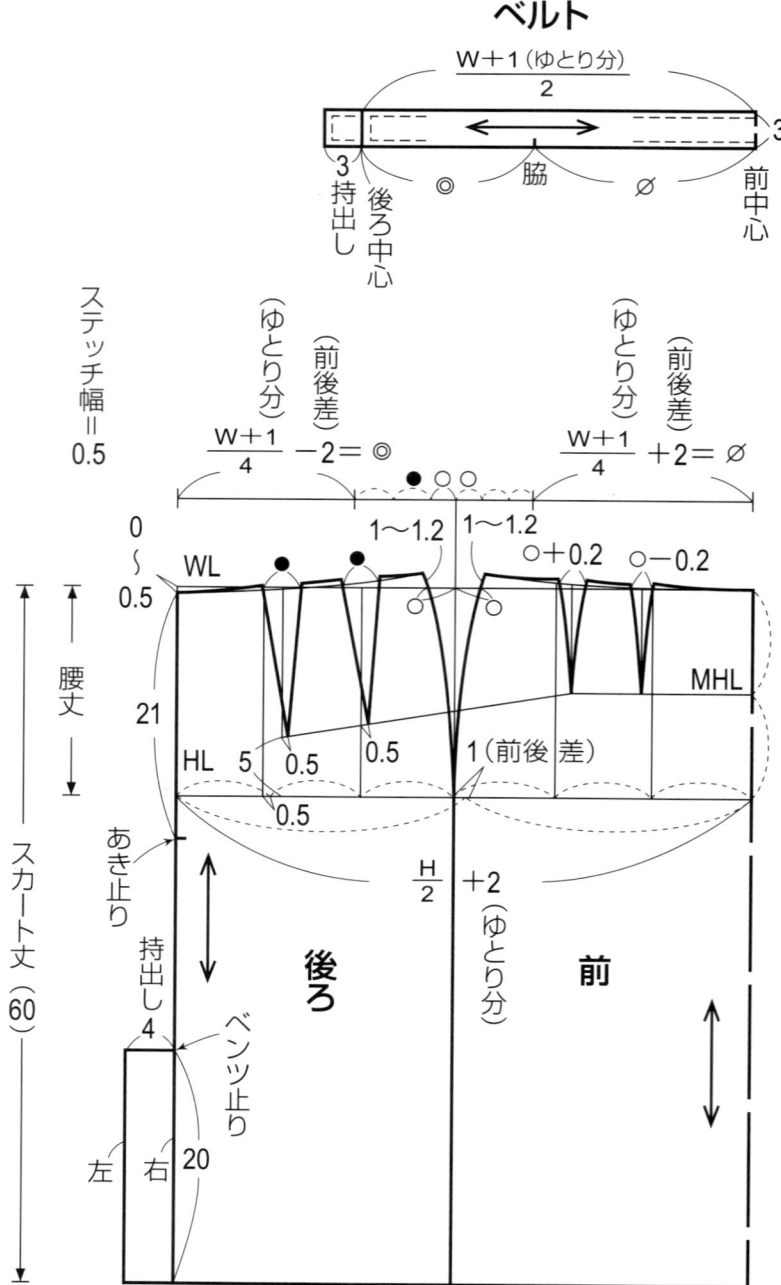

後ろはダーツ分量が多いので同分量で2本に分散してとる。

ダーツの長さは殿部や腹部のふくらみをきれいに包みシルエットが自然で美しく見える長さに決める。前はミドルヒップラインの位置に、後ろはヒップラインより5～6cm上にし、脇側のダーツは前ダーツとのつながりで決める。またダーツの長さはダーツ量によって多少の違いが生じてくる。

ミドルヒップの張りが強い体型の場合は作図上でゆとりの分量確認をしておく。

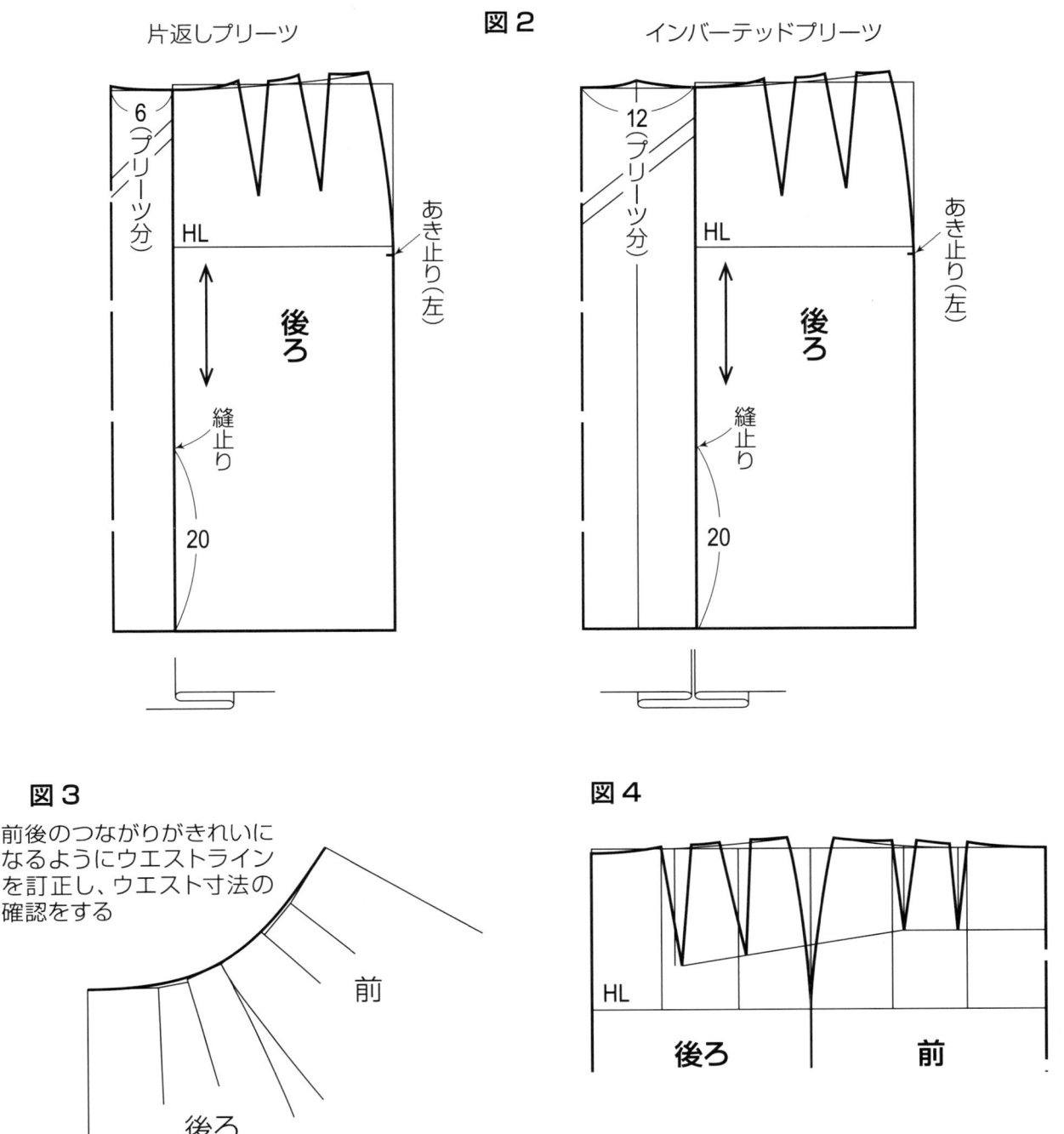

⑦**ベンツをかく。**ベンツの長さはスカート丈によって異なってくる。日常動作に適応できる寸法は、膝関節より18～20cm上がった位置である。プリーツにする場合は図2のように折り方によってプリーツ分の寸法が変わる。プリーツ分が少ないと歩行のための運動量が不足する場合があるので注意する。

⑧**あき寸法を決める。**あき寸法は着脱のために必要な寸法、つまりファスナーをあけた状態でヒップが通る寸法が必要である。この場合あき止り位置はヒップラインかヒップラインより下でなければならない。この作例では市販のファスナーの長さ（20cm）に1cmをプラスして決めてある。後ろ中心は直線なので、ファスナーがつけやすく、後ろあきにしてあるが、左脇あきでもよい。

⑨**ベルトをかく。**作例では3cmのベルト幅であるが、スカート丈とのバランスを考えて直線のベルトであれば2～4cmの範囲で決めてよい。また、スカートと縫い合わせるため脇、前後中心の合い印を入れる。

⑩**仕上げ線を入れる。**でき上がった作図の輪郭に細く濃く仕上げ線を入れる。ウエストラインはダーツを図3のように別の紙にうつし、ウエストラインを訂正し、その線を作図にうつす（図4）。もう一度、出来上りウエスト寸法を確認する。最後に名称、布目線、記号を入れる。

5 デザイン展開と作図・パターン展開

基本パターンからのシルエット展開

基本となるパターンを操作することで、シルエットの違うスカートのパターンを作成することができる。

パターン展開の方法

①基本パターンをうつし、切開き線を入れ、パターンを切って展開する方法。
②基本パターンに切開き線を入れて、展開用の別紙にうつしてパターンを作成する方法。
　基本パターンのウエストラインのダーツ線は、パターン展開をしてから仕上げ線を入れる。

シルエット別のパターン展開の基本（例　基本パターン…タイトスカート）

A　ダーツをたたんで切り開く方法

a ダーツ分量を全部たたんで開く

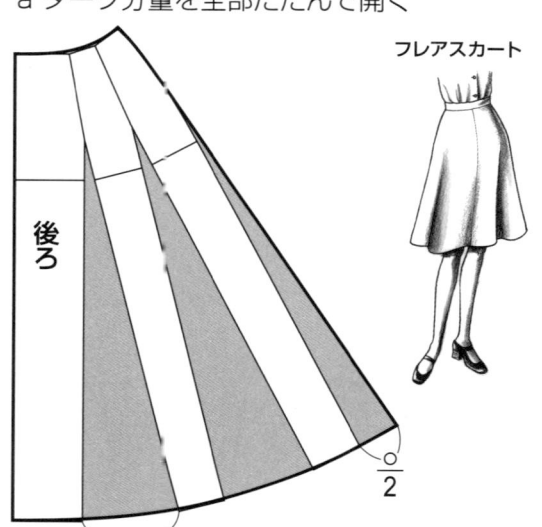

フレアスカート

b 裾で開く分量を決めて開きダーツ分量をたたむ

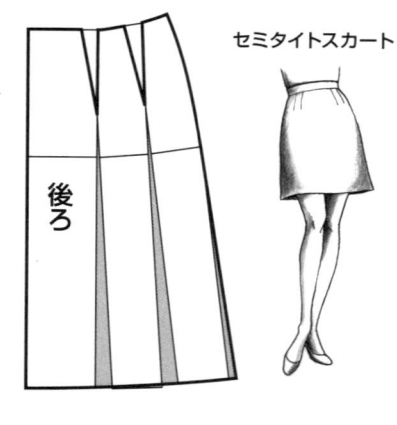

セミタイトスカート

B　裾を基点に、ウエストを切り開く方法

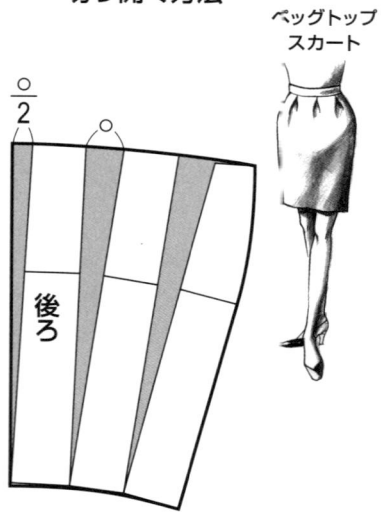

ペッグトップスカート

C　上下差をつけて切り開く方法

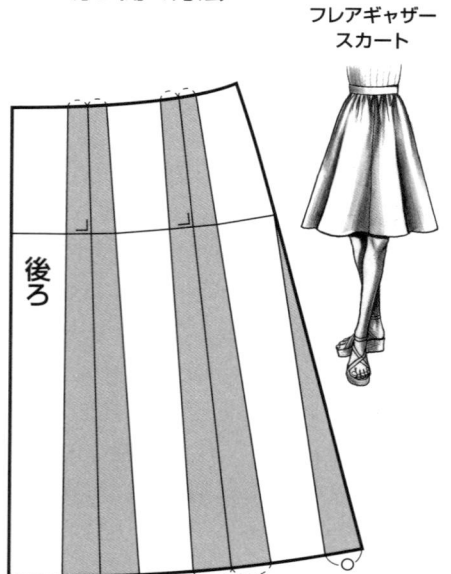

フレアギャザースカート

D　平行に切り開く方法

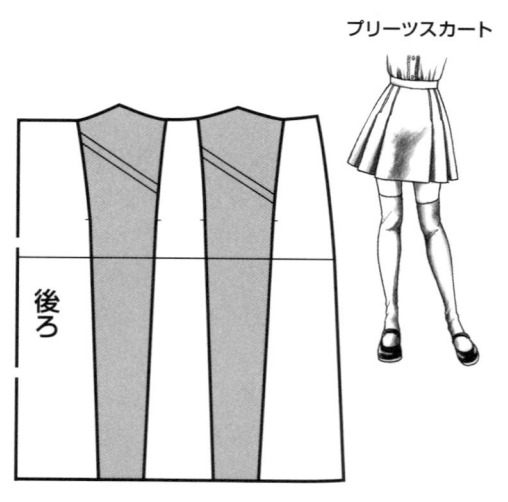

プリーツスカート

セミタイトスカート

裾に適度な広がりをもつシルエットのスカートで、タイトスカートと同様、年齢や体型に関係なく、誰にでも似合う着用範囲の広いスカートである。作例は若々しくミニ丈にしたが、ミディ丈ぐらいにすると落ち着いた感じになる。

素材は中肉ウールや綿、麻、化学繊維の厚手がよい。

使用量　表布　150cm幅70cm
　　　　　表布　110cm幅110cm

作図要点

ヒップのゆとりについて

このシルエットは、ミドルヒップあたりがフィットし、ヒップラインから裾にいくにしたがって体から離れるので、作図のヒップ寸法は、$\frac{H}{4}$に2cm加える。

シルエットの決め方

ヒップラインより10cm下の位置で外側に寸法（1.5cm）をとり、ヒップラインと結んで上下に線を延長してスカートのシルエットを決める。

この外側にとる寸法が少なくなれば裾広がりは少なく、シルエットもスリムに近くなり、寸法が多くなると裾広がりは大きくなる。これにともないウエストライン、ヒップライン、裾線の傾斜も変化し（図1、28ページを参照）、ダーツ分量も変わる。

作例ではウエストラインを前後とも脇で2cm上げてHLまでカーブ線をかき、ヒップラインは裾線とほぼ平行になるように新しい線をかく。

ダーツの配分について

前ウエストダーツの分量が少ない場合は、図2（28ページを参照）のように1本ダーツにしてもよい。

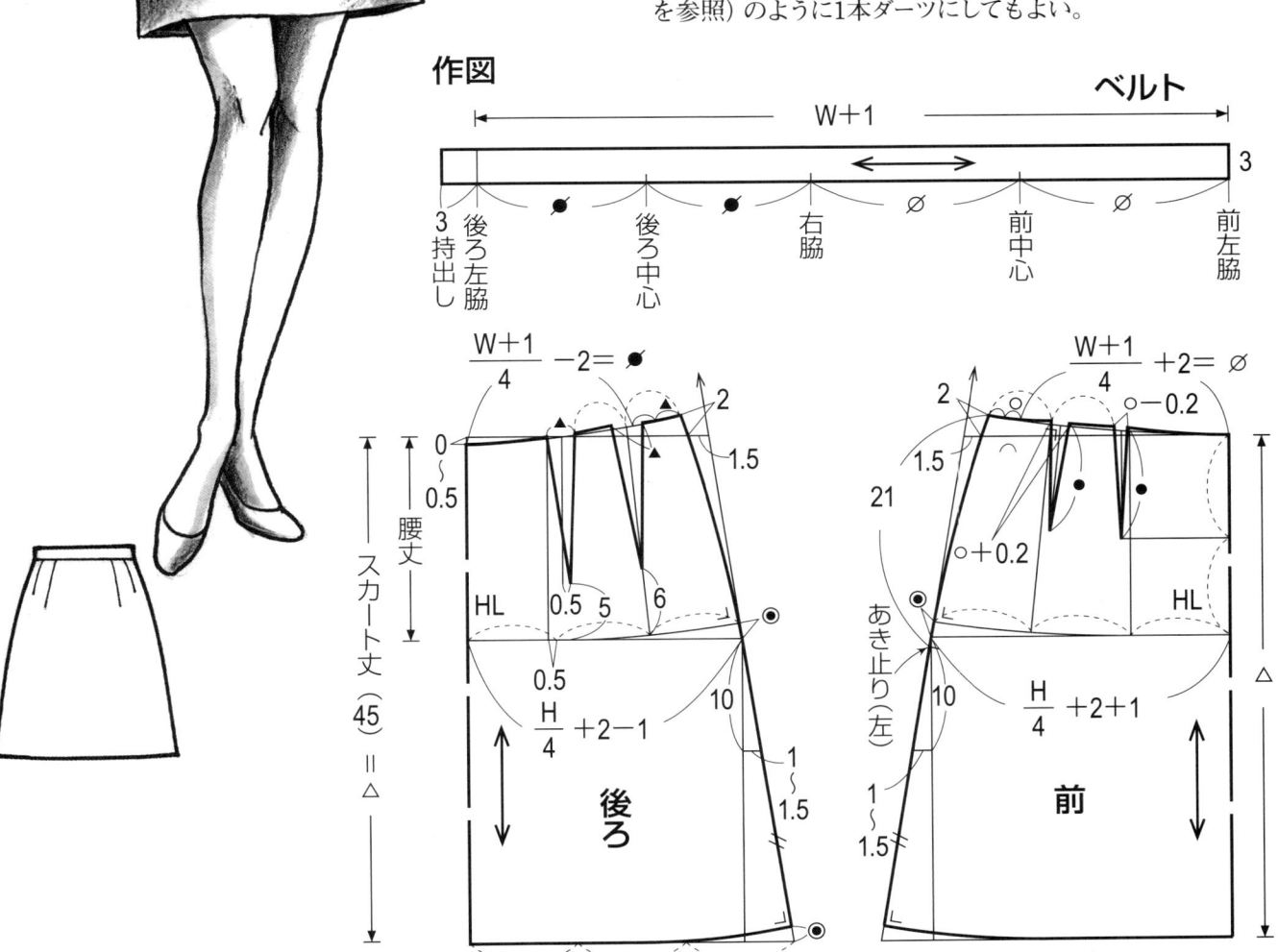

図1　スカートのシルエットによる
　　　ウエストラインの変化

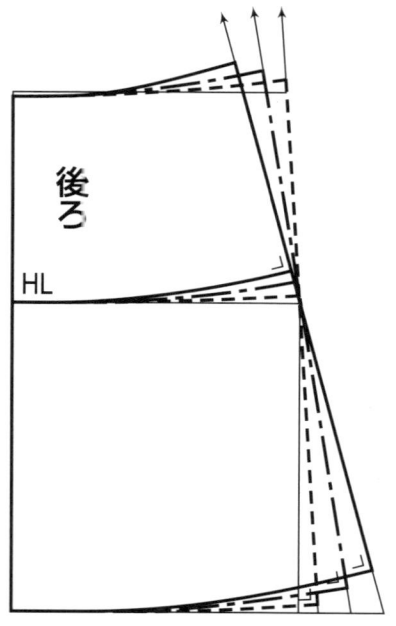

図2　1本ダーツの場合

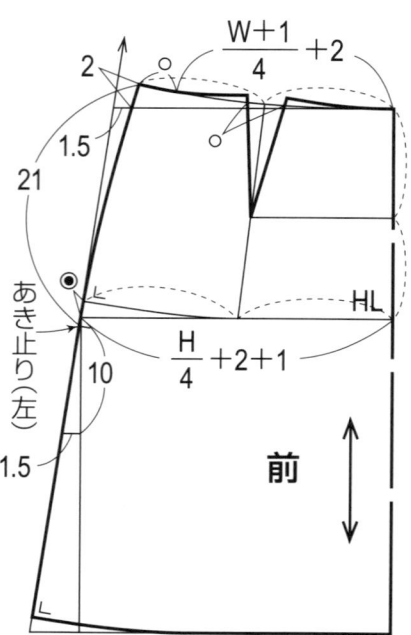

タイトスカートからのパターン展開

① 裾の切開き寸法を決め、ダーツ止りから裾に垂直線を引く。
② ウエストダーツの中心側から裾までを切り離し、ダーツ止りの位置を基点にしてそれぞれの寸法を裾で開くとダーツ位置が重なる。その分ダーツ分量が少なくなる。
　ダーツ分量が少ない場合は1本ダーツにするとよい。
③ スカート丈を決めて裾線をかく。
④ ベルトのパターンは作図と同様。

①

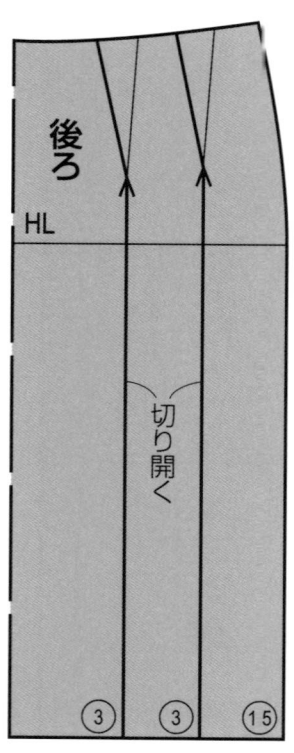

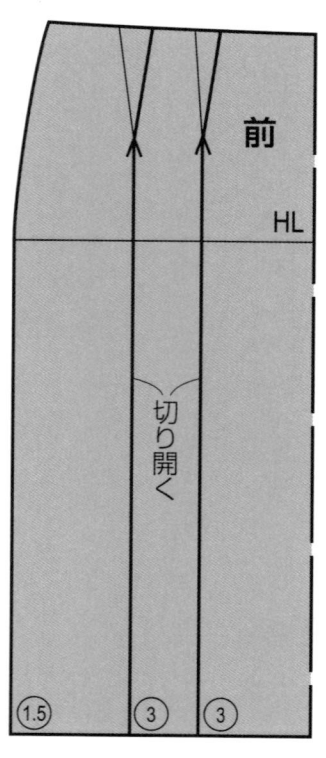

②

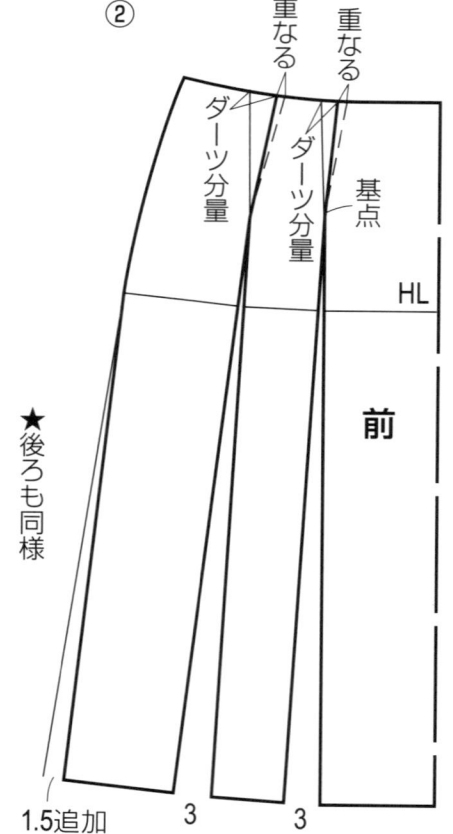

③

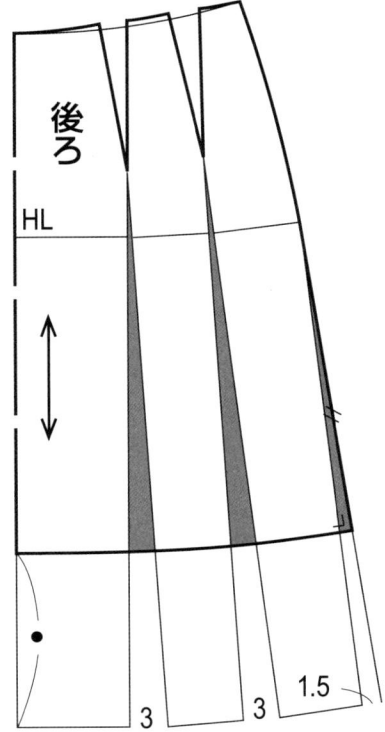
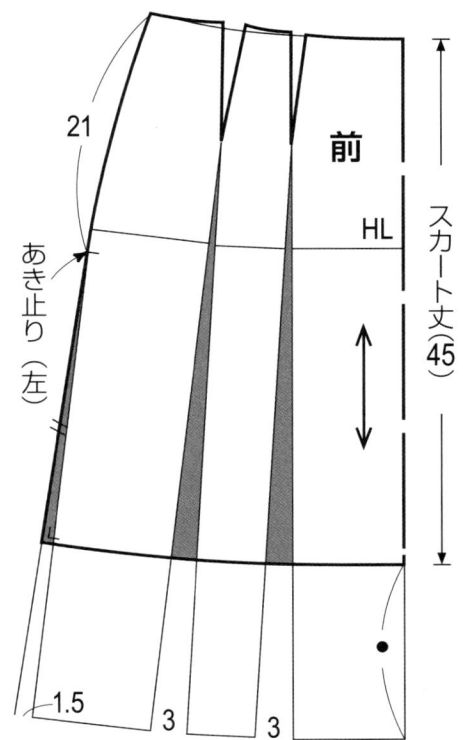

1本ダーツにする場合

〈作図〉

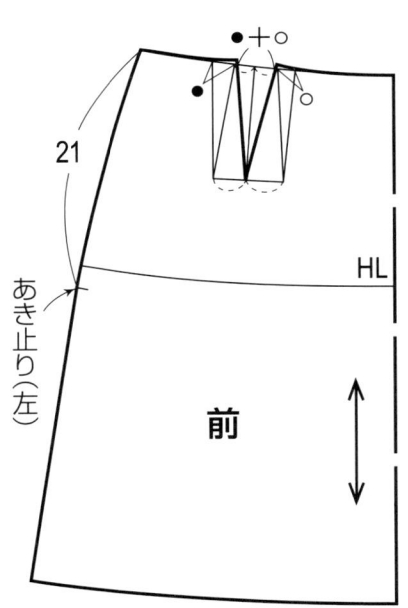

〈切り開く方法〉

切開き線を入れる

ダーツを重ねる

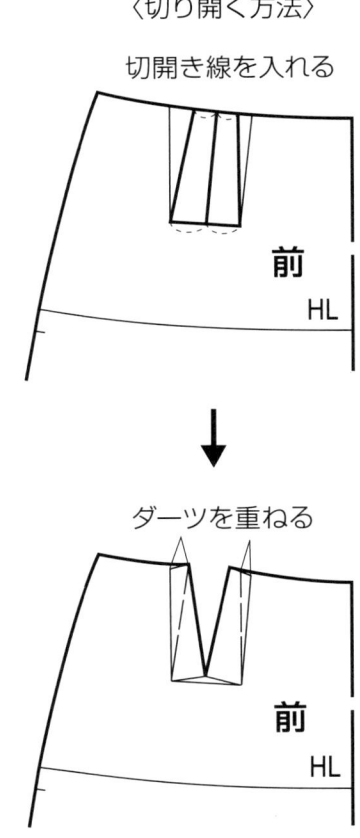

5 デザイン展開と作図・パターン展開

ヨーク切替えのヒップボーンスカート

セミタイトシルエットのスカートをヨーク切替えにし、前中心にインバーテッドプリーツを入れたスカート。ヨークにステッチをかけると軽快な感じになる。

素材は緻密に織られたウール、綿、化学繊維、合成皮革など、厚手のものがよい。

ここではタイトスカートとセミタイトスカートを基本パターンとして展開する方法を2例説明する。

使用量 表布 110cm幅150cm 接着芯 90cm幅70cm
　　　　　表布 150cm幅120cm

部分縫い ウエストの始末については109ページを参照。

タイトスカートからのパターン展開

①ウエストラインの位置をくり下げ、ヨーク幅とスカート丈のバランスを決めて裾線とヨークの線をかく。ヨーク幅は側面からのラインが自然なカーブに見えるように、脇側を中心側よりも0.5cm広くする。

②ダーツ止りから裾に垂直線を引き、裾の切開き線とする。プリーツの入る前中心は、裾で1cm広げるとプリーツがきれいに落ち着く。

③ヨークのダーツをたたんで自然なカーブに訂正し、前後ヨークの脇を突き合わせてつながりを訂正する。

④ヨークから下のパターンを切り開き（セミタイトスカートの方法に準じる）、前中心にプリーツ分を加える。

① ②

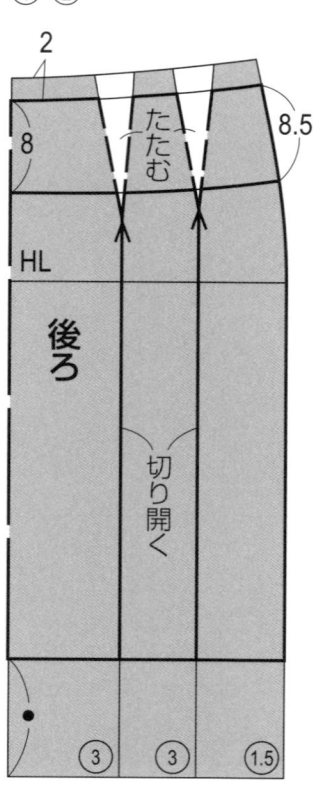

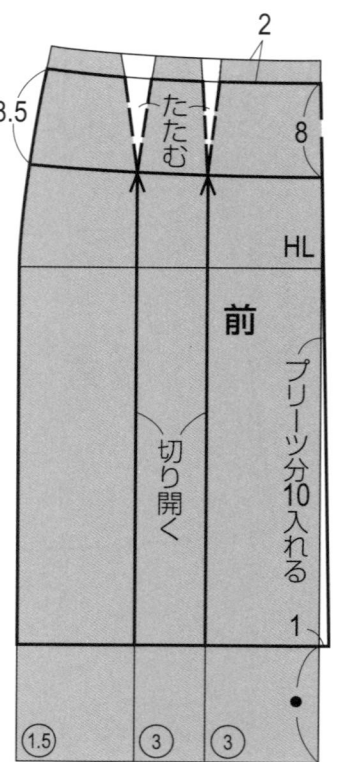

③④

後ろヨーク

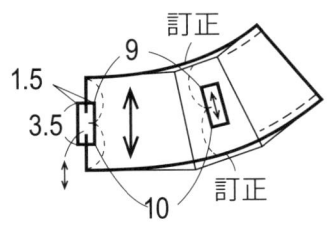

前ヨーク

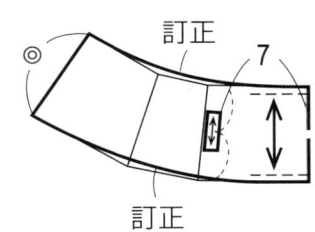

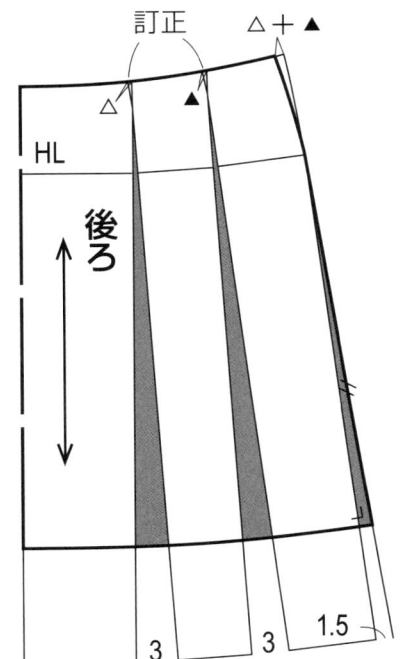

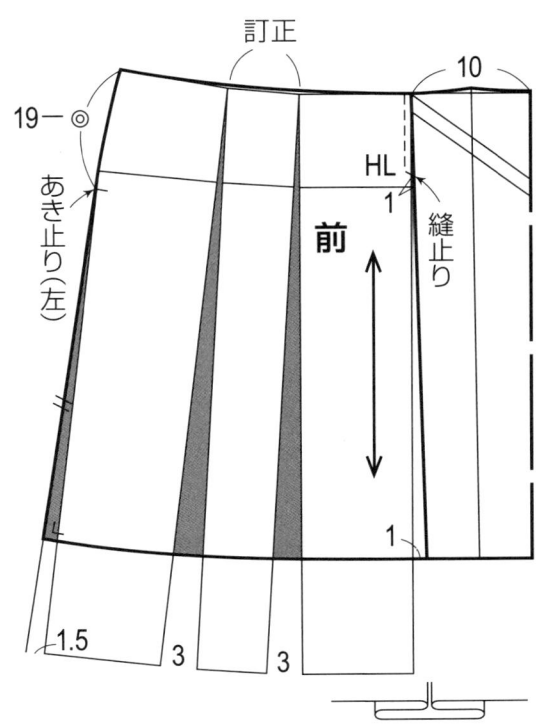

ベルトの作図

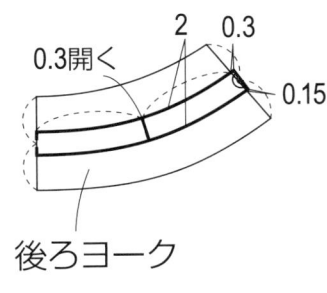

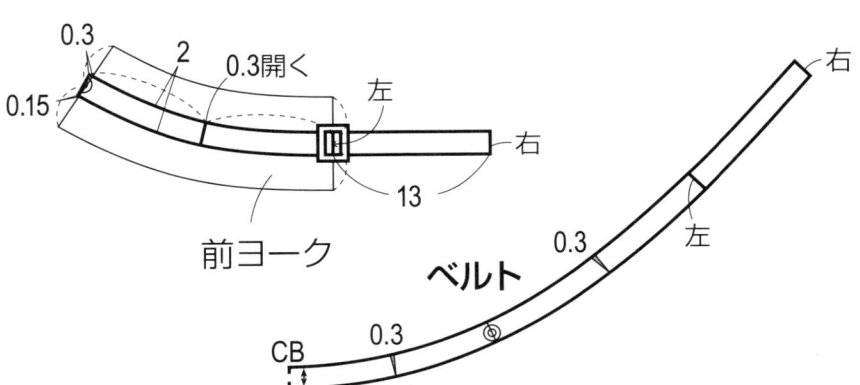

セミタイトスカートからのパターン展開

①タイトスカートからのパターン展開（30ページを参照）と同じ方法で、まずヨークのパターンを作る。
②前中心に裾広がり分1cmを加え、プリーツ分を追加する。ヨークとスカートを同寸法にするため、脇でカットする。

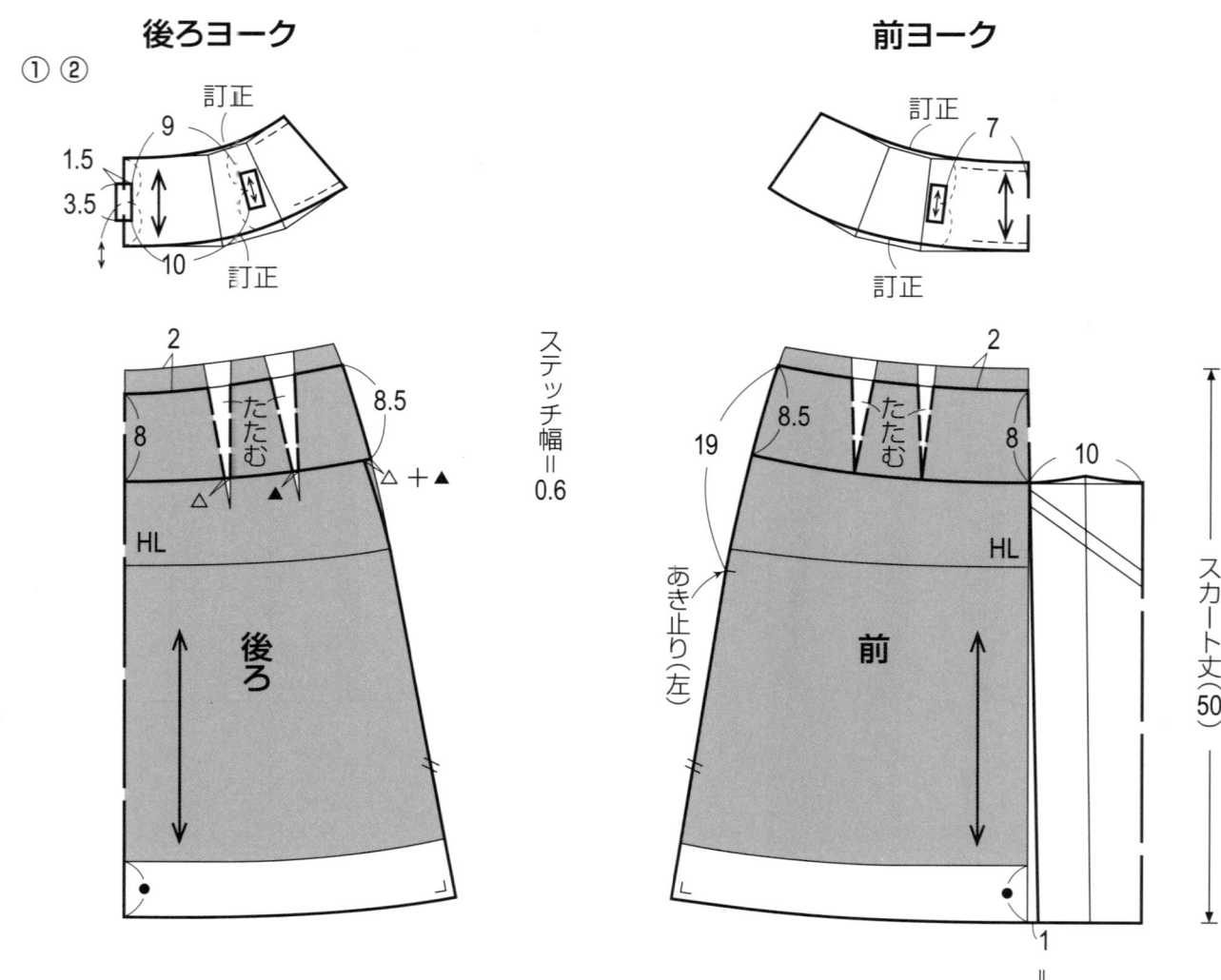

ゴアードスカート（6枚はぎ）

台形の布を何枚か縫い合わせたスカートで、一般的には4枚はぎ、6枚はぎ、8枚はぎのものがある。パターンの形によってセミタイトシルエット、フレアシルエット、マーメードシルエットなど、いろいろなシルエットにすることができる。また、作例のゴアードスカートの切替え線にさらに三角布をはめ込むと、美しいマーメードシルエットのスカートになる（図1）。

素材はシルエットによって異なるが、フレアの少ない場合は中肉ウール、厚手の綿や化学繊維など、動きのあるフレアシルエットは、ドレープ性の強いウールやジョーゼットタイプの化学繊維がよい。

使用量　表布　150cm幅150cm
　　　　　表布　110cm幅150cm

図1

三角布

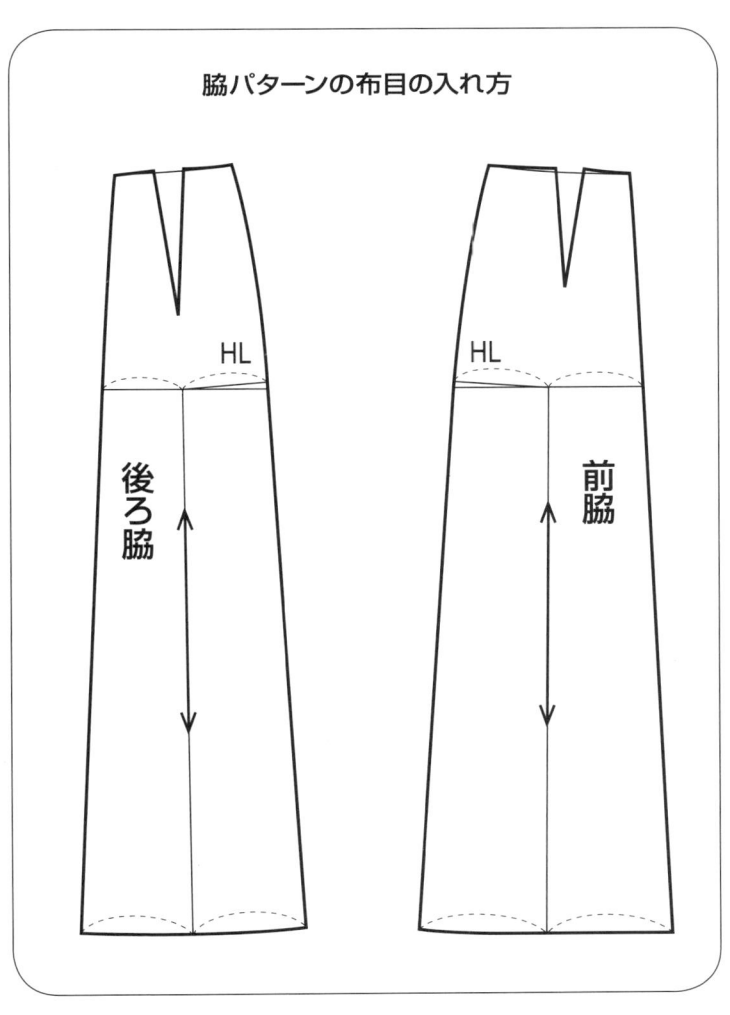

脇パターンの布目の入れ方

作図要点
ゆとりについて
このスカートはミドルヒップのあたりで体にそわせ、裾に向かって自然に広がりをもたせたシルエットなので、ヒップラインのゆとりは記入されている寸法より多くなる。

切替え線のかき方
切替え線の位置は、中心側のダーツ止りから裾に垂直線を引き、その線を基準にして台形のシルエットにかく。脇のシルエットを決めるための案内線上（ヒップラインより10cm下がった位置）で、中心側は1.2cm、脇側はその$\frac{1}{2}$の0.6cmとり、ダーツ止りと結んだ線を裾までのばし、切替え線をかく。

作図

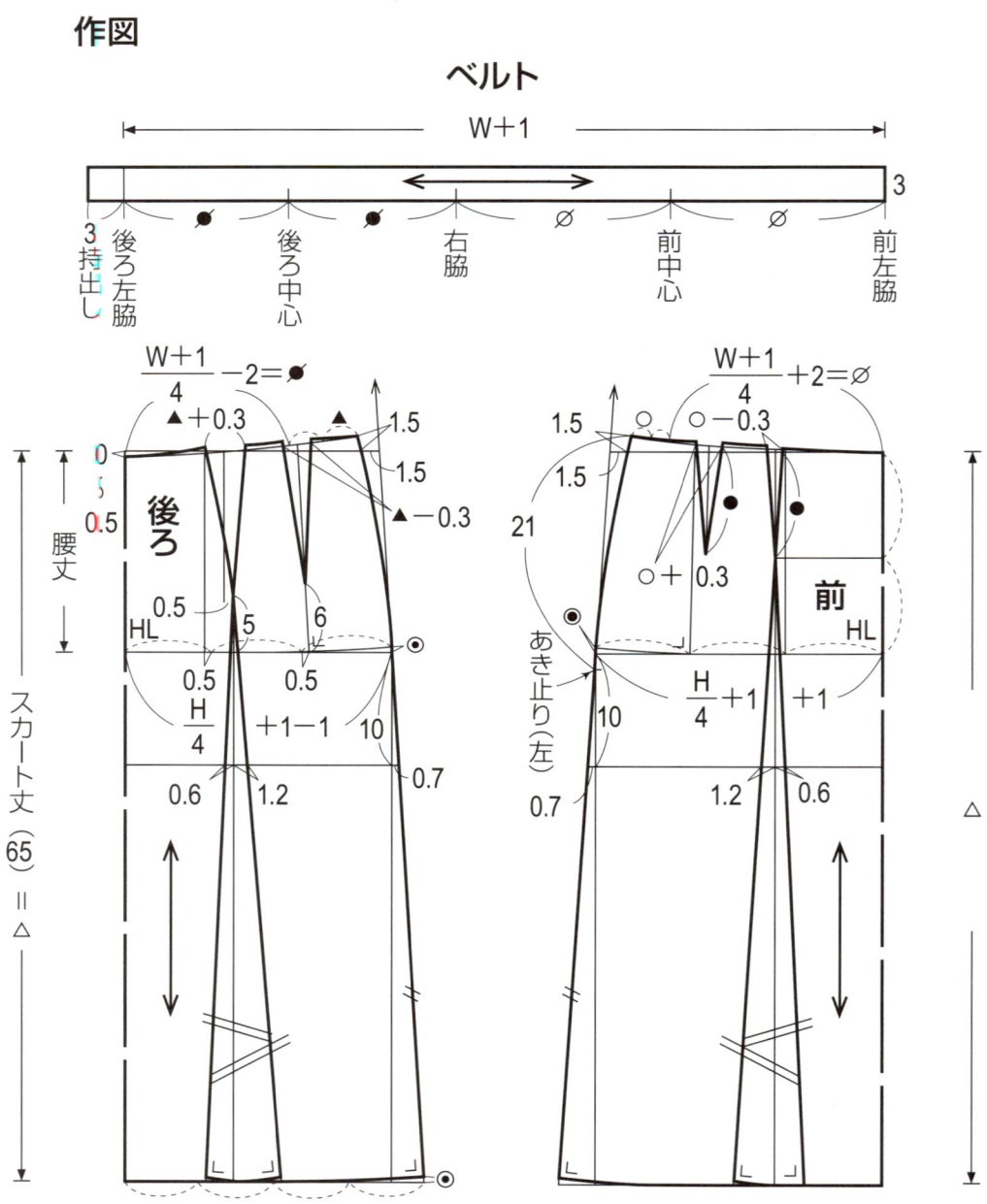

★脇パターンの布目の入れ方は33ページを参照

タイトスカートからのパターン展開

①スカート丈を決め、ダーツ止りから裾に垂直線を引き、この線を基準にシルエット展開をする。
②ヒップラインより10cm下の位置で裾開き寸法を決める。
③前後脇側のパターンを切り離してパターンを作成する。
④脇側の布目は展開したパターンの中心に通す。

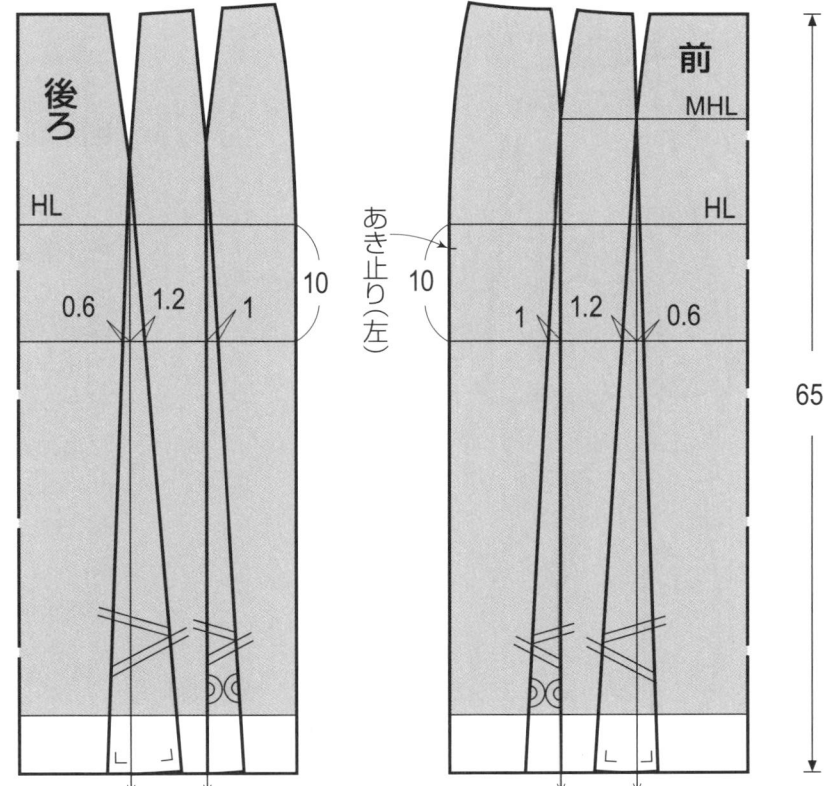

部分プリーツスカート

セミタイトスカートのダーツの位置にプリーツを入れた、活動的で動きの美しいスカート。
素材は中肉や薄手のウール、化学繊維がよい。

使用量　表布　150cm幅120cm
　　　　　表布　110cm幅120cm

部分縫い　裏布のつけ方については114ページを参照。

作図要点

ダーツ止りから裾に垂直線を引き、その線を基準にシルエットを決め、プリーツを入れる。
脇のシルエットを決めた線上（ヒップラインより10cm下がった位置）で寸法をそれぞれ0.6cmとり、ダーツ止りと結んで裾広がりのシルエットにすると、プリーツのおさまりがよい。プリーツ分はヒップラインの位置で決める。プリーツの分量は布幅に合わせて調整するとよい。

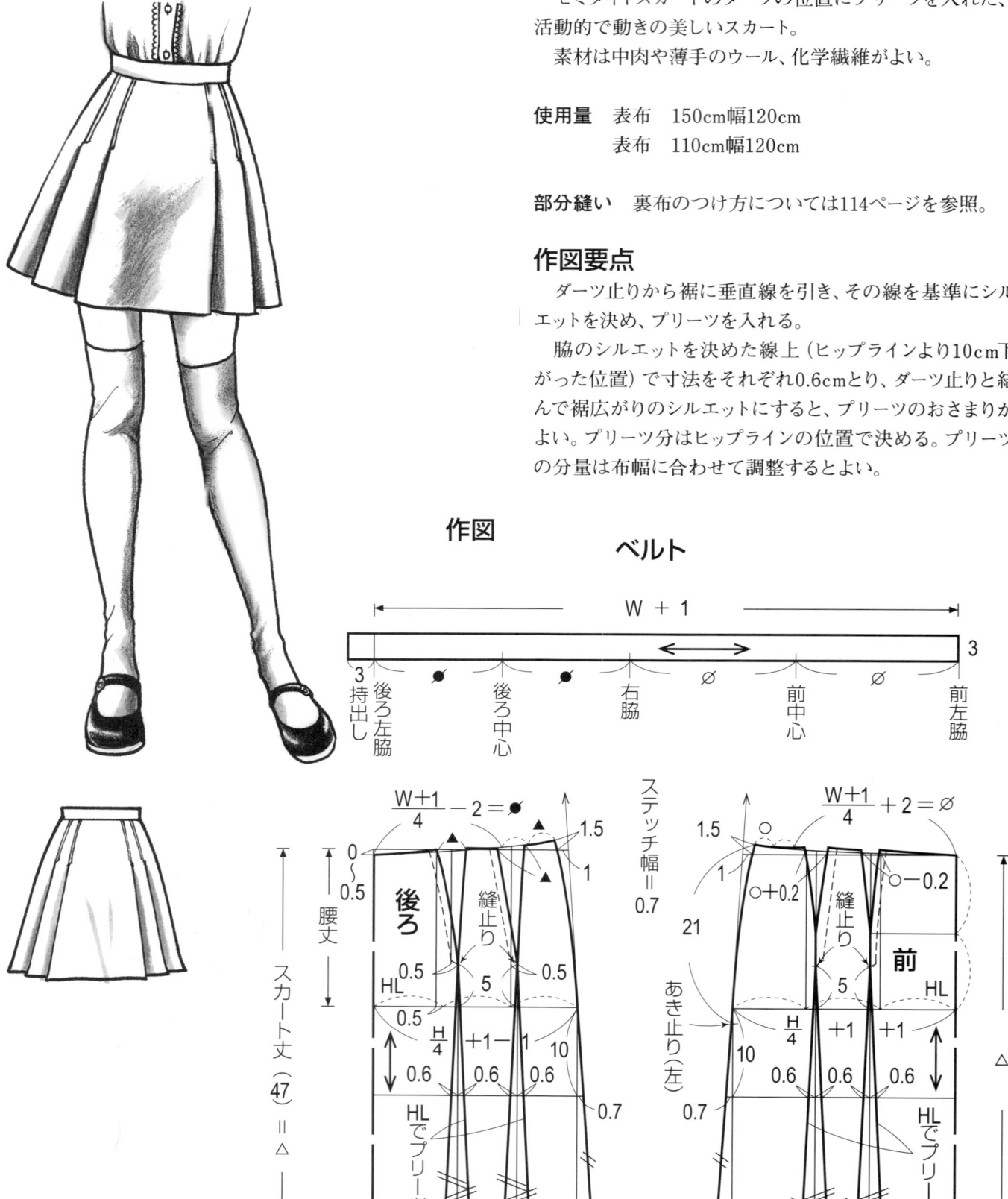

タイトスカートからのパターン展開

①スカート丈を決め、ダーツ止りから裾に垂直線を引き、この線を基準にシルエットに展開し、プリーツ位置を決める。

②ヒップラインより10cm下の位置で裾開き寸法を決める。

③ヒップラインに水平にプリーツ分を入れる。

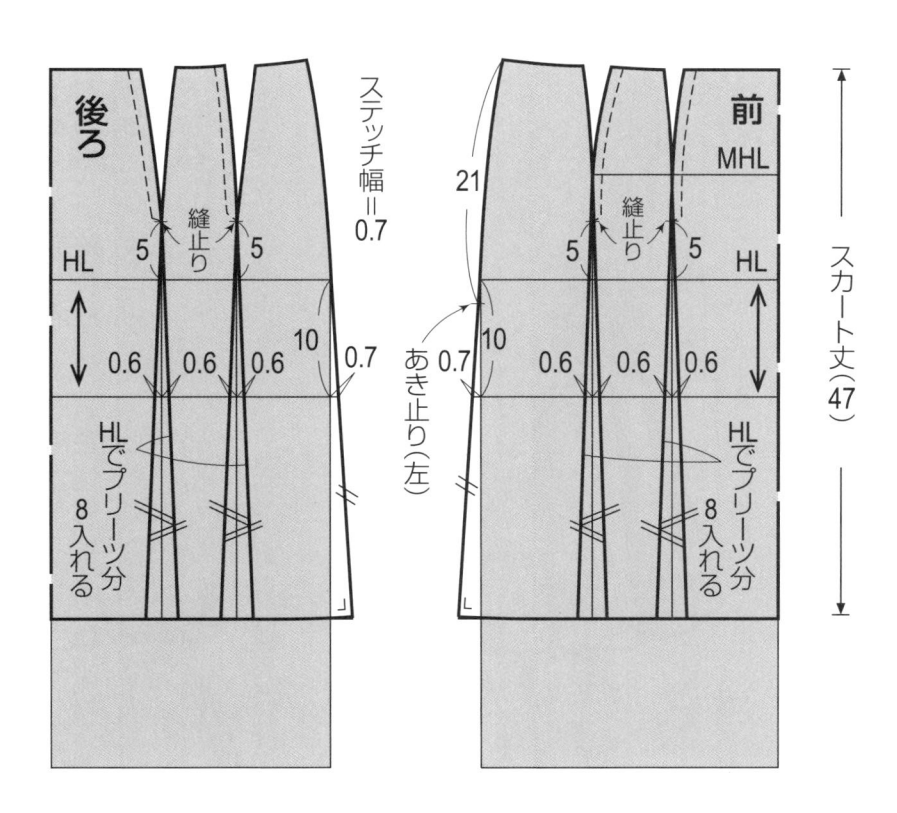

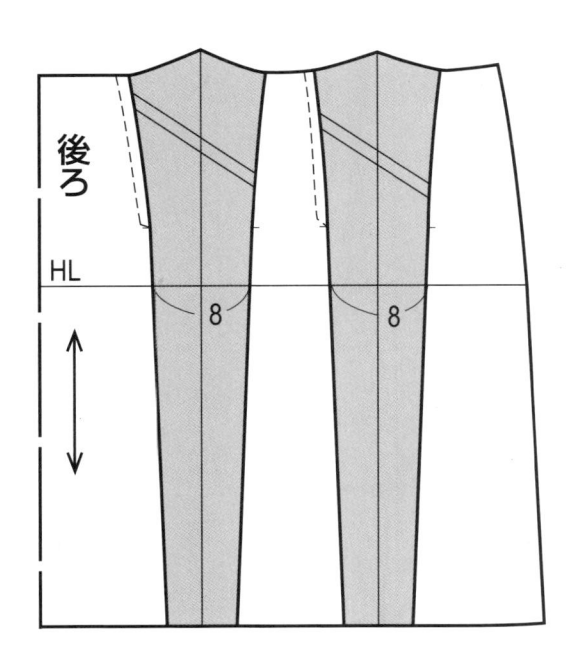

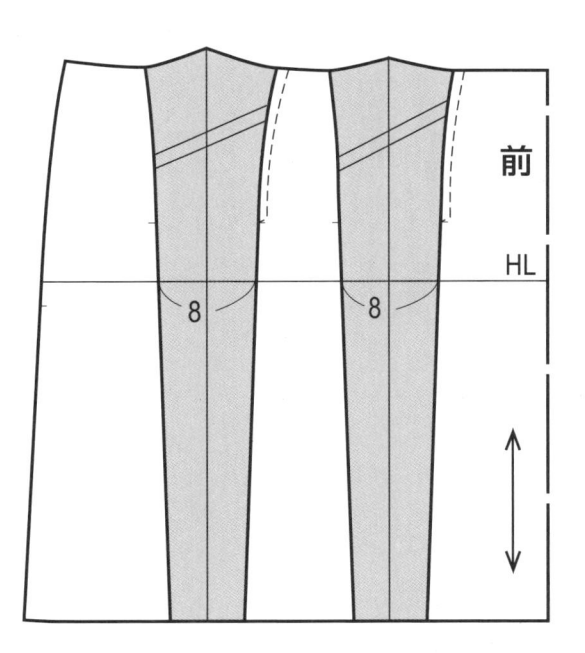

マーメードスカート（8枚はぎ）

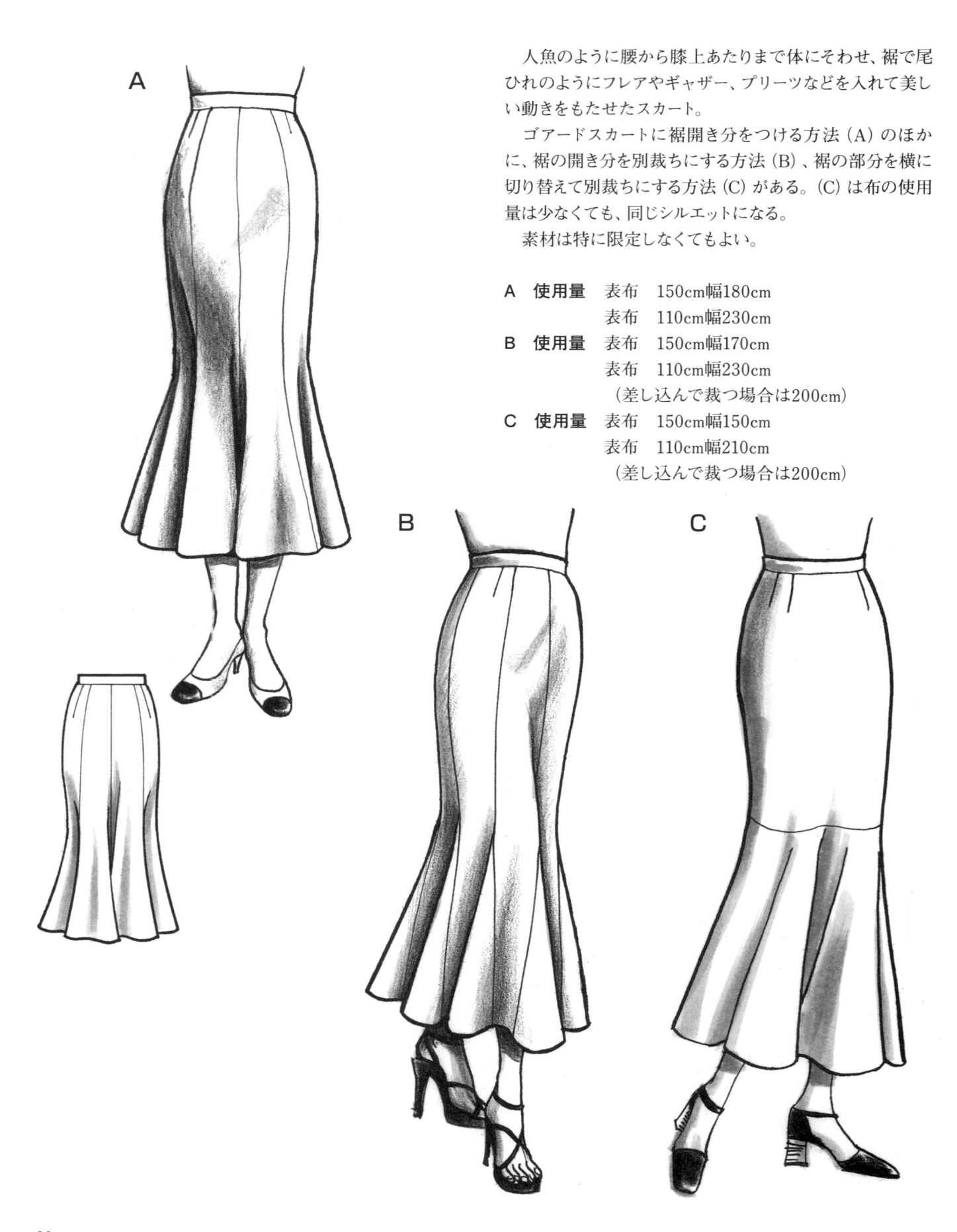

　人魚のように腰から膝上あたりまで体にそわせ、裾で尾ひれのようにフレアやギャザー、プリーツなどを入れて美しい動きをもたせたスカート。
　ゴアードスカートに裾開き分をつける方法（A）のほかに、裾の開き分を別裁ちにする方法（B）、裾の部分を横に切り替えて別裁ちにする方法（C）がある。（C）は布の使用量は少なくても、同じシルエットになる。
　素材は特に限定しなくてもよい。

A　使用量　　表布　　150cm幅180cm
　　　　　　　表布　　110cm幅230cm
B　使用量　　表布　　150cm幅170cm
　　　　　　　表布　　110cm幅230cm
　　　　　　（差し込んで裁つ場合は200cm）
C　使用量　　表布　　150cm幅150cm
　　　　　　　表布　　110cm幅210cm
　　　　　　（差し込んで裁つ場合は200cm）

A　裾開き分をつける方法

作図要点

切替え線、裾線のかき方

中心側のダーツ止り位置から裾に垂直に引いた線を基準に切替え線を決める（大腿部のほぼ中央にくる位置）。

ヒップラインから裾までを3等分し、$\frac{1}{3}$の位置から裾開きの案内線を引き、カーブをつけて仕上げる。

裾線は切替え線に直角になるようにカーブ線でつながりよくかく。

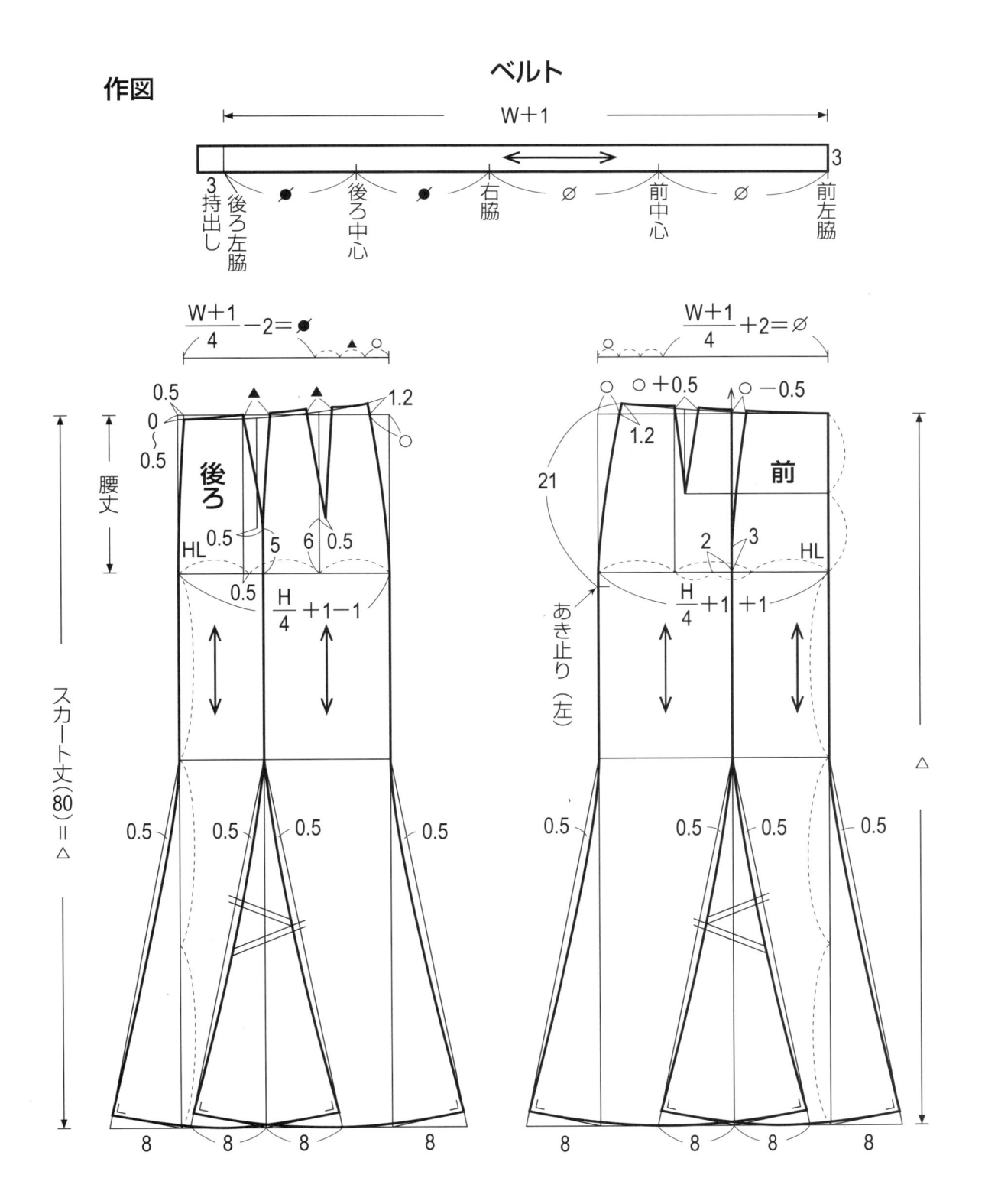

作図

ベルト　W+1

持出し3　後ろ左脇　後ろ中心　右脇　前中心　前左脇

$\frac{W+1}{4} - 2 = ●$

$\frac{W+1}{4} + 2 = ∅$

後ろ / 前

$\frac{H}{4} + 1 - 1$

$\frac{H}{4} + 1 + 1$

腰丈 / スカート丈(80)=△

あき止り（左）　21

HL

0.5　1.2　5　6　0.5　0.5　1.2　2　3

0.5　0.5　0.5　0.5　0.5　0.5　0.5　0.5

8　8　8　8　8　8　8　8

タイトスカートからのパターン展開

①スカート丈を決めて切替え線の位置を決める。前後スカートとも中心側のダーツ止りの位置を基準にするが、前は中心側のダーツより少し脇側に移動する。

②ヒップラインより下を3等分し、$\frac{1}{3}$から下にフレア分を入れる。

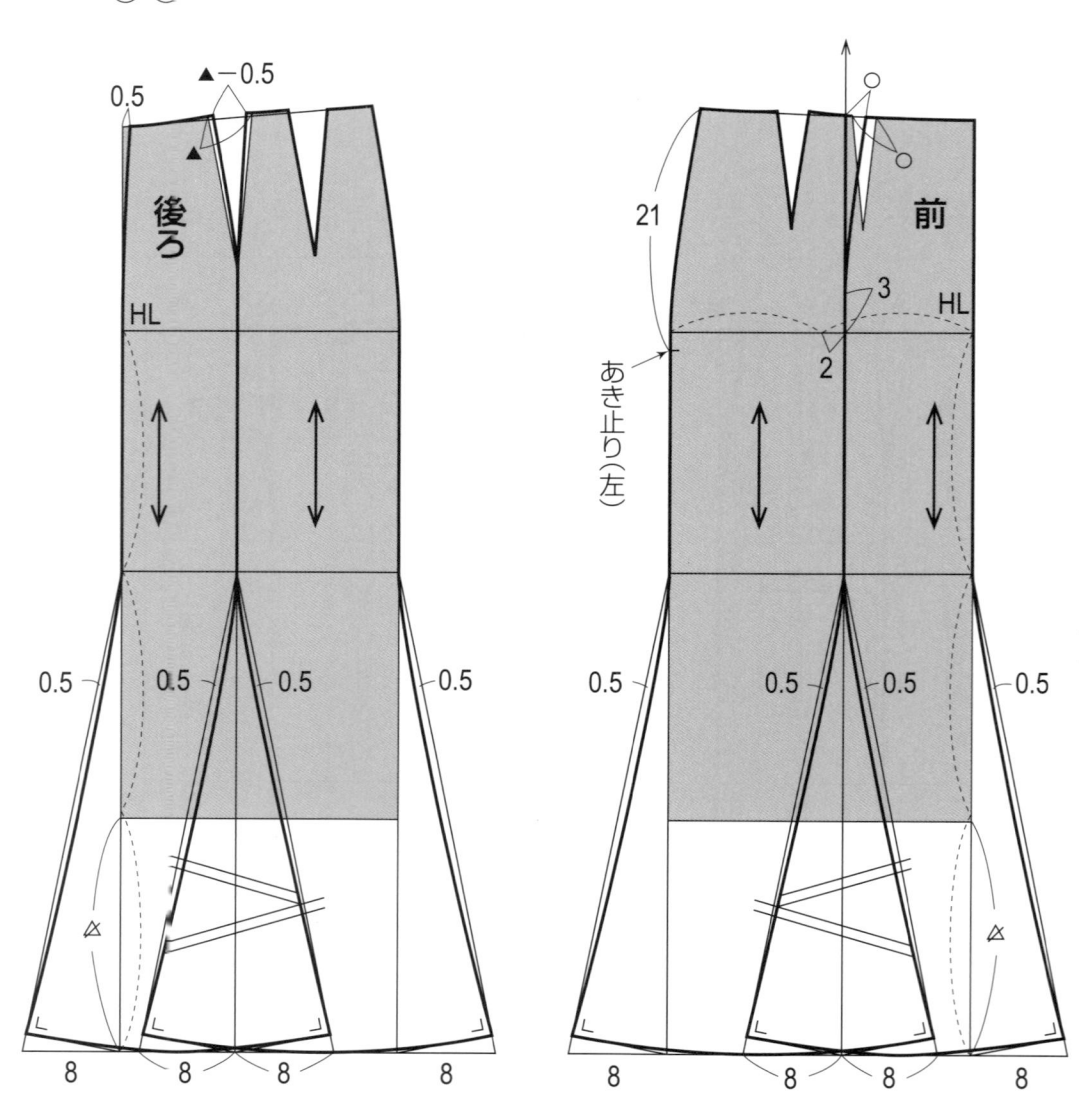

B 裾開き分を別裁ちにする方法

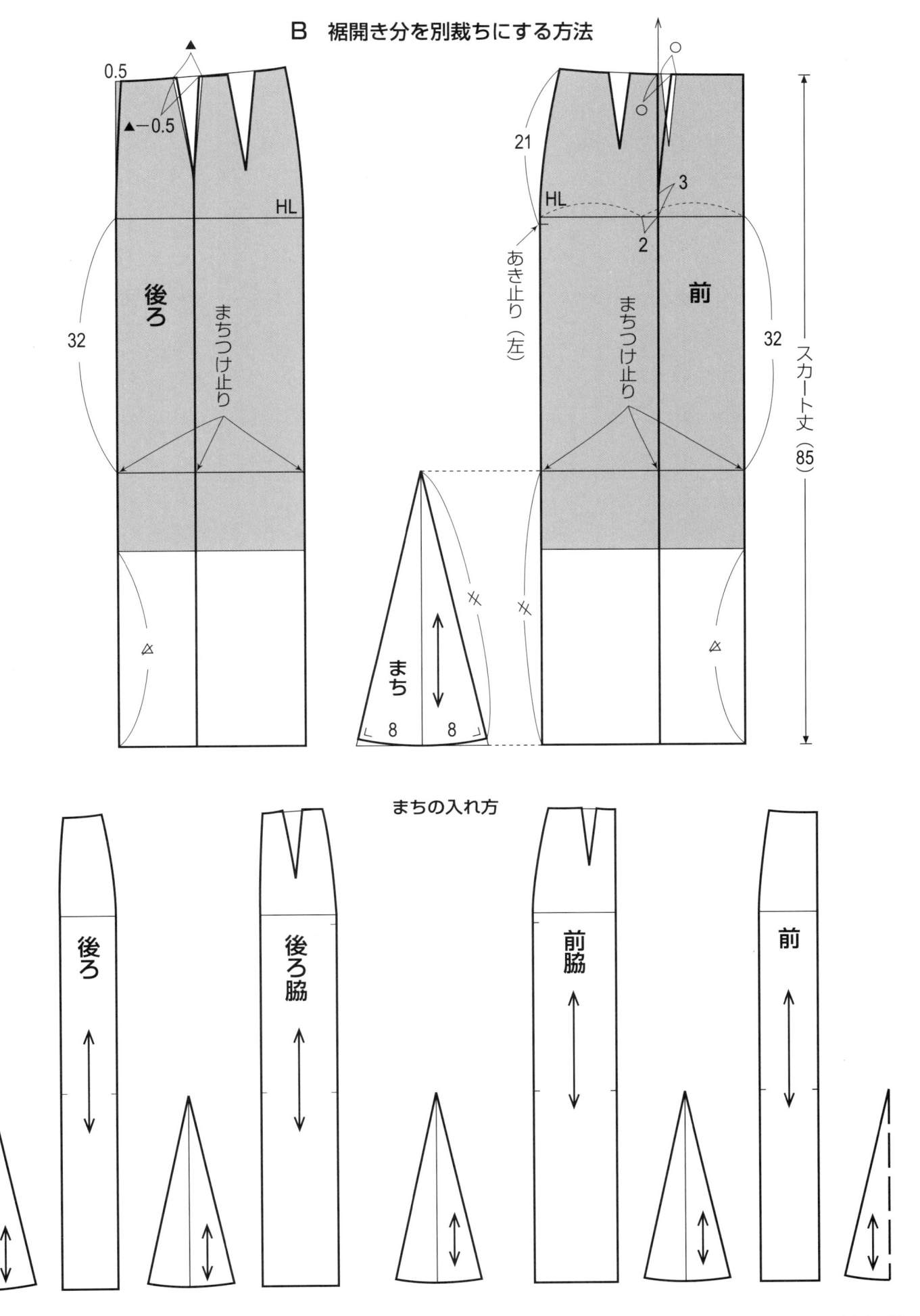

まちの入れ方

C　裾の部分を横に切り替え

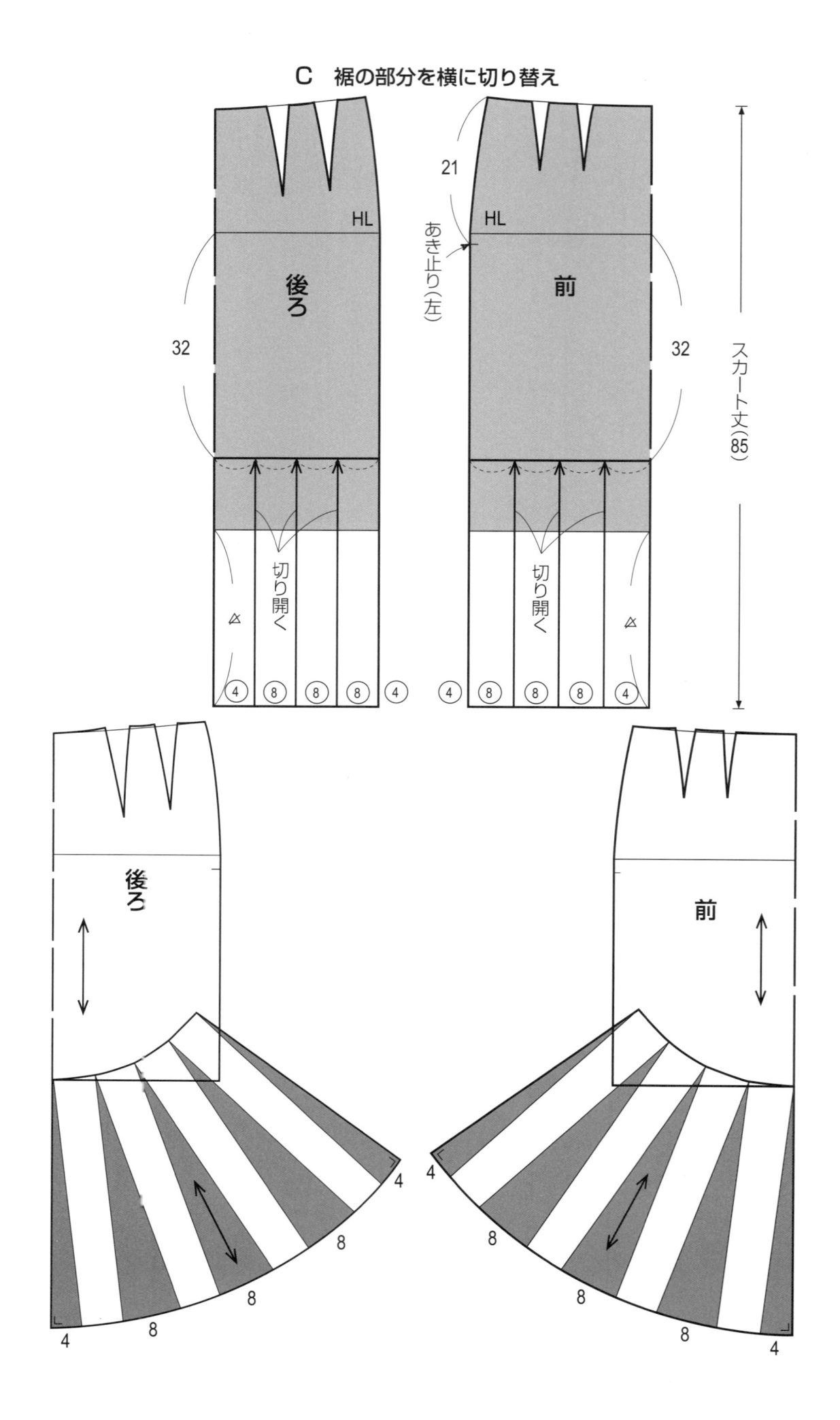

ティアードスカート

ギャザー、タック、プリーツなどを入れて、横に幾段にも切り替えたスカート。裾にいくほど分量が多くなるため全体に量感があり、動きもダイナミックで華やかである。段ごとに布目を変えたり、別布を組み合わせたりして、いろいろと変化をつけて楽しめるスカートである。

素材は綿、絹、化学繊維などの軽くて張りのある布が効果的である。

使用量　表布　110cm幅210cm
　　　　　表布　150cm幅140cm

作図要点

長方形の布を縫い合わせてできるスカートなので、前後同じ作図にする。ゆとりが多いので前後差はつけなくてよい。切替え線の分割は、下に向かって各段ごとに長くなるようにすると安定感がある。

ギャザー、タック、プリーツなどの分量は、布の厚さや風合いに合わせて決める。作例は中ぐらいの厚さの綿で、比較的ボリュームを抑えたシルエットの場合のギャザー分量である。ギャザーやタック分量を多くする場合は、はぎ合せを少なくするため横地で裁断するほうがよい。

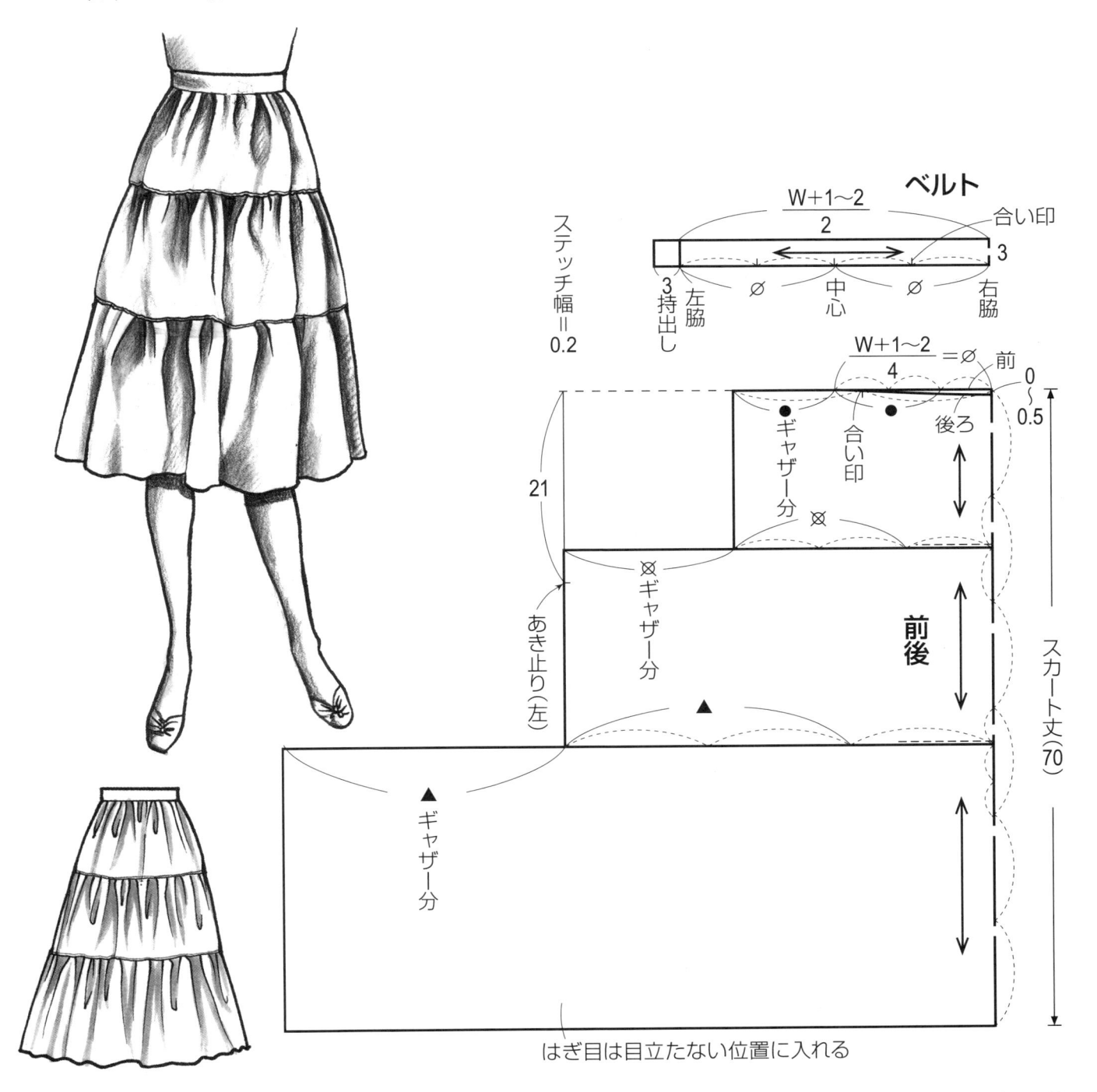

5　デザイン展開と作図・パターン展開

ギャザースカート

ウエスト部分にギャザーを寄せたスカート。ソフトで華やかな感じがあり、フォークロア的なものからドレッシーなものまで、広範囲に着用されている。素材の風合いやギャザー分量、ギャザーの配分の仕方で、スカートのボリューム感やシルエットに変化をもたせることができる。

長方形のパターンなので、ボーダープリントなどを効果的に使うことができ、また、パターンなしで布に直接チョークで線をかいて裁断することもできる。

素材は全体の分量が多くなるので、軽くて張りのある薄手の布地がよい。

ギャザー分量は、ウエスト寸法に対して何倍の分量を縮めるかで割り出す。参考までに美しい分量とされている素材とギャザー分量の見積りをあげると図1のようになるが、実物の布で試して決めるとよい。

使用量　表布　110cm幅130cm

部分縫い　ギャザーの寄せ方については116ページを参照。

作図要点

裾幅を決め、ウエスト寸法にギャザー分量を加えて裾線と結ぶ。ウエストラインは裾線に平行にかく。作例では布幅から裾幅を決めてあるが、ギャザー分量を先に決めて裾幅を決めてもよい。

図1　ギャザー分量の見積り方

A　ウエスト寸法の約0.7倍
中肉ウール（ツイード、ギャバジン、ミルドなど）
厚手木綿（デニム、ピケなど）

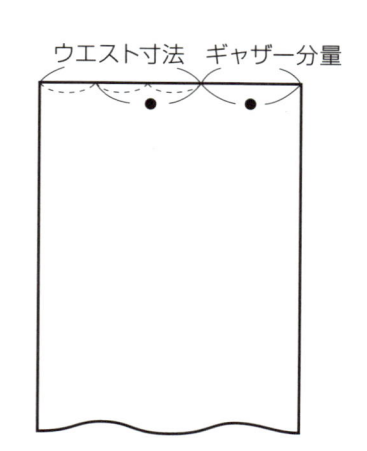

B　ウエスト寸法と同量
薄手ウール（ジャージー、シャリー、ボイルなど）
木綿（ブロード、綿サテンなど）
張りのある絹（タフタ、モアレなど）

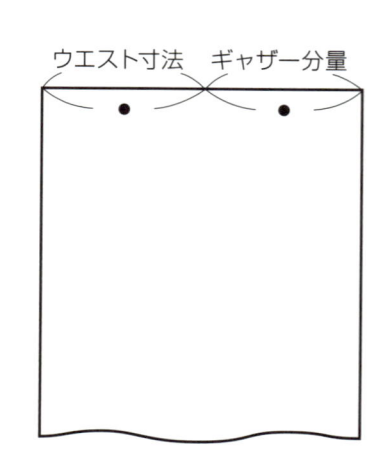

ベルト

$\dfrac{W+1〜2}{2}$ 合い印

3 ↕

3 左脇持出し　∅　中心　∅　右脇

1.5〜2　∅×2（ギャザー分）　$\dfrac{W+1〜2}{4}=∅$　前　0〜0.5　後ろ

合い印

21

HL

あき止り（左）

L

前後

腰丈

スカート丈（50）

$\dfrac{布幅}{2}-3$（縫い代分）

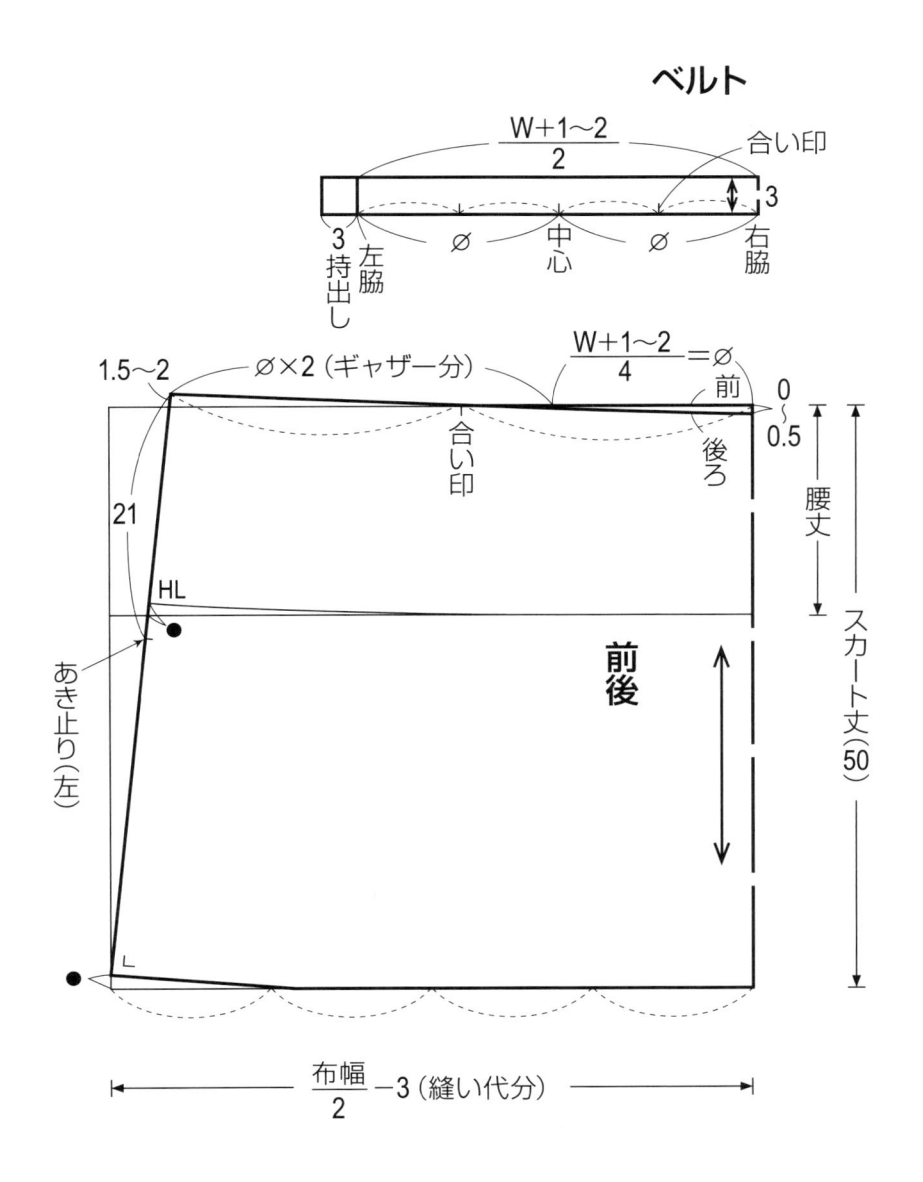

C ウエスト寸法の1.5倍

薄手木綿（ギンガム、ローンなど）
絹（デシン、クレープなど）

ウエスト寸法　ギャザー分量　∅　∅

D ウエスト寸法の2倍

薄地（ジョーゼット、シフォンなど）

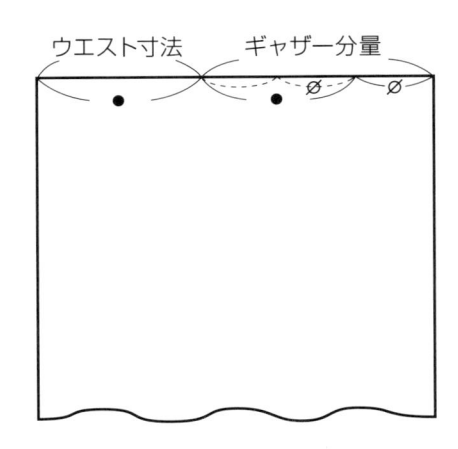

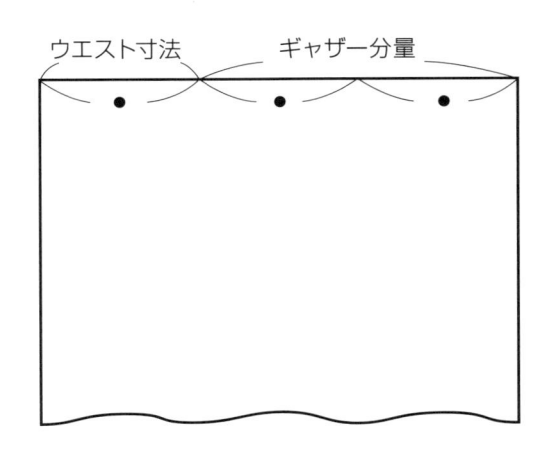

ウエスト寸法　ギャザー分量

ソフトプリーツスカート

折り山をはっきりつけないやわらかい感じのプリーツをとったスカート。ギャザースカートに似たシルエットであるが、ソフトプリーツは全体のボリュームが抑えられ、すっきりと見える。また、プリーツ分量と折り方で感じが変わる。

素材はウール、綿、絹、化合繊など、用途に合わせて選ぶとよい。

使用量 表布 110cm幅165cm

作図要点

前後のプリーツ間隔を同じにするため、前後同じ作図にする。

裾幅を決めてシルエットをかき、プリーツを配分する。ウエストにはプリーツの重なりと布の厚み分としてゆとりを2cm加えてウエスト寸法 ($\frac{W+2}{4}$) をとり、残りをプリーツ分として等分（4等分）する。プリーツ分量は使用する素材、布幅により加減するとよい。プリーツの間隔は、前後中心の部分を少し広めにして割り出し、裾幅を等分（4等分）してプリーツを消す位置を決め、折り山線をかく。プリーツの折り山線はウエストラインから10cmくらいまで入れる。

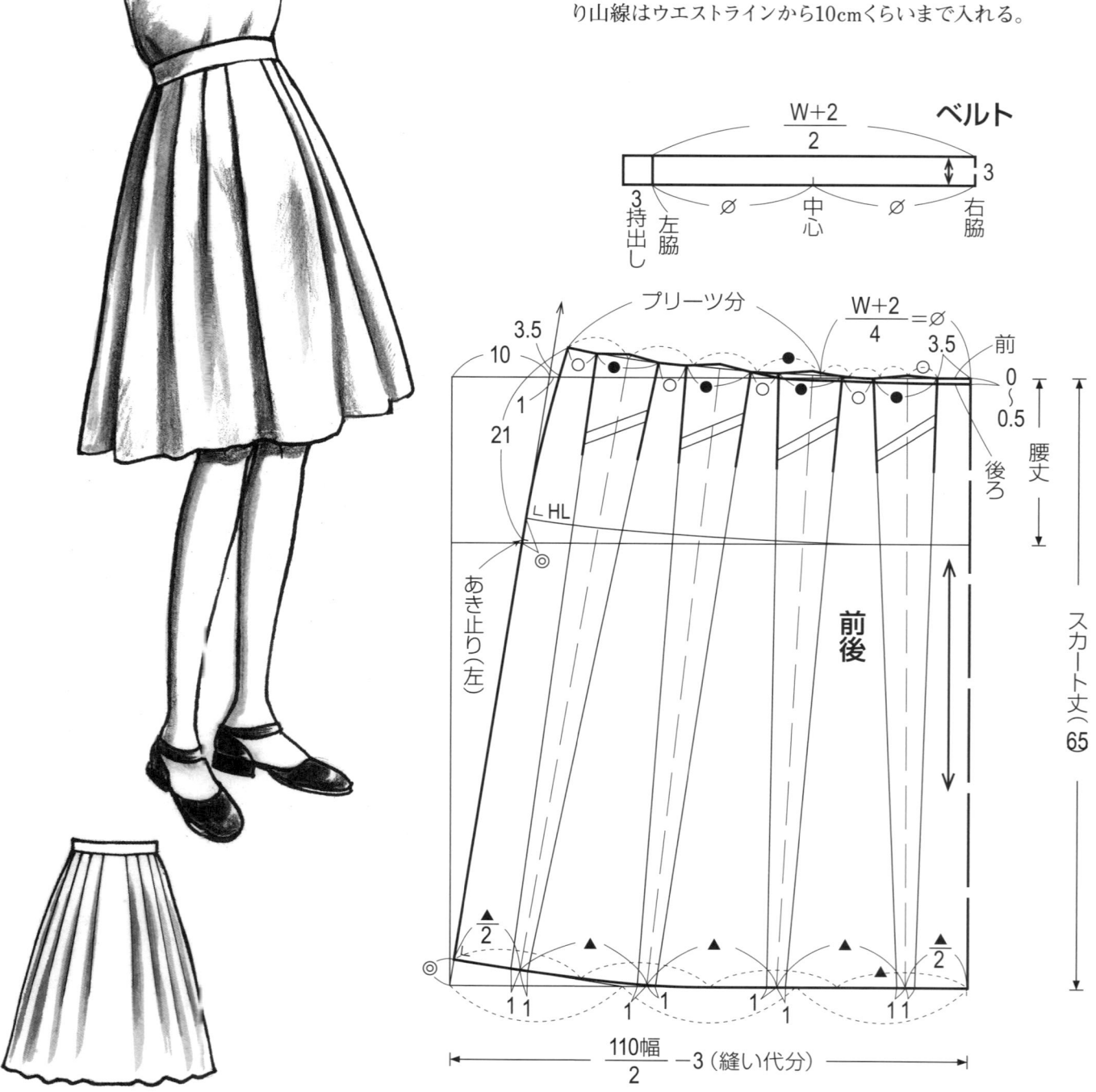

プリーツを裾で消す場合

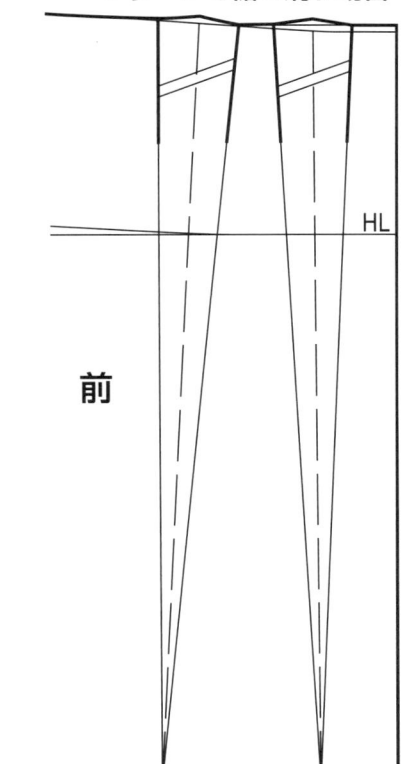

HL

前

プリーツを途中で消す場合

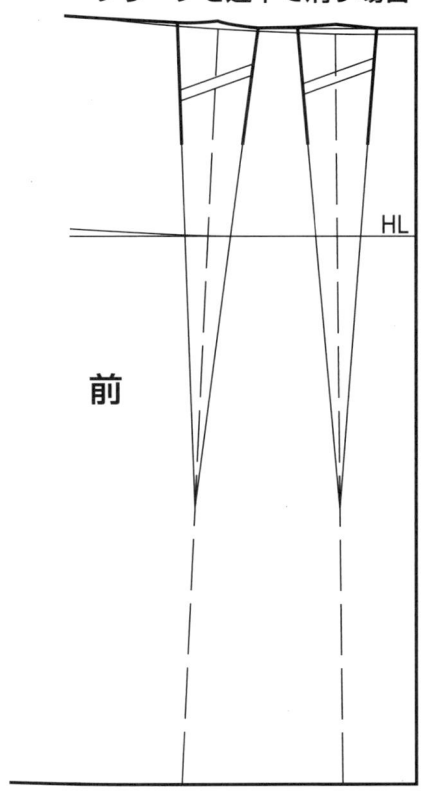

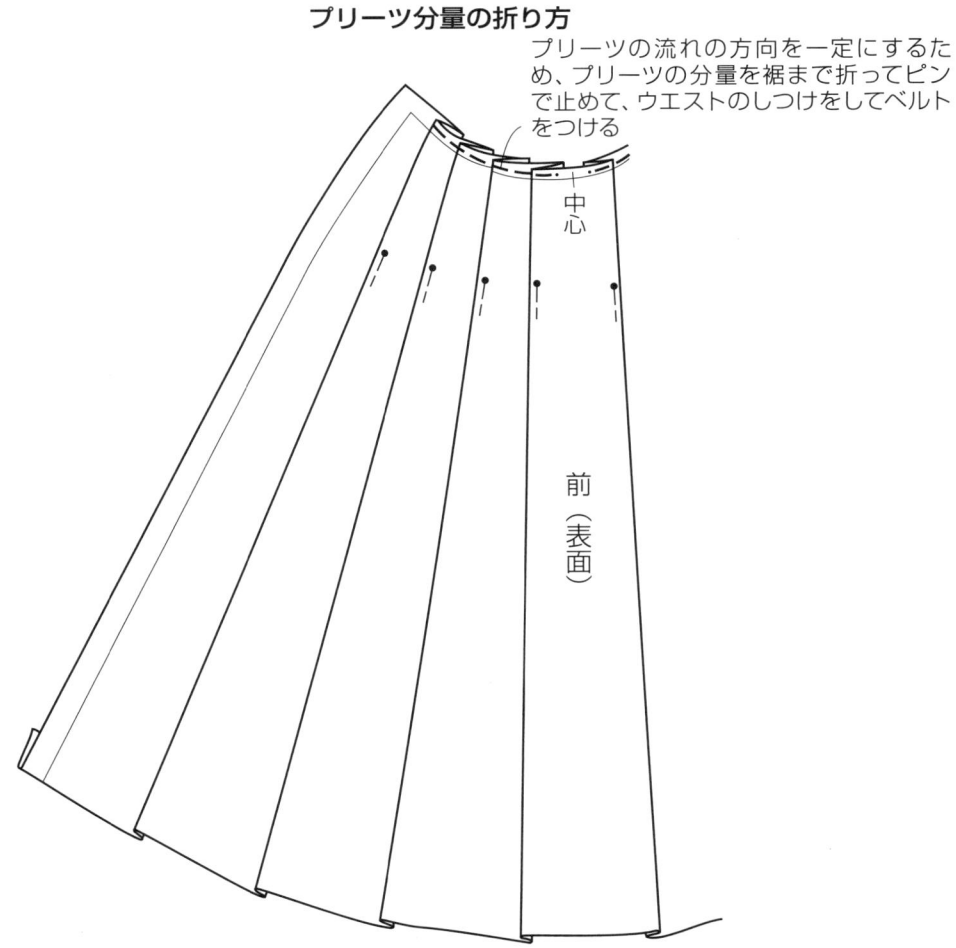

HL

前

プリーツ分量の折り方

プリーツの流れの方向を一定にするため、プリーツの分量を裾まで折ってピンで止めて、ウエストのしつけをしてベルトをつける

中心

前（表面）

ペッグトップスカート

　上部がふくらみ、裾が細くなったこまの形に似たシルエットのスカート。スカート丈はシルエット上も歩行のためにも短いほうがバランスがよい。
　ここではタイトスカートから展開してパターンを作成する。
　素材は軽くて張りのあるものがよい。

使用量　表布　110cm幅110cm
　　　　　　表布　150cm幅65cm

タイトスカートからのパターン展開

①スカート丈を決め、パターンの中央に切開き線を入れてその線上にダーツ分を1本にまとめる。
②裾を基点にウエストでタック分量（8cm）を切り開き、中心にも1本のタック分量（4cm）を追加する。タック止りはヒップラインとし、タックの折り山が向合せになるようにタックをかく。
　ギャザーにする場合は、ギャザー分量を決めて、1か所にまとめず均等に切り開く。
③ウエストラインと裾線をつながりよく訂正する。
④ベルトをかき、合い印を入れる。

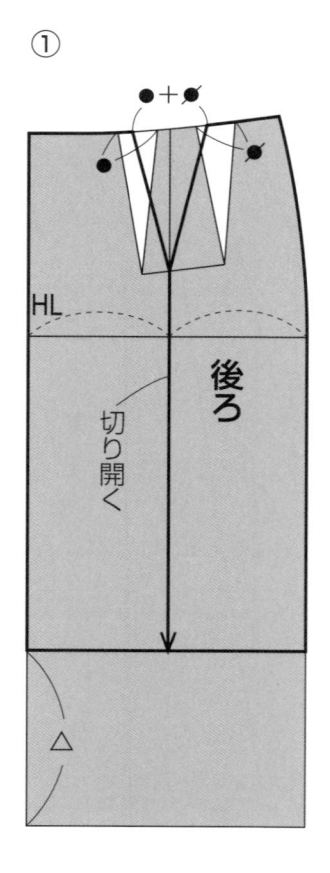

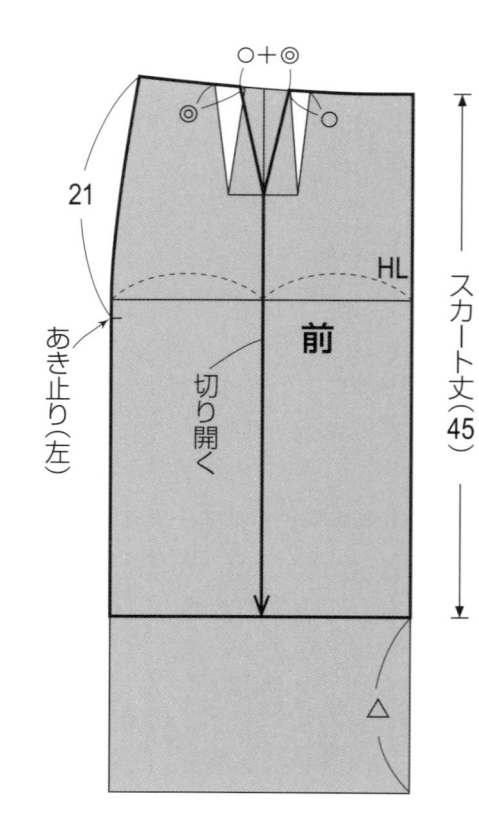

②〜④

ベルト

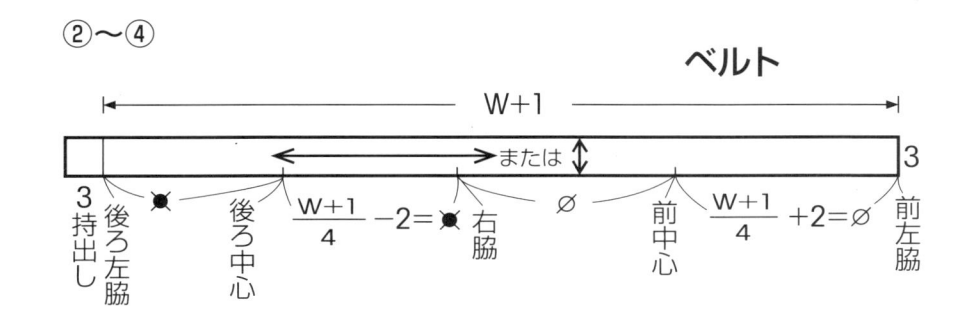

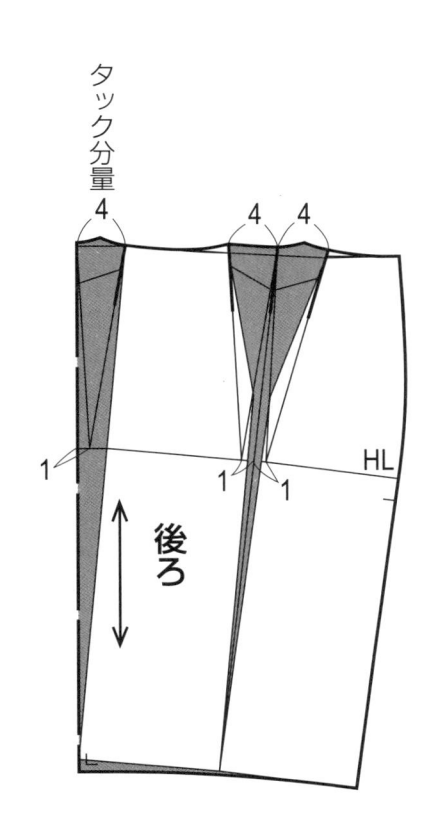

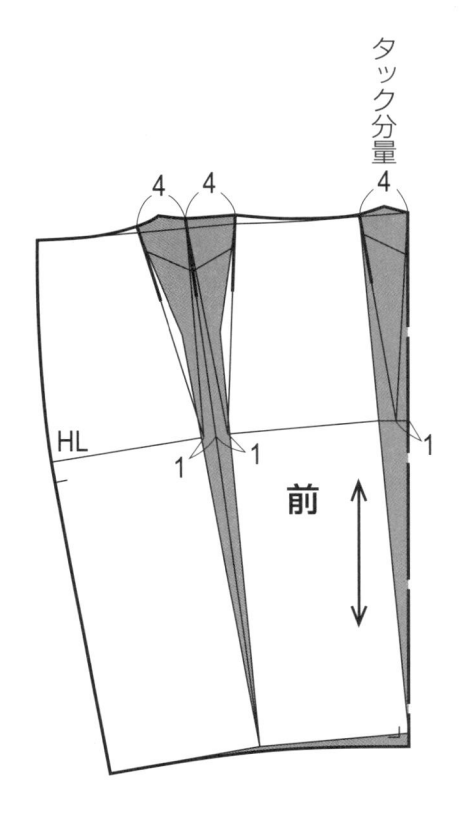

$W+1$

3 前左脇 　$\dfrac{W+1}{4}+2=\emptyset$　 前中心　∅　 右脇　$\dfrac{W+1}{4}-2=$● 　後ろ中心　後ろ左脇　3 持出し

または

タック分量 4　4　4　　　　　4　4　4 タック分量

HL　1　1　1　　　　1　1　1 HL

後ろ　　　　　前

ギャザーの場合

$\dfrac{○}{2}$

前

HL

5　デザイン展開と作図・パターン展開　49

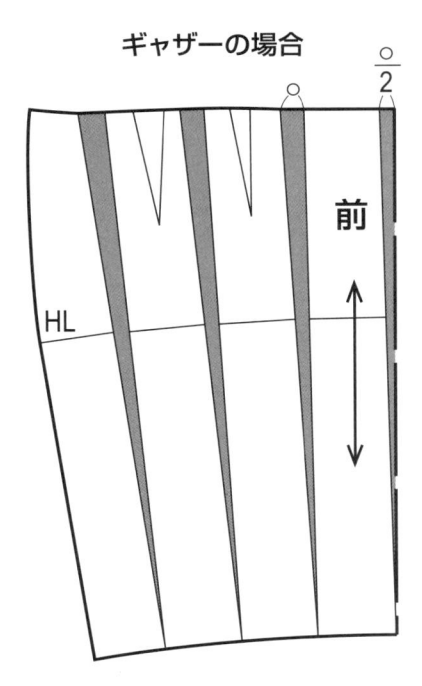

フレアスカート（4枚はぎ）

ウエストから裾線に向かって大きく広がりをもたせたスカート。裾幅が広いため動きが美しく、素材の選び方やフレア分量を変化させることで、いく通りものシルエットが表現できる。

素材はフレアを均等に出すために、たて糸、よこ糸の弾力のバランスがよい布を使用するとよい。

パターンを作成するには、フレア分量を開く方法と円周率から割り出す方法とがある。

フレア分量を開く方法

作例ではタイトスカートのパターンから展開する方法で解説する。

A　フレア分量を決めて開く方法

①前ダーツ分量を同じ寸法にし、各ダーツ止りから裾に垂直線をかく。
②開く分量を決める。作例ではタイトスカートの裾幅の2倍とした。
　ここでは全体のフレア分量を5で割り、1本のフレア分量を算出する。
③フレア分量を開く。前後の脇ではフレア分量の$\frac{1}{2}$を出してMHあたりで結ぶ。
④残ったダーツ分量をまとめて中間に入れる。

使用量　　表布　110cm幅140cm
　　　　　　表布　150cm幅140cm

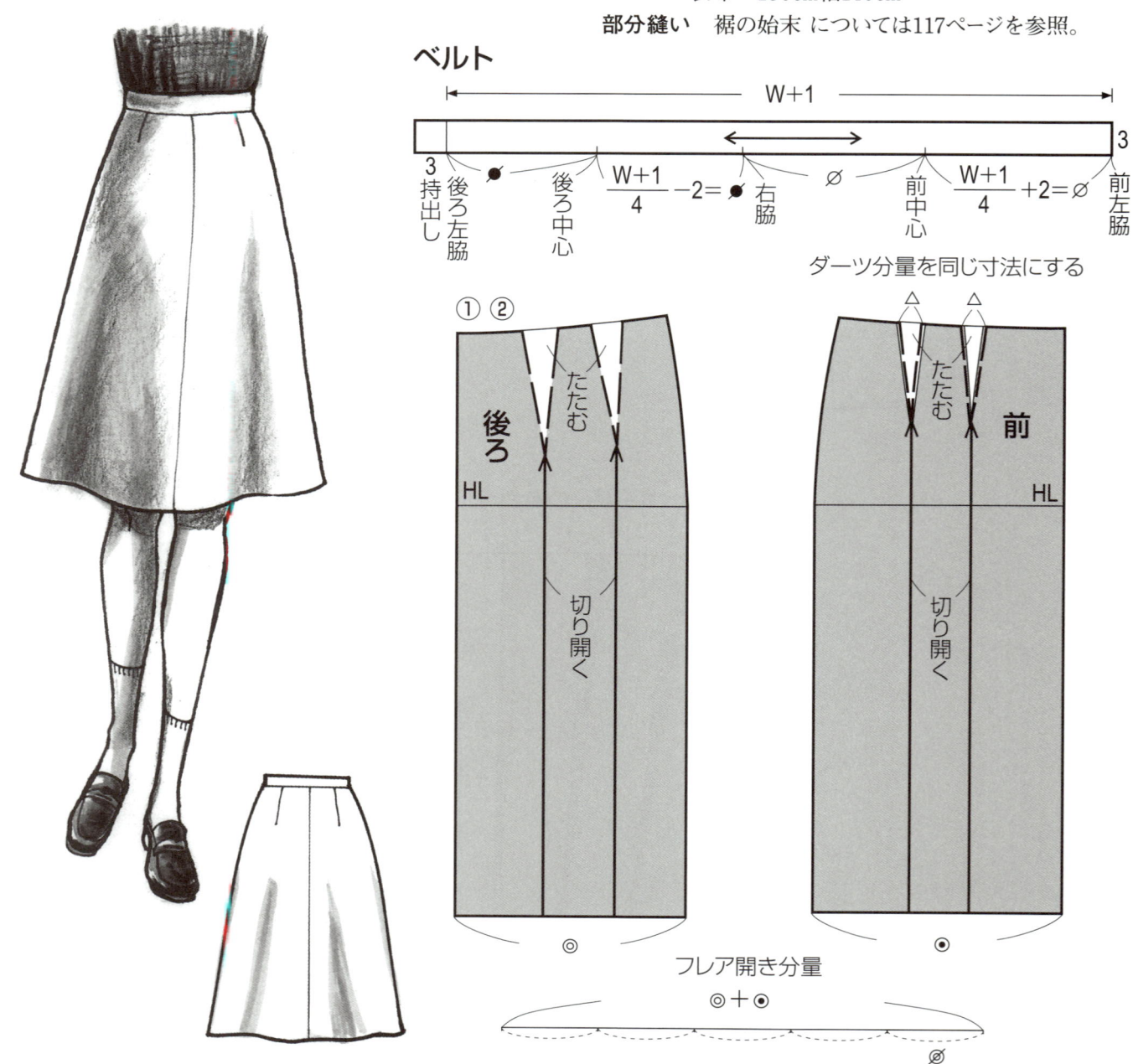

部分縫い　裾の始末　については117ページを参照。

③ ④

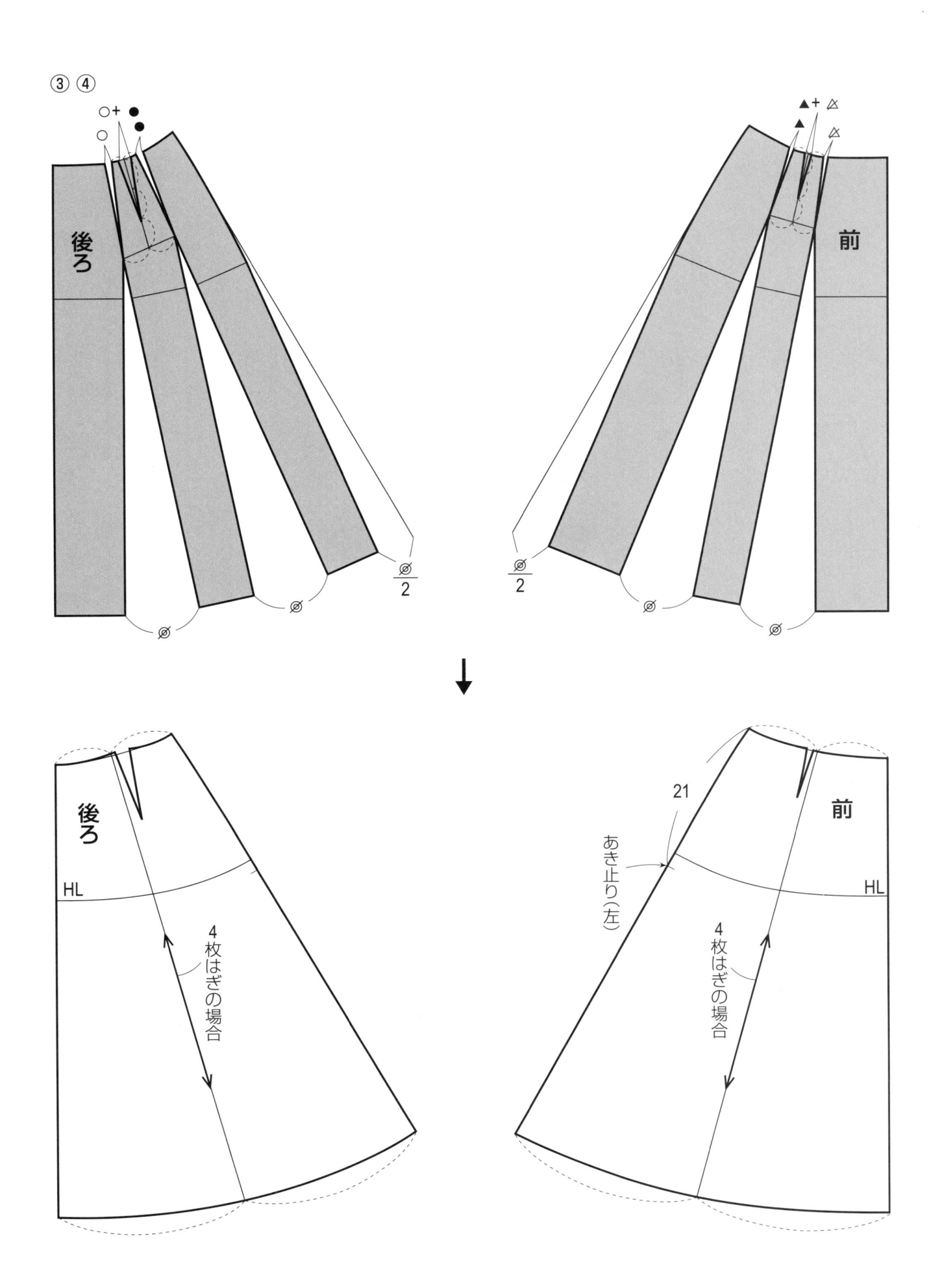

後ろ

前

HL

HL

4枚はぎの場合

4枚はぎの場合

21

あき止り（左）

5　デザイン展開と作図・パターン展開

B ダーツを閉じて裾で開く方法

①各ダーツ止りから裾に垂直線をかく。
②ダーツ止りを基点にダーツ分量を全部閉じて裾を開く。脇線では開いた分量の $\frac{1}{4}$ をフレア分量として加える。

使用量　わ裁ちの場合　表布　110cm幅140cm
　　　　　　　　　　　　表布　150cm幅140cm
　　　　4枚はぎの場合　表布　110cm幅160cm（ベルトは横地）
　　　　　　　　　　　　表布　150cm幅140cm

★布目の入れ方は51ページを参照

① 後ろ / 前　たたむ　切り開く　HL

② 訂正　後ろ / 前　HL　21　あき止り（左）

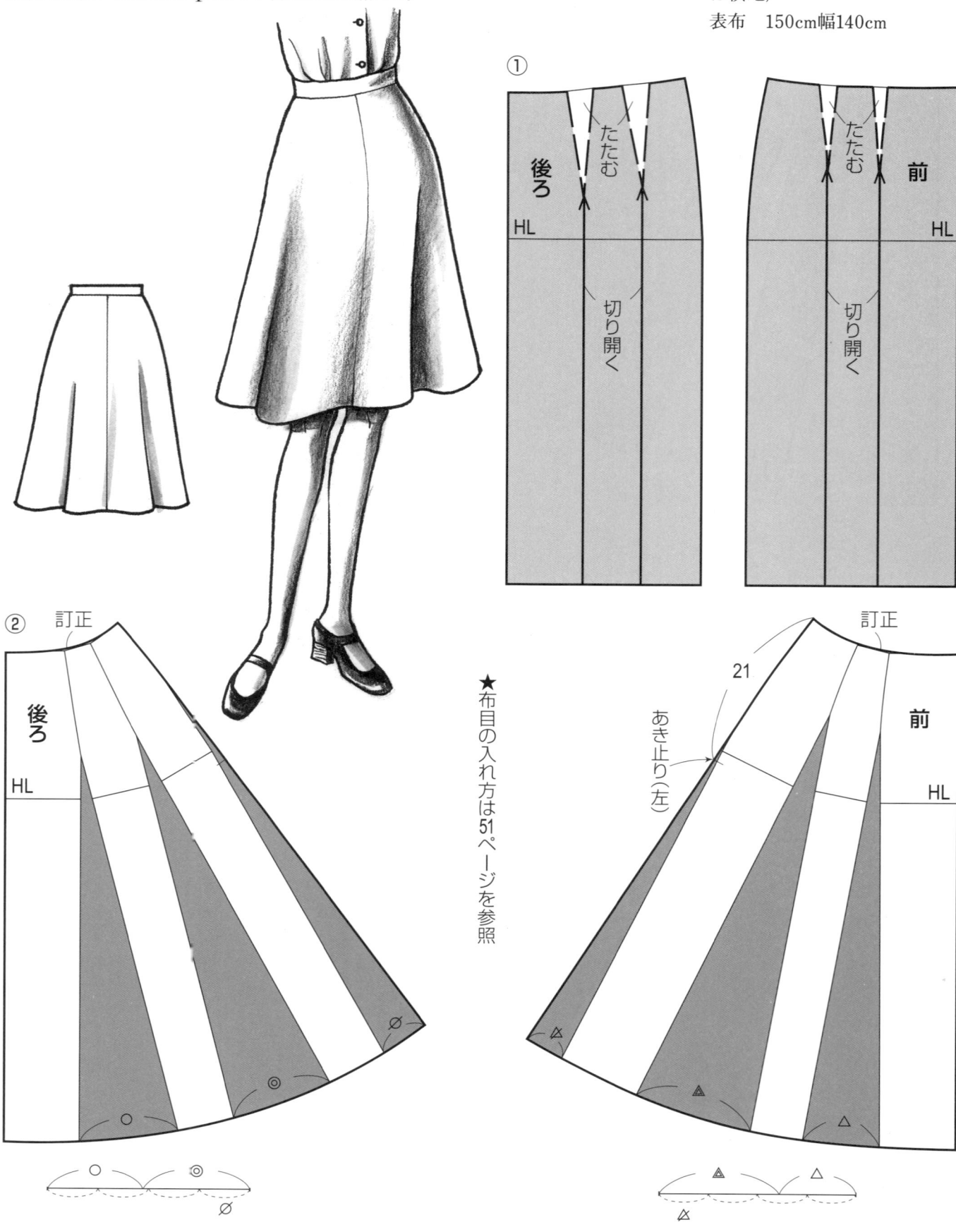

円周率から割り出す方法

円裁ちのスカートは図のようにフレア分量の少ない順に $\frac{1}{4}$ 円、$\frac{2}{4}$ 円（半円）、$\frac{3}{4}$ 円、$\frac{4}{4}$ 円（全円）とあり、さらにフレアを多くしたい場合は、全円＋半円または円を2枚にしたりする場合もある。

円周率を使って、ウエスト寸法になるように半径（r）を算出し、円をかく。

前中心、後ろ中心を決め、布目線を入れる。

布目がバイアスになる位置は伸びて丈が長くなるので、伸び分をパターン上で短くする。

$\frac{2}{4}$ 円（半円）
セミサーキュラースカート

$$r = \frac{ウエスト寸法}{3.14}$$

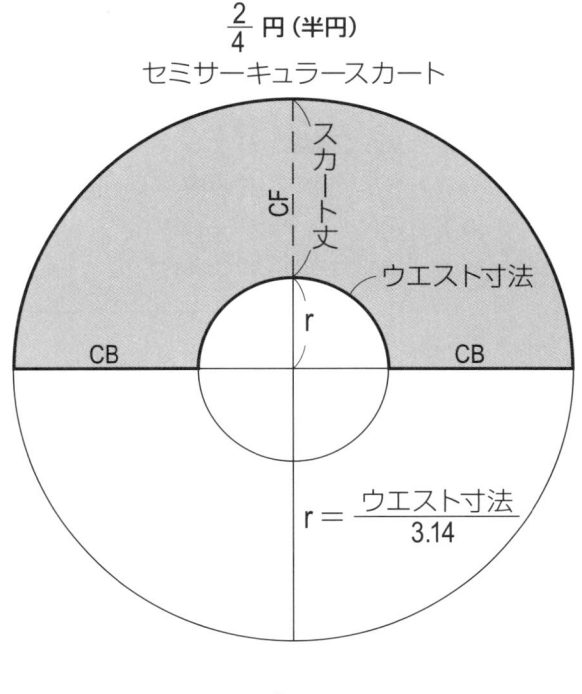

$\frac{4}{4}$ 円（全円）
サーキュラースカート

円周率　π = 3.14
円周（ウエスト寸法）= 2πr

$$r = \frac{ウエスト寸法}{2 \times 3.14}$$

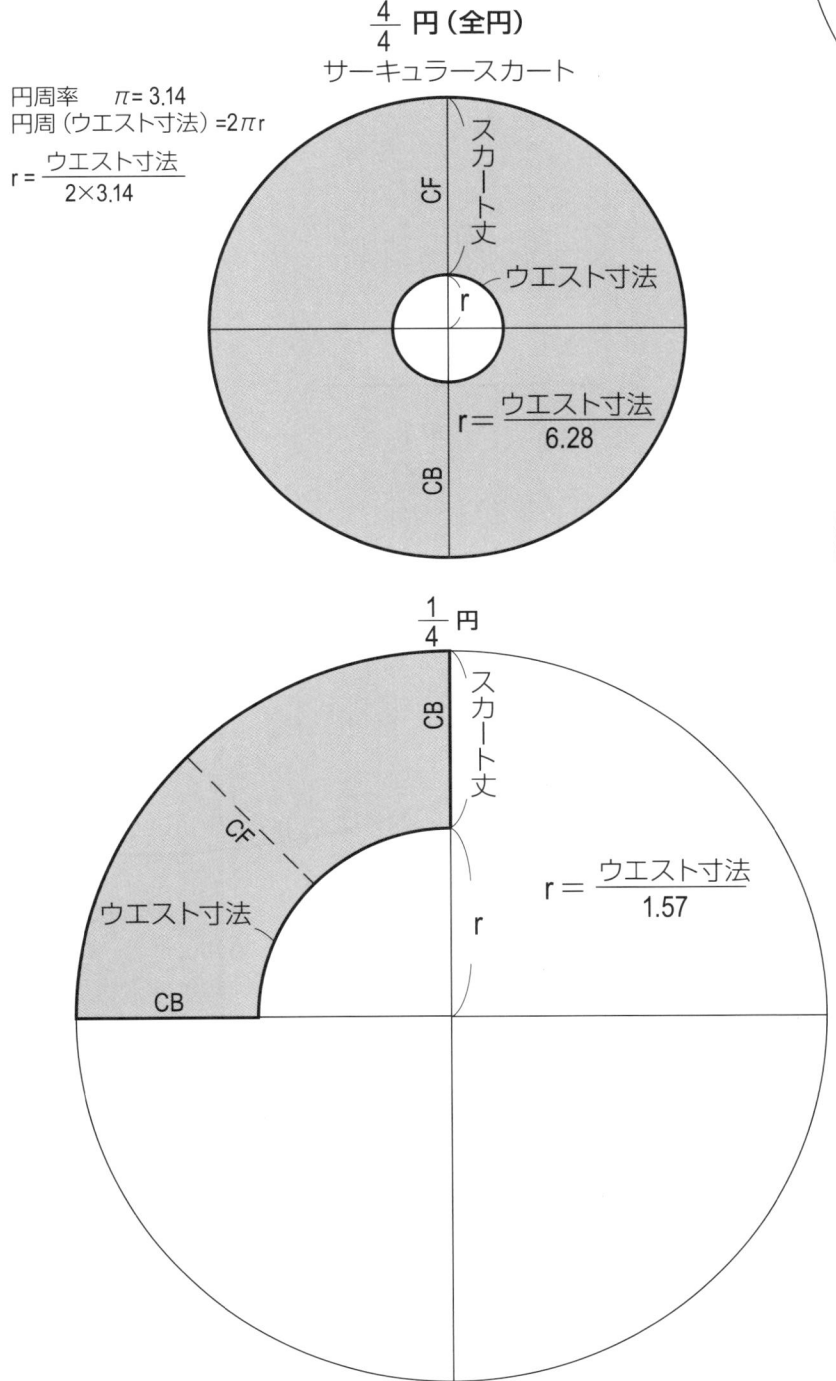

$$r = \frac{ウエスト寸法}{6.28}$$

$\frac{3}{4}$ 円

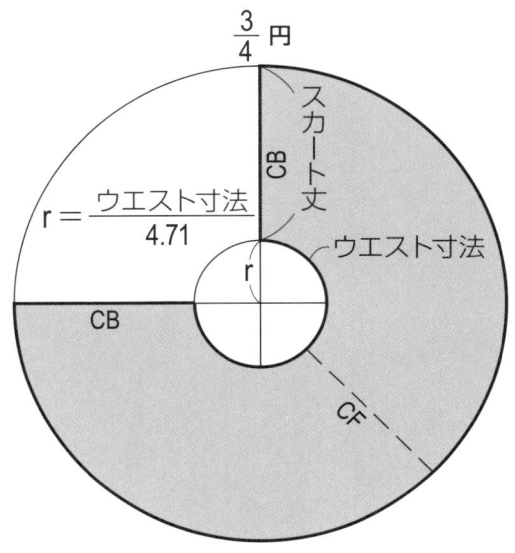

$$r = \frac{ウエスト寸法}{4.71}$$

$\frac{1}{4}$ 円

$$r = \frac{ウエスト寸法}{1.57}$$

$\frac{1}{4}$ 円のフレアスカートは腰の張りが強い場合、ミドルヒップ寸法が不足するので下図のようにするとよい

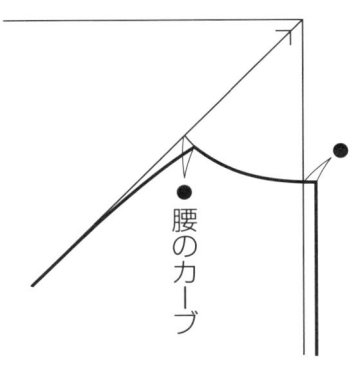

不足分を中心で出し、その分脇でカットして、カーブでかく

5　デザイン展開と作図・パターン展開

サーキュラースカート（全円）

① 円周率を使ってウエスト寸法になるように半径を計算し、$\frac{1}{4}$ の円をかく。
② スカート丈を決めて弧線をかく。
③ 後ろウエストラインをかく。後ろ中心より $\frac{W+1}{4}$ の位置から、後ろウエスト弧線上に自然なカーブで脇線をかく。
④ 布目のバイアス部分の伸び分を裾でカットする。

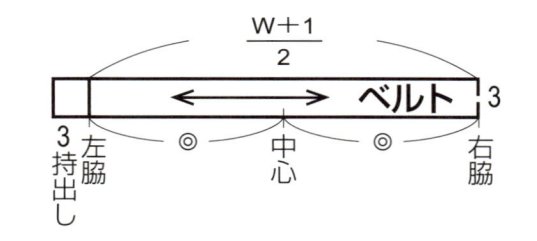

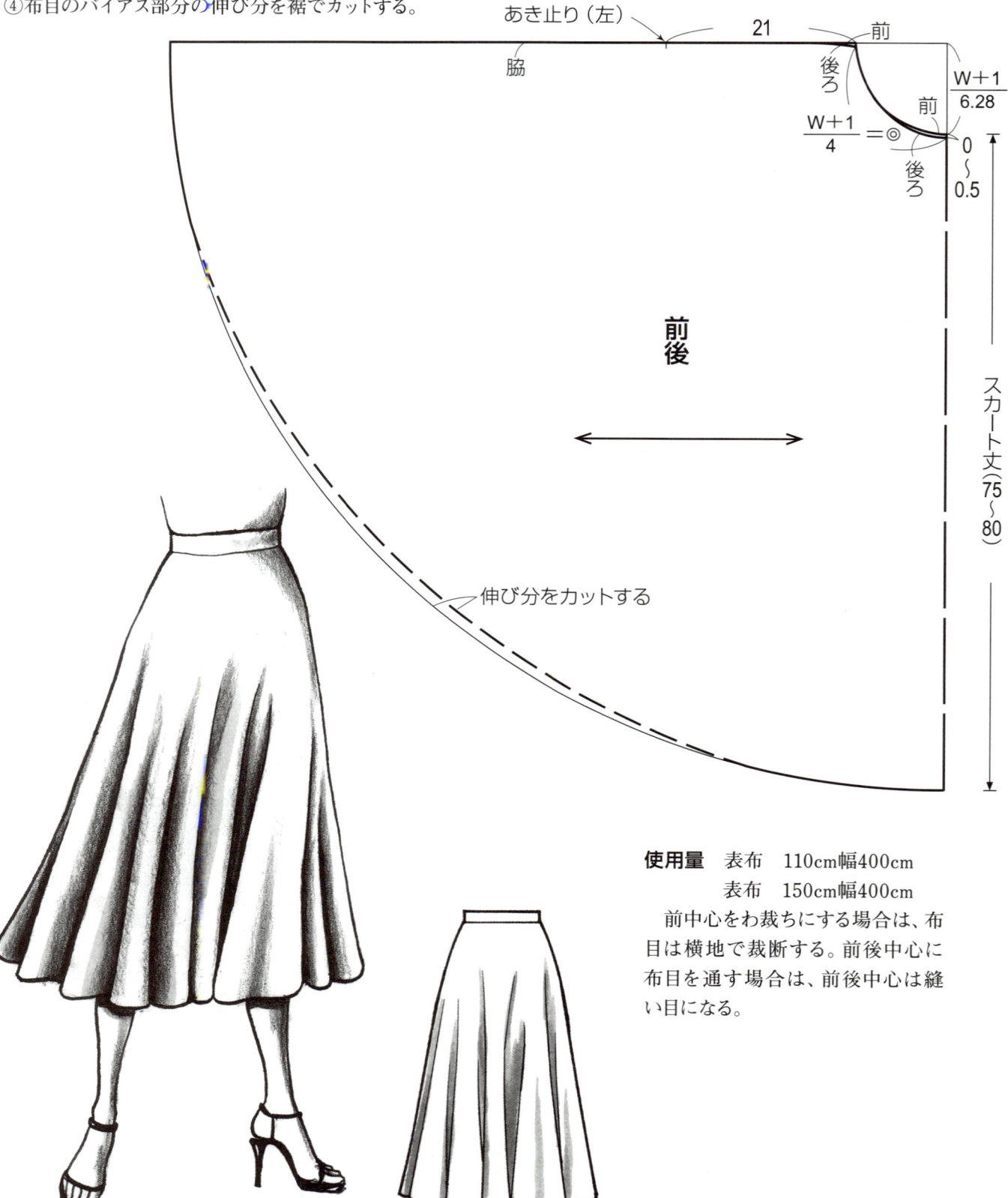

あき止り（左）　21　前
脇　後ろ
$\frac{W+1}{4}$ ＝ ◎　前　$\frac{W+1}{6.28}$
後ろ
0〜0.5

前後

伸び分をカットする

スカート丈（75〜80）

$\frac{W+1}{2}$
ベルト　3
3　左脇　◎　中心　◎　右脇
持出し

使用量　表布　110cm幅400cm
　　　　　表布　150cm幅400cm

前中心をわ裁ちにする場合は、布目は横地で裁断する。前後中心に布目を通す場合は、前後中心は縫い目になる。

セミサーキュラースカート（4枚はぎ）

①円周率を使ってウエスト寸法になるように半径を計算し、$\frac{1}{4}$の円をかき、2等分する。
②スカート丈を決め、弧線をかく。
③後ろウエストラインをかく。後ろ中心より$\frac{W+1}{4}$の位置から、カーブで脇線をかく。
④パターンの中央に縦布目を通す。

使用量　表布　110cm幅260cm
　　　　　表布　150cm幅140cm

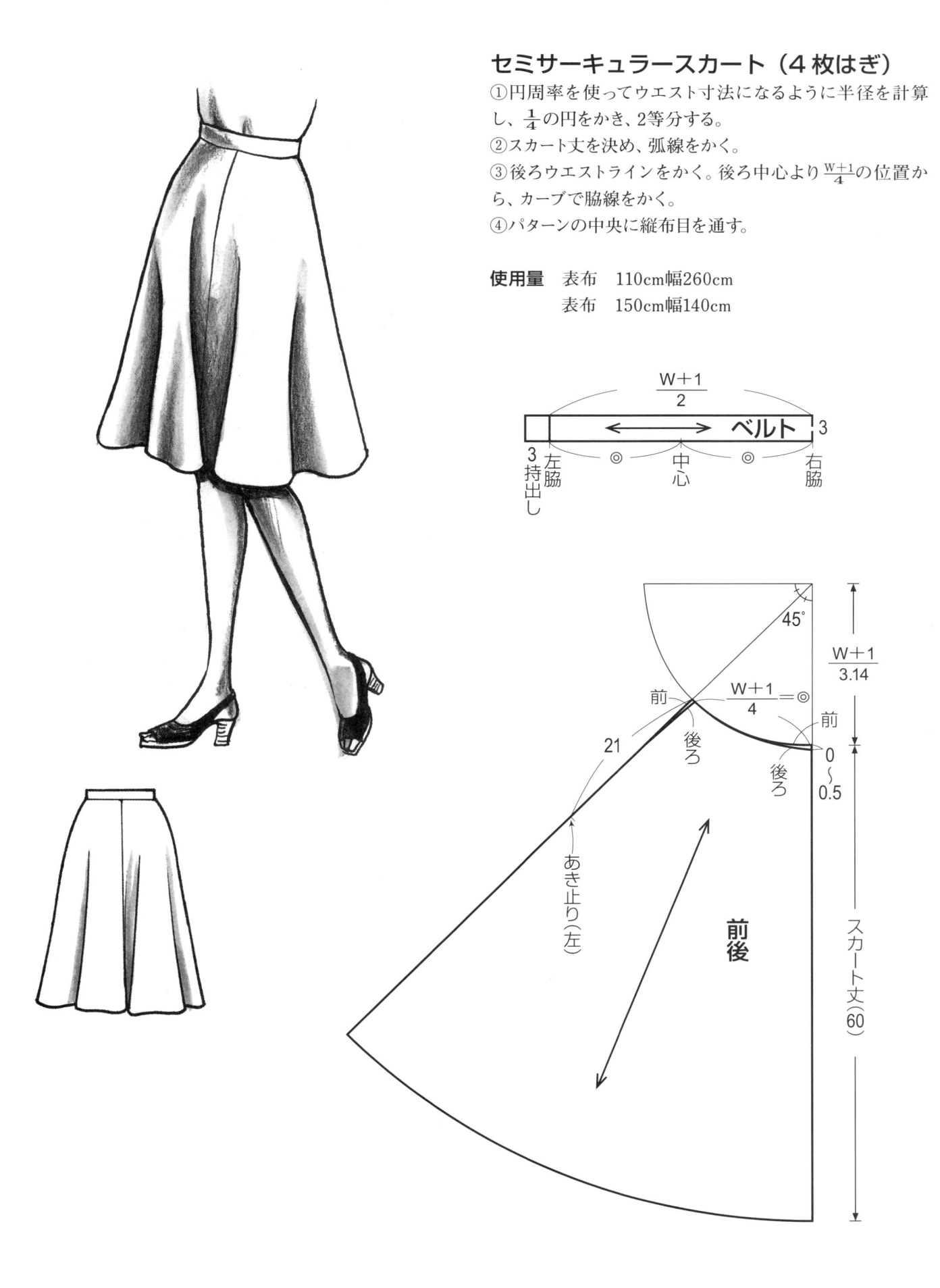

フレアギャザースカート（4枚はぎ）

　フレアシルエットのスカートにさらに量感を出すためにギャザーを入れたスカート。

　パターンを作成するにはタイトスカートからウエストにギャザー分量、裾にフレア分量を開く方法と、フレアスカートからウエストにギャザー分量を開く方法とがある。

使用量　表布　110cm幅280cm
　　　　表布　150cm幅140cm

タイトスカートからのパターン展開
① 開く位置を決める。
② ウエストのギャザー分量を決める。決めたギャザー分量からダーツ分量（▲＋△）をとり残りを7で割る。作例ではギャザー分量をウエスト寸法と同寸法にしてある。
③ 裾のフレア分量を決める。裾幅を決め、タイトスカートの裾幅寸法を引いて残りを8で割る。
④ ②と③で求めた寸法をもとに切り開く。
⑤ 後ろウエストラインをかく。
⑥ ベルトをかく。

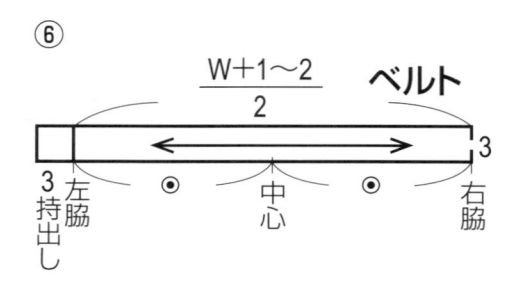

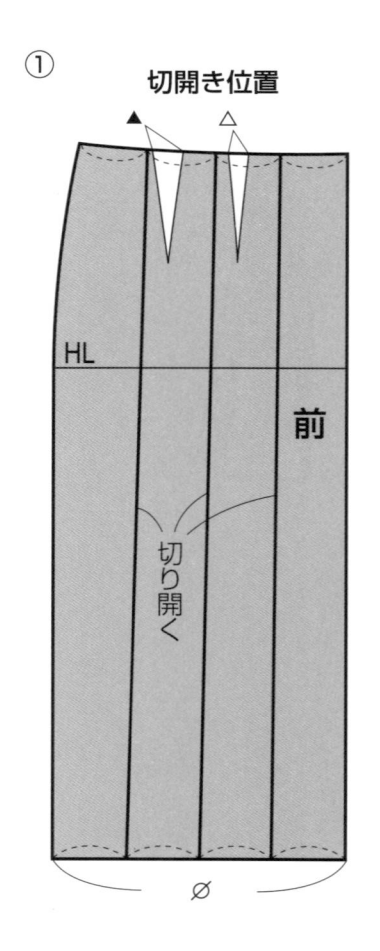

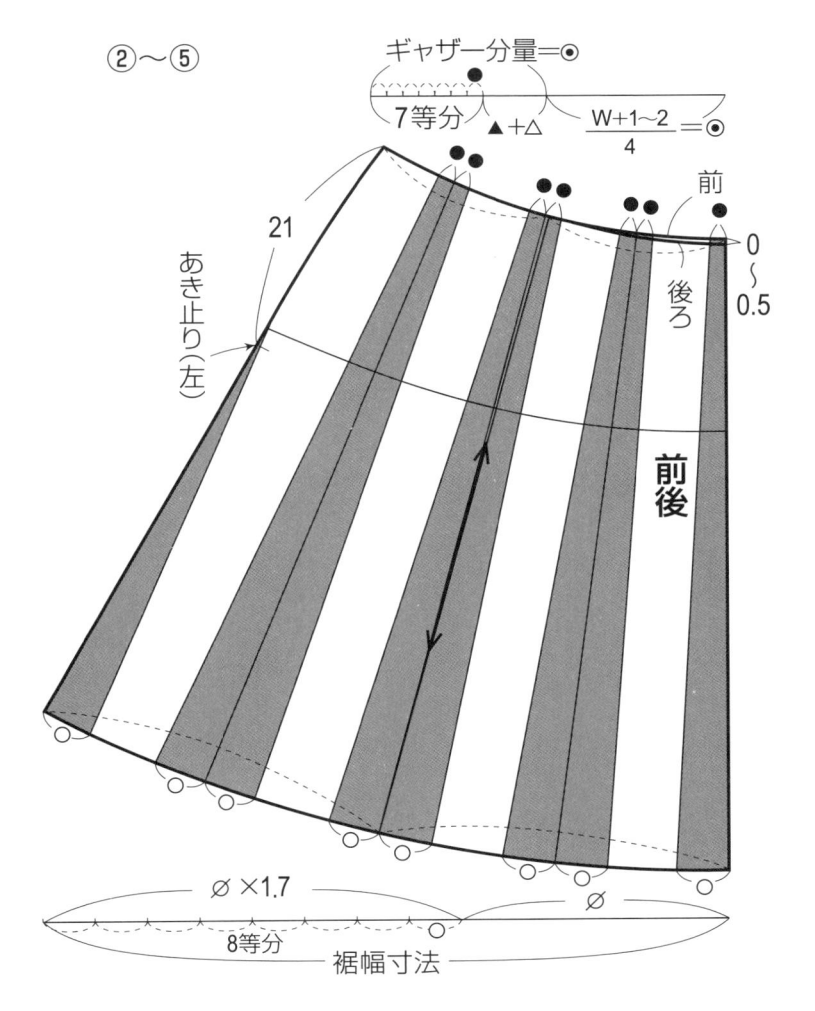

フレアスカートからのパターン展開

55ページのセミサーキュラースカートのパターンから展開する方法もある。すでに裾にフレア分が入っているのでウエストのギャザー分量を開く。

① 開く位置を決める。
② ウエストのギャザー分量を決める。
③ ギャザー分量を開く。
④ 後ろウエストラインをかく。

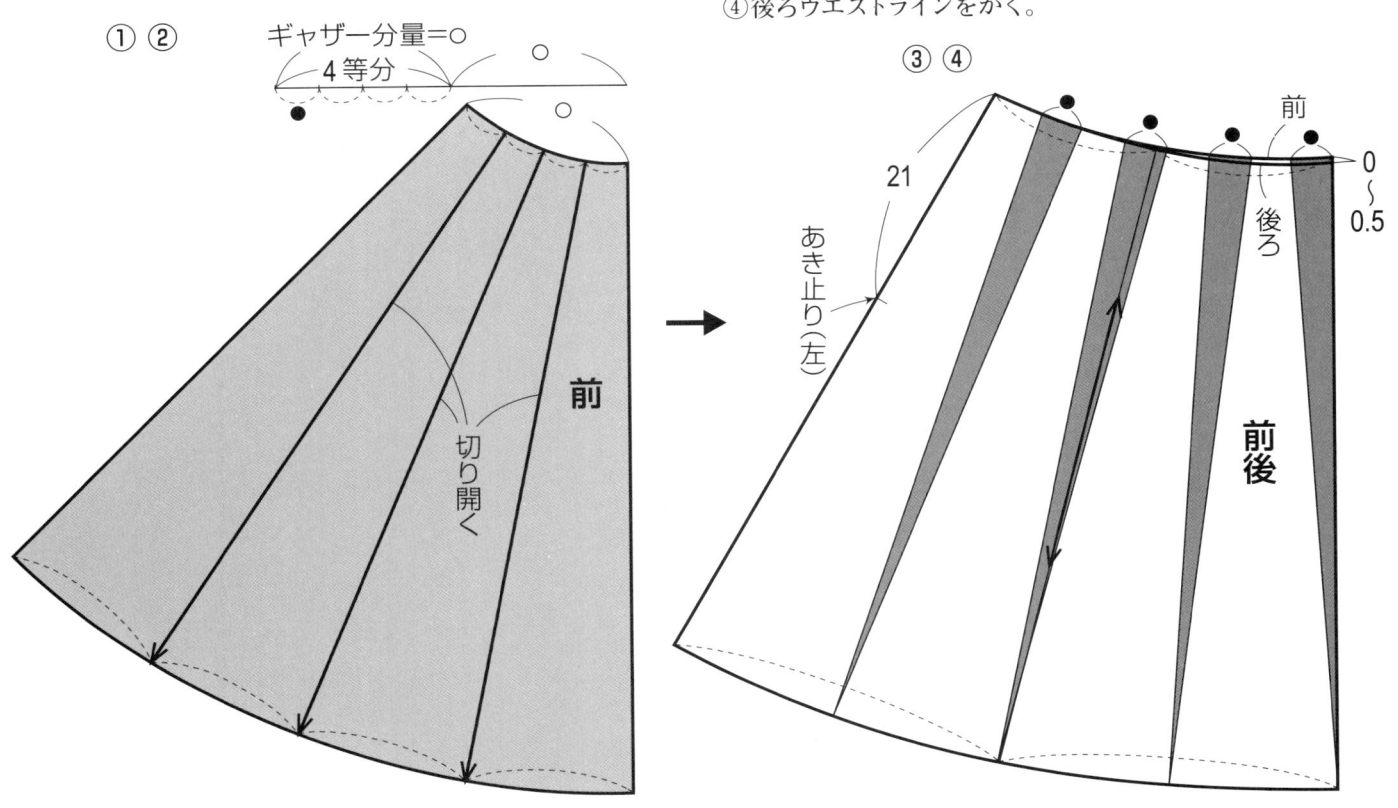

キュロットスカート

外見はスカートのように見えるパンツ式のスカート。活動的でシルエットもスカートと同様、多くのデザインに展開でき、素材の選び方でカジュアルからフォーマルまで広範囲に着用できる。
　構造的にはスカートのパターンに股の部分をつけた形態で、スカートのパターンから展開する方法には、タイトスカートとセミタイトスカートから展開する方法がある。
　作例のデザインには、素材は緻密に織られた弾力性のあるしっかりした布が適している。

使用量　　表布　110cm幅160cm
　　　　　　表布　150cm幅150cm

作図要点

　セミタイトシルエットのスカートに股の部分を加えた作図法である。
　股上丈に2cmのゆとり分を加えて股上線をかき、その線を基準にシルエットを決める。
　前中心は股上線上で1cm出し、ウエストラインの中心から1cm入った位置と結んで裾線まで延長する。
　後ろ中心の股上線上では前より広く寸法（1.5cm）を出し、ウエストラインでは後ろ中心から1.5～2cm入った位置と結んで裾広がり分を出す。
　前後の股の部分はその線に直角にヒップの厚み分（$\frac{H}{4}$寸法の$\frac{1}{2}$を基準にする）をとり、股ぐりをかく。
　後ろ股上丈は運動量として、ウエストラインより上に1～1.5cm追加する。

作図　　　　　　　　　ベルト

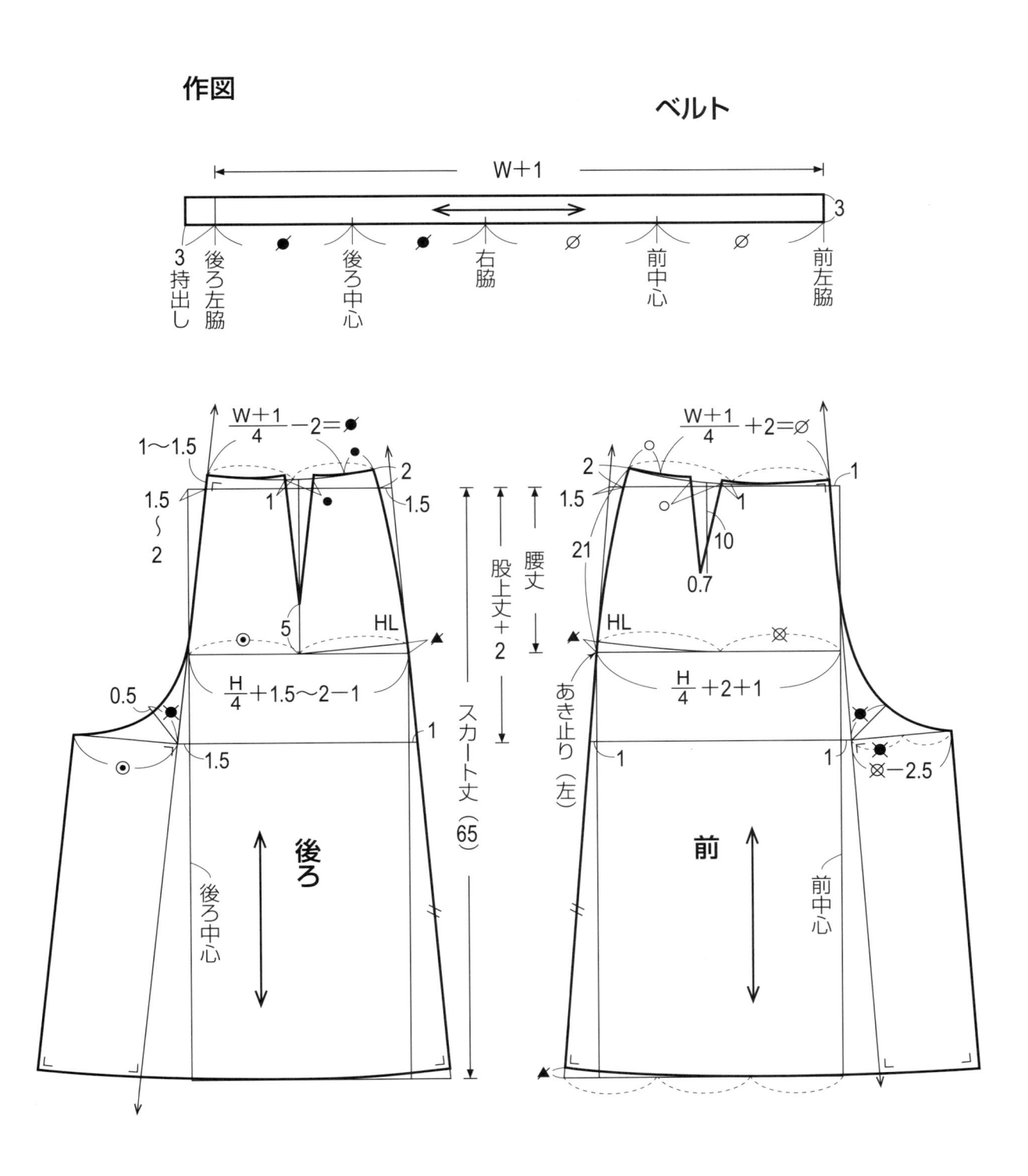

3持出し｜後ろ左脇｜後ろ中心｜右脇｜前中心｜前左脇

W+1

後ろ:
- $\frac{W+1}{4} - 2 = ●$
- 1〜1.5
- 1.5〜2
- 1.5
- 1
- 2
- 0.5
- 5
- HL
- $\frac{H}{4} + 1.5 \sim 2 - 1$
- 1.5
- 1
- スカート丈(65)
- 股上丈+2
- 腰丈
- 後ろ中心

前:
- $\frac{W+1}{4} + 2 = \varnothing$
- 2
- 1.5
- 1
- 2
- 1
- 10
- 0.7
- 21
- HL
- あき止り(左)
- $\frac{H}{4} + 2 + 1$
- 1
- ⊗−2.5
- 1
- 前中心

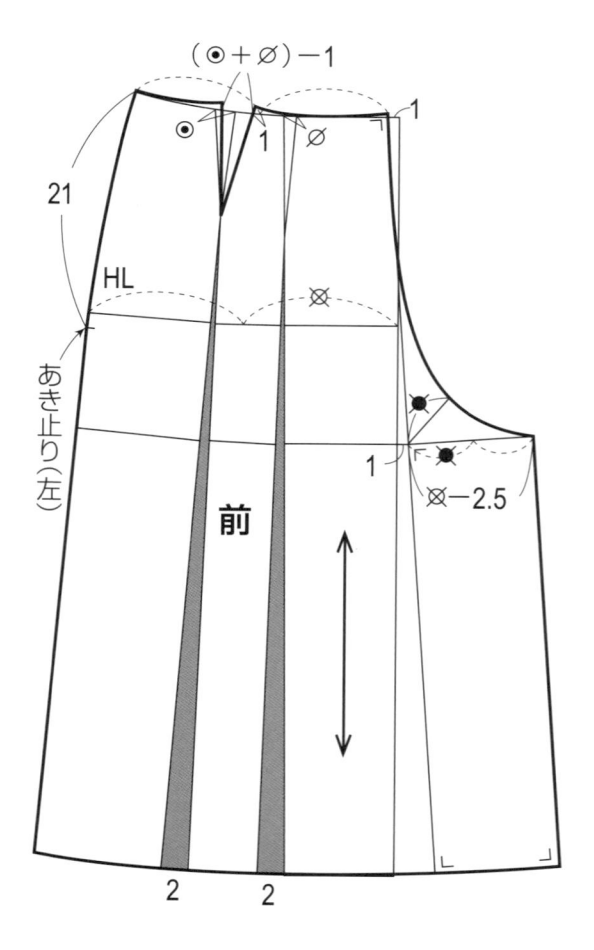

タイトスカートからのパターン展開

①スカート丈を決め、股上線をかく。裾広がりのシルエットにするため、切開き線をダーツ止りから垂直に引き、脇でも1cm（切開き分量の$\frac{1}{2}$）追加する。

②ダーツ止りを基点にして裾線で開く。

③前後中心の股上線の位置で裾広がり分（前1cm、後ろ1.5cm）を入れ、ヒップの厚み分（$\frac{H}{4}$寸法の$\frac{1}{2}$を基準にする）を加えて股上線をかく（作図を参照）。

④運動量として後ろ股上丈を追加（1～1.5cm）してウエストラインをカーブで結び、ダーツを前後とも1本にまとめる。

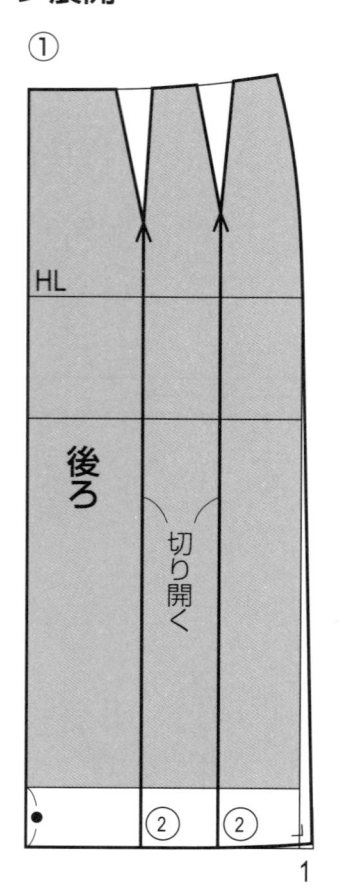

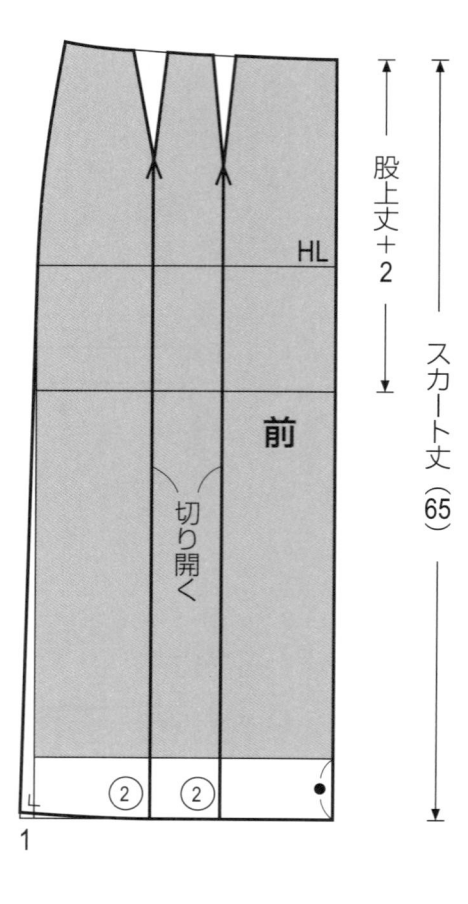

セミタイトスカートからのパターン展開

①スカート丈（65cm）を決め、中心線、脇線を延長する。
②股上丈にゆとり分（2cm）を加えて股上線をかく。
　ほかはタイトスカートからの展開を参照。

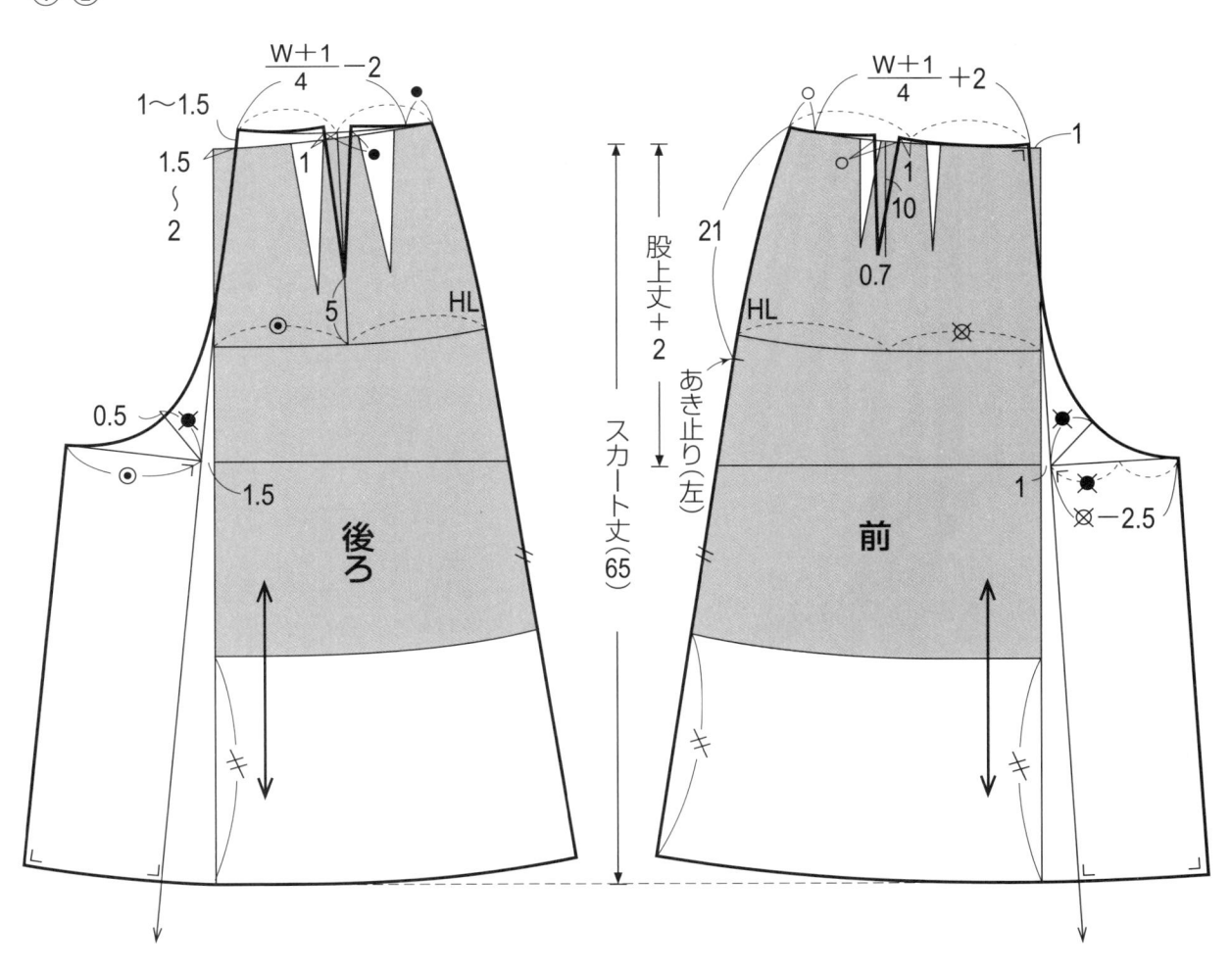

ワンウェープリーツスカート

　ワンウェープリーツとは一方方向に折りたたまれた平面プリーツの一種で、全体をこのプリーツにしたスカートをワンウェープリーツスカートという。プリーツの動きが流動的で美しく、機能的なスカートである。用途的にも広範囲で、素材、プリーツ数、スカート丈を変化させることによってスポーツウェアからフォーマルウェアまで取り入れることができる。

使用量　表布　150cm幅170cm

作図要点

ヒップのゆとりについて
　ヒップのゆとりは、プリーツが折りたたまれて3枚重なるため、布の厚みによって加減する。作例では薄手ウール程度とし、$\frac{H}{2}$寸法に3cm加える。

プリーツの本数と幅の決め方
　プリーツの本数を決めてヒップライン上で等分する。作例では12等分し、ウエストラインからヘムラインまで垂直線を引く。プリーツは全体で24本（プリーツの総数は4で割りきれる数にする）になる。
　プリーツ幅は、ヒップラインから裾に向かって少し裾広がりのシルエットにするとプリーツの動きがきれいに見えるので、各プリーツの幅を両側で0.5cmずつ広くする。

ウエストダーツの配分について
　ウエストはプリーツの重なりで厚くなるため、全体に2cmのゆとりを入れ、さらに体型に合わせるためのいせ分と布の厚み分として$\frac{W+2}{2}$に2～3cm加え、残りをダーツ分量とし、12等分して均等に配分する。プリーツを折り、ベルトをつける段階で後ろウエストを多くいせて体型に合わせる。
　ダーツの止りは殿部や腹部のふくらみに合わせて決める。

プリーツの入れ方（64ページを参照）
　陰プリーツの分量は、基本としてはヒップラインの位置で表プリーツ幅の2倍にする。陰プリーツが透けて見えない場合は、陰プリーツの分量を少なくしてもよいが、布の厚みや裾のプリーツの落着きぐあいも考慮して決める。
　チェック、ストライプなど、柄物の場合は、表プリーツの柄の出方を見て、陰プリーツの分量を決めるとよい。

ベルト

▲ = 陰プリーツ分

- 持出し
- 後ろ左脇
- 後ろ中心
- 右脇：$\frac{W+2}{4} - 2 = ●$
- 前中心：$\frac{W+2}{4} + 2 = ○$
- 前左脇：$○ - △$

全体：W+2、幅3

12等分　$\frac{W+2}{2} + 2～3$

プリーツの幅の決め方

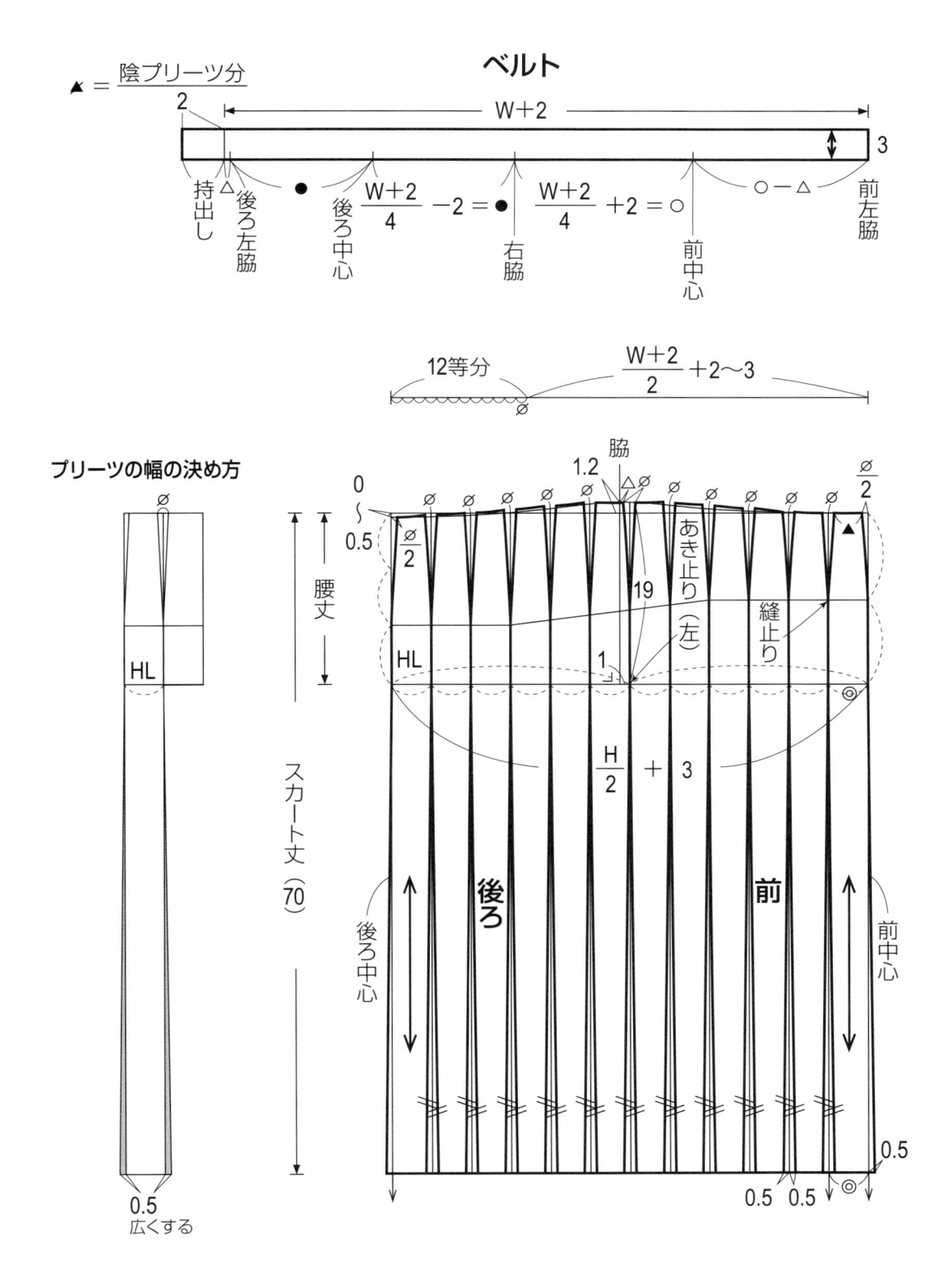

腰丈、HL、スカート丈（70）

0、0.5、$\frac{∅}{2}$、1.2、脇、△、あき止り（左）、19、縫止り、1、$\frac{H}{2} + 3$

後ろ中心、後ろ、前、前中心

0.5　広くする

0.5　0.5　0.5

用布量（スカート丈の2倍）が限られている場合の陰プリーツの割出し方

Mサイズよりヒップ寸法が大きく、用布量が限られている場合は、陰プリーツ量を下記のように割り出すとよい。

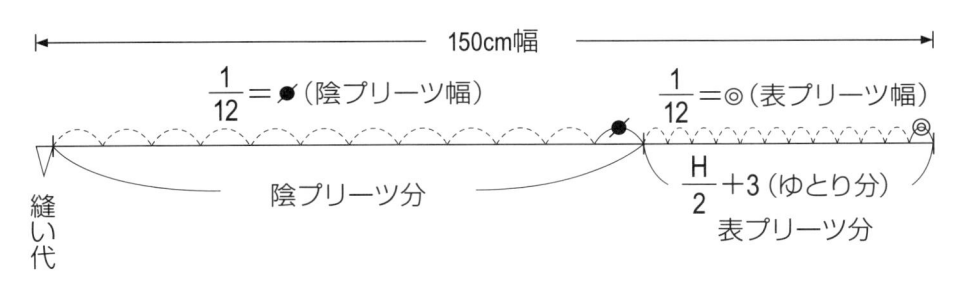

150cm幅

$\frac{1}{12} = ●$（陰プリーツ幅）　　$\frac{1}{12} = ◎$（表プリーツ幅）

縫い代　陰プリーツ分　　$\frac{H}{2} + 3$（ゆとり分）表プリーツ分

プリーツの入れ方

後ろ
- ∅/2
- 表プリーツ
- 陰プリーツ ×2
- HL
- 後ろ中心
- 脇

前
- ∅/2
- 陰プリーツ ×2
- 表プリーツ
- HL
- 前中心
- あき止り（左）

6　仮縫い方法と試着補正法

実物の布地を使って仮縫いする方法と試着縫製法を説明する。

（1）パターンメーキング

作図からパターンをうつし取る

作図の上に用紙を重ね、動かないように文鎮をのせるかピンで止め、定規やカーブ尺を使用して正確にうつし取る。

またうつし取る用紙を作図用紙の下に置き、ルレットを使ってうつす方法もある。

パターンチェック

- 脇に合い印を入れる。縫い合わせた状態にして寸法の確認をし、合い印を2～3か所入れる（図2）。
- パターンの布目線は、裁断時に正確に布目が通せるようにパターンの端まで入れる。
- 必要な名称、記号を各パーツごとに入れる（図3）。

図2　前後パターンを合わせて寸法や傾斜、カーブの確認をする

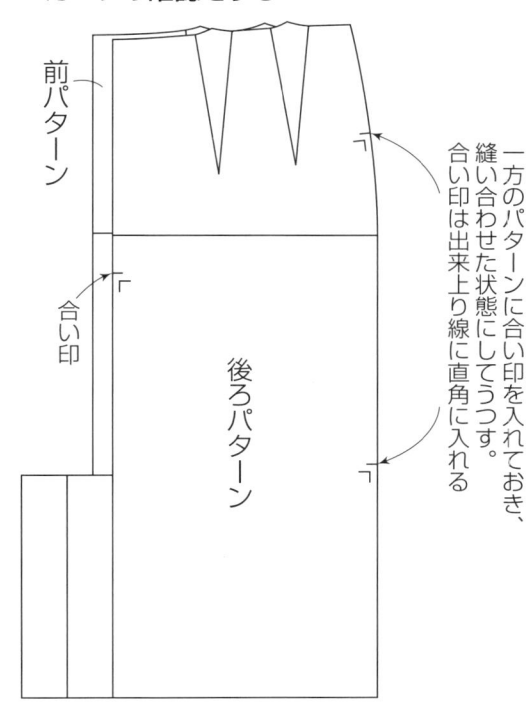

一方のパターンに合い印を入れておき、縫い合わせた状態にしてうつす。合い印は出来上り線に直角に入れる

〈例〉タイトスカート

図1　ウエストラインの修正

ダーツは縫った状態にして中心に片返ししてウエスト線を切る

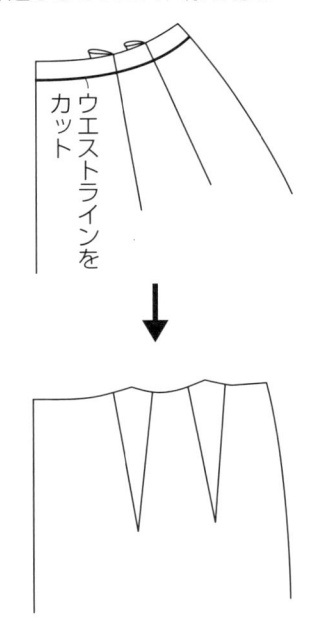

ウエストラインをカット

図3　布目線、名称、記号を入れる

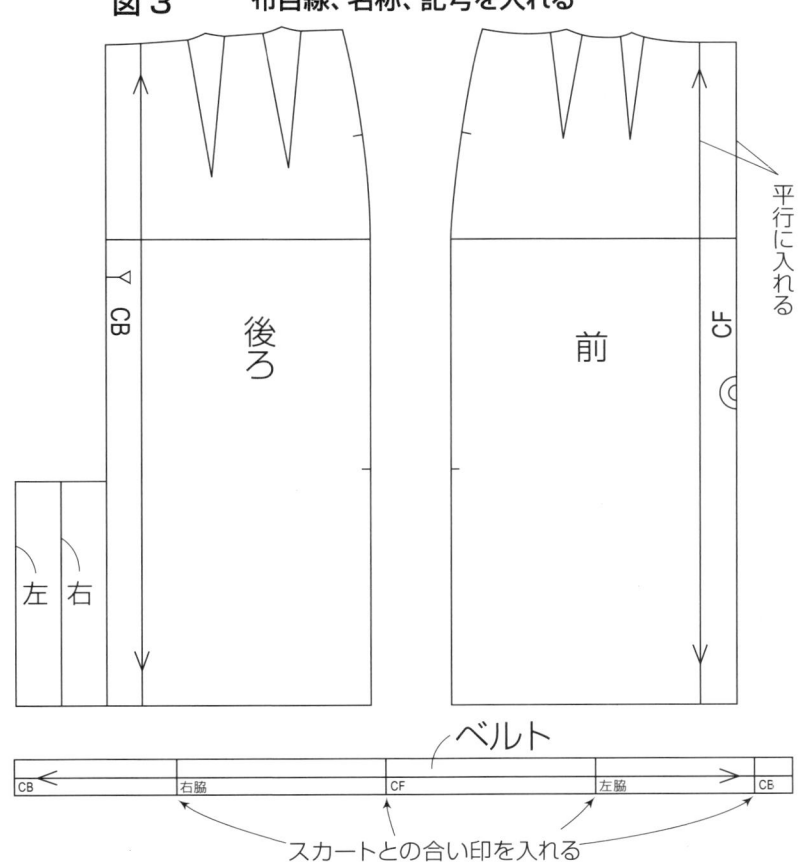

平行に入れる

後ろ　前

左　右

ベルト

CB　右脇　CF　左脇　CB

スカートとの合い印を入れる

布にチョーク印がつけられるように、カッターナイフで抜き取る

パターンの下に厚紙やボードなどを敷き、ダーツの位置やヒップラインなど、チョーク印を必要とする個所にカッターナイフで穴をあける。ヒップラインが直線の場合は両端にチョーク印があればよいので、穴は必要ない。

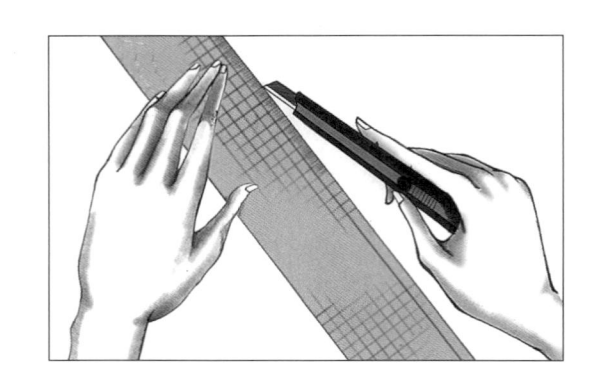

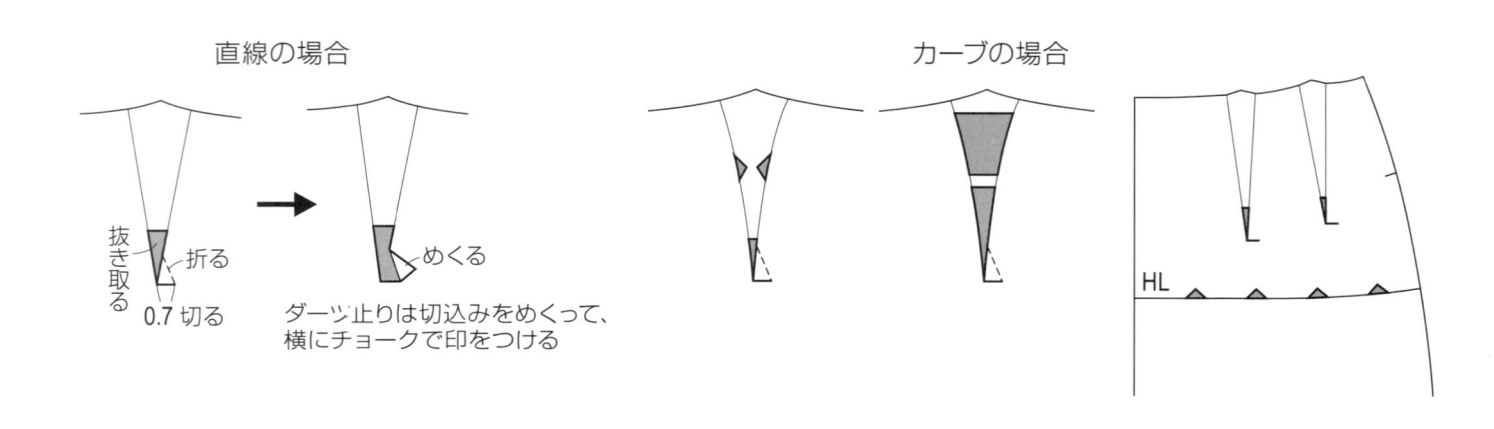

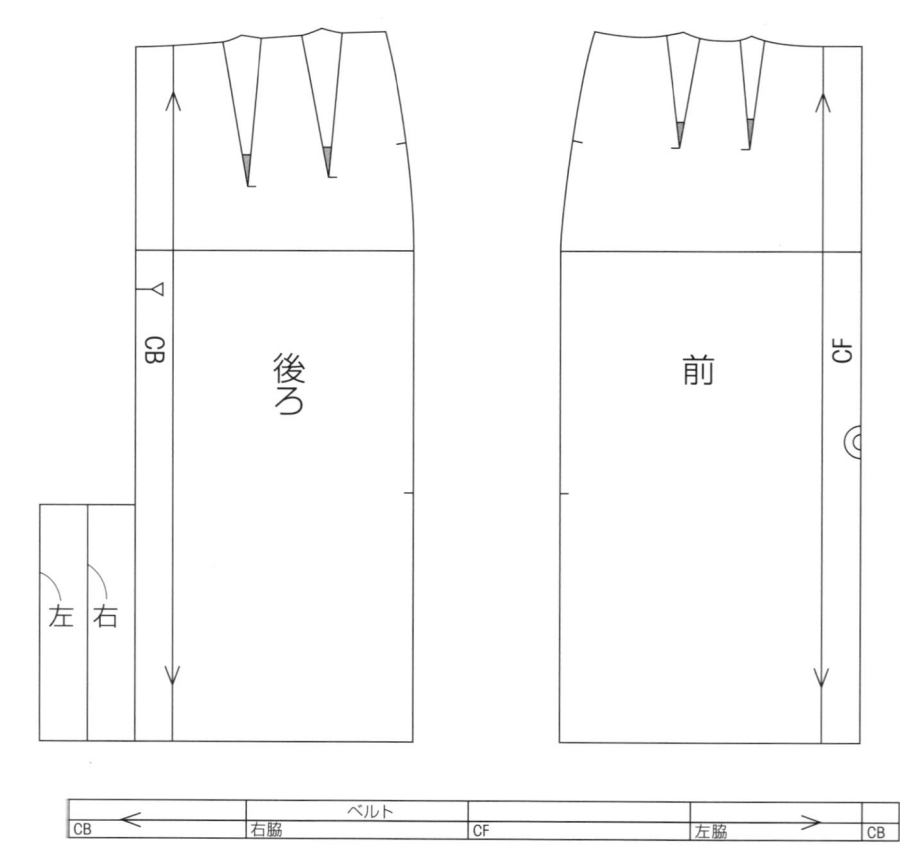

直線の場合

抜き取る　折る
0.7 切る
めくる
ダーツ止りは切込みをめくって、横にチョークで印をつける

カーブの場合

HL

ダーツを抜き取ったパターン

後ろ　CB
前　CF
左　右
ベルト
CB　右脇　CF　左脇　CB

(2) 裁断

地直し、縮絨

裁断する前に布に合った方法で、布目のゆがみや耳のつれを整理し、仕立てるときにアイロンの熱や水分で部分的に縮まないように縮絨をしておく。

パターンの配列

布を中表にしてパターンを布目どおりに配列し、ピンで止める。

配列するとき布がむだにならないように注意する。

ベルト布は片方に耳を使用する場合と、両側に縫い代をつける場合がある。

またスカート丈が短い場合は、ベルト布の見積りをしてからむだのないように布を購入する（68ページの裁合せ図A・Bを参照）。

裁断

仮縫いのために縫い代を多めにつけて裁断する。

チョークによる印つけ

パターンの輪郭、穴の位置、合い印位置の要所要所をチョークで印す。

パターンをはずして定規、カーブ尺を使いチョークで線を入れる。

切りじつけ

チョークの線上をしつけ糸2本どりで切りじつけをする。

直線のところは8〜10cm、曲線のところは3cmぐらいの間隔にする。

線と線が交わるところは十文字になるようにする。

前中心など、わで裁断するところは中心がわかるように糸印をしておく。

ベルト布はチョークの印だけでよい。スカートとの合い印を忘れずに入れておく。

〈例〉 タイトスカート

裁合せ図 ①

150cm幅の布の場合

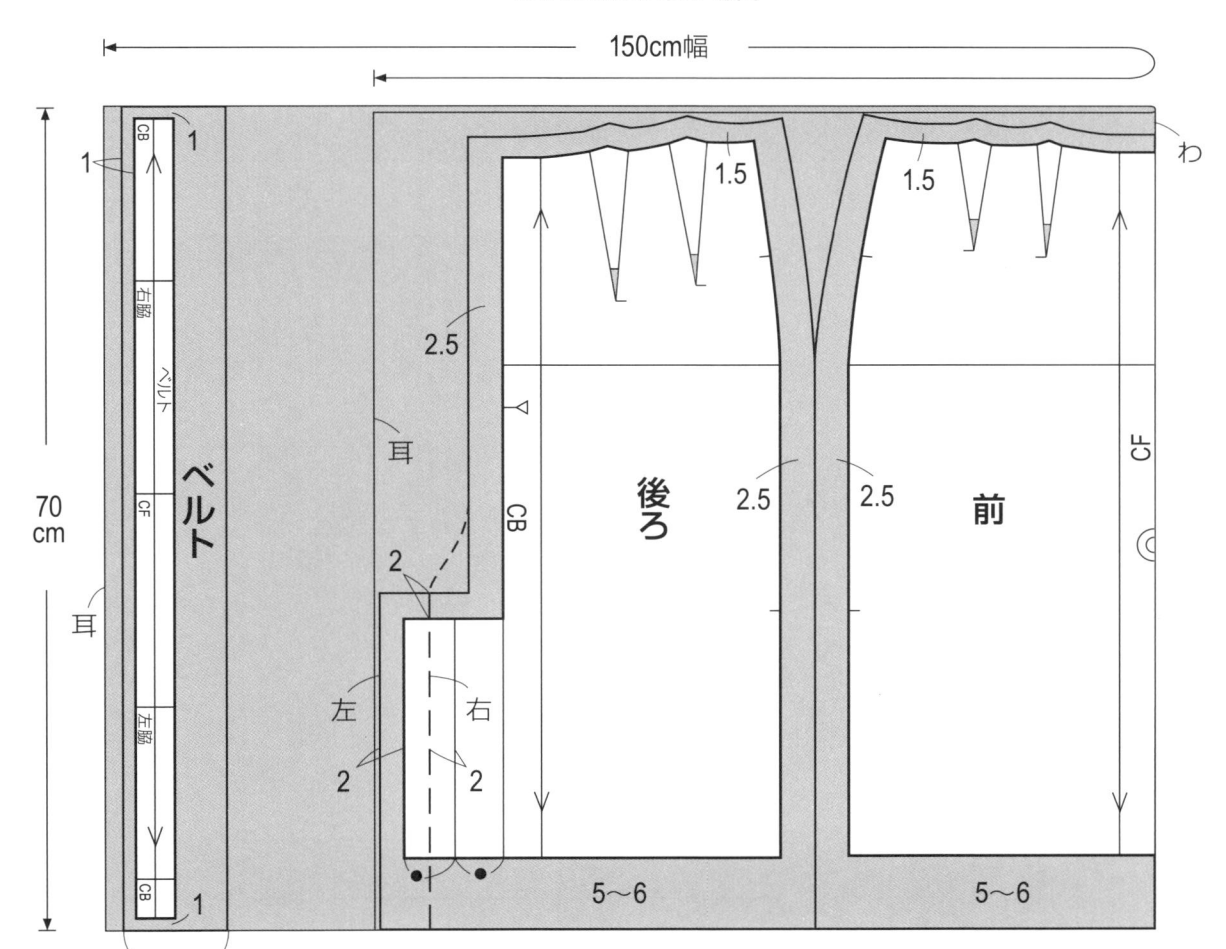

ベルト幅×2+2〜2.2

★ベルトの仕立て方によってベルトのパターンの配置や縫い代のつけ方は異なる

6 仮縫い方法と試着補正法

ウエストサイズとスカート丈の差が大きい場合

スカート丈とウエスト寸法の差が10cm以内の場合は、A-aのようにベルト布で見積もる。10cm以上だとA-bのようになり布がむだになるので、Bの裁断図のようにベルト布を横に配置する。

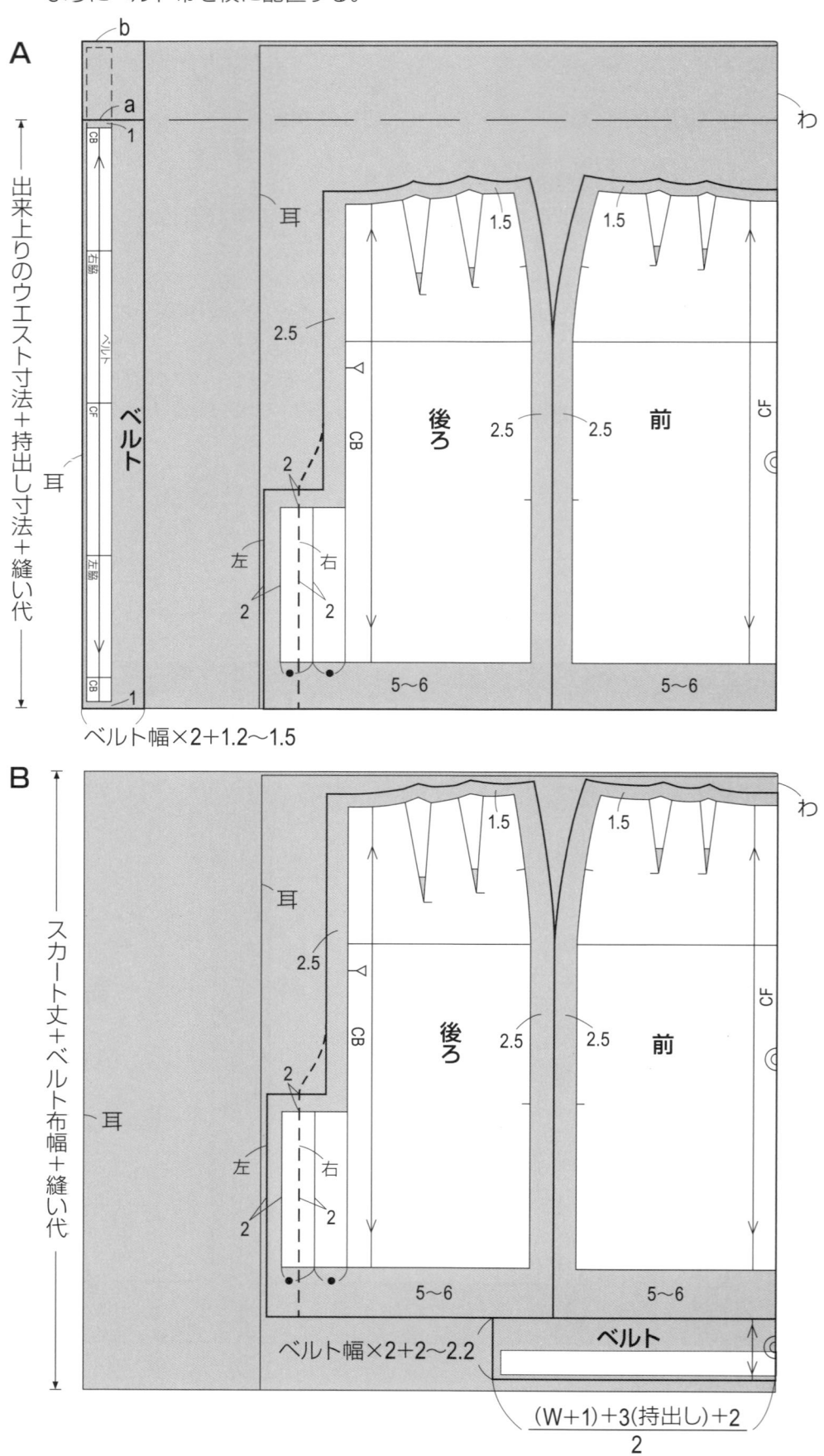

$$\frac{(W+1)+3(持出し)+2}{2}$$

裁合せ図 ②

110cm幅の布の場合

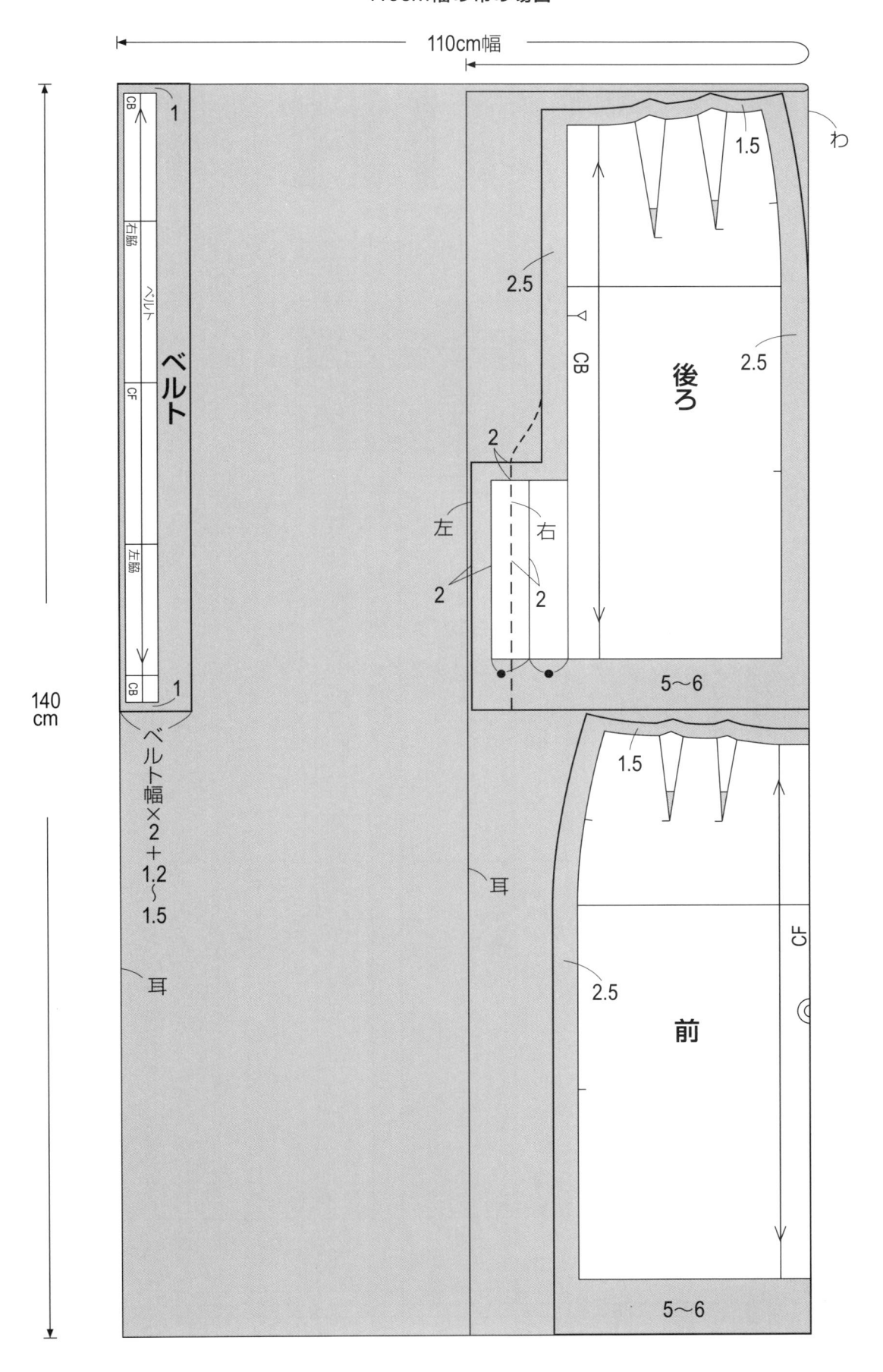

110cm幅

140cm

ベルト幅×2＋1.2〜1.5

ベルト
- CB ↑ 1
- 右脇
- ベルト
- CF
- 左脇
- ↓ CB 1

耳

後ろ
- 1.5
- 2.5
- 2.5
- CB
- わ
- 5〜6

左 2 / 右 2
2

前
- 1.5
- 2.5
- CF
- 5〜6

耳

6 仮縫い方法と試着補正法

(3) 柄合せ

柄にはいろいろあるが、ここではスカートによく使われる縞と格子について説明する。

- 対称の縞、格子は中表にして裁つが、複雑な柄は外表にして柄を見ながら裁断する。
- 対称でない柄は柄合せが難しいので、パターンを左右とも作り、1枚ずつ裁断する。

対称の柄　　　　　　　対称でない柄

縞

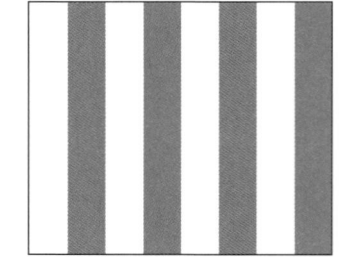

左右対称の柄 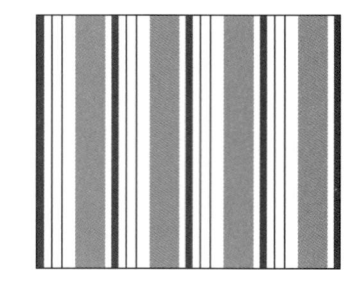　　　　　左右がある柄

格子

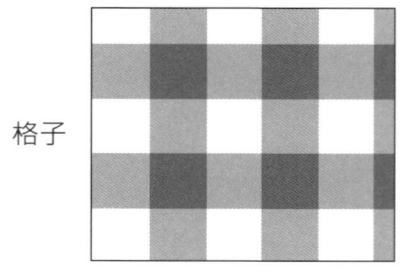

上下、左右対称の柄 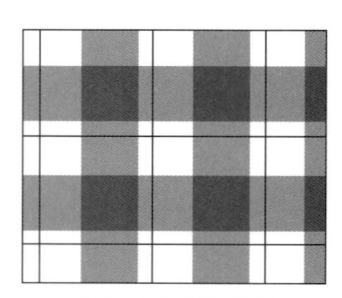　　上下、左右がある柄

左右のパターン

〈例〉タイトスカート

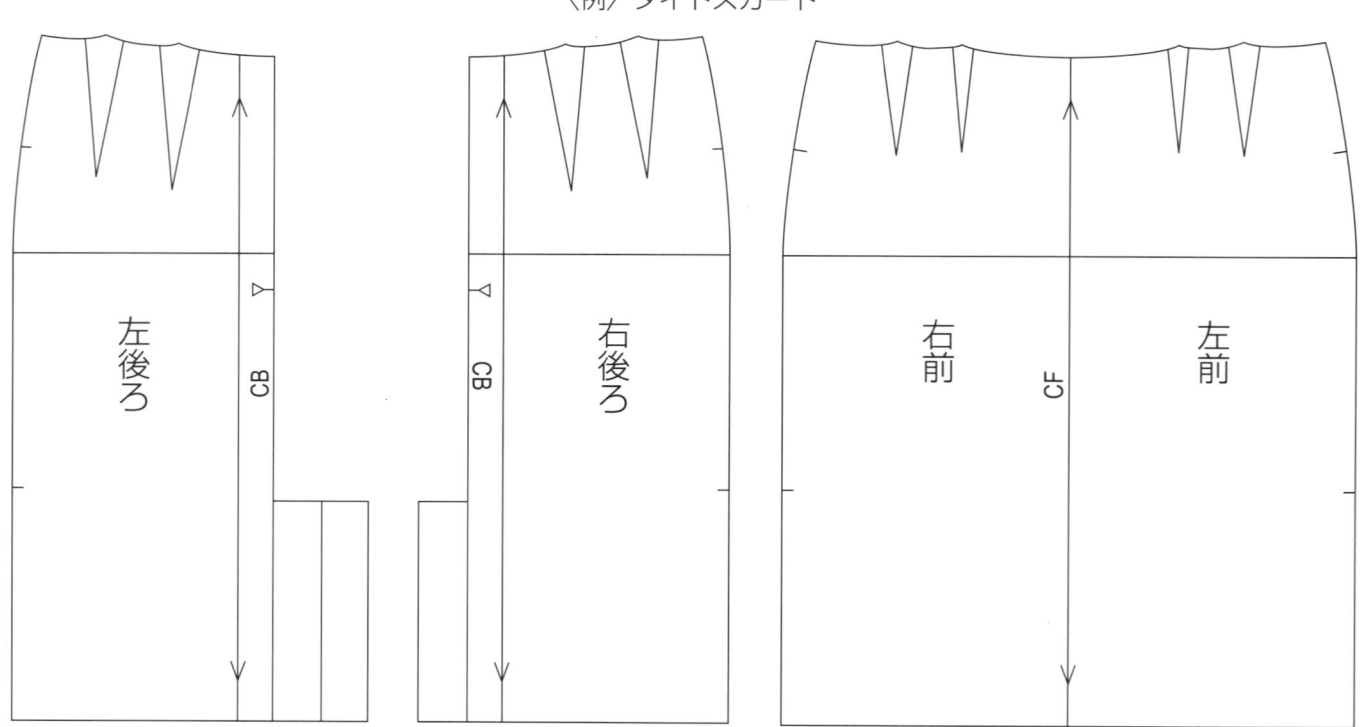

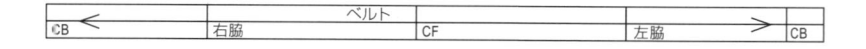

左後ろ　CB　　右後ろ　CB　　右前　CF　左前

ベルト
CB　右脇　CF　左脇　CB

《ストレートシルエットの場合》

細い縞柄

　前中心のわの部分は縞の中心にするが、中心に縫い目がある場合は縞と縞の中間にする。

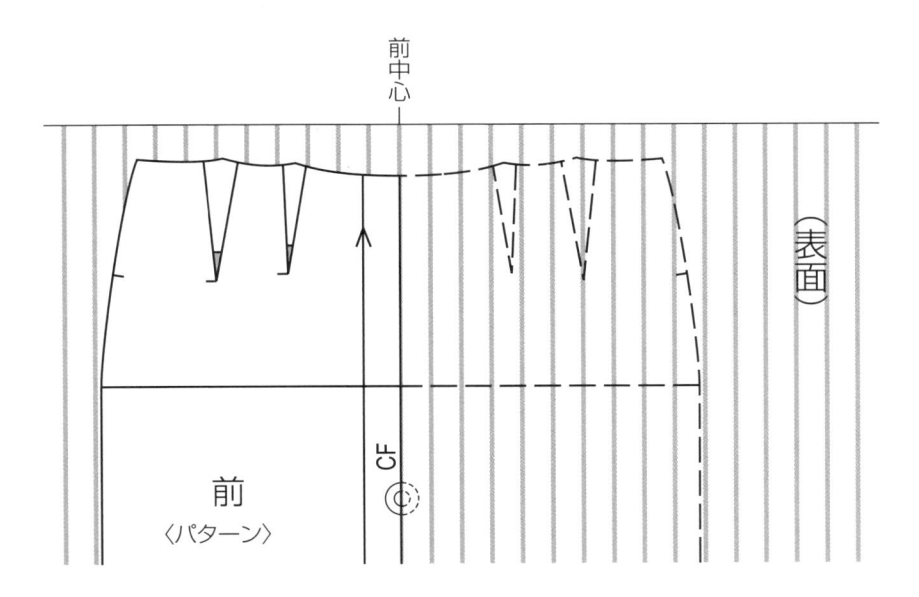

後ろ中心にベンツなどの縫い目がある場合

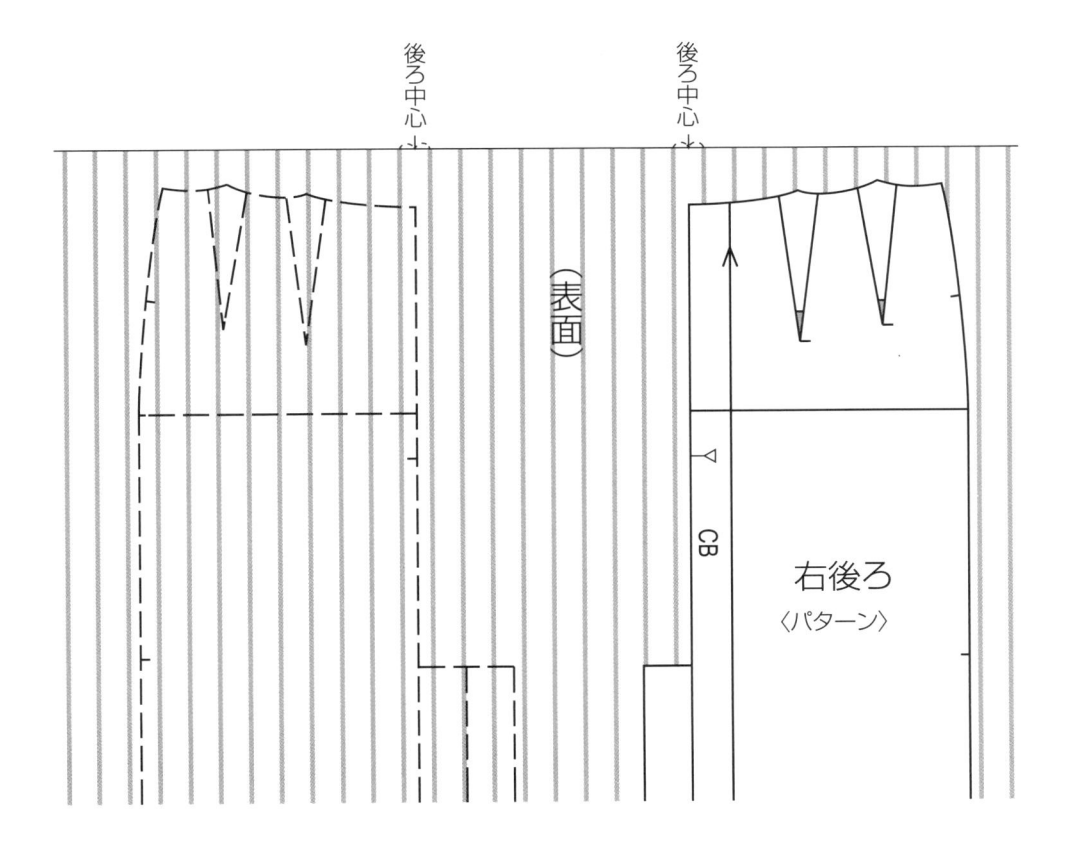

後ろ中心がプリーツの場合

後ろ中心にプリーツが入る場合は、後ろ中心の柄を合わせるため、プリーツ分の中心や折り山でパターンを離したり、重ねたりして調節をする。

●後ろ中心にインバーテッドプリーツを入れた場合

寸法を追加してわ裁ちにする（プリーツ分が多くなる）

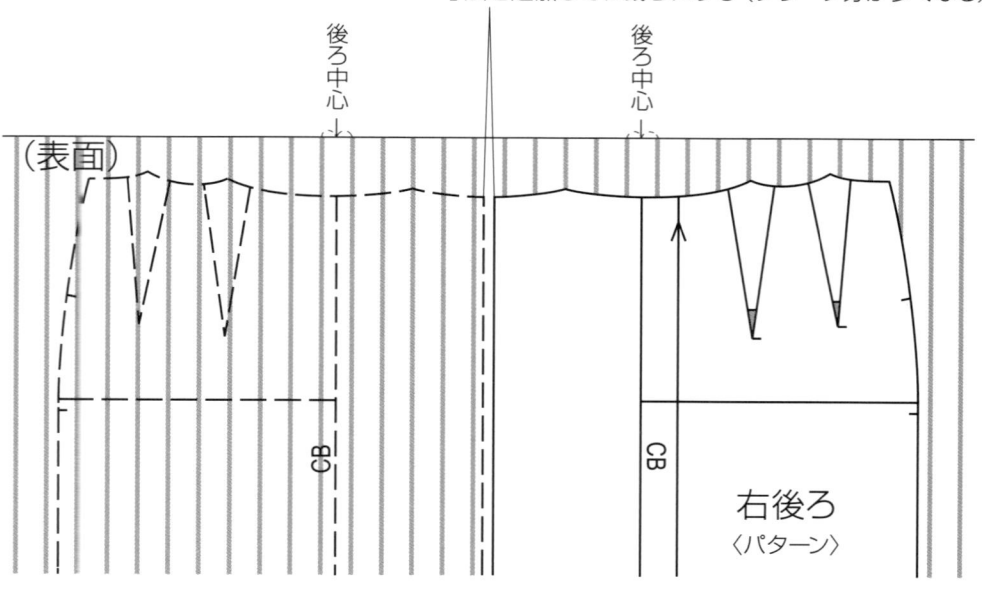

後ろ中心

後ろ中心

（表面）

CB

CB

右後ろ
〈パターン〉

●後ろ中心に片返しプリーツを入れた場合

パターンを重ねてわ裁ちにする（プリーツ分が少なくなる）

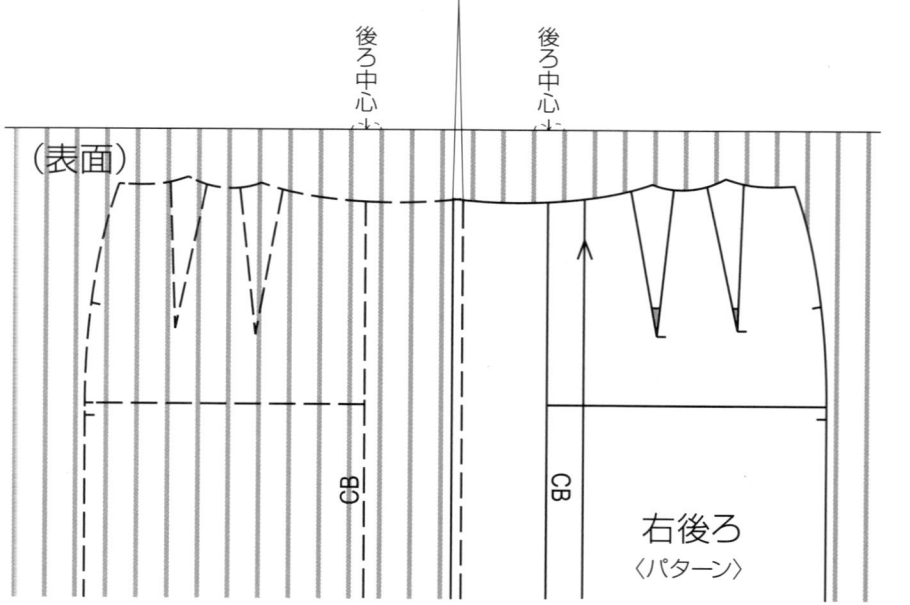

後ろ中心

後ろ中心

（表面）

CB

CB

右後ろ
〈パターン〉

格子柄

いちばん目立つ縦の縞の中心にパターンの中心線を合わせる。横の縞はバランスを見て決め、脇で横の縞が合うようにパターンを配列する。

左右対称の柄で布を2枚重ねて裁断する場合は、上と下の布の柄が合うように要所要所にまち針を打って柄がずれないようにする。特にパターンの端の柄が合うようにまち針を打つ。

上下、左右がある格子柄は対称でない縞と同じようにパターンを左右作り、1枚ずつ裁断する。

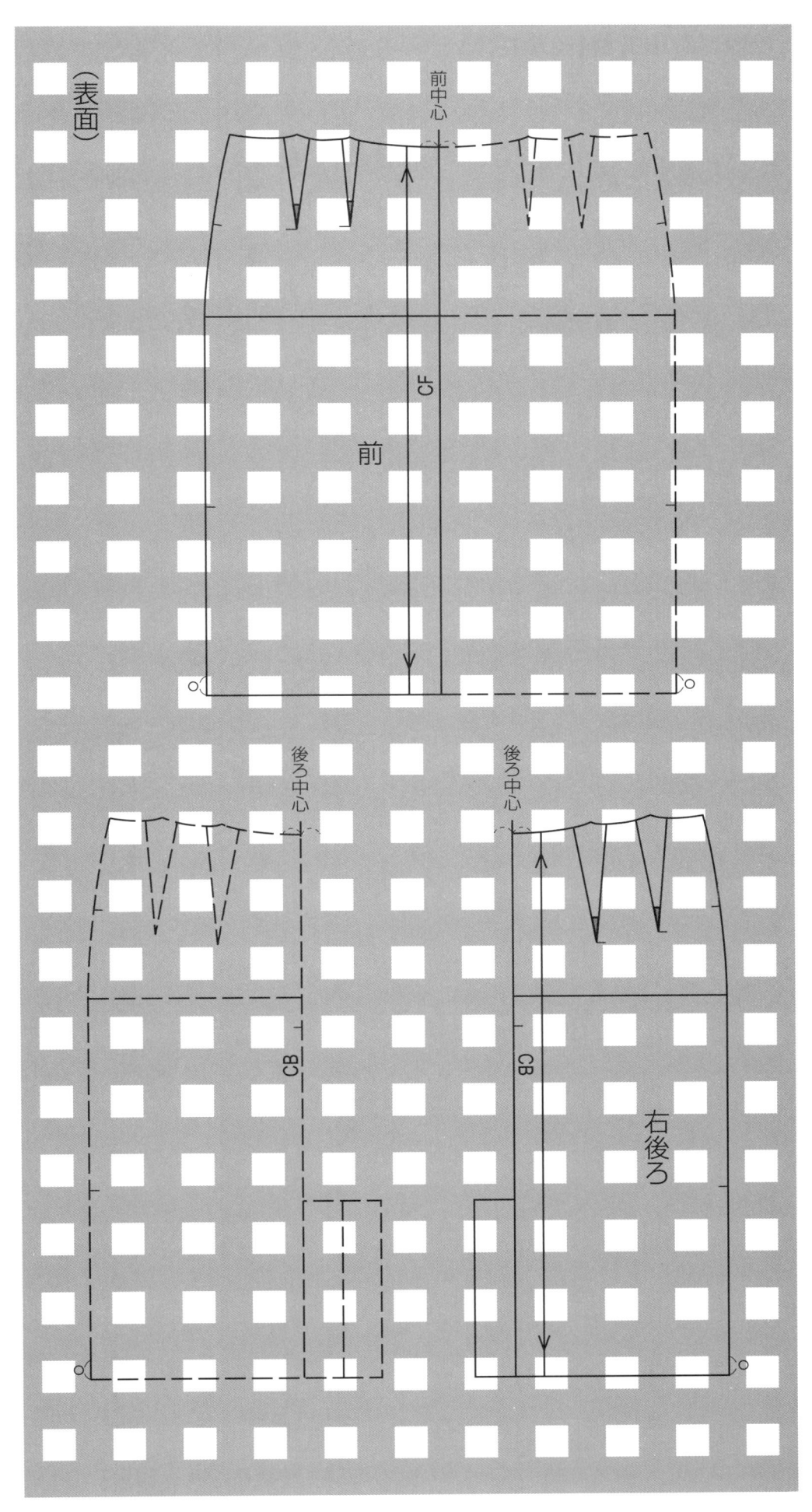

《フレアシルエットの場合》

フレアスカートは同じパターンでも布目の通し方によって縞や織り柄の見え方が変わり、シルエットも違う。

A　パターンの中央に縦布目、または柄の中心を通す

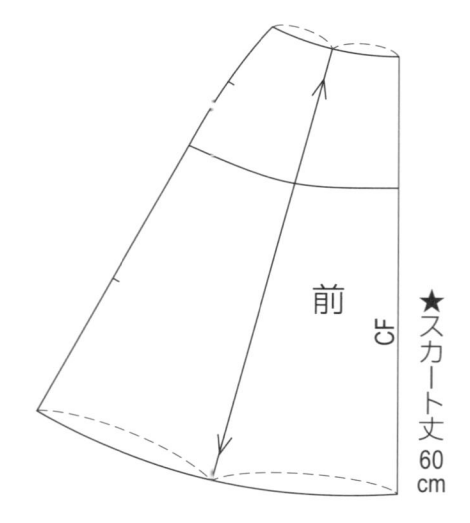

★スカート丈 60cm

スカートの前後中心に縫い目が入り、前後4枚のパターンで構成される。前後、両脇の縫い目はハーフバイアスになり、全体のシルエットは安定する。

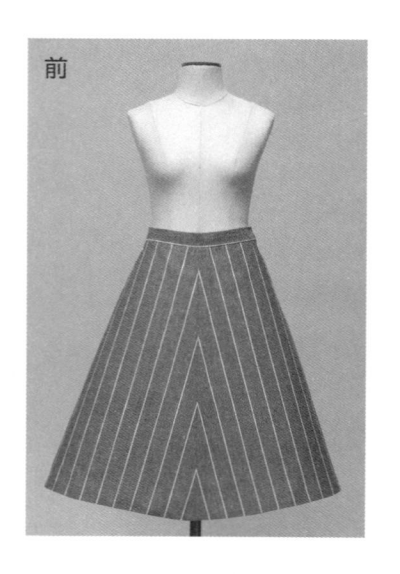

150cm幅の布の場合

110cm幅の布の場合

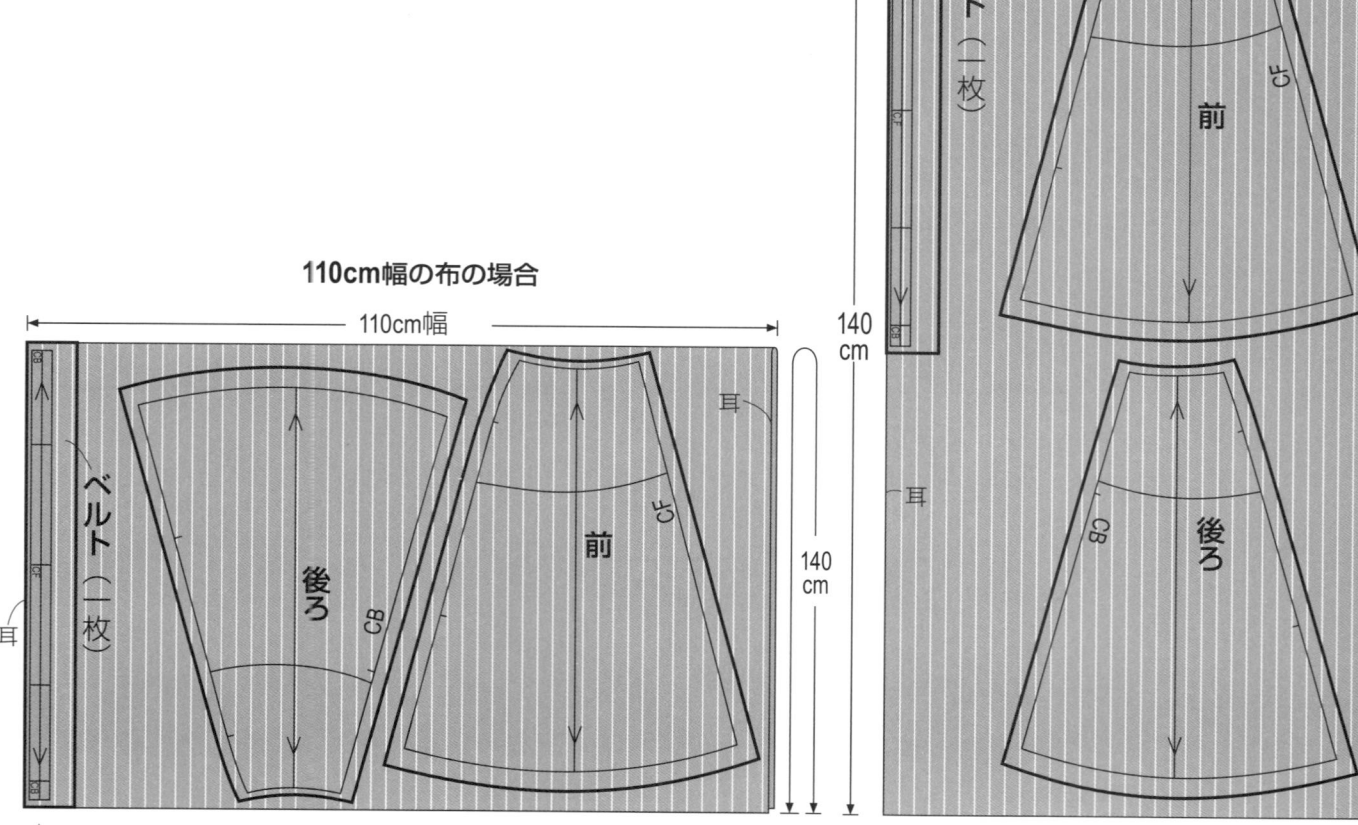

★裾幅の広いパターン、柄合せや方向性のある布の場合は使用量が多く必要となる

B　パターンの前後中心に縦布目、または柄の中心を通す場合

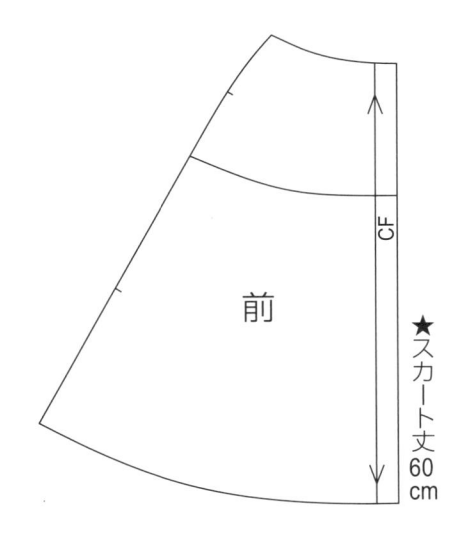

前後中心はわに裁つので前後2枚のパターンで構成される。縫う数が少ないので縫製は簡単になるが、縫い目がハーフバイアスになるので左右の脇丈が伸びやすく、フレアも脇側に流れやすい。

ギャバジンやデニムなど緻密に織られた布地に適している。

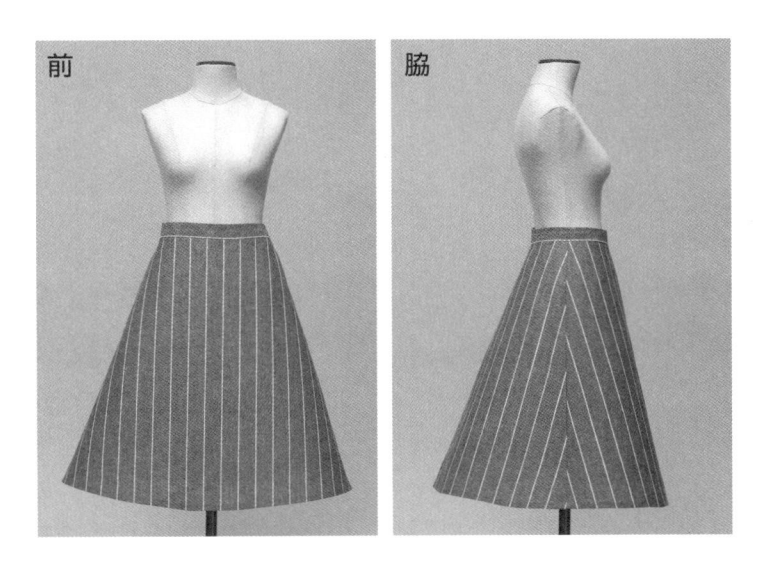

150cm幅の布の場合

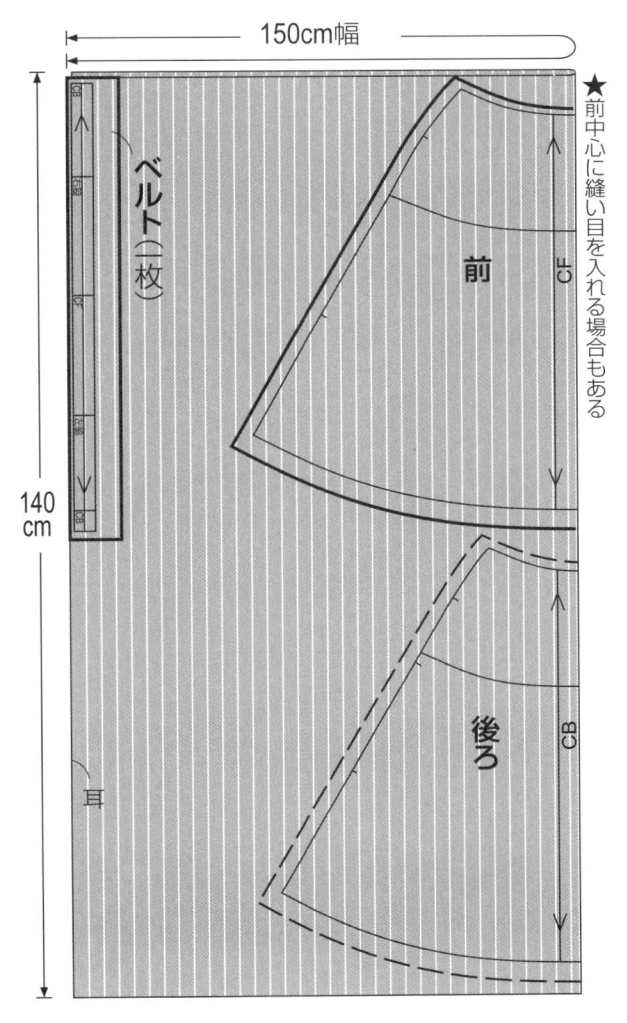

6　仮縫い方法と試着補正法

（4）仮縫い

　仮縫いとは、本縫いに入る前に試着してみるため、出来上りと同じ状態にしつけ糸で仮に縫いまとめてみることである。

しつけ糸1本どりで1目落し縫いにする。縫始めと縫終りは解けないように1針返し縫いをする。ウール地は、表側から押えじつけをして縫い目を落ち着かせる。

《タイトスカートの仮縫いの順序》

1 前中心と前後のヒップラインに縫い印をする

2 ダーツを縫う
　ウエストラインより 0.5cm 縫い代側から縫い、中心側に倒して表側から押えじつけをする。

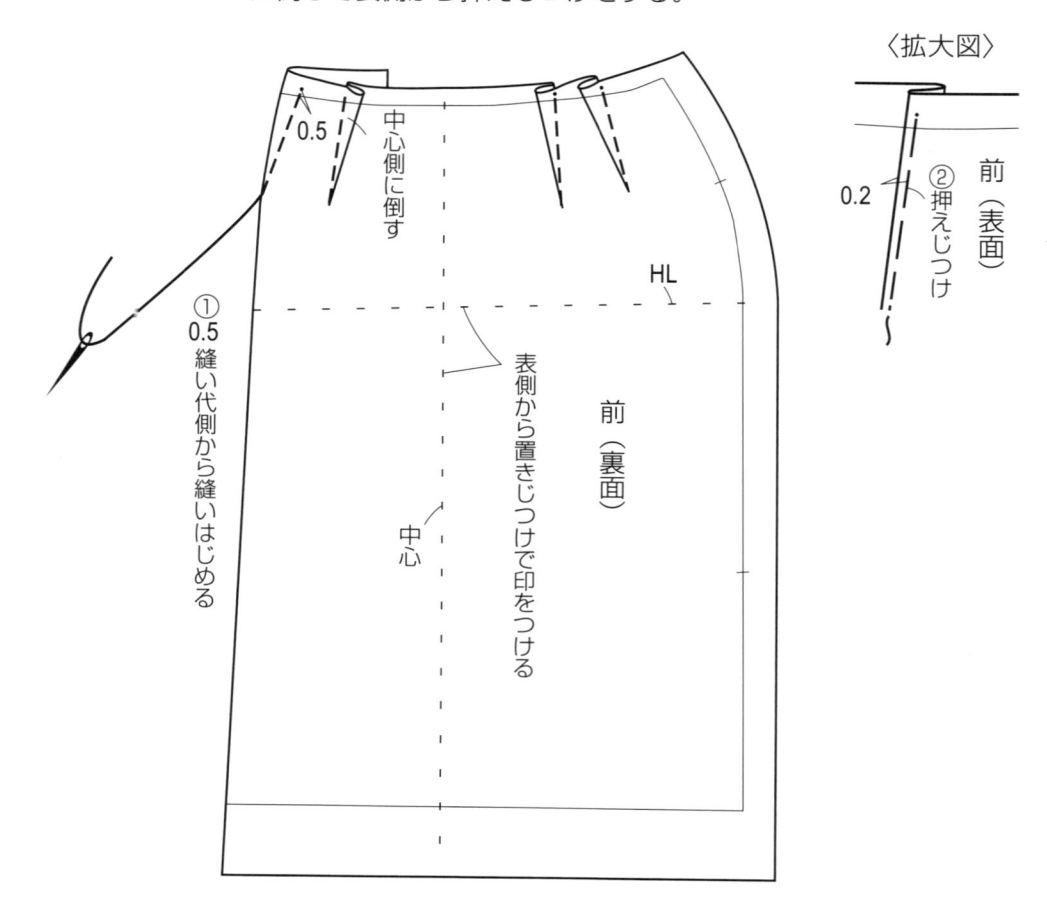

〈拡大図〉

1目落し縫い

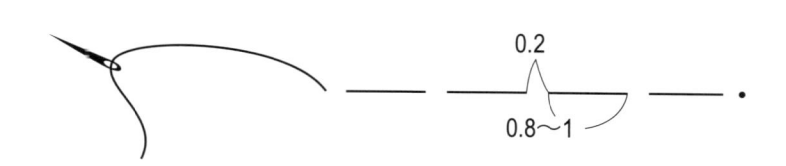

3 脇を縫う

前後の合い印を正しく合わせピンで止めて縫い、縫い代は前側に倒して表側から押えじつけをする。

4 裾を折り上げる

裾の折り代を裏面に折り、しつけで押さえる。

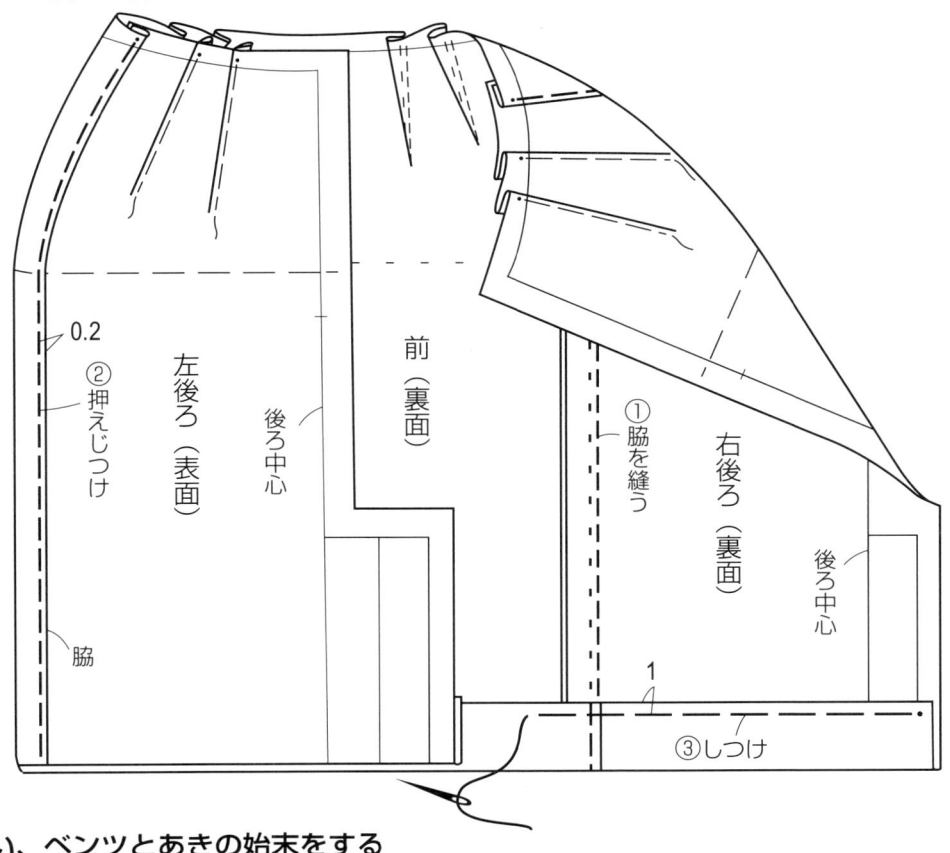

5 後ろ中心を縫い、ベンツとあきの始末をする

後ろ中心はあき止りからベンツの縫止りまで縫い、縫い代は右後ろ側に倒す。右後ろ中心はウエストから裾まで続けて押えじつけをする。

あき止りと縫止り位置で1針返し縫いをする。左後ろ中心はあきとベンツ位置に縫い印（置きじつけ）をする。

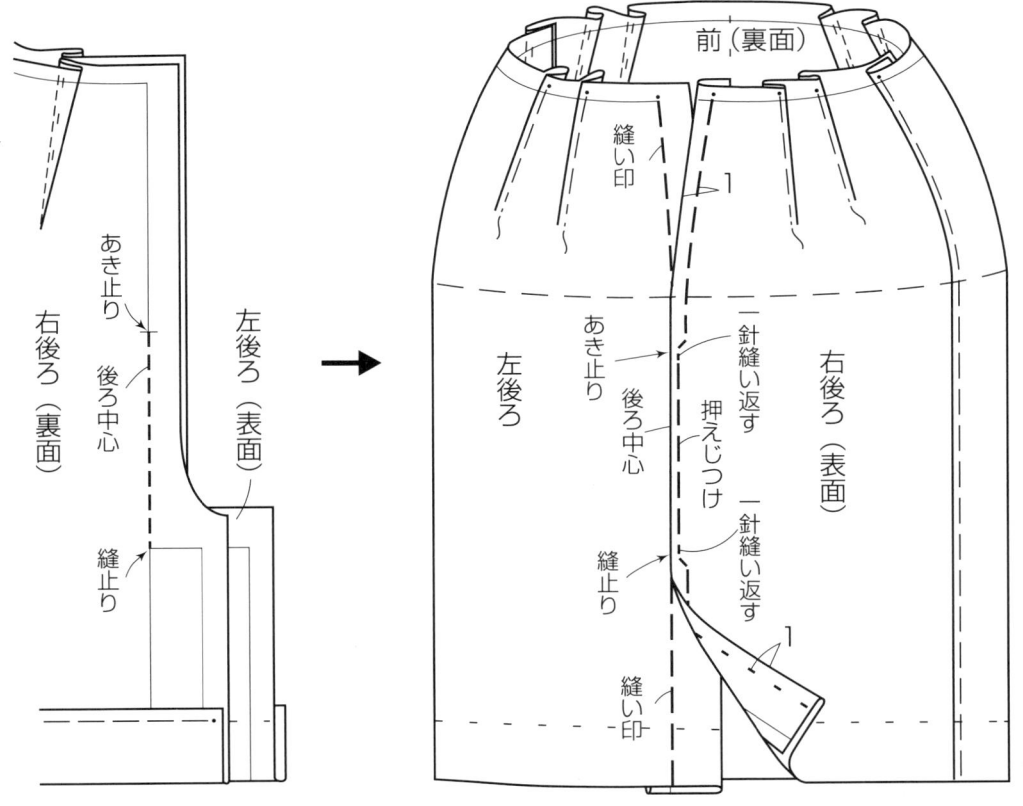

6 仮縫い方法と試着補正法　77

6 ベルトとホックをつける

ベルト芯に合い印をつけてウエストの縫い代の上にのせ、合い印を合わせてしつけ糸2本どりで縫いつける。
ベルト芯の長さは仮縫いなので少し余裕をもたせる。

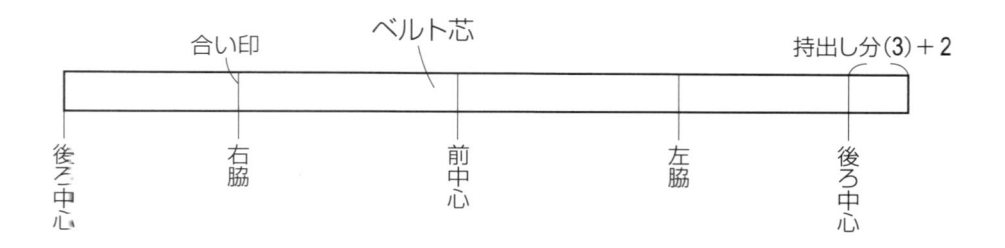

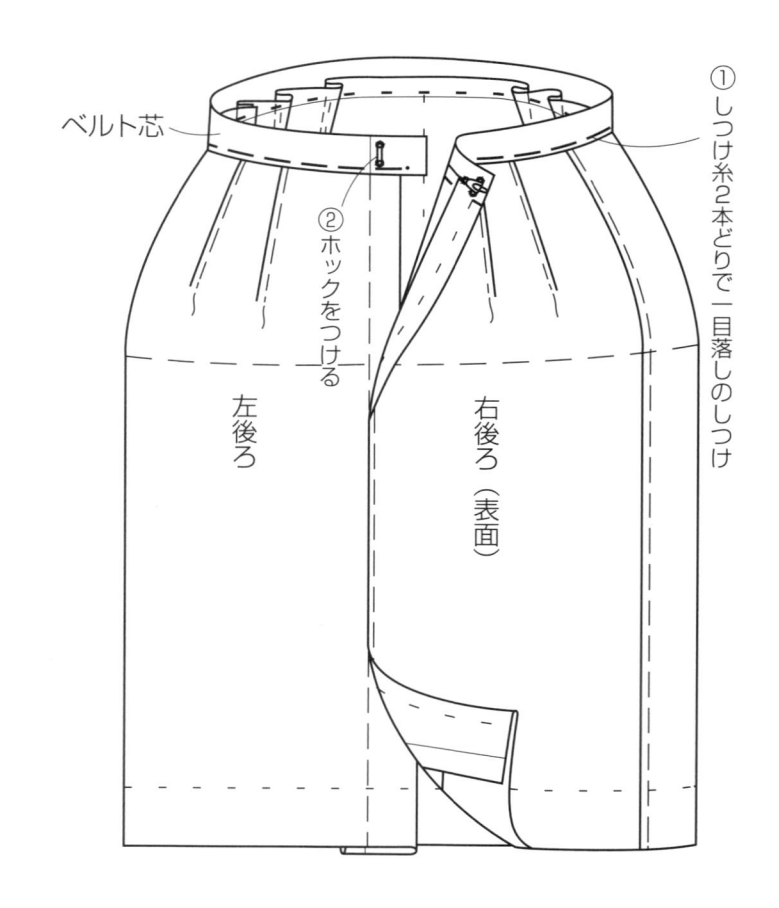

合い印　ベルト芯　　　　　　　　　持出し分(3)+2

後ろ中心　右脇　前中心　左脇　後ろ中心

ベルト芯

① しつけ糸2本どりで一目落しのしつけ

② ホックをつける

左後ろ　右後ろ（表面）

《部分プリーツスカートの仮縫いの順序》

1 裾を上げ、プリーツを整えて縫止りまで縫う

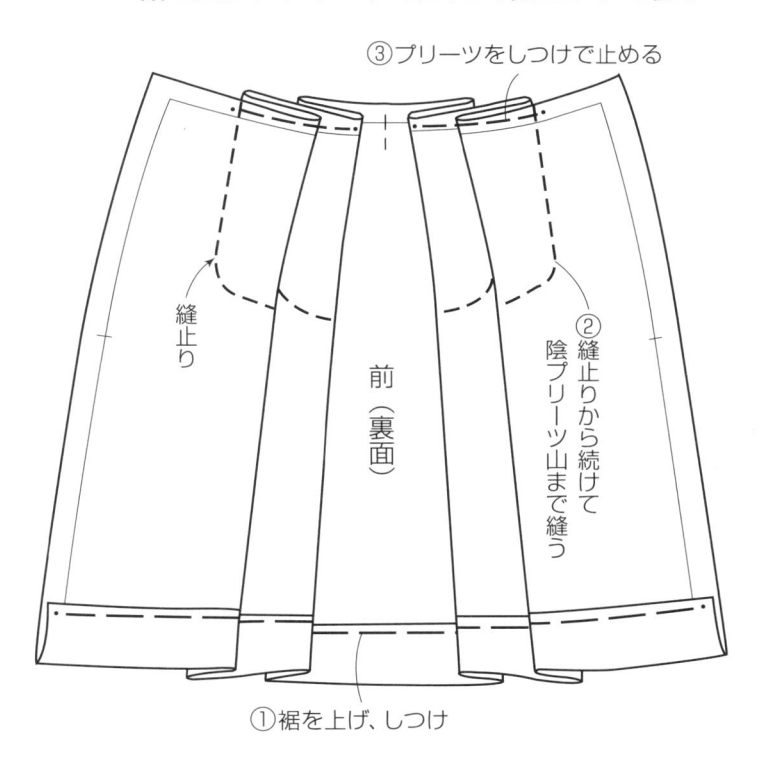

③プリーツをしつけで止める
縫止り
前（裏面）
②縫止りから続けて陰プリーツ山まで縫う
①裾を上げ、しつけ

2 表と陰のプリーツ山にしつけをし、脇を縫う

0.2
縫い印
①押えじつけ
厚紙
②表と陰のプリーツ山に二目落し縫いでしつけをし、プリーツを落ち着かせる
前（表面）
縫い印
あき止り
0.2
③脇を縫い、前に片返しして押えじつけ

3 ベルトとホックをつける

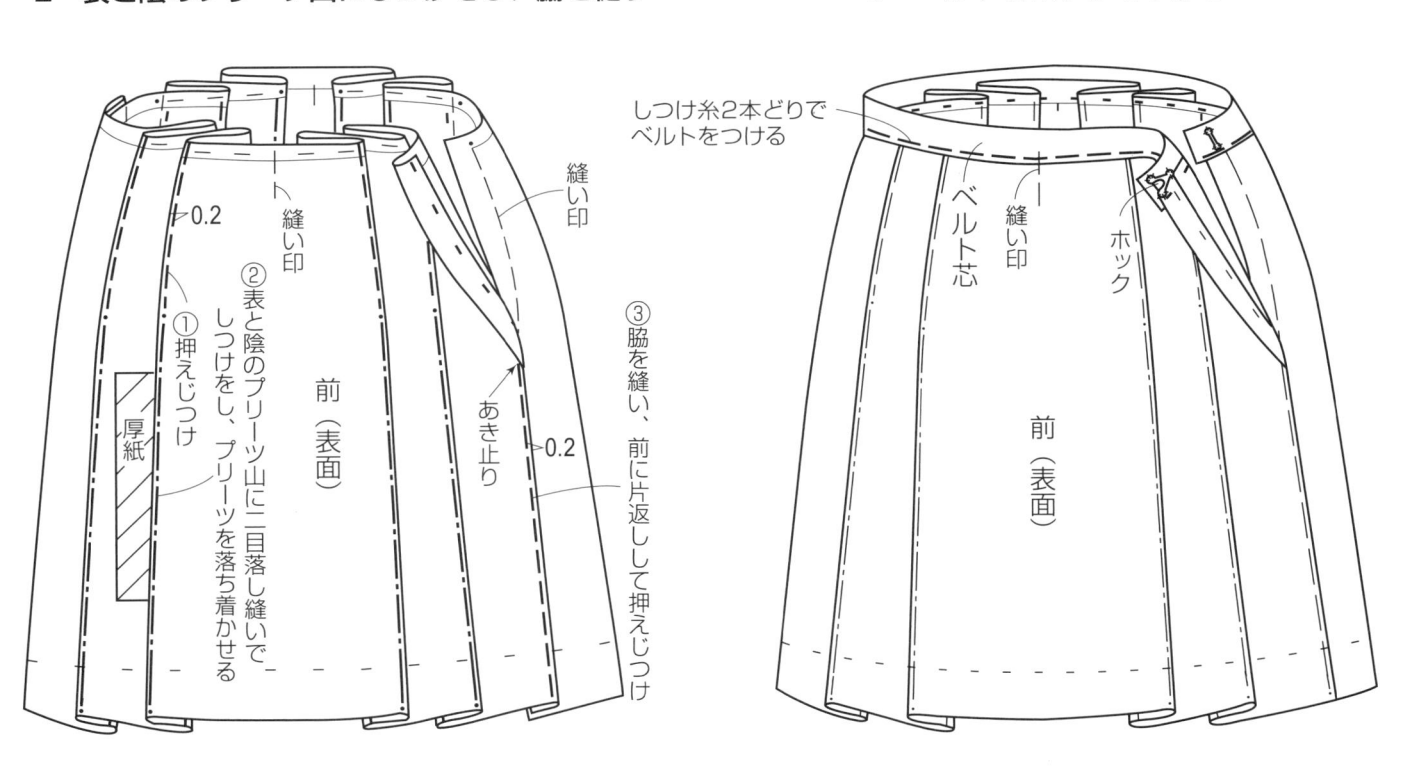

しつけ糸2本どりでベルトをつける
縫い印
ベルト芯
ホック
前（表面）

《ティアードスカートの仮縫いの順序》

1 合い印を入れる

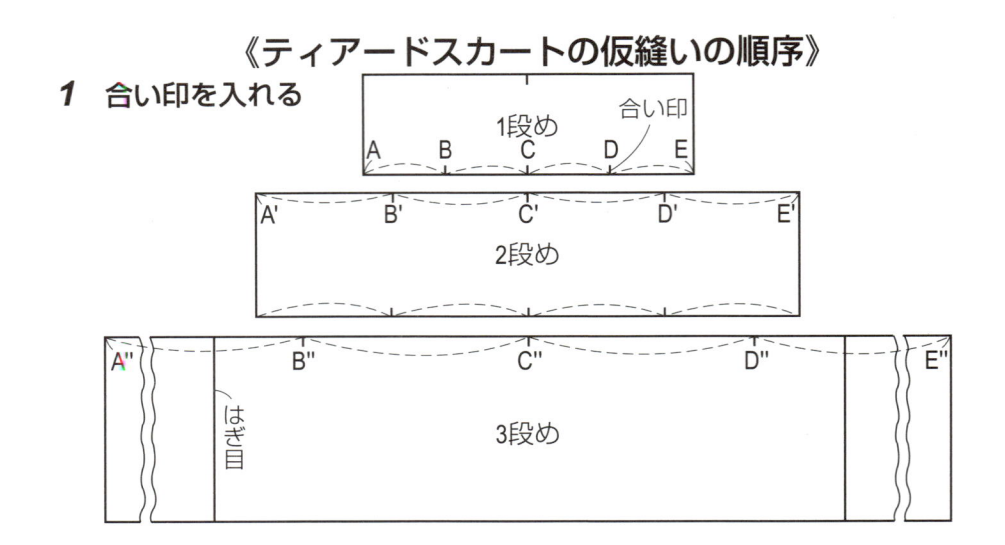

1段め: A B C D E 合い印
2段め: A' B' C' D' E'
3段め: A" B" C" D" E" はぎ目

2 各段の脇を縫い、ギャザーを寄せる

ギャザーを寄せるために粗い針目で縫い、上段のつけ寸法に合わせてギャザーを寄せる。

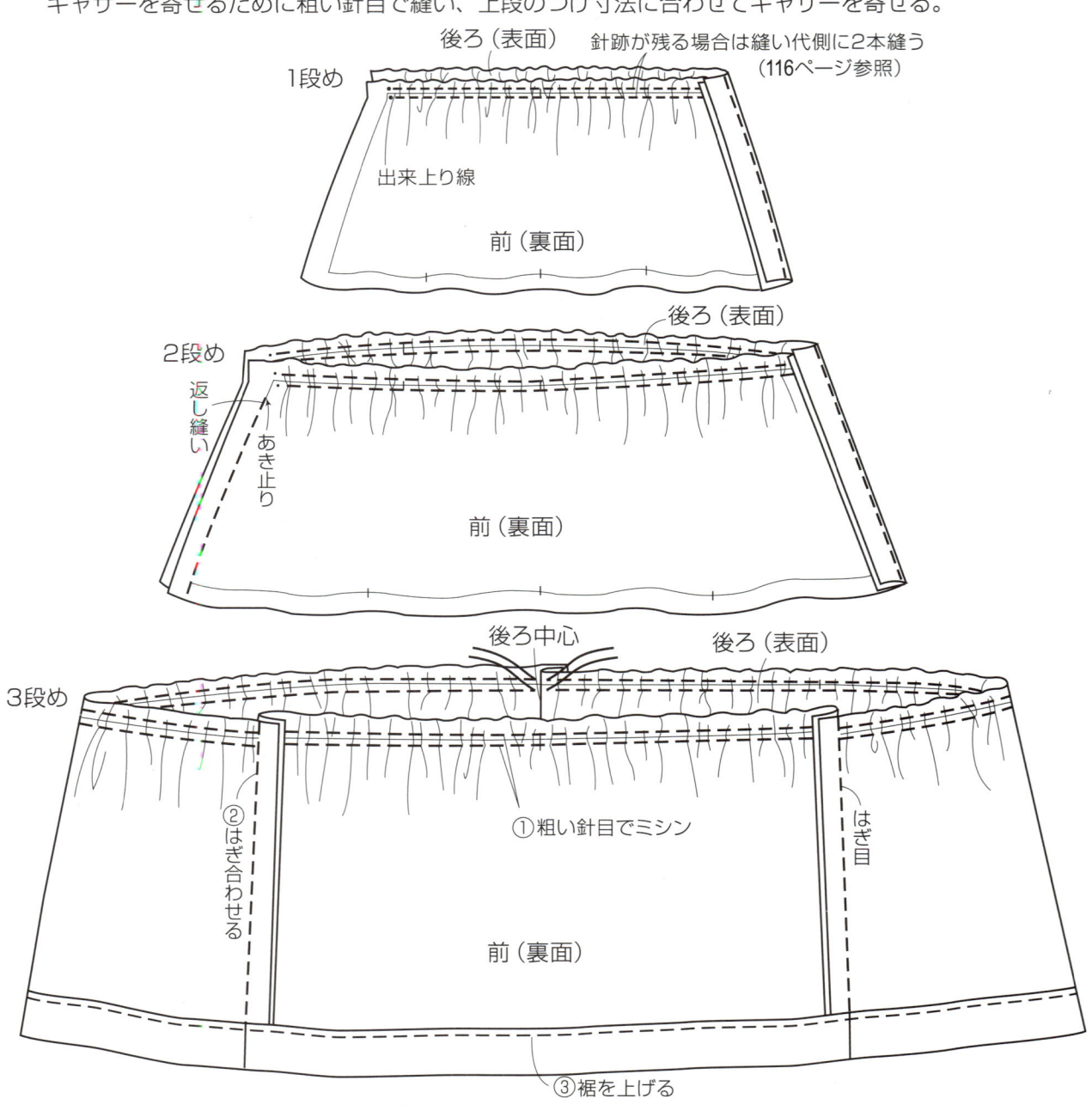

1段め: 後ろ（表面）／針跡が残る場合は縫い代側に2本縫う（116ページ参照）／出来上り線／前（裏面）

2段め: 後ろ（表面）／返し縫い／あき止り／前（裏面）

3段め: 後ろ中心／後ろ（表面）／①粗い針目でミシン／②はぎ合わせる／はぎ目／前（裏面）／③裾を上げる

3 各段を縫い合わせる

上段（表面）
下段（裏面）

表から押えじつけ
前（裏面）
あき止り

4 ベルトとホックをつける

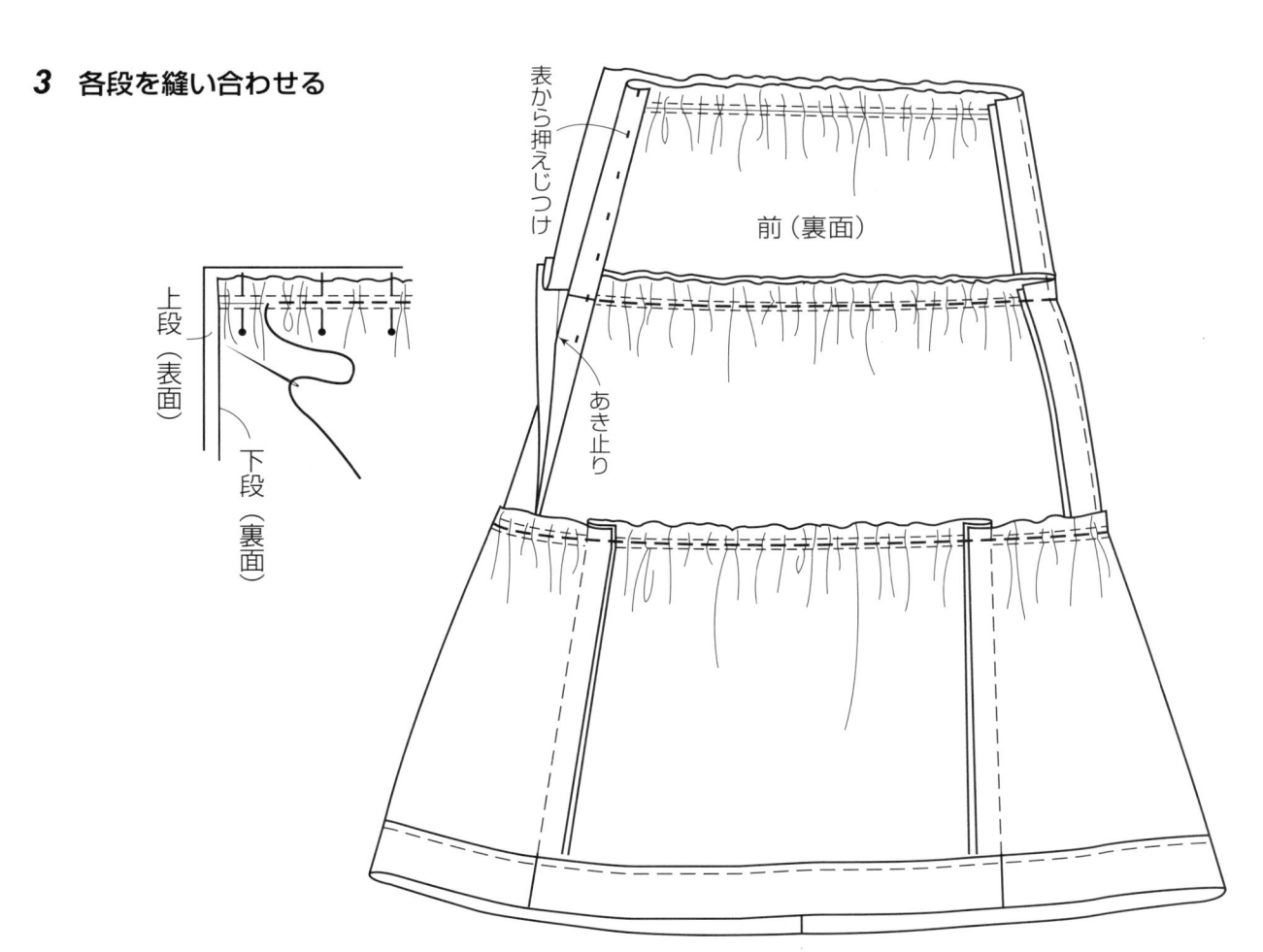

前（表面）
しつけ糸2本どりでベルトをつける

6 仮縫い方法と試着補正法

《キュロットスカートの仮縫いの順序》

1 ダーツ、脇、股下を縫う

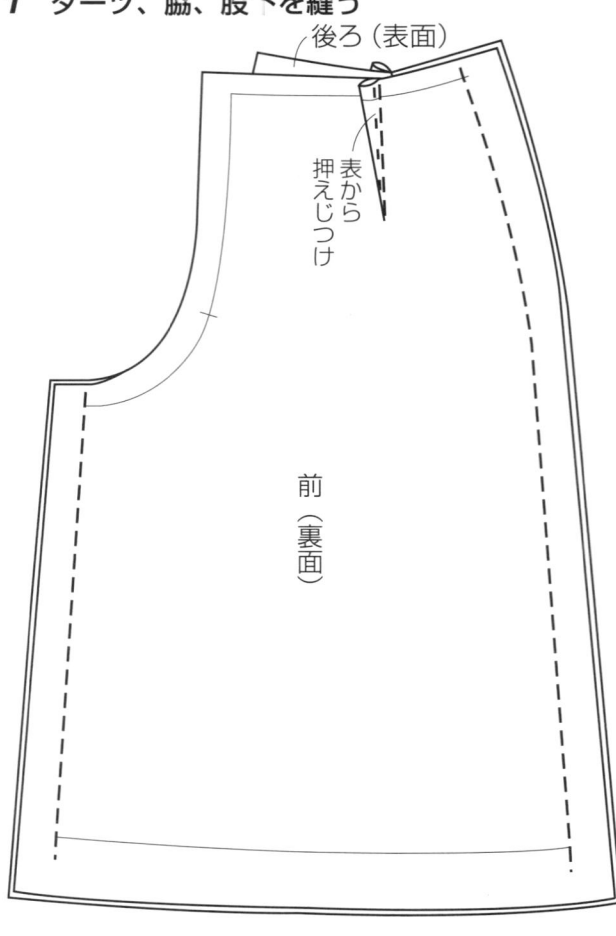

後ろ（表面）
表から押えじつけ
前（裏面）

2 裾を上げる

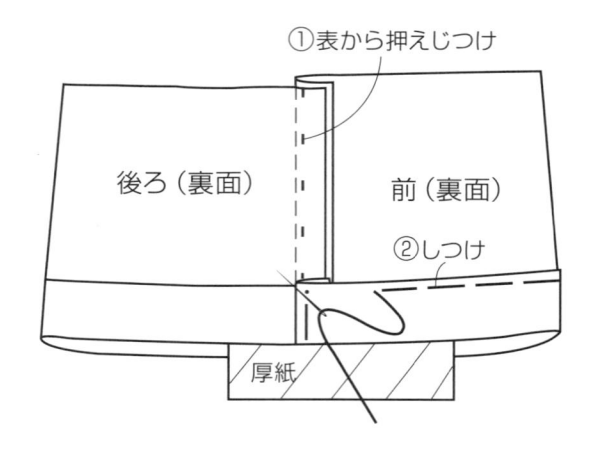

①表から押えじつけ
後ろ（裏面）　前（裏面）
②しつけ
厚紙

3 股ぐりを縫う

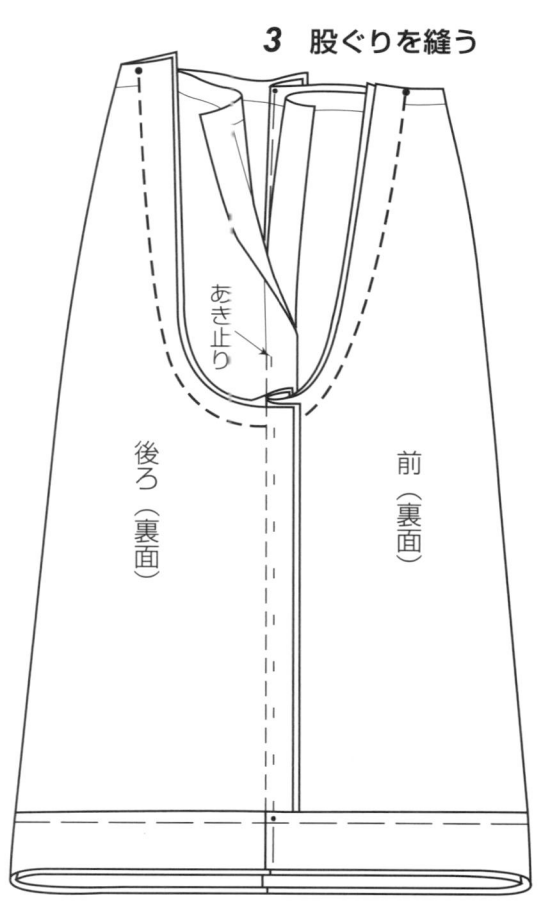

あき止り
後ろ（裏面）　前（裏面）

4 ベルトとホックをつける

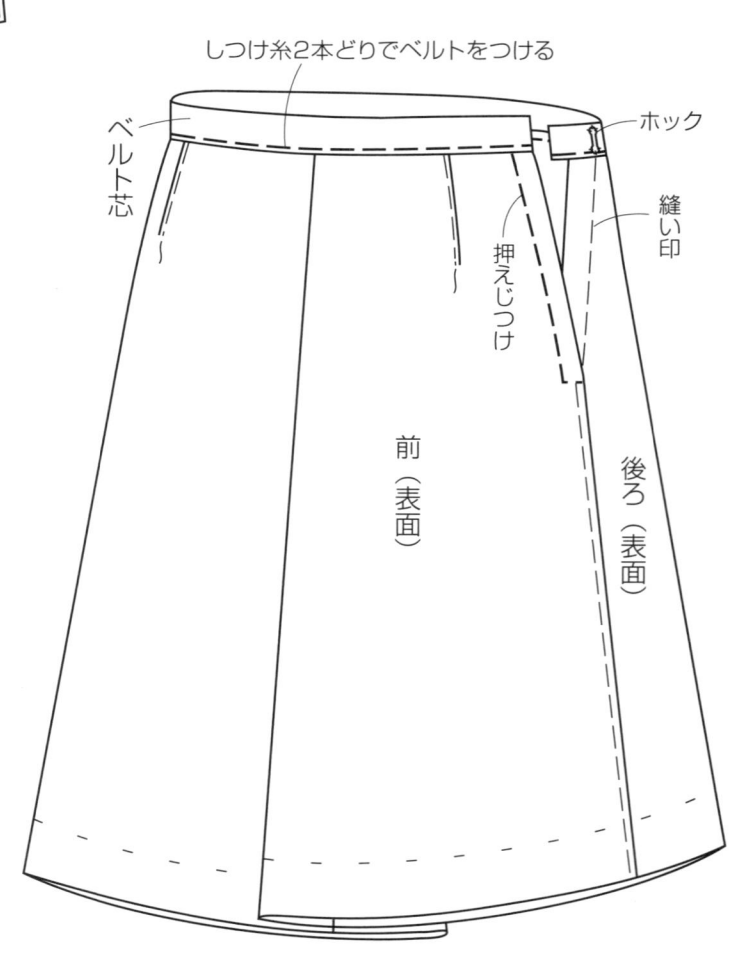

しつけ糸2本どりでベルトをつける
ベルト芯
ホック
押えじつけ
縫い印
前（表面）　後ろ（表面）

（5）試着補正方法とパターン修正

試着補正方法
本縫いをする前に仮縫い状態で試着をする。
全身が映る鏡の前に立ち、中心線が体の中心にまっすぐ通っているか、ウエストのおさまりがよいかなど、正しい着装になっているか確認する。

静止した状態での観察
①スカート丈のバランス。
②前後中心線が垂直か、ヒップラインや裾線が水平か。
③ウエスト、ミドルヒップ、ヒップのゆとりがよいか。
④ウエストラインが安定しているか。
ウエストラインの前後のつながりがよいか。
⑤ダーツ量が適切であるか。また脇線がバランスのよい位置に通っているか。

動作をした状態での観察
①日常の動作（歩行、腰かける、階段の昇降）にゆとりや裾幅が適合しているか。
②あき止り（ベンツ、スリット、プリーツ）が適切か。
寸法が不足する場合は縫い目を解いて適切なゆとりを入れてピンを打ち補正する。余る場合はつまんでピンを打つ。

パターン修正
試着で補正された個所は寸法を正確にはかり、作図上に修正線を入れ、パターンの修正をする。

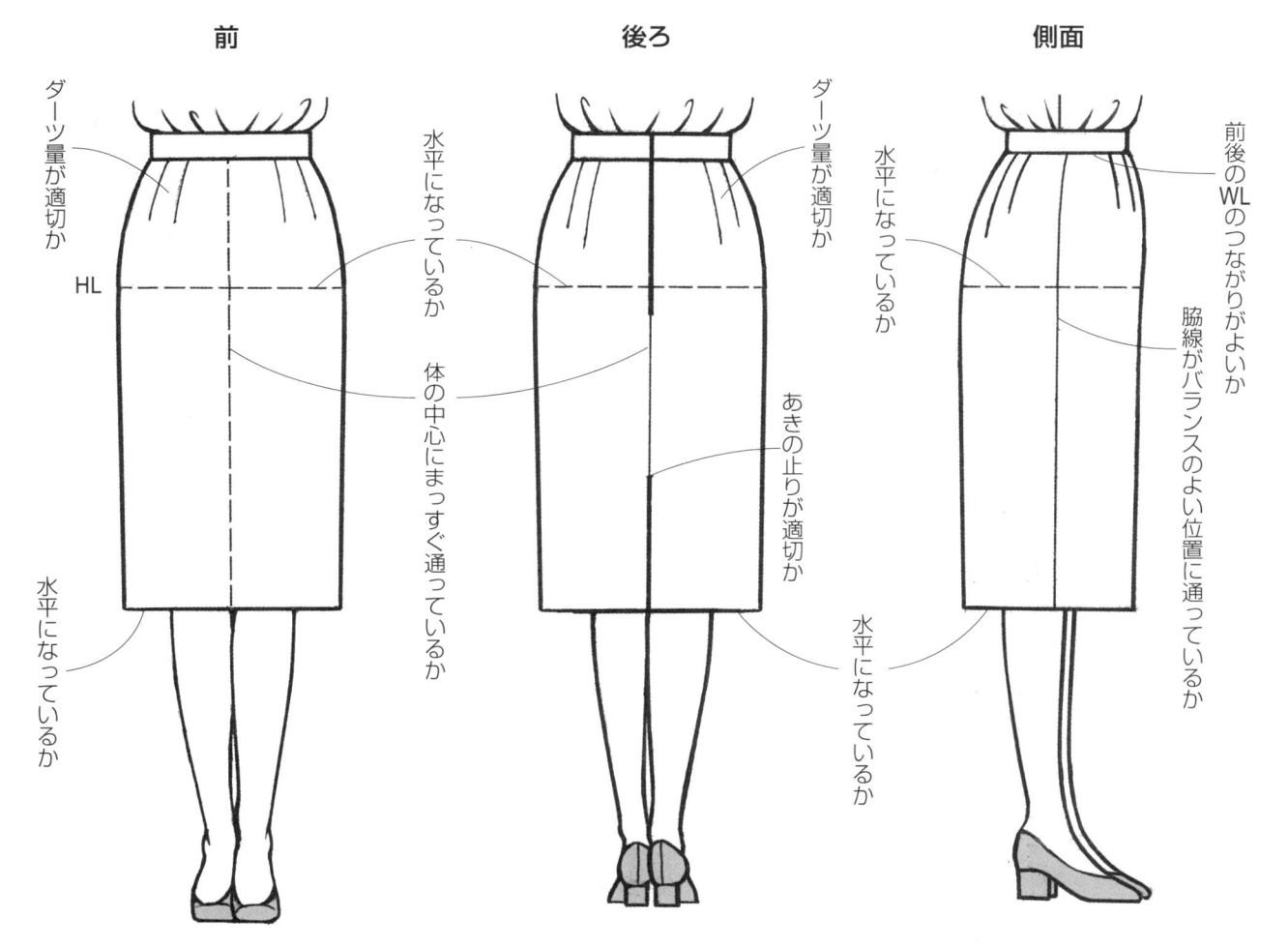

〈例〉タイトスカート

前　　　後ろ　　　側面

ウエスト、ミドルヒップ、ヒップのゆとりが適切か

後ろ中心がつり上がる場合

殿部の張りが強いときに出る。後ろ丈が不足するので、裾が水平になるように後ろウエストで追加する。

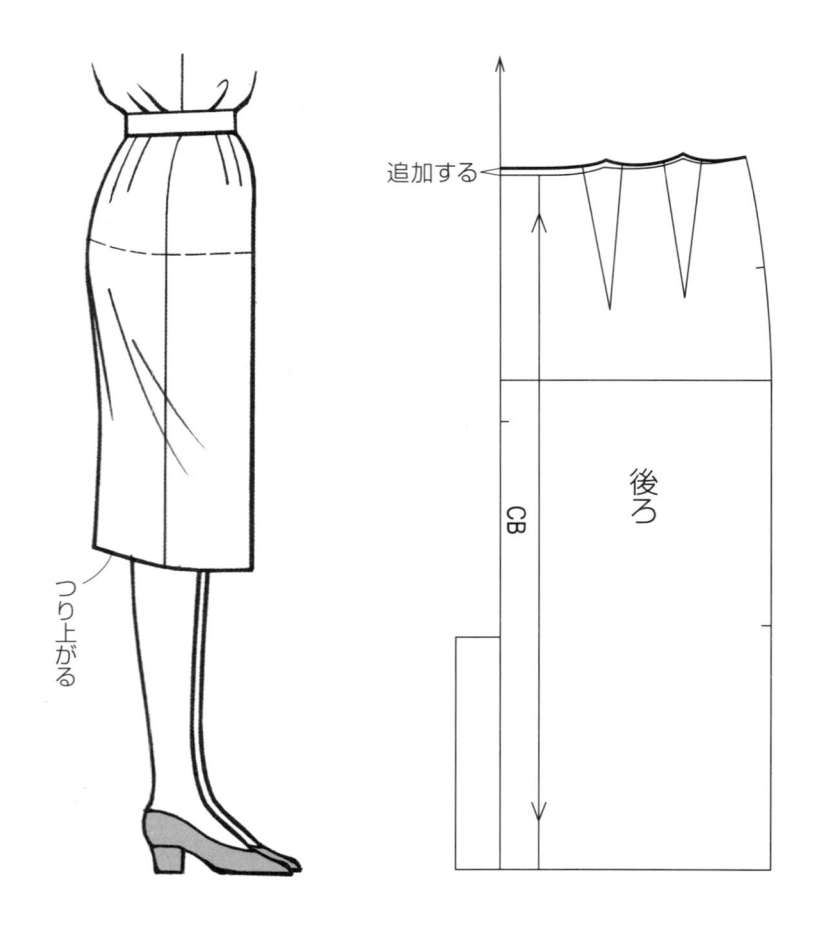

つり上がる

追加する

後ろ

CB

前中心がつり上がる場合

腹部の張りが強いときに出る。前丈が不足するので、裾が水平になるまで前ウエストで追加する。

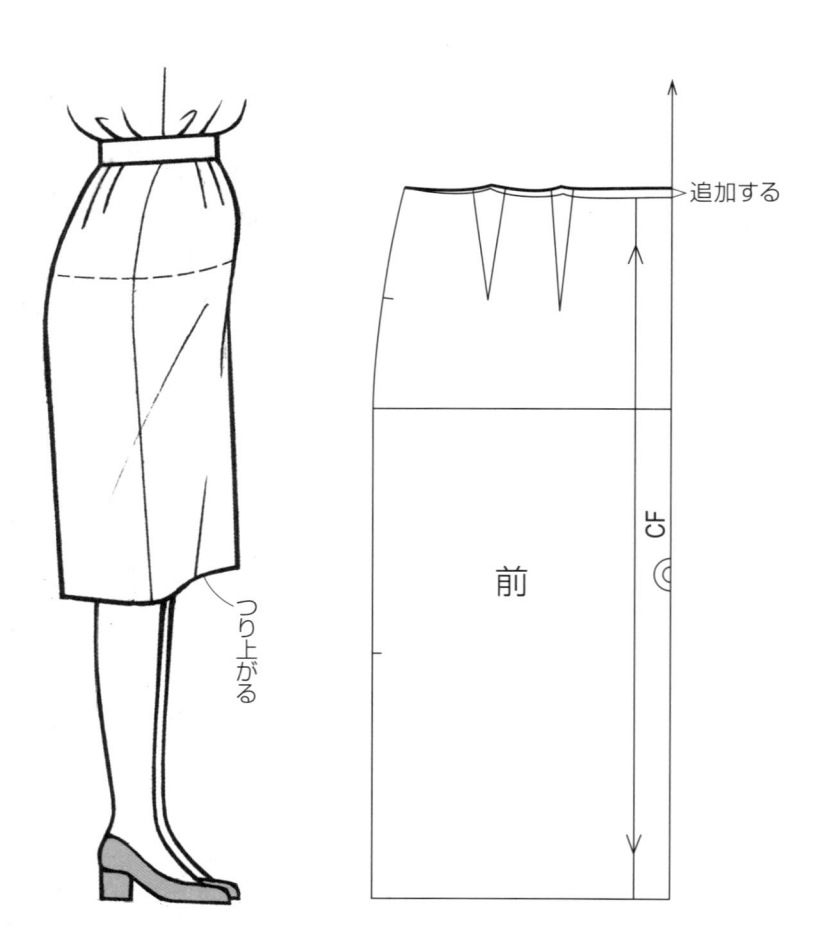

つり上がる

追加する

前

CF

大腿部のあたりにつれじわが出る場合

大腿部の張りが強いときに出る。大腿部に必要なゆとりを脇で平行に出し、ダーツ分量を多くする。

その他

ウエスト寸法はダーツか脇で調整する。また、ダーツの先が余る場合はダーツを長くする。

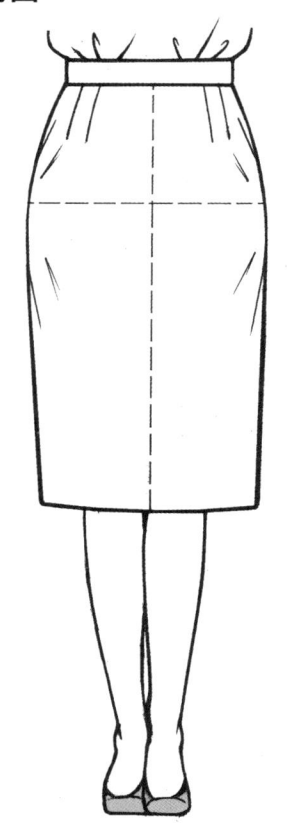

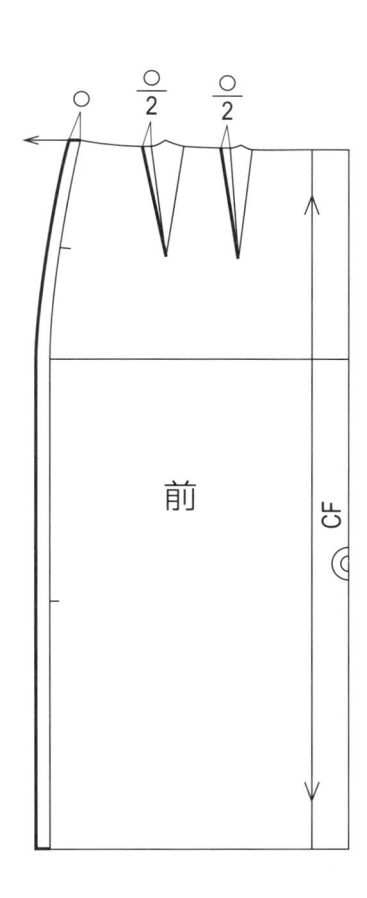

本縫いのための縫い代整理

① 仮縫いをほどき、アイロンをかける。
② 補正個所の切りじつけをとり、修正したパターンをのせてチョーク印をし、切りじつけをする。
③ 必要な縫い代を残して切りそろえる。

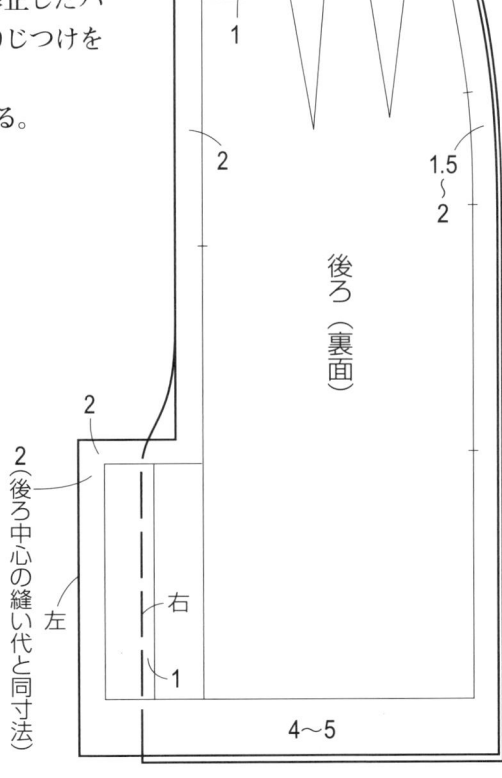

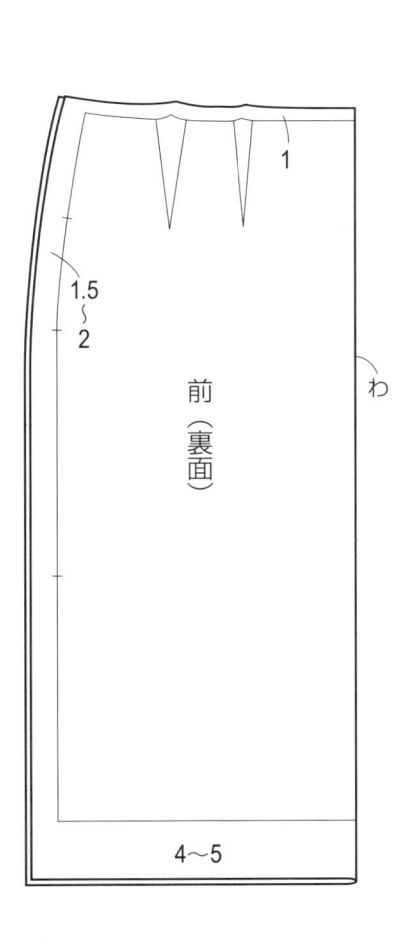

7　タイトスカートの縫製

（1）一重仕立て

1　接着芯をはり、脇、後ろ中心の縫い代にロックミシンをかける

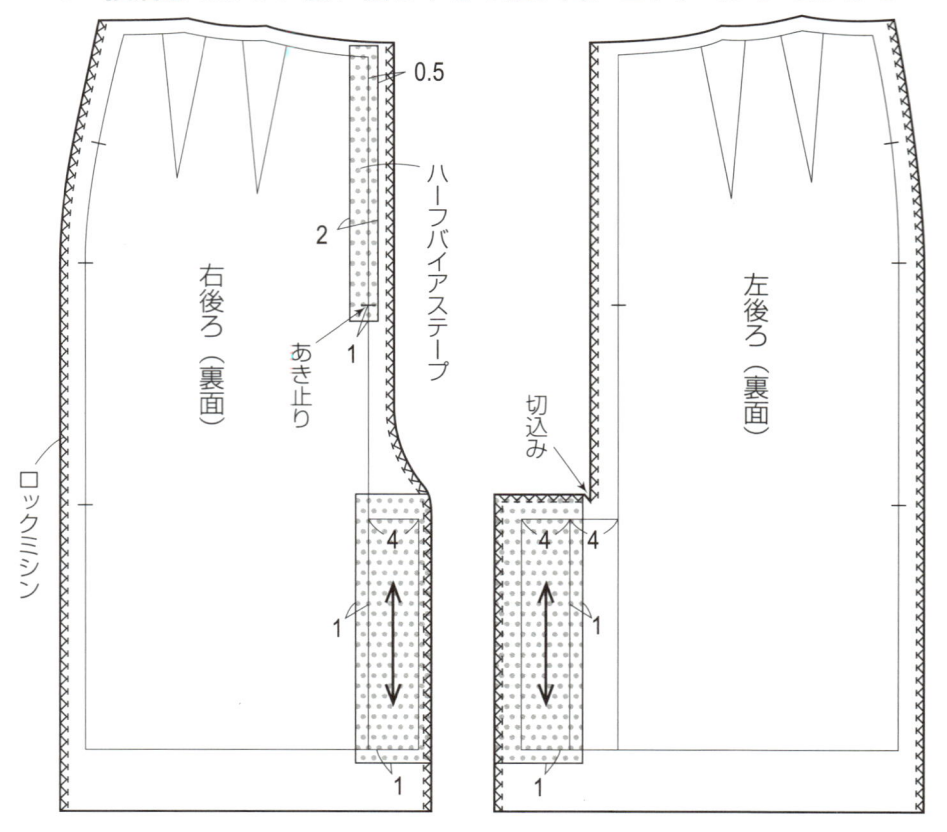

本縫い

本縫いを手順よく進めるために準備段階として次のことをしておく。

① 裁断した各パーツ、副素材（裏布、ファスナー、ベルト芯、芯、ホック）の確認。
② 表布の裏面と表面、芯の接着面の確認。
③ ロックミシン、地縫いミシンの糸調子と針目の調節。
④ アイロン温度の調節（縫い目を割って試す）。

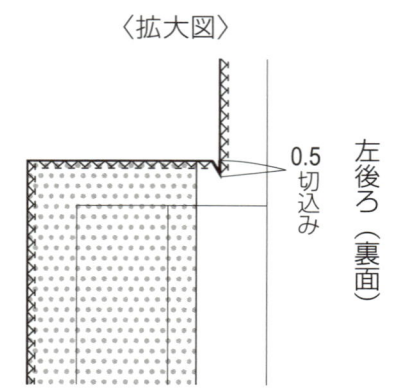

〈拡大図〉

2　後ろ中心を縫い、左後ろの持出しに切込みを入れる

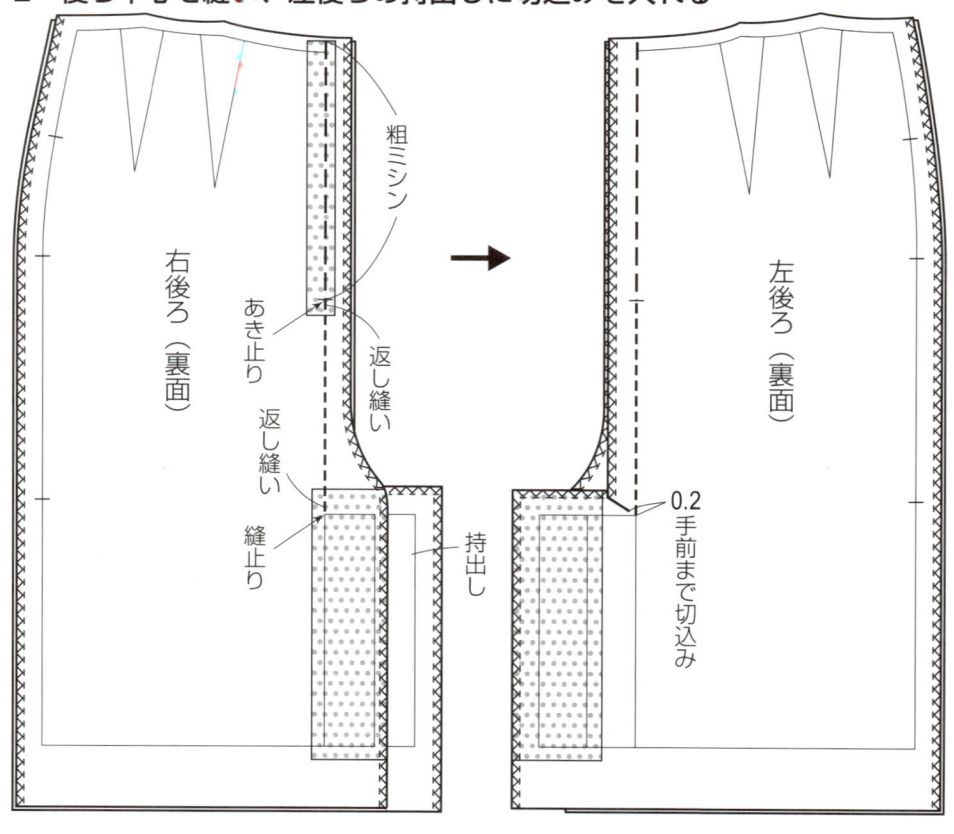

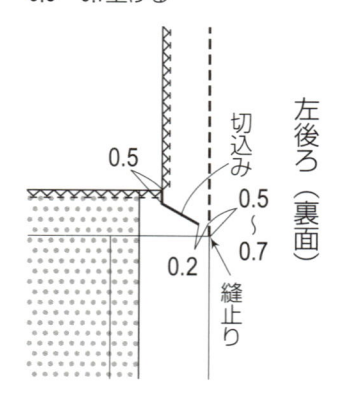

〈拡大図〉
表素材によっては切込み位置を0.5〜0.7上げる

3 後ろ中心の縫い代を割り、ベンツを作る

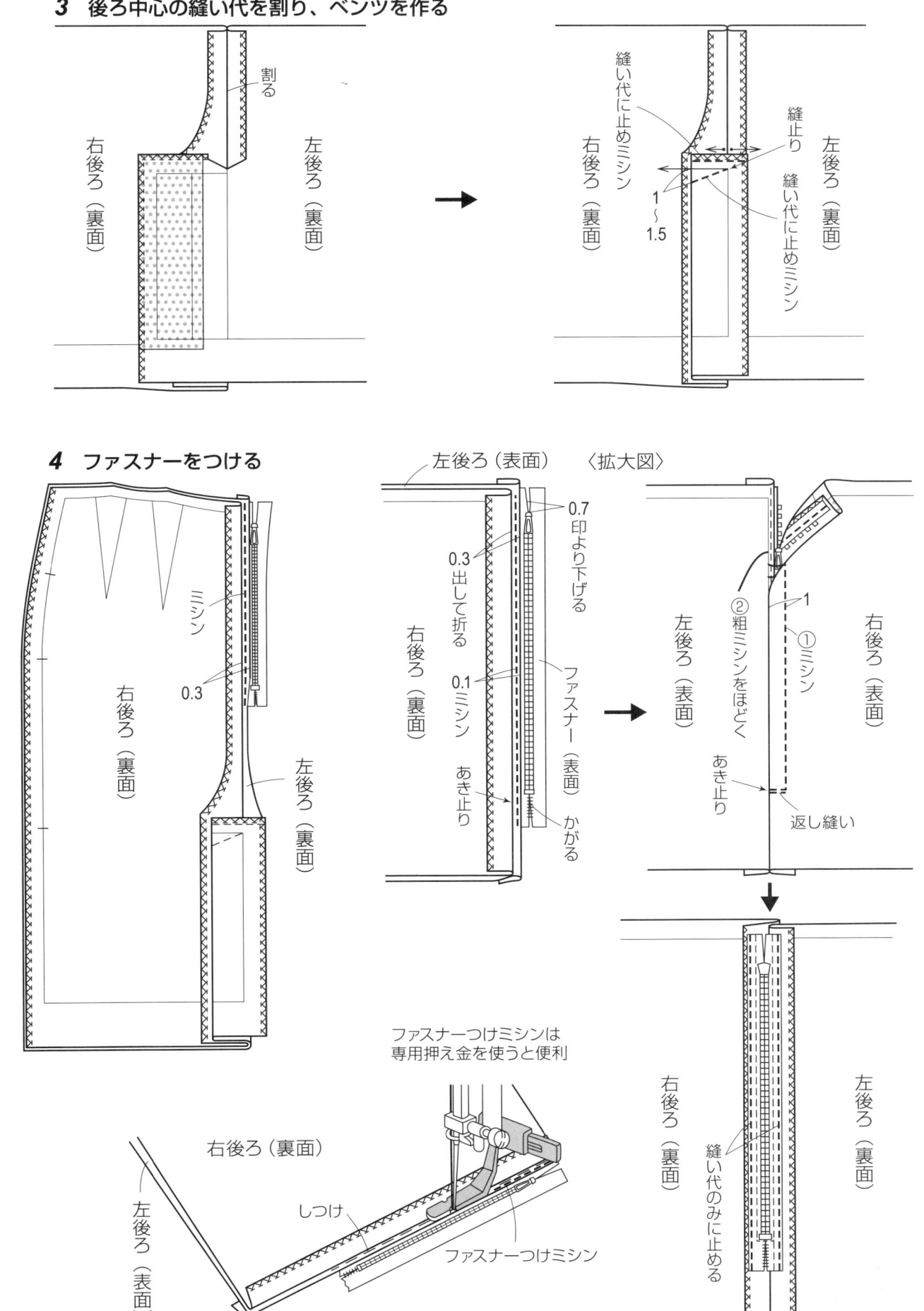

4 ファスナーをつける

7 タイトスカートの縫製

5 前後のダーツを縫う

ダーツの縫い方〈拡大図〉

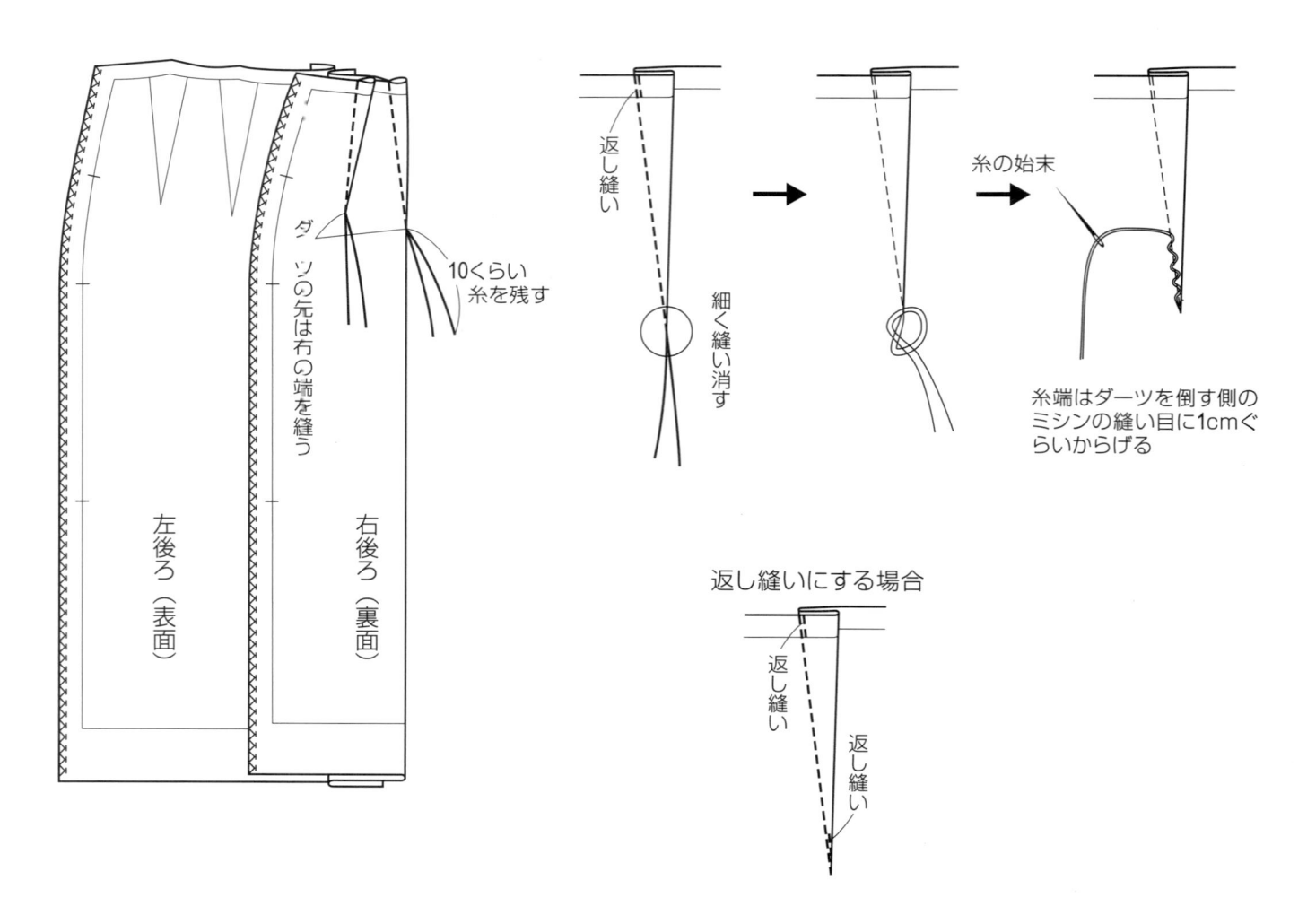

返し縫い
細く縫い消す

糸の始末

糸端はダーツを倒す側のミシンの縫い目に1cmぐらいからげる

ダーツの先は右の端を縫う

10くらい糸を残す

左後ろ（表面）
右後ろ（裏面）

返し縫いにする場合

返し縫い
返し縫い

6 ダーツを中心側に倒す

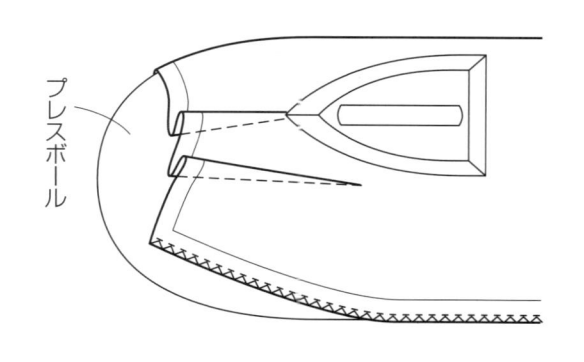

プレスボール

プレスボールの上でダーツの先がきれいに消えるようにアイロンをかける

〈拡大図〉

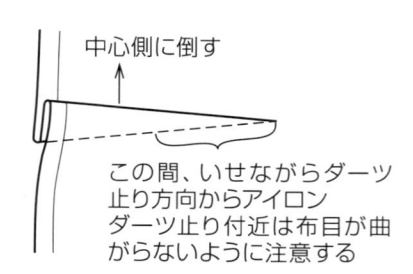

中心側に倒す

この間、いせながらダーツ止り方向からアイロン　ダーツ止り付近は布目が曲がらないように注意する

7 脇を縫う

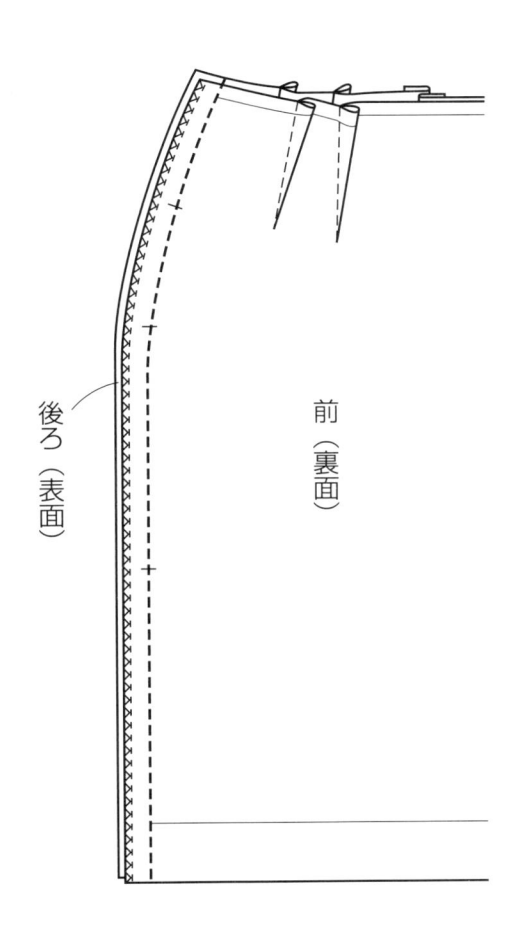

後ろ（表面）
前（裏面）

8 裾にロックミシンをかける

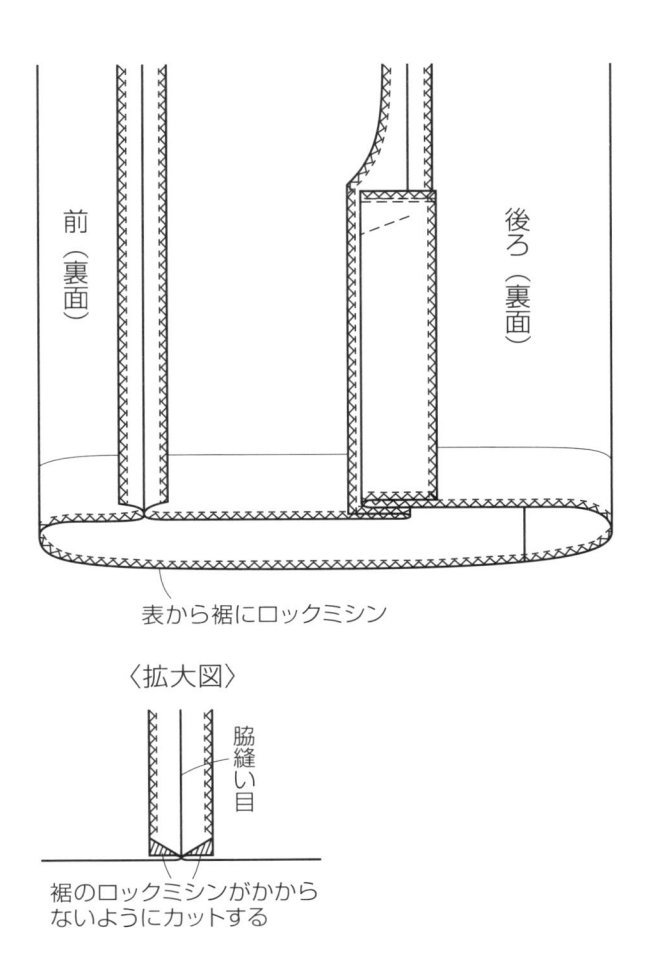

前（裏面）
後ろ（裏面）
表から裾にロックミシン

〈拡大図〉
脇縫い目
裾のロックミシンがかからないようにカットする

9 ベンツの裾を縫う

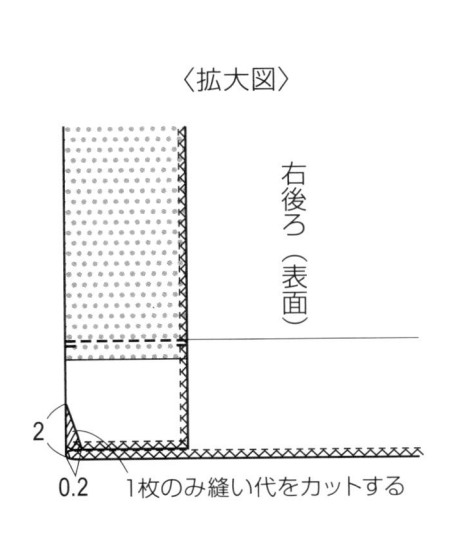

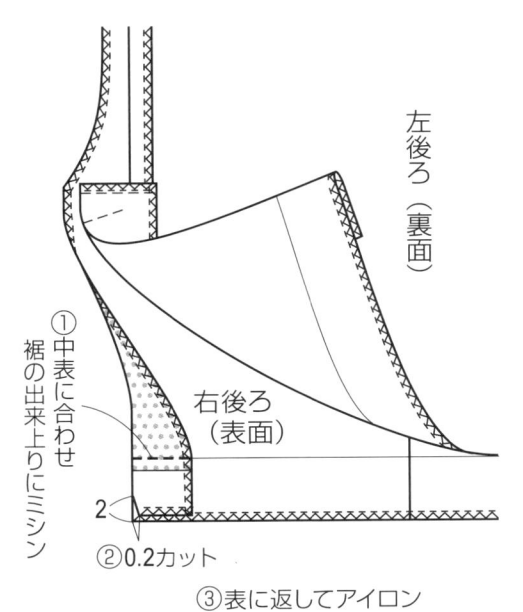

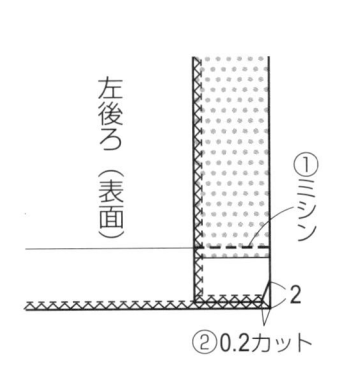

〈拡大図〉
右後ろ（表面）
2
0.2　1枚のみ縫い代をカットする

左後ろ（裏面）
①中表に合わせ裾の出来上りにミシン
右後ろ（表面）
2　②0.2カット
③表に返してアイロン

左後ろ（表面）
①ミシン
2
②0.2カット

7　タイトスカートの縫製

10 裾をまつる

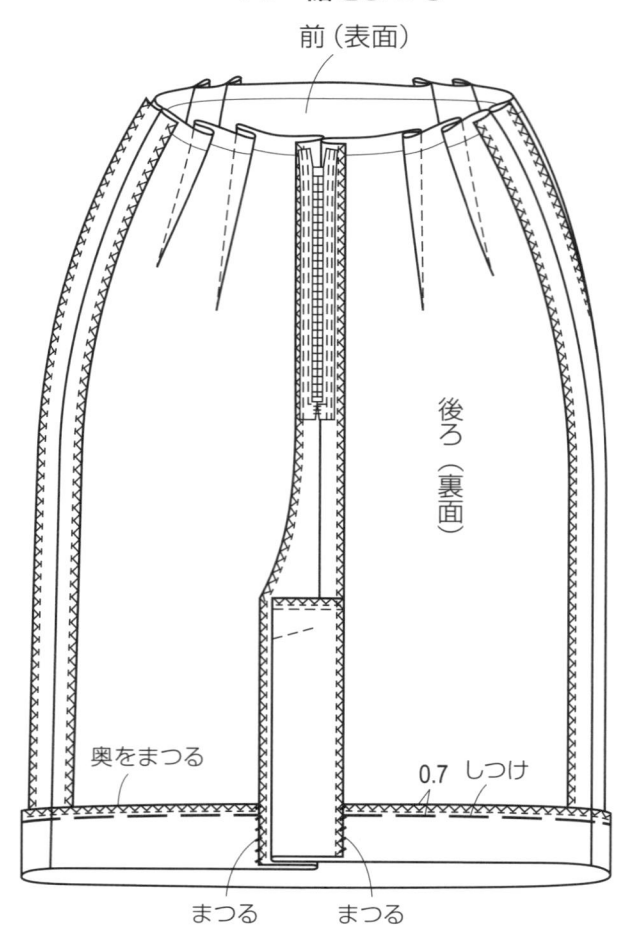

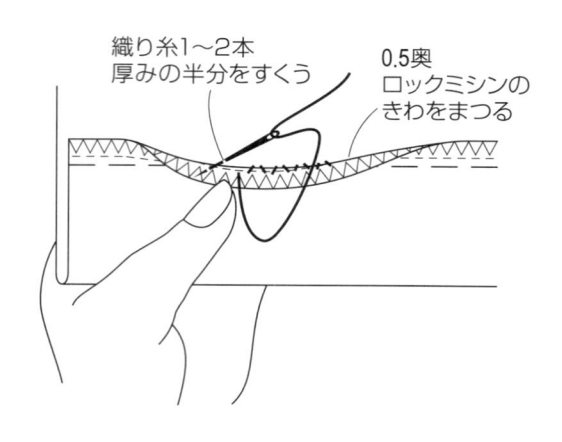

前（表面）
後ろ（裏面）
奥をまつる
0.7 しつけ
まつる　まつる

まつり方〈拡大図〉
織り糸1〜2本 厚みの半分をすくう
0.5奥 ロックミシンのきわをまつる

11 ウエストベルトをつける

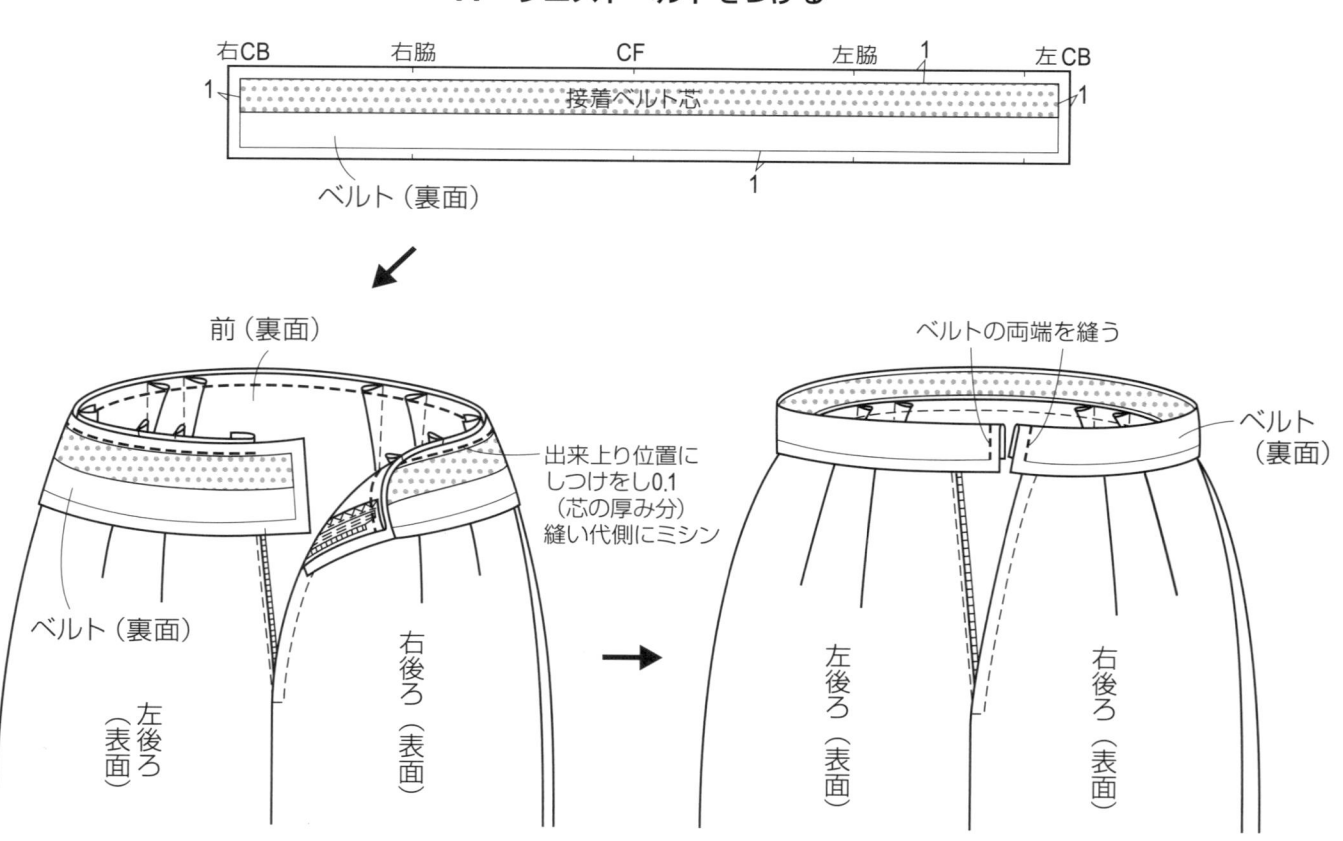

右CB　右脇　CF　左脇　左CB
接着ベルト芯
ベルト（裏面）
1

前（裏面）
ベルト（裏面）
左後ろ（表面）
右後ろ（表面）
出来上り位置にしつけをし0.1（芯の厚み分）縫い代側にミシン

ベルトの両端を縫う
ベルト（裏面）
左後ろ（表面）
右後ろ（表面）

12　裏ベルトをまつり、表からステッチをかける

0.5ステッチ

裏ベルトの縫い代を折って（布の耳使用の場合はそのまま）細かくまつり、表からステッチをかける

右後ろ（裏面）　左後ろ（裏面）

13　まとめ（ホックつけ）

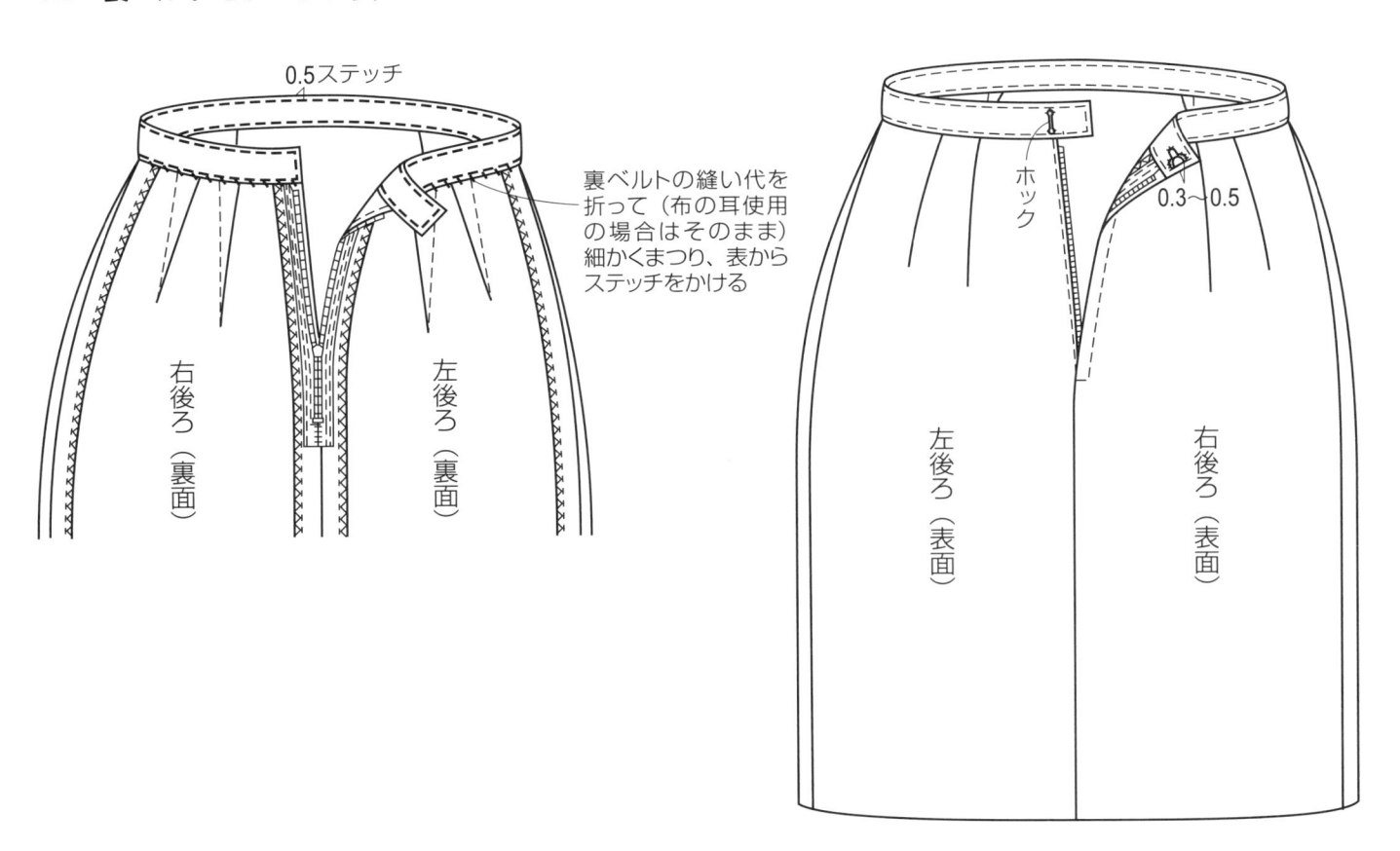

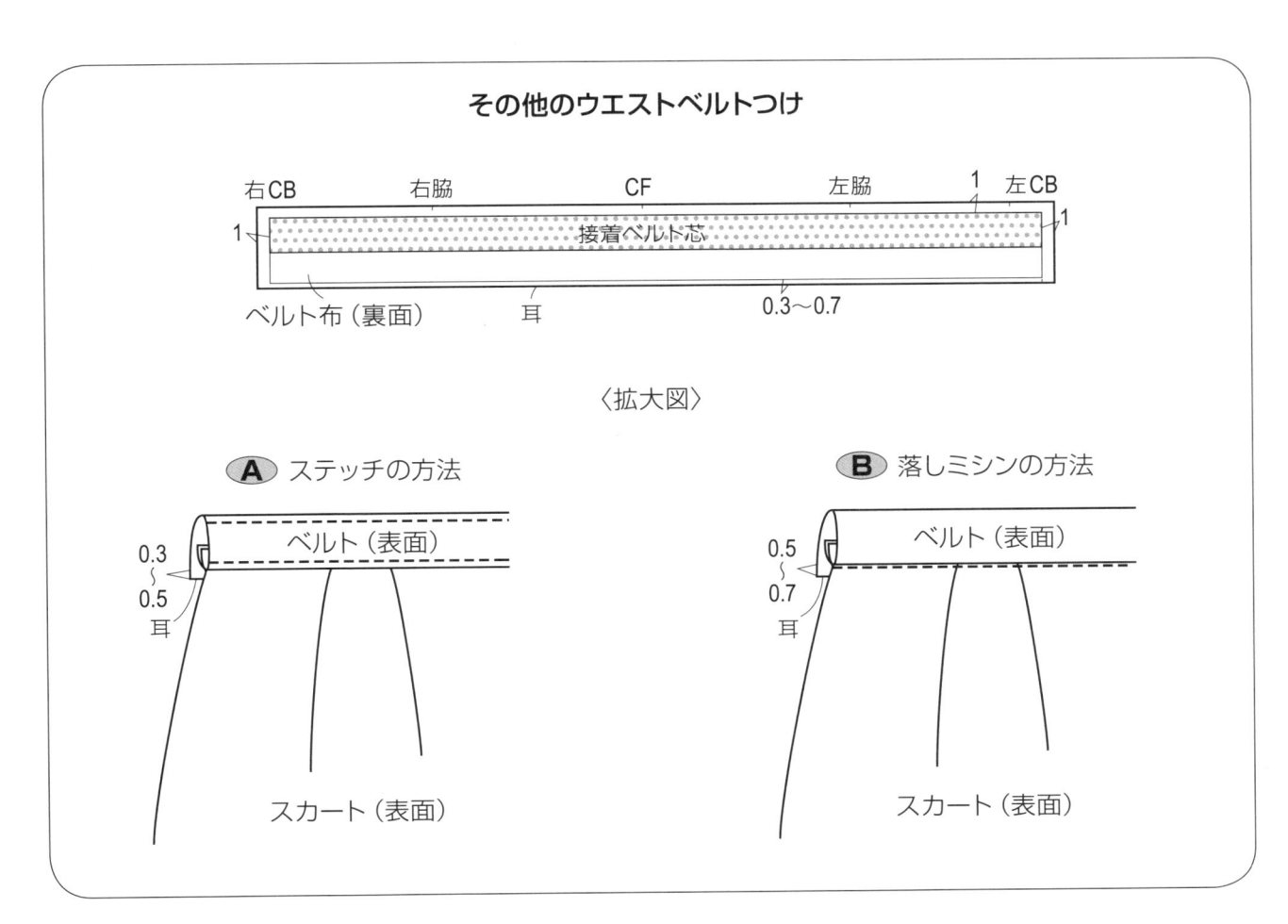

ホック

0.3～0.5

左後ろ（表面）　右後ろ（表面）

その他のウエストベルトつけ

右CB　右脇　CF　左脇　1　左CB

接着ベルト芯

1　　　　　　　　　　　　　　1

ベルト布（裏面）　耳　0.3～0.7

〈拡大図〉

A　ステッチの方法

0.3～0.5
耳
ベルト（表面）
スカート（表面）

B　落しミシンの方法

0.5～0.7
耳
ベルト（表面）
スカート（表面）

7　タイトスカートの縫製

（2）裏つき仕立て
裏布について
裏布をつける目的

　裏布をつけて仕立てる方法を裏つき仕立てという。裏布は次のような目的からつけられる。
- 裏面の縫い目を隠し、きれいに見せる。
- 表布を補強し、形くずれを防ぐ。
- 薄手で透ける布の場合は、静電気や透けを防ぐ。
- 裏面のすべりをよくし、着脱をスムーズにして保温にもなる。

種類と選び方

　裏布の素材にはキュプラ、レーヨン、ポリエステル、ナイロンなどがある。織り方には平織り、綾織り、編み地があり、一般的には薄手の布には平織り、厚手の布には綾織りの裏布が適している。伸縮性のある布地には編み地を使う場合がある。また夏用としては、ざっくり織られたメッシュ織りの通気性のあるものもある。

　裏布を選ぶときは、表布の風合い（布の厚さ、弾力）によく合ったものにすることが大切である。色は表布と同色がよいが、同じ色がない場合は、表布が濃い色の場合はそれよりも濃いめの色に、淡い色の場合はそれよりも淡い色を選ぶとよい。

　裏布は表布に比べてすべりやすく、裁断、縫製に注意が必要である。初心者にはキュプラやレーヨンなどの素材が扱いやすい。

扱い方
- 地直し
　　防縮加工がされているので、裏面からアイロンでしわを伸ばす程度にかける。
- 裁断
　　すべって布目が動きやすいので、あらかじめ横の布目をきちんと整え、角を直角にしておくことが大切である。裂ける布は裂いて横の布目を正しく通すとよい。
- 印つけ
　　へらで印をつける。連続して入れると布を傷めるので、3〜5cmの間隔で断続して入れる。角のところは十字になるように入れる。チョークペーパーで印をつけるときはソフトルレットを使用するとよい。

裏布裁合せ図

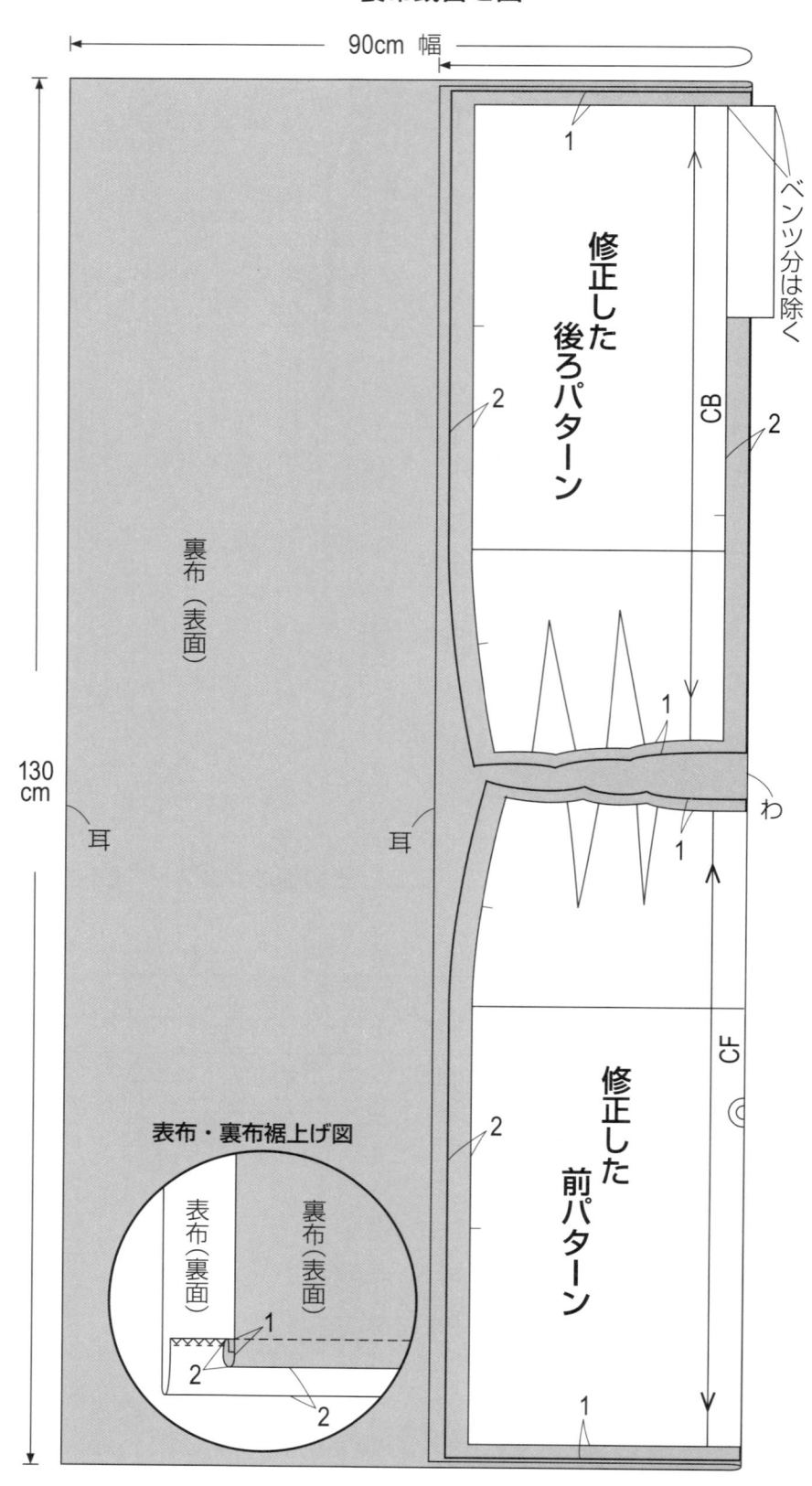

1 接着芯をはり、脇、後ろ中心の縫い代にロックミシンをかけ、後ろ中心を縫う

★縫い代のロックミシンは、素材によってはかけなくてもよい。

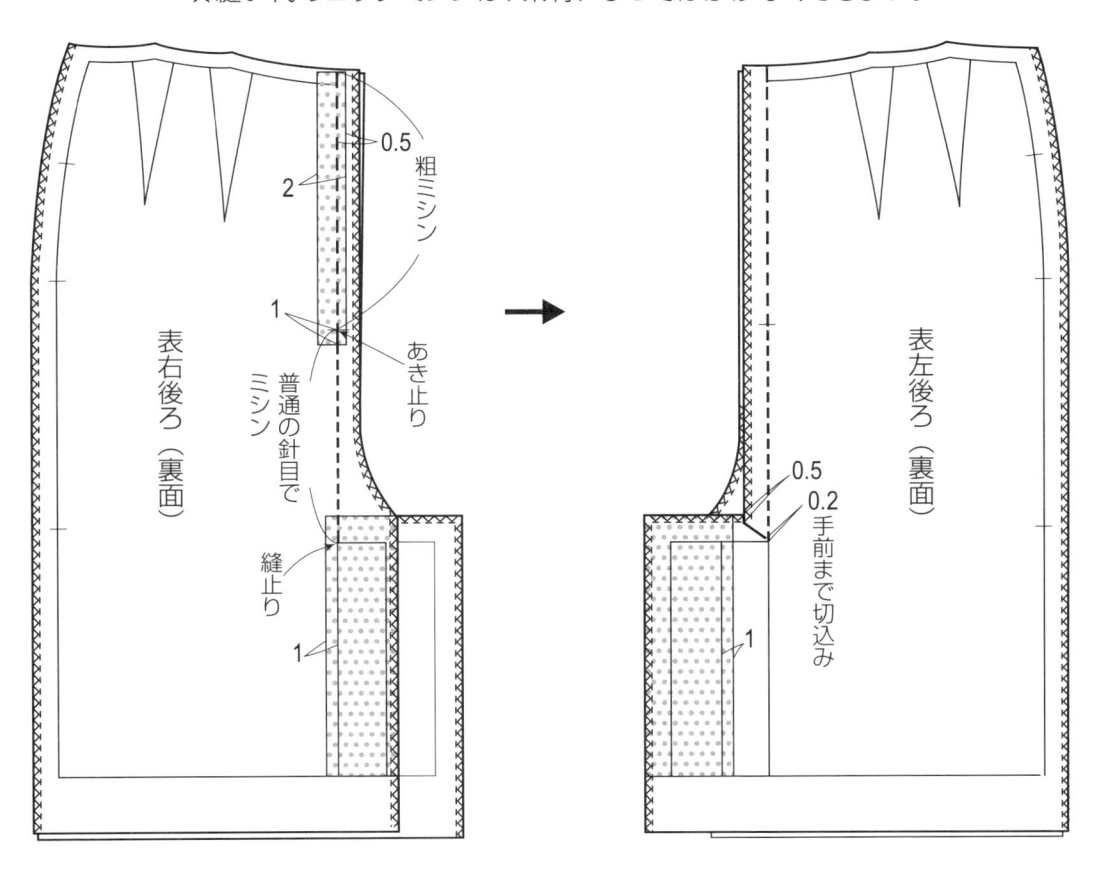

2 ベンツを作る

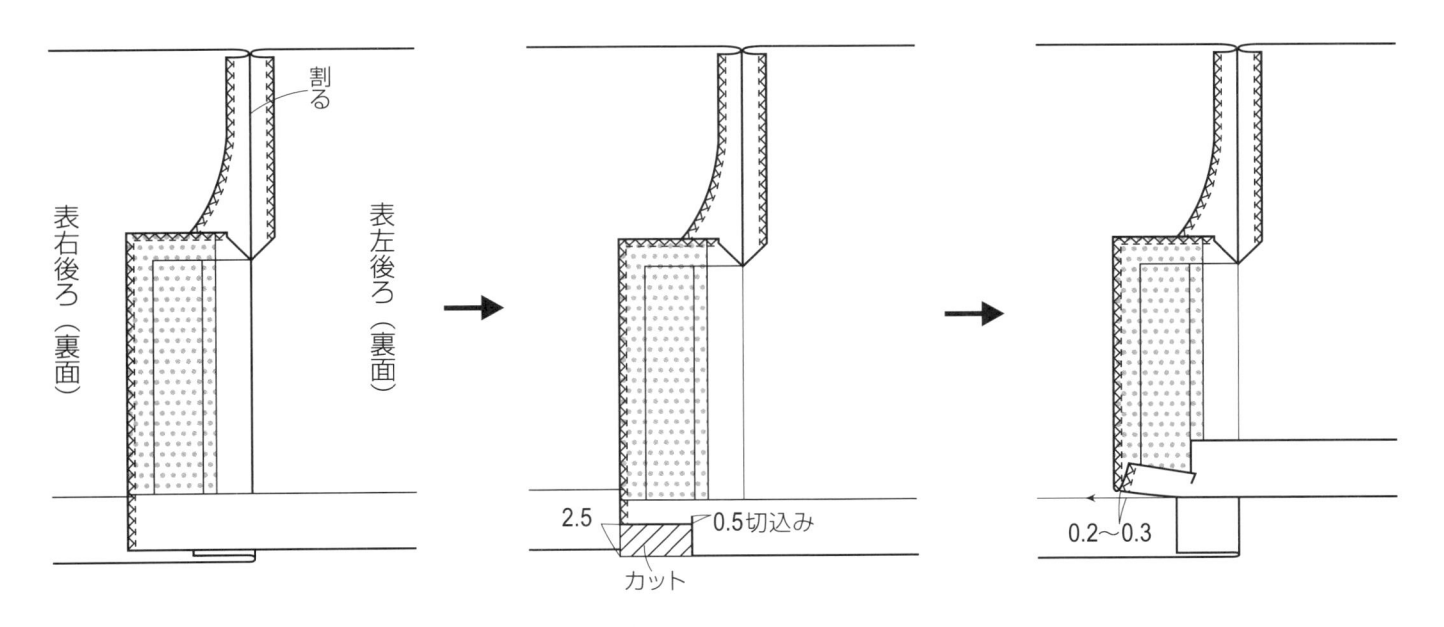

7 タイトスカートの縫製

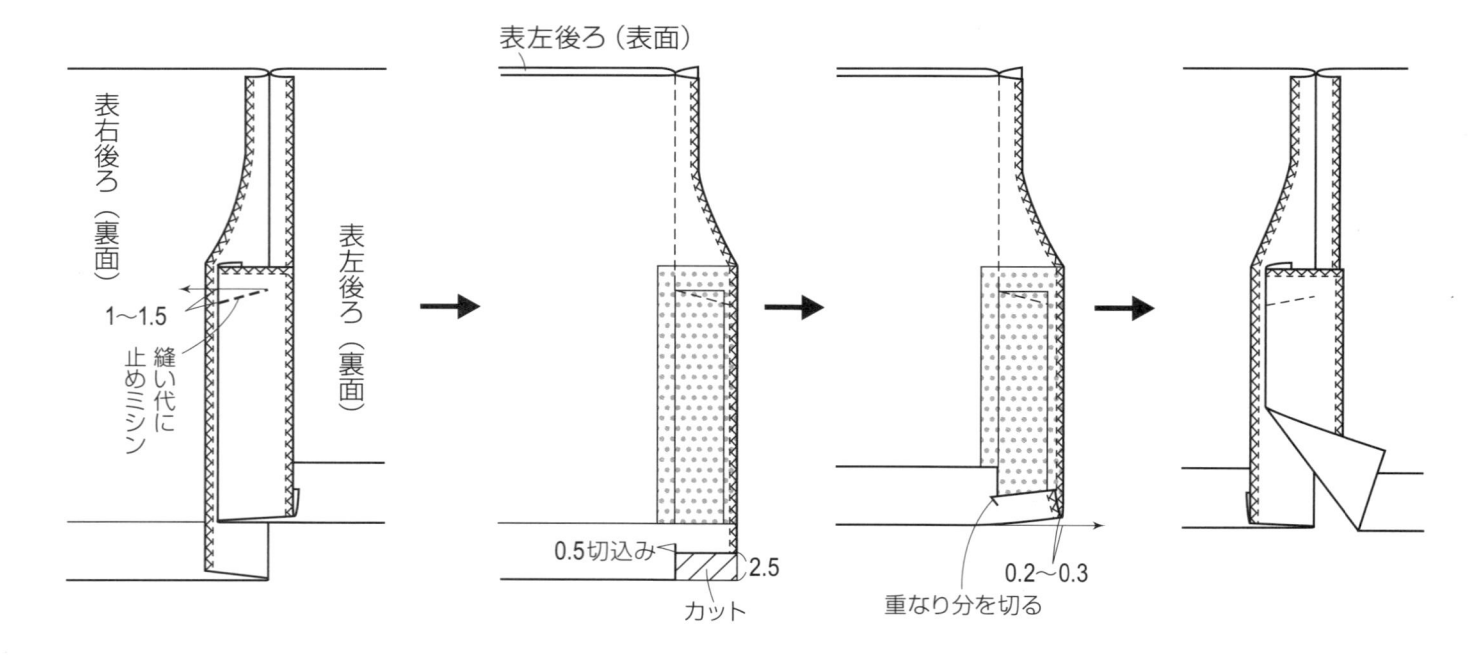

3 ファスナーをつける（一重仕立てを参照）
4 ダーツを縫う

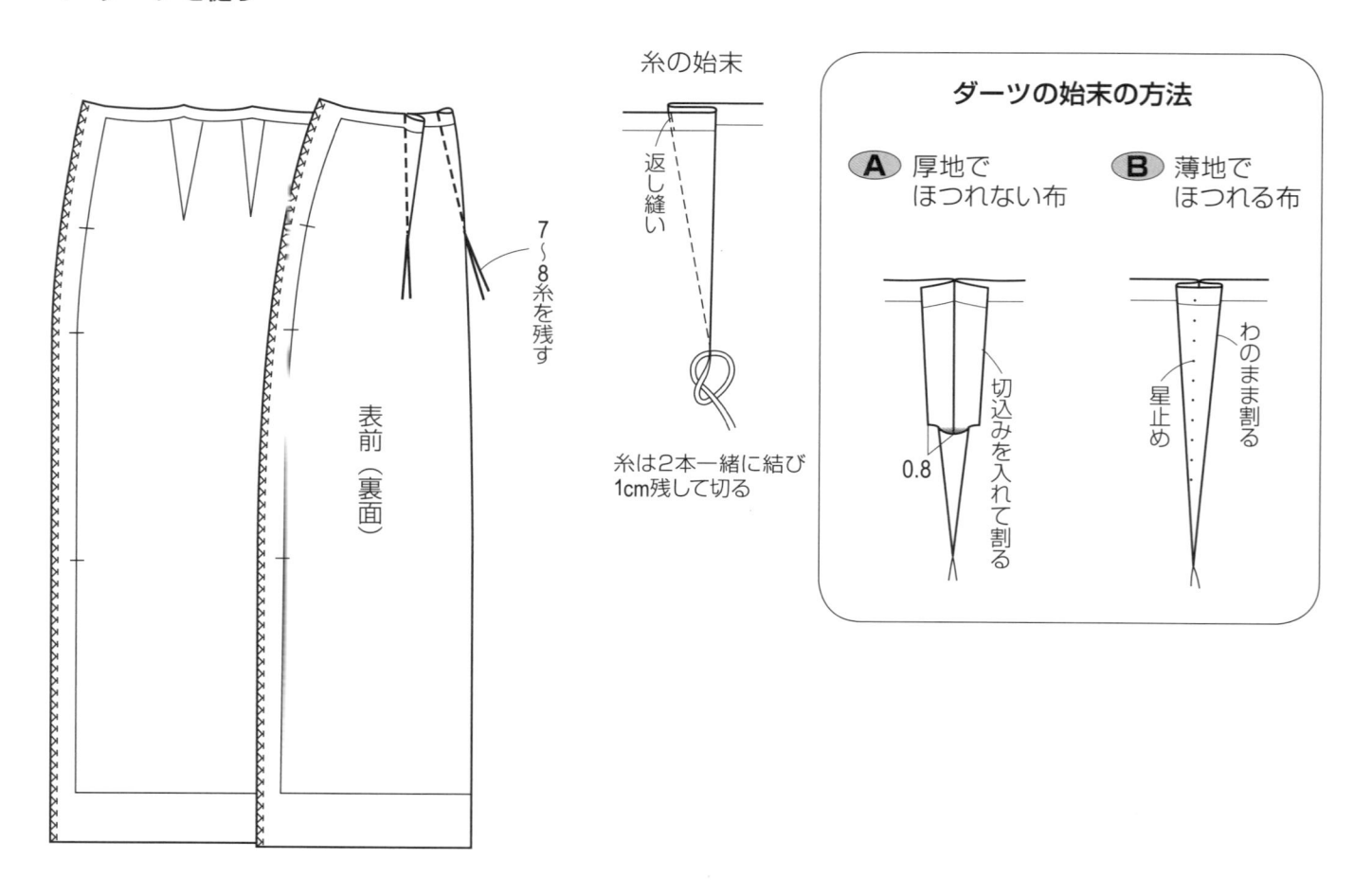

ダーツの始末の方法

Ⓐ 厚地でほつれない布

Ⓑ 薄地でほつれる布

5　脇を縫う

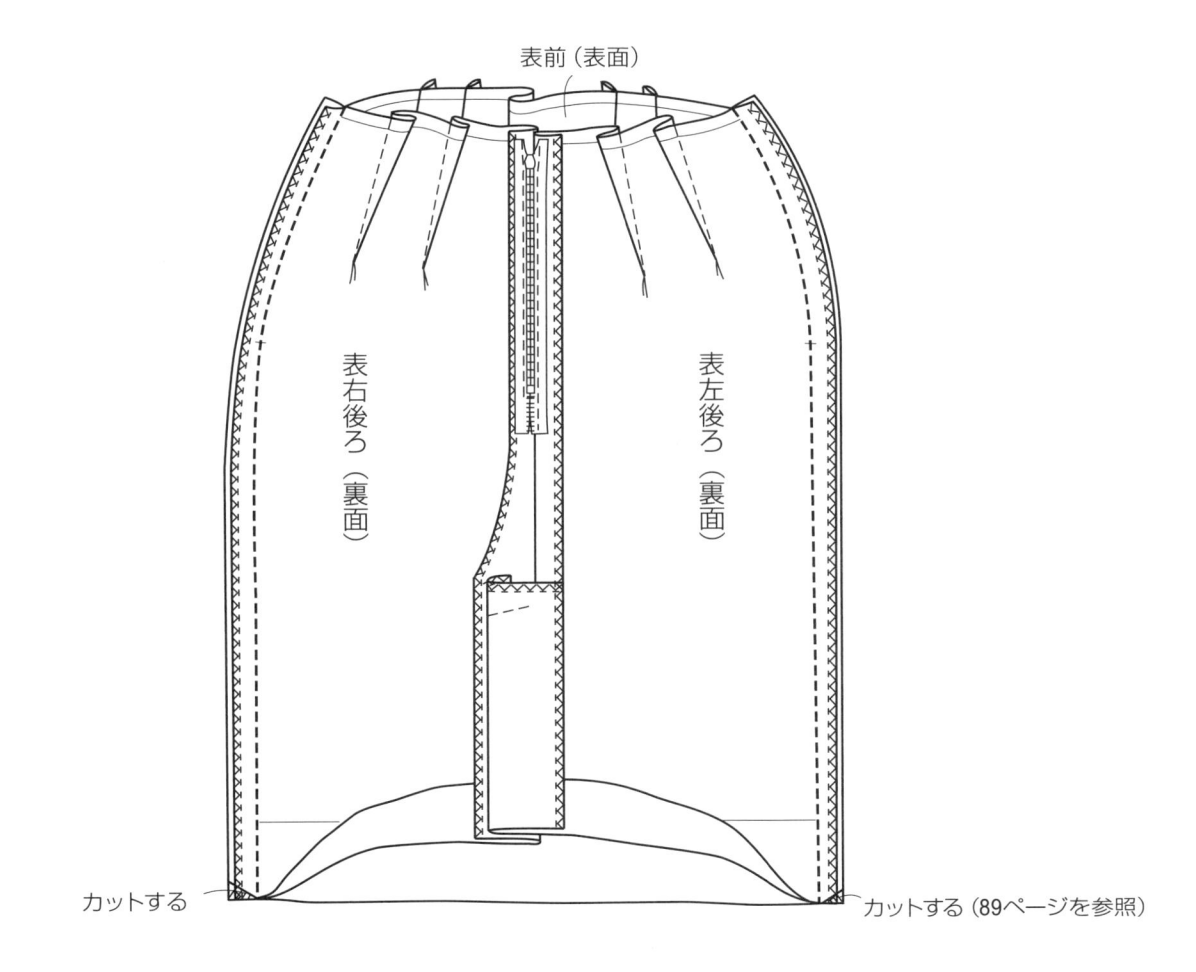

表前（表面）

表右後ろ（裏面）

表左後ろ（裏面）

カットする　　　　　　　　　　　　　カットする（89ページを参照）

6　表側から裾にロックミシンをかける（89ページを参照）

7　裾とベンツをまつる

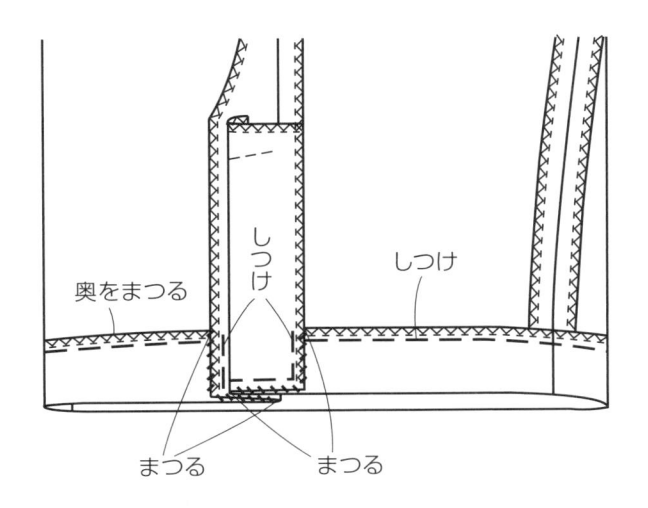

奥をまつる　　しつけ　　しつけ

まつる　まつる

7　タイトスカートの縫製

8 裏スカートを作る

裏布の縫い方の要点

- 縫い代にはロックミシンをかける。
- 糸調子は上糸、下糸ともゆるめに調節し、押えの圧力も弱くする。
- ミシン針は細番手の9番を使用し、表布と同じ糸を使う。薄手用のミシン糸を使用する場合もある。
- 本縫いは、印を合わせ、出来上り線にしつけをしてミシンをかけるとよい。表布の伸びを考慮して裏布にゆるみを入れるため、出来上り位置より0.2～0.3cm縫い代側を縫う。この分量をきせ分という。

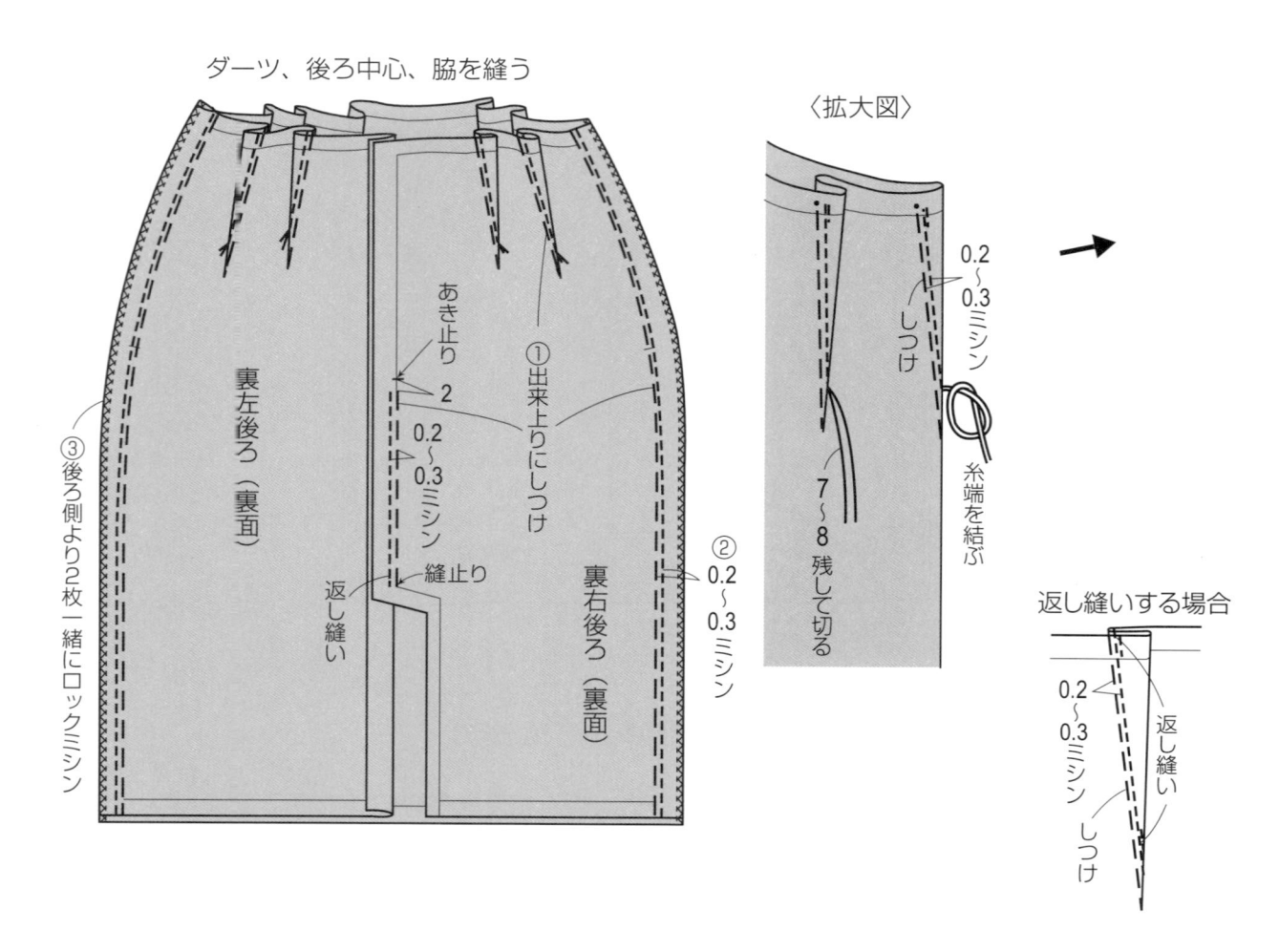

ダーツ、後ろ中心、脇を縫う

〈拡大図〉

①出来上りにしつけ
あき止り
2
0.2～0.3ミシン
縫止り
返し縫い
裏左後ろ（裏面）
裏右後ろ（裏面）
③後ろ側より2枚一緒にロックミシン
②0.2～0.3ミシン

しつけ
0.2～0.3ミシン
糸端を結ぶ
7～8残して切る

返し縫いする場合
0.2～0.3ミシン
返し縫い
しつけ

ベンツの縫い代の整理

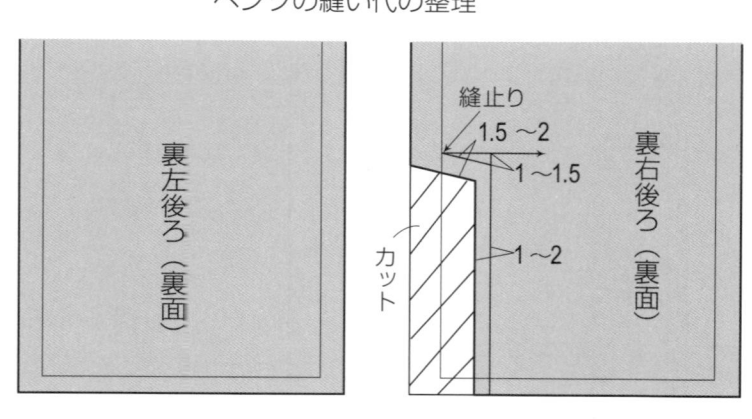

裏左後ろ（裏面）
縫止り
1.5～2
1～1.5
カット
1～2
裏右後ろ（裏面）

※素材により、縫い代のカットは後でする場合もある

縫い代は出来上り線を折り、前側に倒す

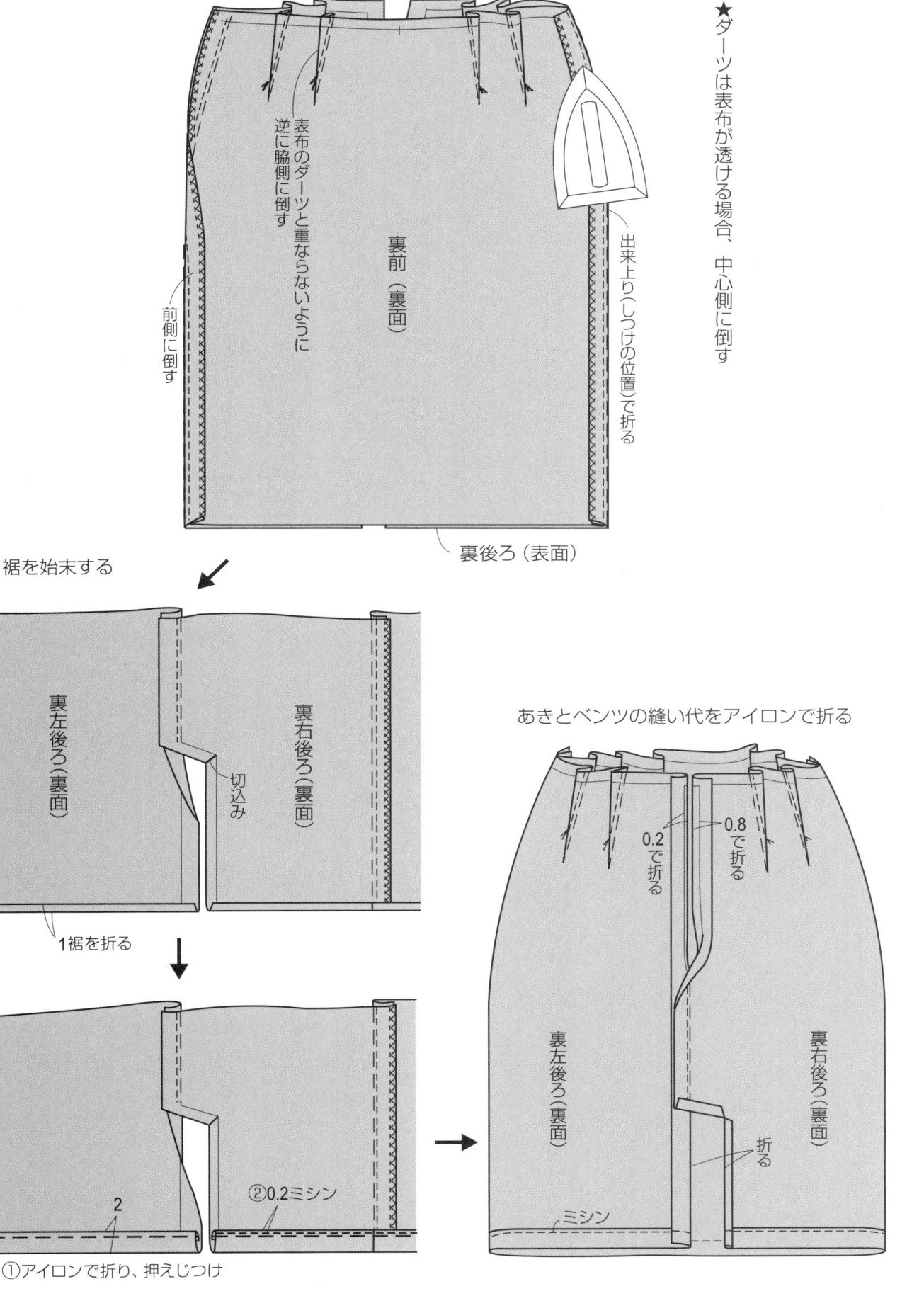

★ダーツは表布が透ける場合、中心側に倒す

前側に倒す
表布のダーツと重ならないように逆に脇側に倒す
出来上り（しつけの位置）で折る

裏前（裏面）
裏後ろ（表面）

裾を始末する

裏左後ろ（裏面）
裏右後ろ（裏面）
切込み
1 裾を折る

② 0.2ミシン
① アイロンで折り、押えじつけ
2

あきとベンツの縫い代をアイロンで折る

0.2で折る
0.8で折る

裏左後ろ（裏面）
裏右後ろ（裏面）
折る
ミシン

7 タイトスカートの縫製　97

9 脇を中とじする

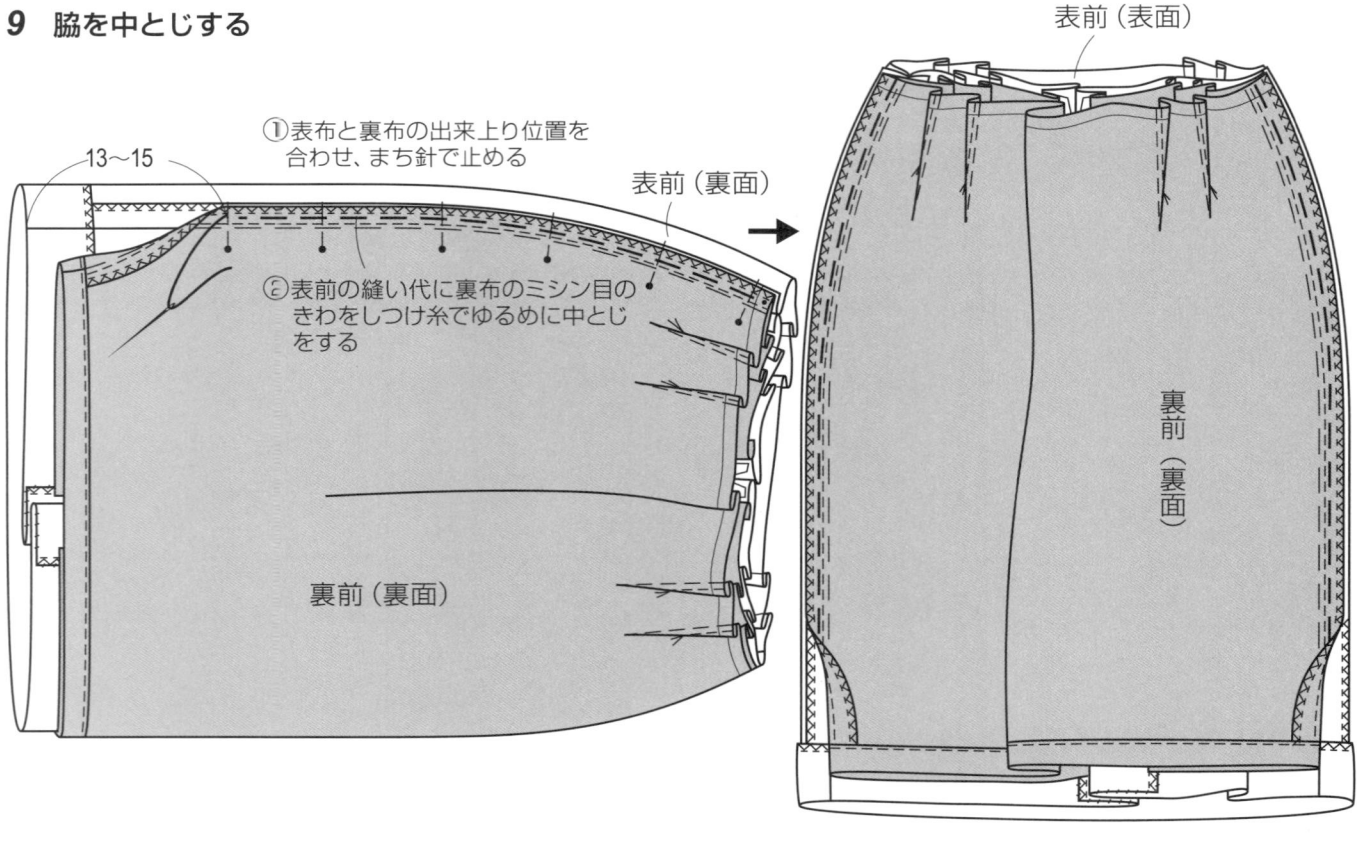

①表布と裏布の出来上り位置を合わせ、まち針で止める

②表前の縫い代に裏布のミシン目のきわをしつけ糸でゆるめに中とじをする

13～15

表前（表面）
表前（裏面）
裏前（裏面）
裏前（裏面）

10 表布と裏布のウエストを合わせてしつけ

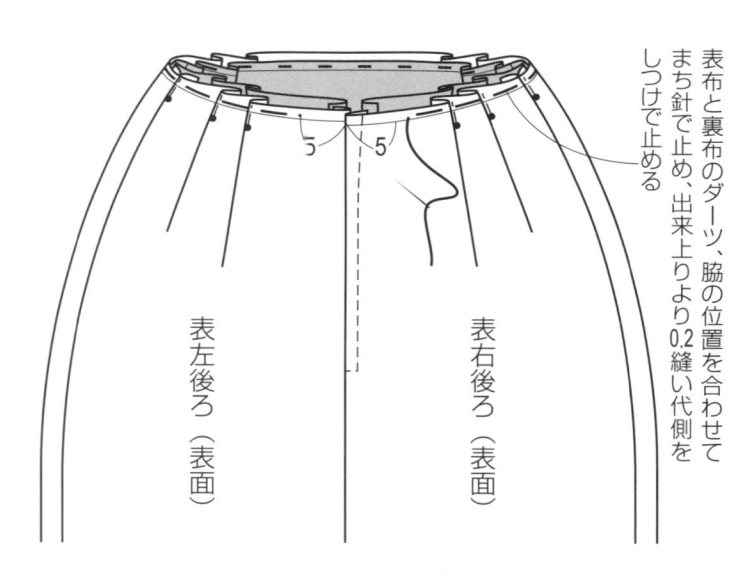

表布と裏布のダーツ、脇の位置を合わせてまち針で止め、出来上りより0.2縫い代側をしつけで止める

5　5

表左後ろ（表面）
表右後ろ（表面）

11 ファスナーとベンツ部分に裏布をしつけで止める

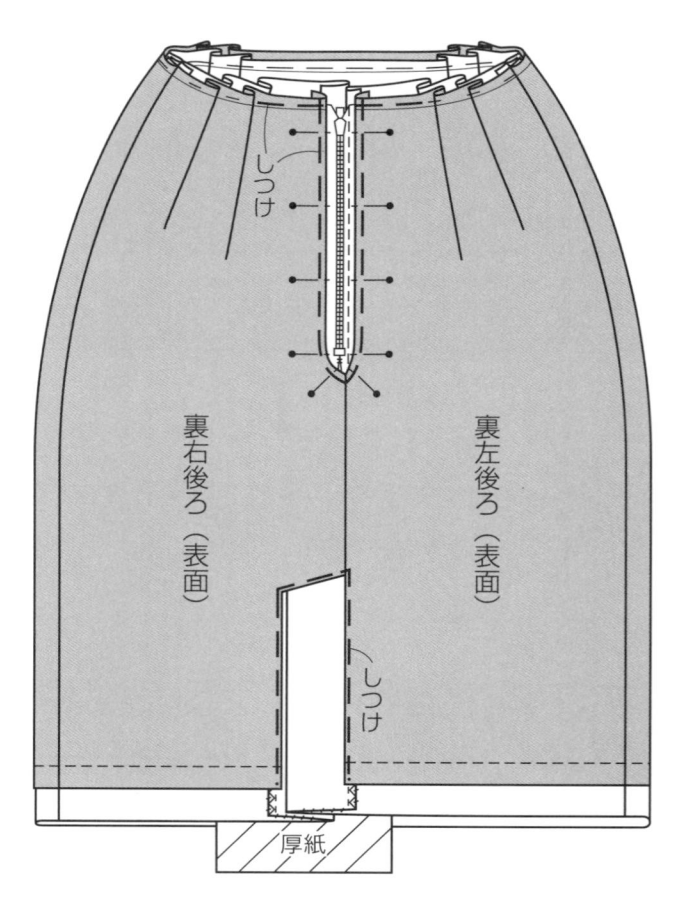

しつけ

裏右後ろ（表面）
裏左後ろ（表面）

しつけ

厚紙

12 ウエストベルトをつける

• 裏ベルトに折り代をつける場合

裁ち端を押えミシンで布の厚みを落ち着かせる（中肉〜厚地）

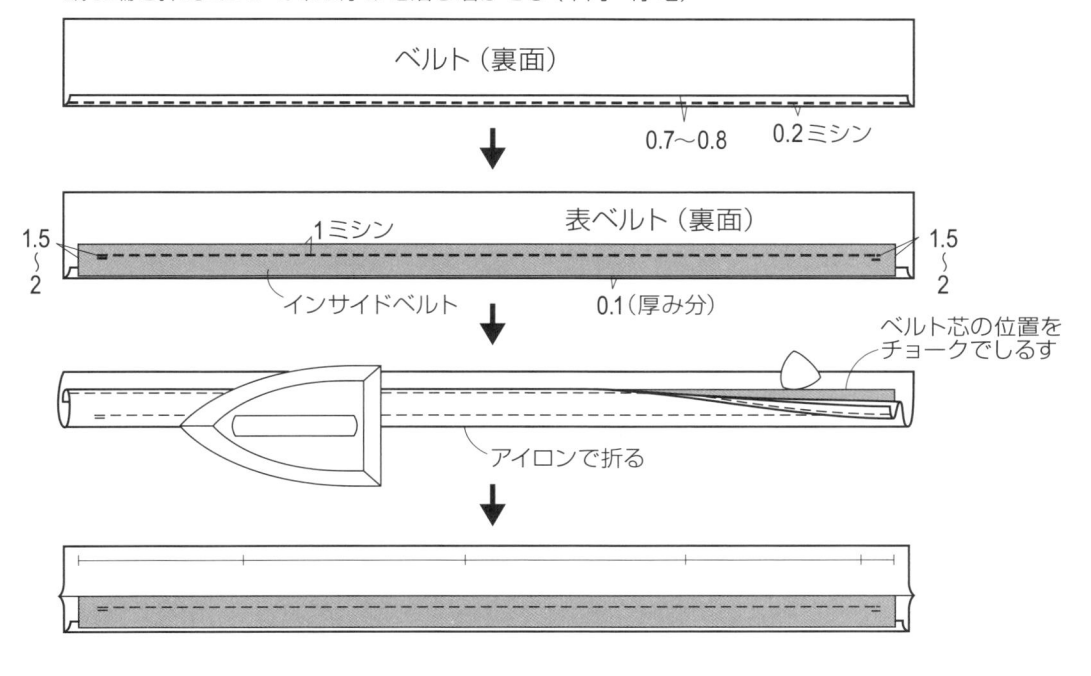

ベルト（裏面）

0.7〜0.8　0.2ミシン

1.5〜2　1ミシン　表ベルト（裏面）　1.5〜2
インサイドベルト　0.1（厚み分）

ベルト芯の位置をチョークでしるす

アイロンで折る

• 折り代なし（耳を使用）の場合

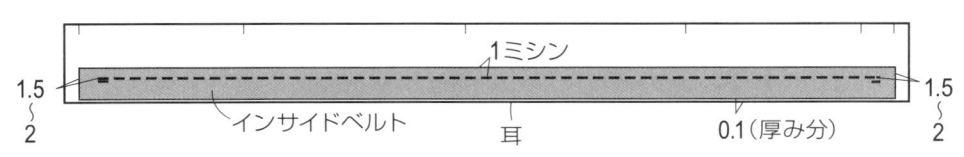

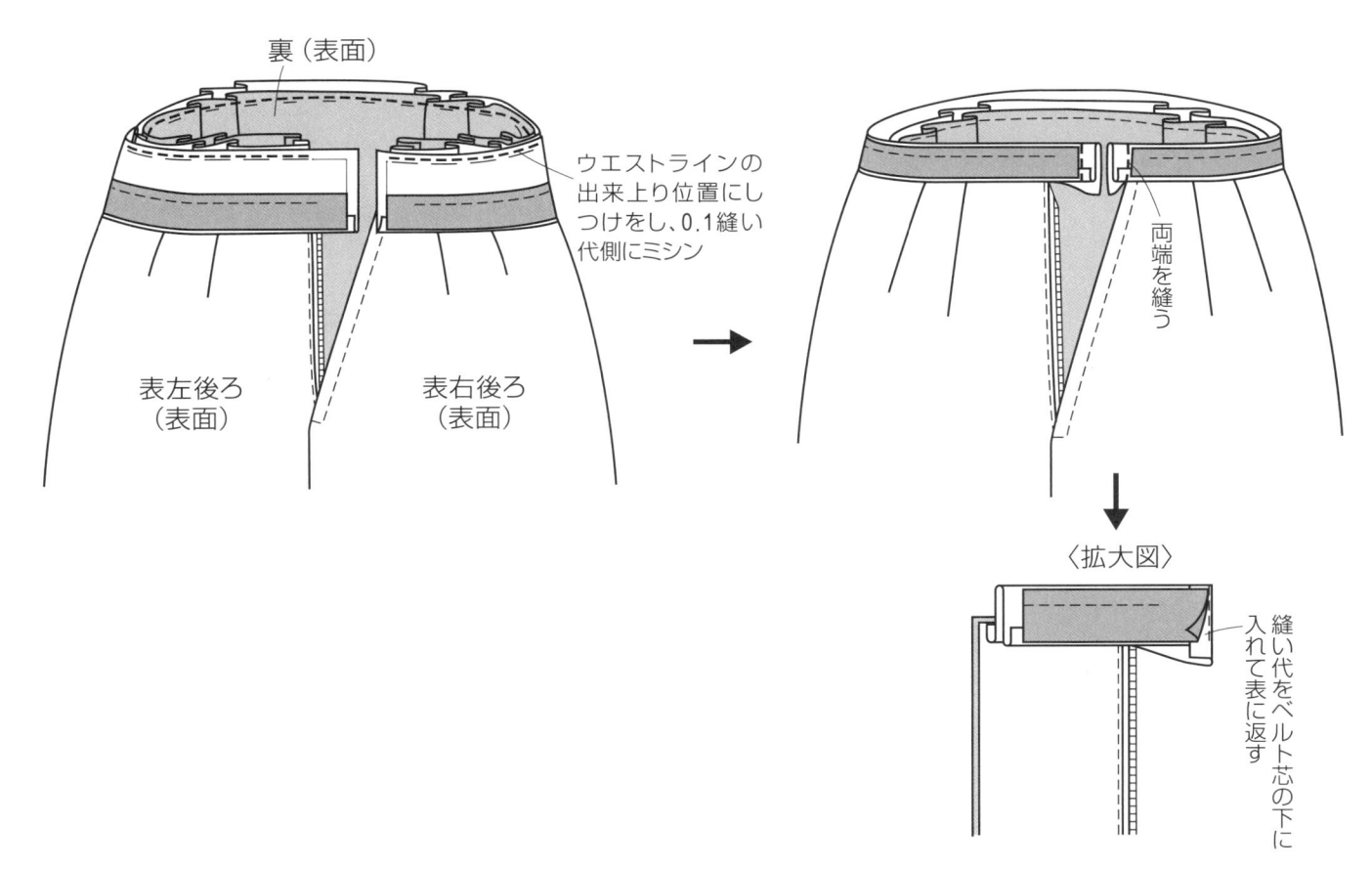

1ミシン
1.5〜2　インサイドベルト　耳　0.1（厚み分）　1.5〜2

裏（表面）

ウエストラインの出来上り位置にしつけをし、0.1縫い代側にミシン

表左後ろ（表面）　表右後ろ（表面）

両端を縫う

〈拡大図〉

縫い代をベルト芯の下に入れて表に返す

7　タイトスカートの縫製　99

13 裏ベルトをまつる

〈拡大図〉

表左後ろ（裏面）
裏左後ろ（表面）
インサイドベルト

ウエストの縫い代をベルト芯と裏ベルトの間に入れる

裏ベルトの端をミシンのきわに合わせ、まち針を打つ

〈拡大図〉

ウエストのミシン縫い目のきわに普通まつり

14 表布と裏布の裾を糸ループで止める

裏右後ろ（表面）
裏左後ろ（表面）
糸ループ

15 ファスナー、ベンツ部分の裏布をまつる

〈拡大図〉

星止め

0.5 星止め
裏布をファスナー土台布にまつる

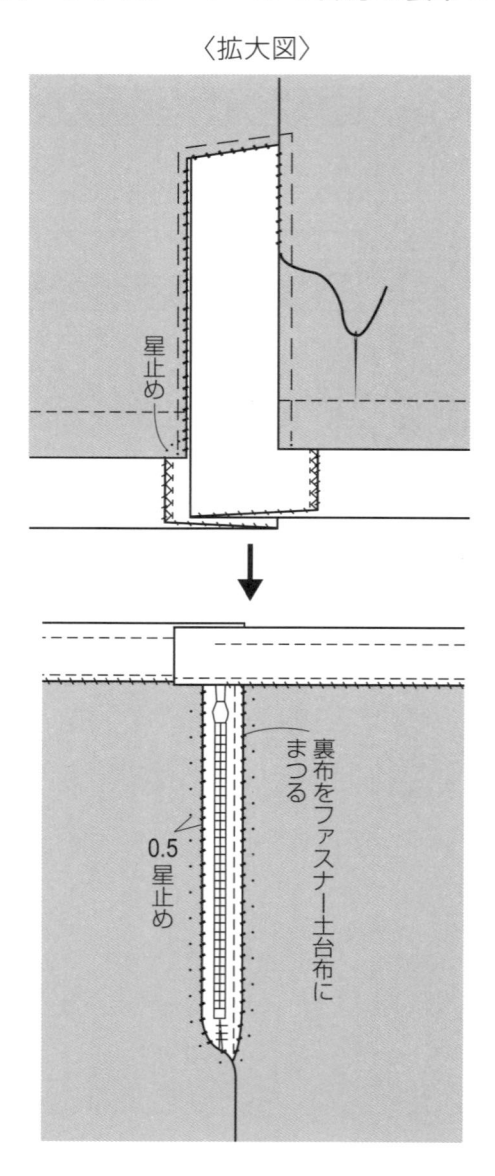

16 ホックをつける（一重仕立てを参照）

8 部分縫い

スリットの作り方

スリットは、スリムシルエットのスカートの縫い目に歩行のための機能として入れる。スリット止りは力がかかる部分なので、丈夫に仕立てなくてはならない。

1 芯をはり、スリット止りまでミシンをかける

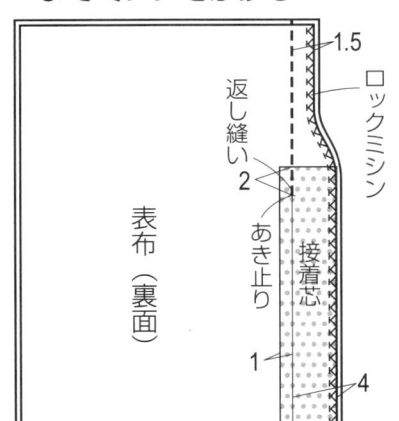

- ロックミシン
- 返し縫い 2
- 1.5
- 表布（裏面）
- あき止り
- 接着芯
- 1
- 4

2 裾を上げる

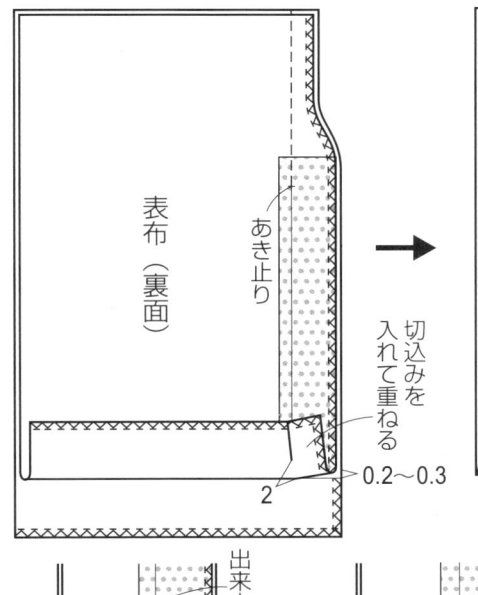

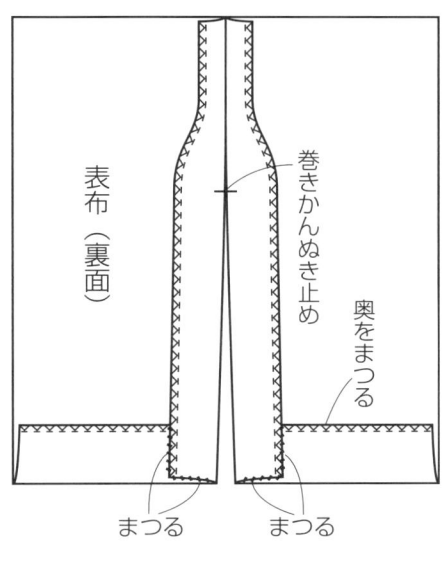

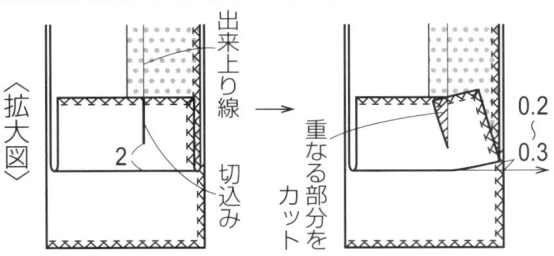

- 表布（裏面）
- あき止り
- 切込みを入れて重ねる
- 0.2〜0.3
- 2

〈拡大図〉
- 出来上り線
- 切込み
- 2
- 重なる部分をカット
- 0.2
- 0.3

- 表布（裏面）
- 巻きかんぬき止め
- 奥をまつる
- まつる　まつる

3 裏布を表布に合わせて余分な縫い代を切り取って折る

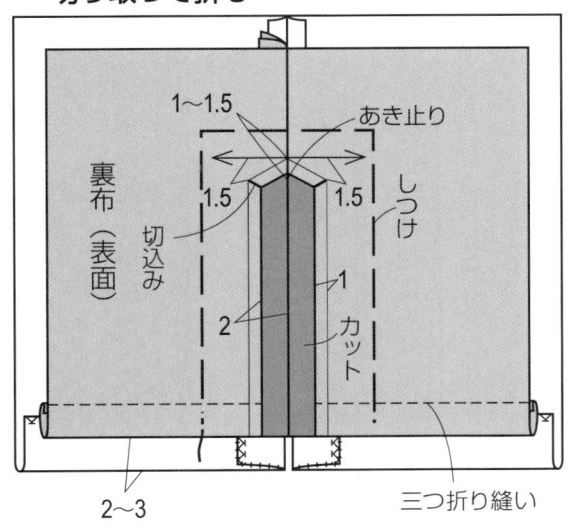

- 1〜1.5
- あき止り
- 裏布（表面）
- 1.5　1.5
- 切込み
- しつけ
- 1
- 2
- カット
- 2〜3
- 三つ折り縫い

4 表布をまつり、星止めをする

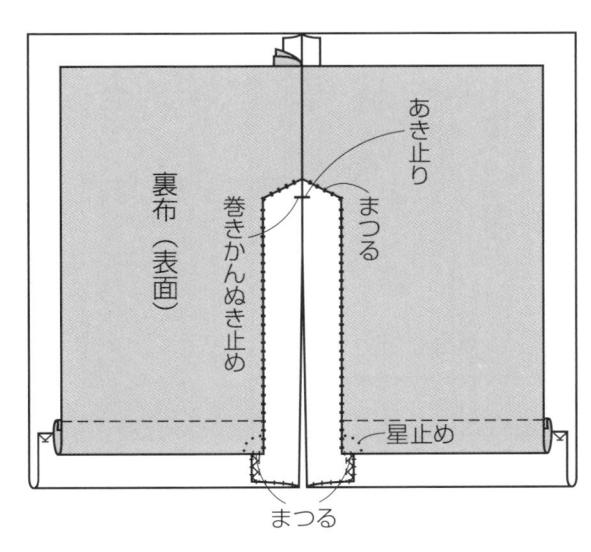

- あき止り
- 巻きかんぬき止め
- まつる
- 裏布（表面）
- 星止め
- まつる

8 部分縫い 101

センターベンツの作り方（表布が厚い場合）

　布地が厚い場合、表布は持出しと見返しを同寸法にする。ベンツの持出し裏は、裏布を裁ち出してまつりつけることで薄く仕立てることができる。

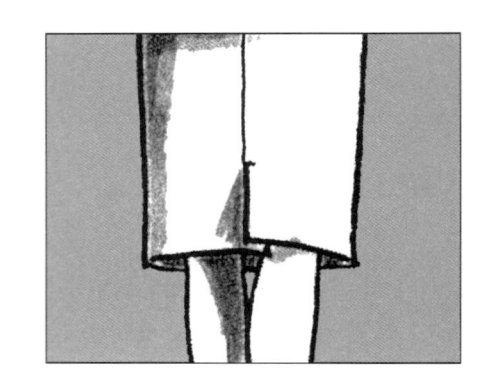

1　接着芯をはり、後ろ中心、裾にロックミシンをかける

★後ろ中心の縫い代のロックミシンは、素材によってはかけなくてもよい。

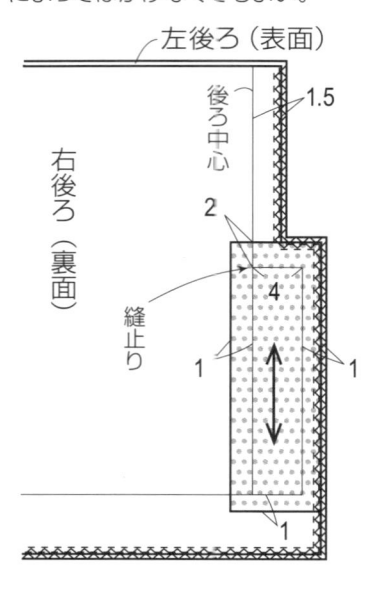

2　後ろ中心を縫い、右後ろの縫い代をカットする

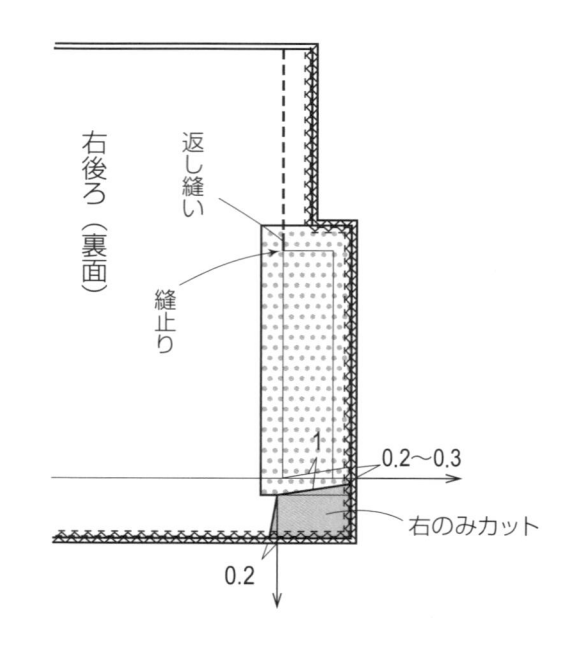

3　右後ろ裾を上げ、奥をまつる。ベンツ部分は切込みを入れ、アイロンで折り上げる

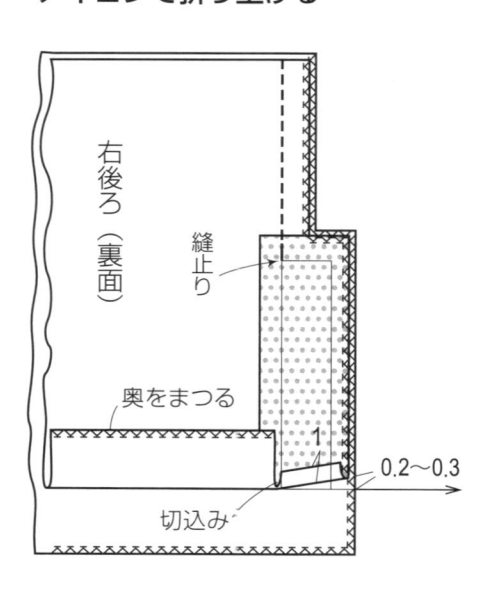

4　左後ろのみに切込みを入れ、右後ろはアイロンで出来上りに整える

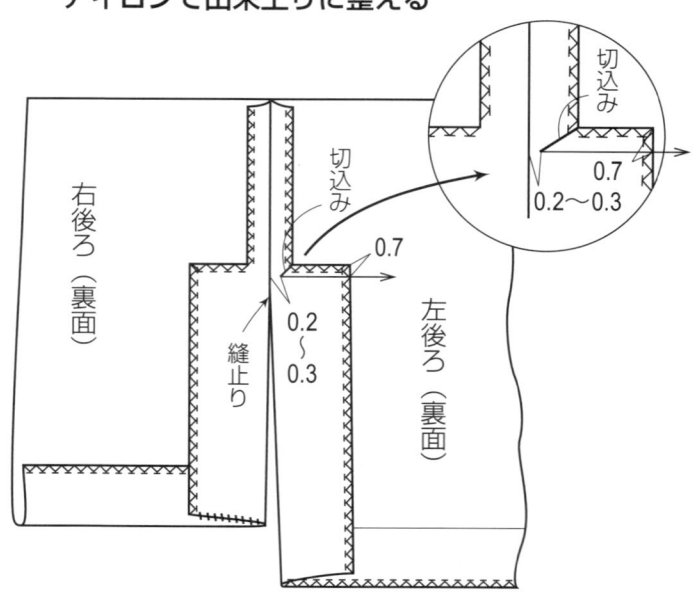

5 左後ろ持出しを1cm折り、右後ろ持出しと合わせてミシンをかける

6 左後ろ裾を折り上げ、奥をまつる

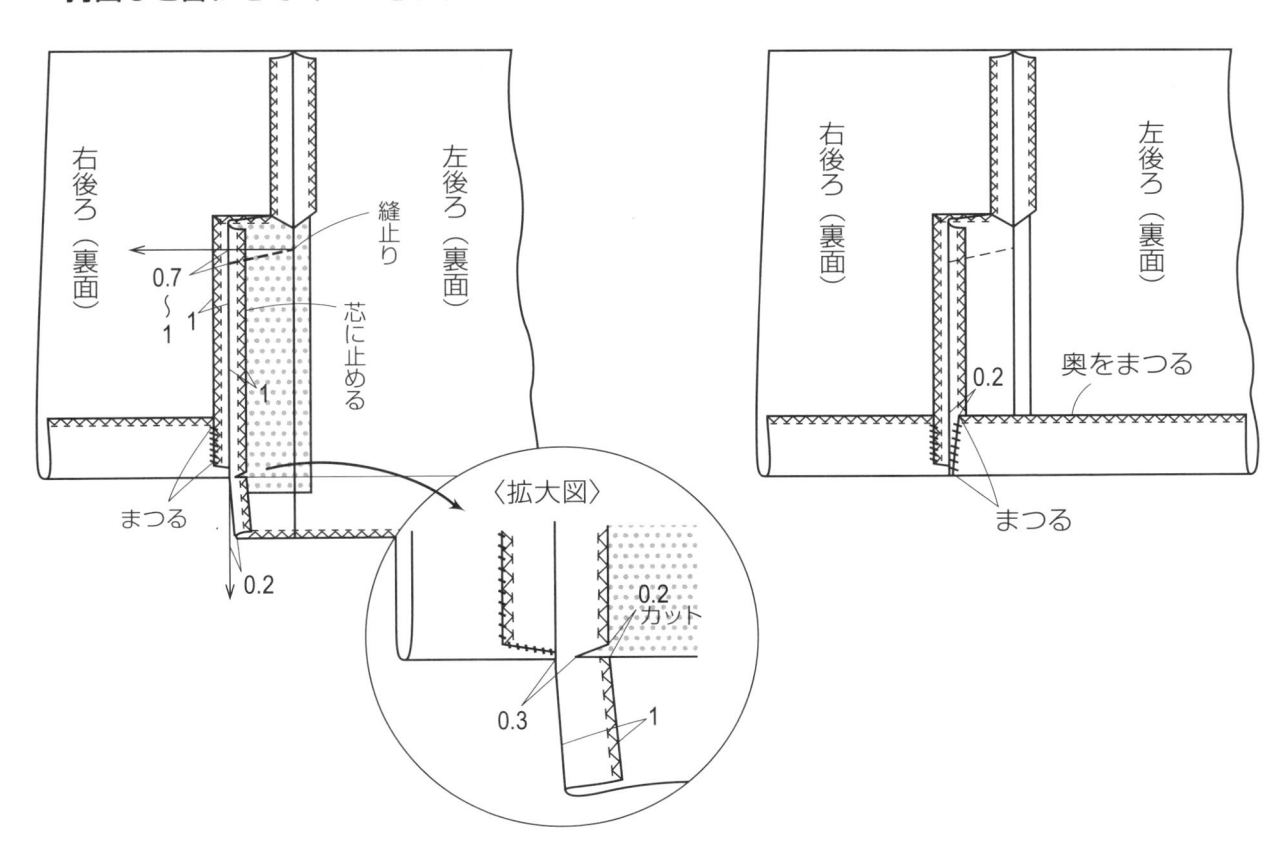

7 裏布を合わせ、ベンツ部分にしつけをし、右後ろの裏地のみカットする

8 ベンツ部分をまつり、角に星止めをする

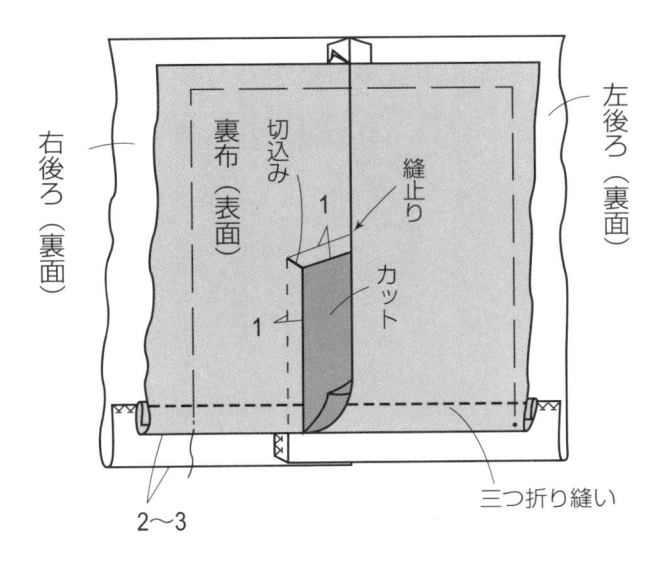

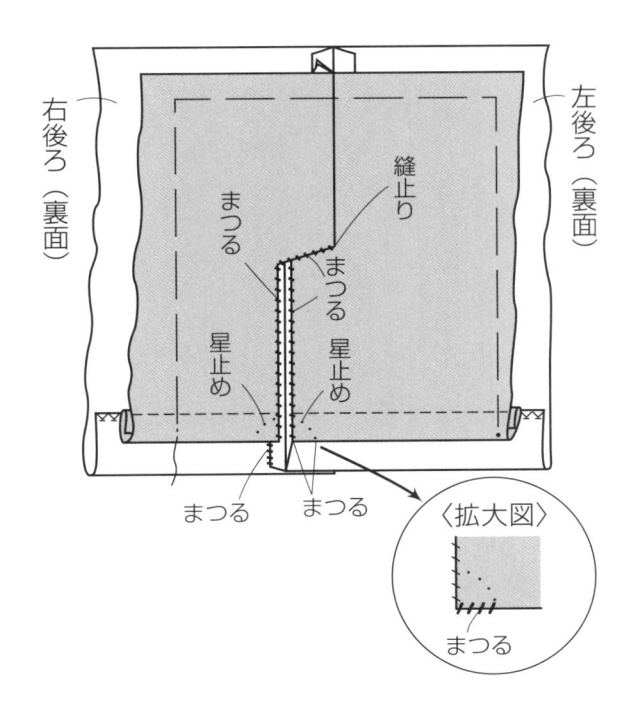

8 部分縫い　103

ファスナーのつけ方（A）
一重仕立てで、左脇にファスナーをつける方法。

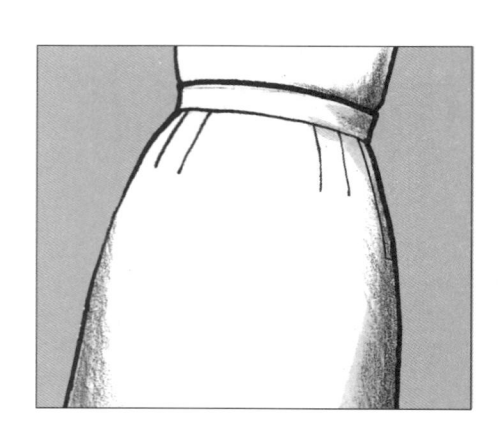

1 テープをはる

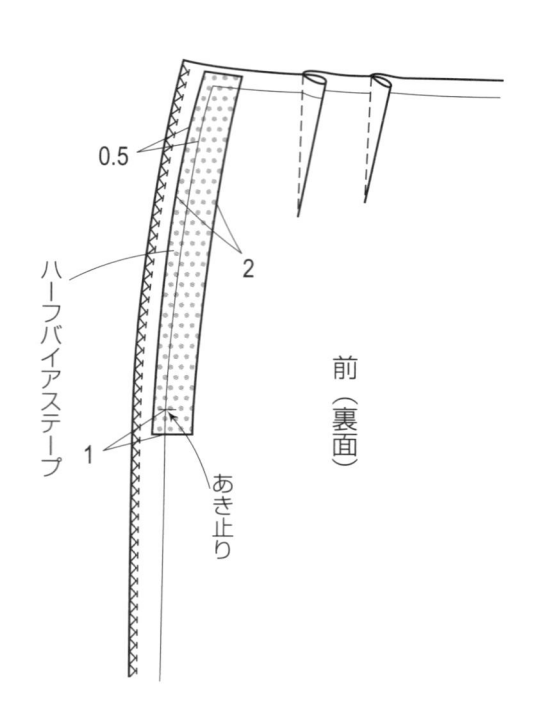

2 脇を縫う

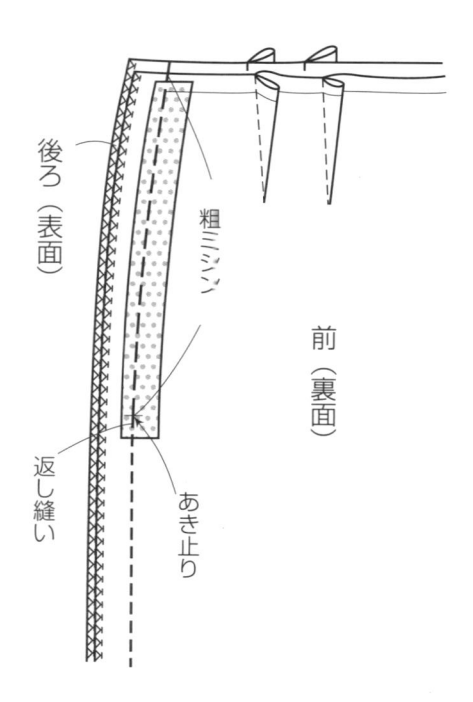

3 後ろスカートの左脇の縫い代を0.3出して折り、アイロンで押さえる

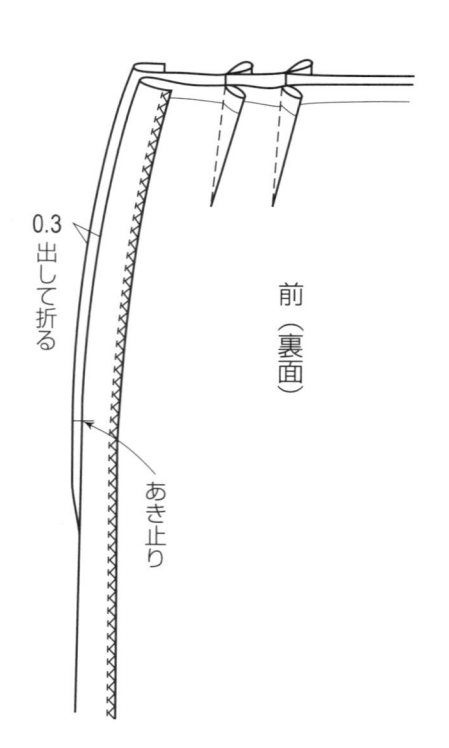

4 ファスナーをつける

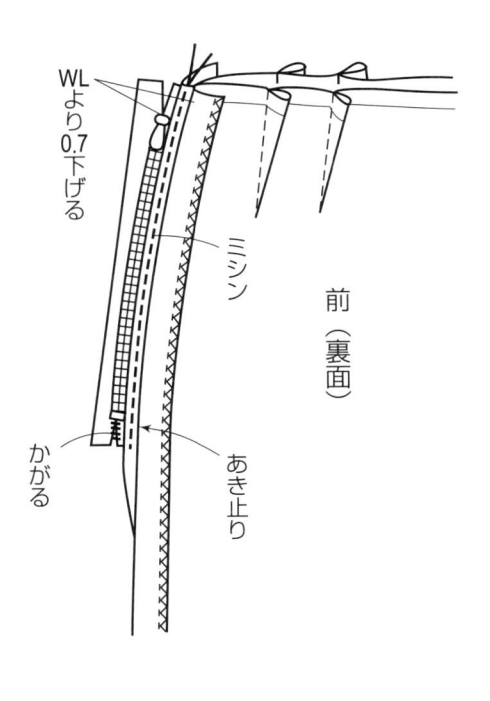

- WLより0.7下げる
- ミシン
- かがる
- あき止り
- 前（裏面）

5 ステッチをかける

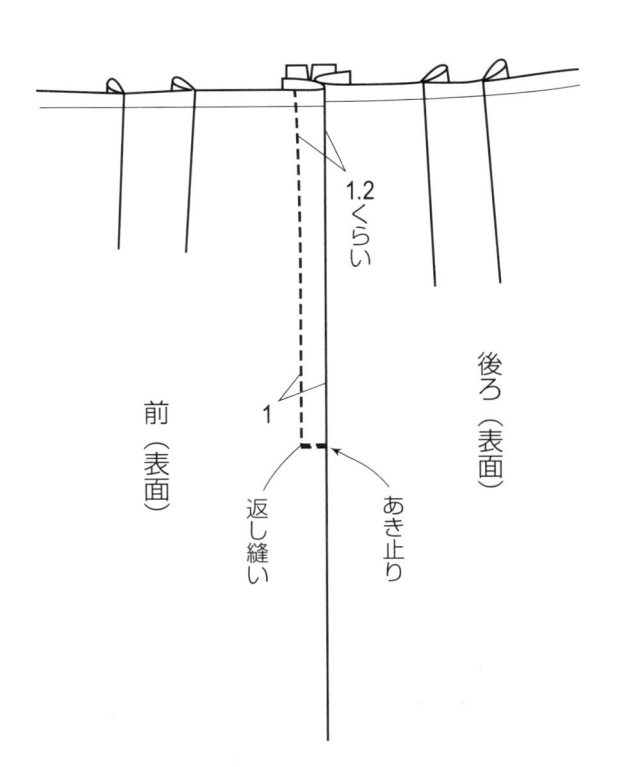

- 1.2くらい
- 1
- 返し縫い
- あき止り
- 前（表面）
- 後ろ（表面）

6 粗ミシンをほどく

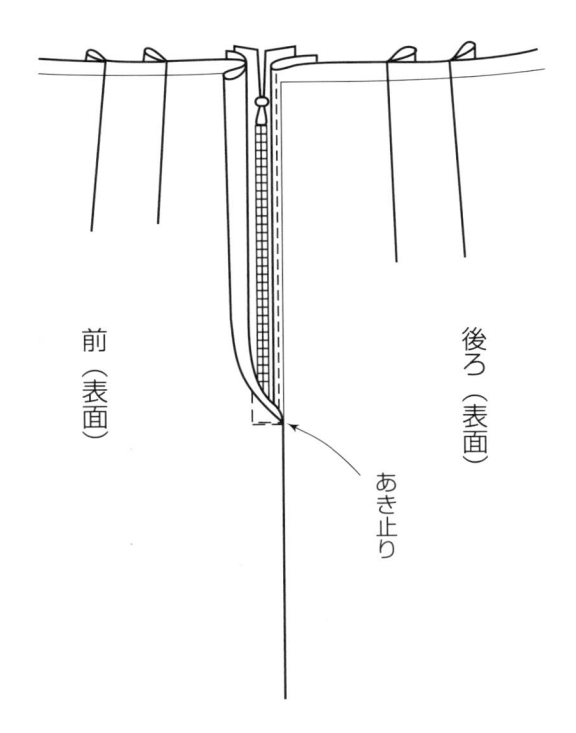

- 前（表面）
- 後ろ（表面）
- あき止り

7 ファスナーテープを縫い代にとめる

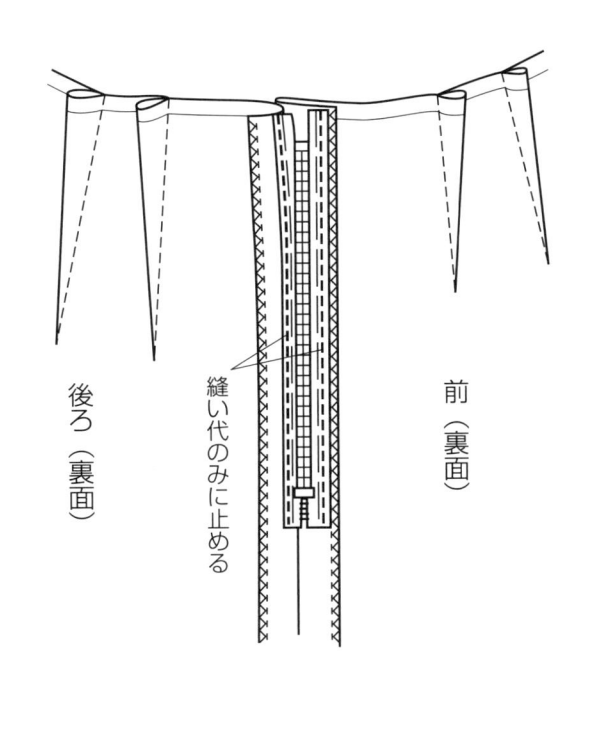

- 後ろ（裏面）
- 縫い代のみに止める
- 前（裏面）

8 部分縫い

ファスナーのつけ方（B）

あらかじめ裏布にファスナーをつけて、表布と縫い合わせる方法。

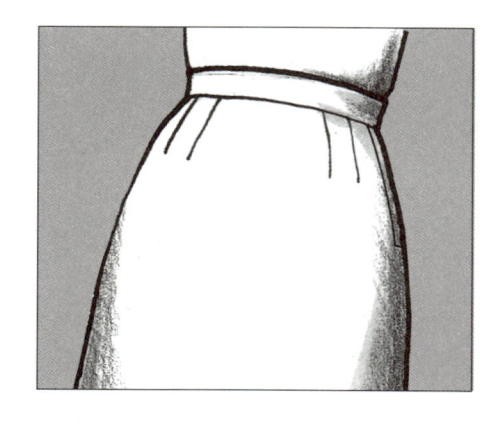

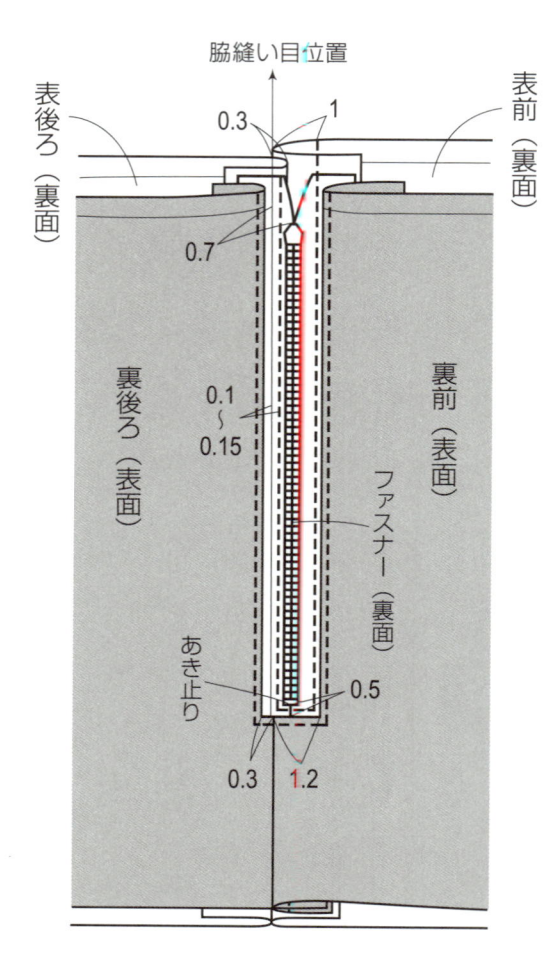

1 折り山の印をつけ、切込みを入れる

出来上り図になるように裏布の折り山位置に印をつけ、切込みを入れる

〈左脇あきの場合〉

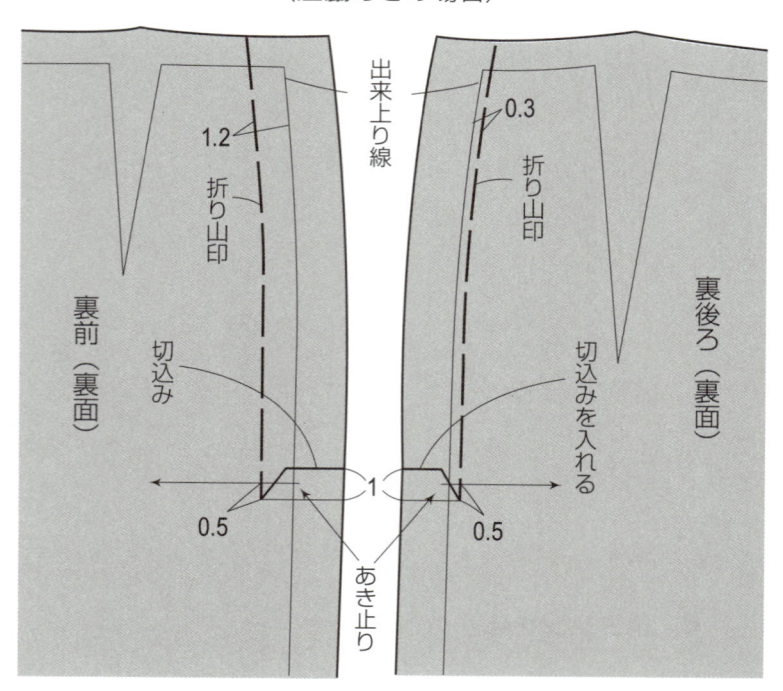

左脇あきの場合

出来上り図

〈後ろあきの場合〉

後ろあきの場合は左脇あきの逆の縫い方になる

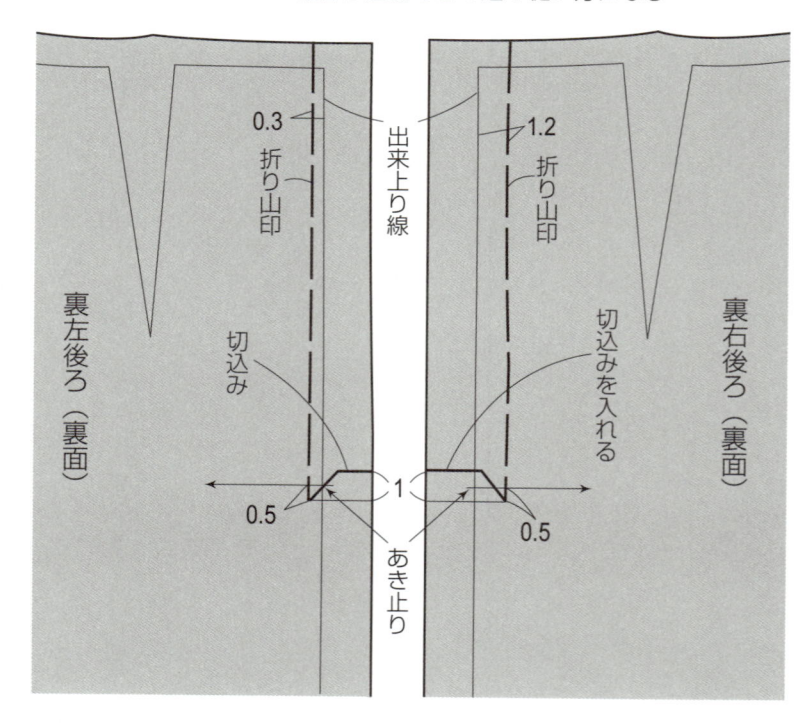

2 折り代を折る（左脇あき）

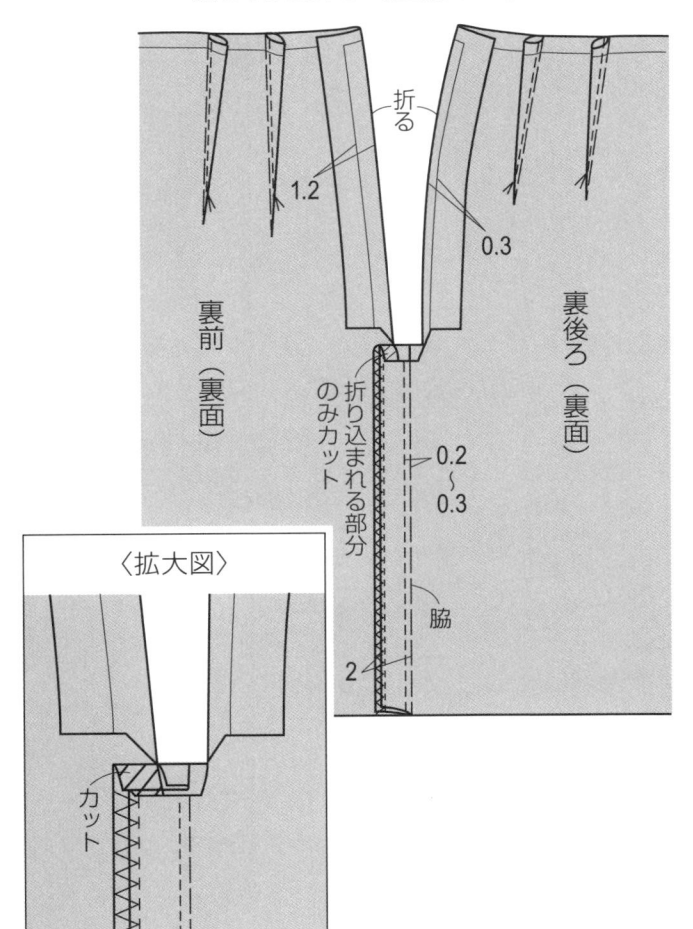

裏前（裏面）
折る
1.2
0.3
折り込まれる部分のみカット
0.2〜0.3
裏後ろ（裏面）
脇
2

〈拡大図〉
カット

3 裏布にファスナーをつける

0.7
しつけ
ファスナー（裏面）
0.1〜0.15
ミシン
0.5
裏後ろ（表面）
裏前（表面）
脇

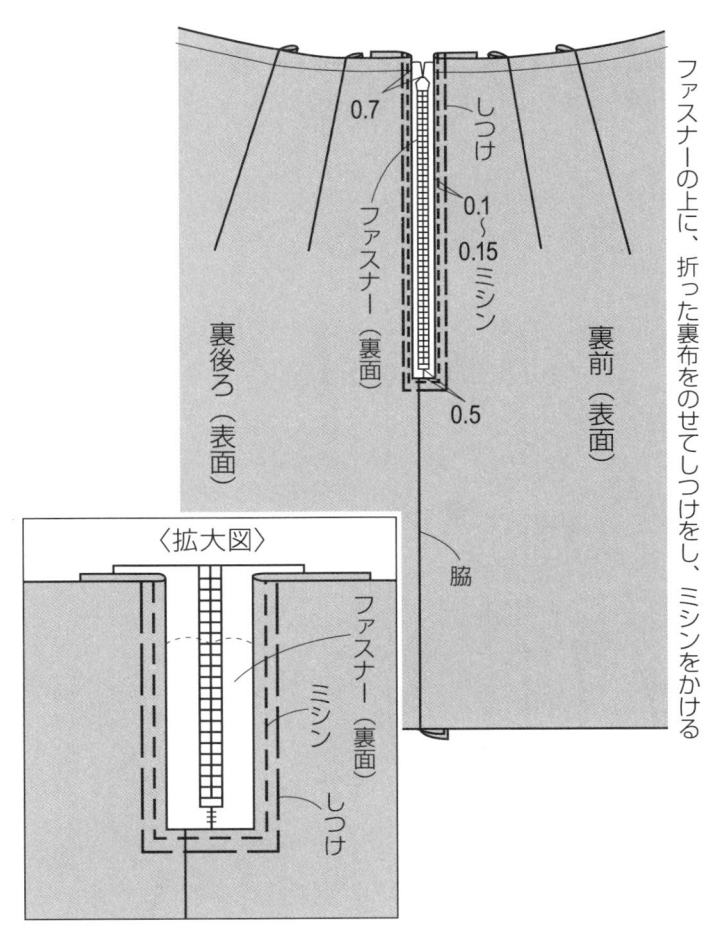

ファスナーの上に、折った裏布をのせてしつけをし、ミシンをかける

〈拡大図〉
ファスナー（裏面）
ミシン
しつけ

4 表布にファスナーをつける

表後ろ（表面）
0.7
0.3
0.1
ミシン
あき止り
表前（裏面）
裏前（裏面）
脇
裏後ろ（裏面）

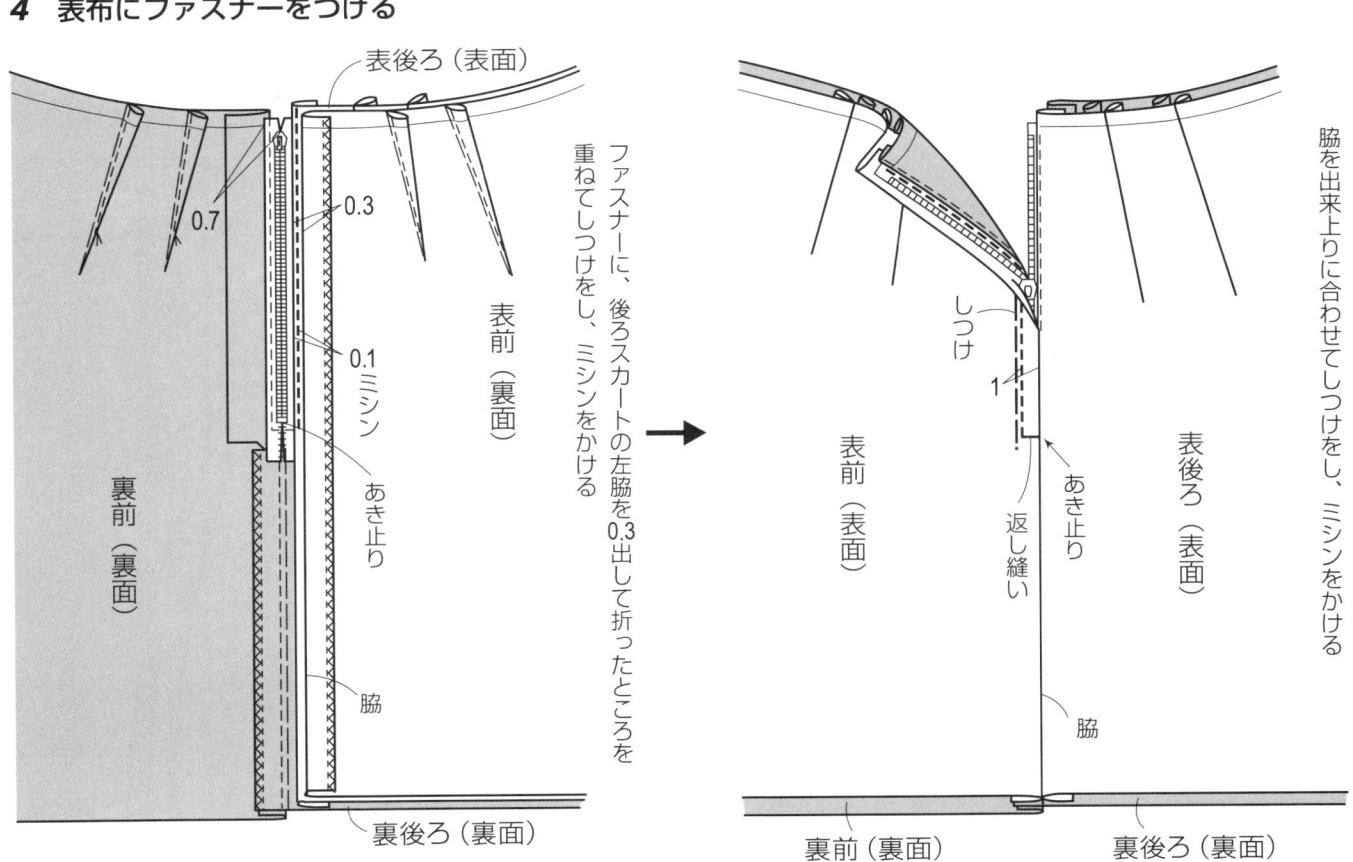

ファスナーに、後ろスカートの左脇を0.3出して折ったところを重ねてしつけをし、ミシンをかける

しつけ
1
あき止り
返し縫い
表前（表面）
表後ろ（表面）
脇
裏前（裏面）
裏後ろ（裏面）

脇を出来上りに合わせてしつけをし、ミシンをかける

8 部分縫い 107

ウエストベルトのつけ方
接着ベルト芯を縫い代に止める方法

ベルト芯を縫い代に止めてベルト布に接着するので、ステッチをかけるベルトに適している。

1　ベルト布をつける

- ベルト布つけミシン
- ベルト布（裏面）
- ロックミシン
- あき止り
- 左後ろ（表面）
- 右後ろ（表面）

2　ベルト芯をつける

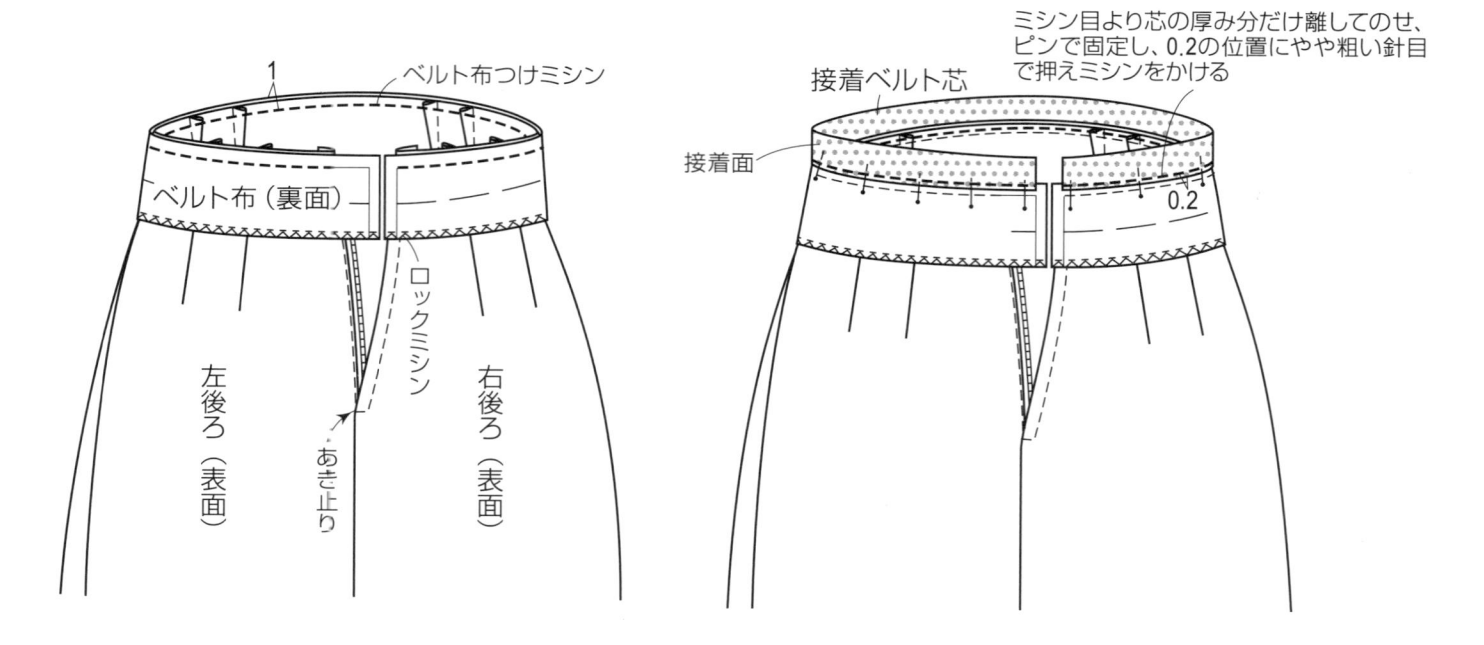

ミシン目より芯の厚み分だけ離してのせ、ピンで固定し、0.2の位置にやや粗い針目で押えミシンをかける

- 接着ベルト芯
- 接着面
- 0.2

3　ベルト布の端を縫う

- ベルト布（裏面）
- 接着ベルト芯
- ベルト布を中表に折り、ミシン
- 左後ろ（表面）
- 右後ろ（表面）

4　ベルトにステッチをかけ、ホックをつける

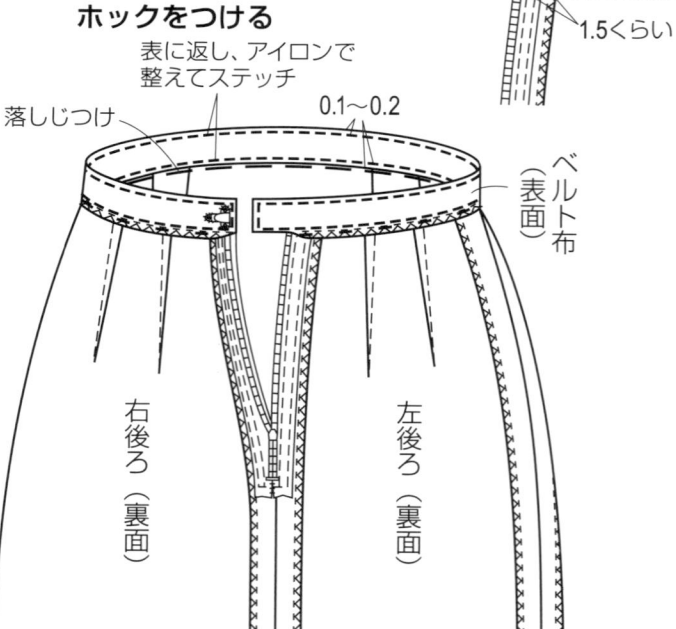

- 落しじつけ
- 表に返し、アイロンで整えてステッチ
- 0.1〜0.2
- ベルト布（表面）
- 右後ろ（裏面）
- 左後ろ（裏面）

〈拡大図〉
1.5くらい

ベルトレスのウエスト始末

ベルトがつかないので、伸止めテープをはったり、2度ミシンをかけるなどウエストが伸びないように丈夫にする。

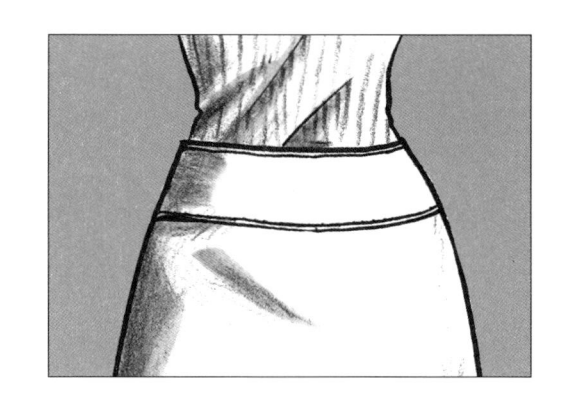

【A】ヨーク切替えの場合（一重仕立て）

1 ヨークのパターンを作る

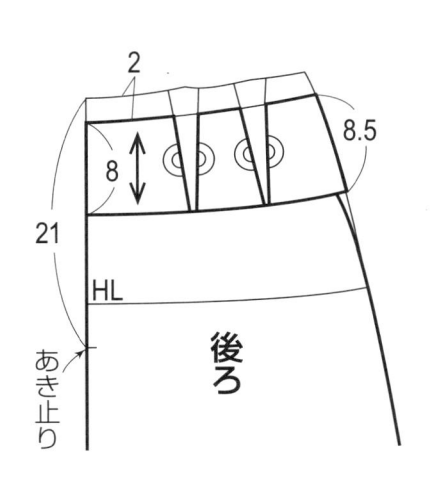

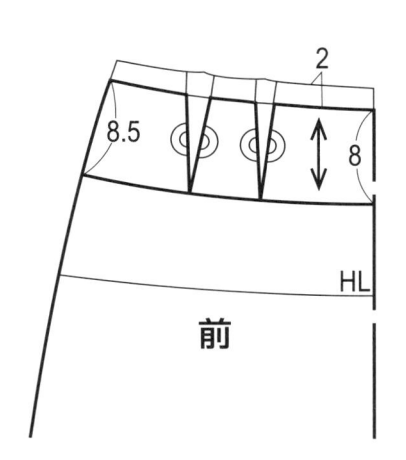

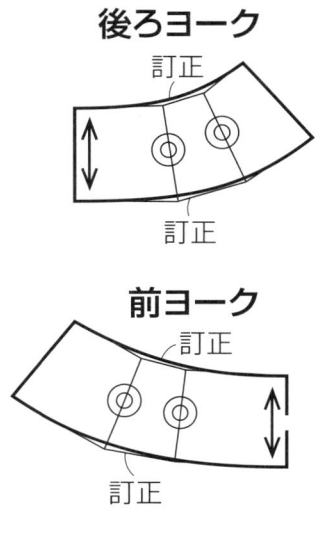

後ろヨーク
訂正
訂正

前ヨーク
訂正
訂正

後ろ
2
8
8.5
21
HL
あき止り

前
2
8.5
8
HL

2 ヨークに接着芯をはる

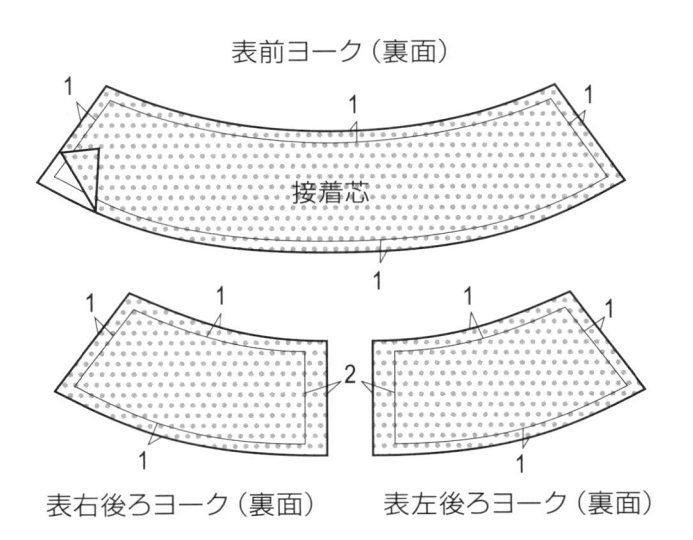

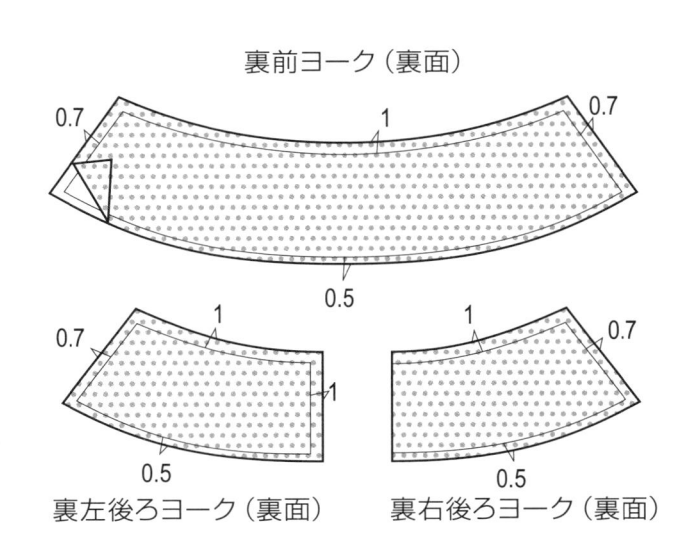

表前ヨーク（裏面）
1　1　1
接着芯
1　1

裏前ヨーク（裏面）
0.7　1　0.7
0.5

表右後ろヨーク（裏面）
1　1
1　2

表左後ろヨーク（裏面）
1　1
1　1

裏左後ろヨーク（裏面）
0.7　1
0.5　1

裏右後ろヨーク（裏面）
1　0.7
1　0.5

8 部分縫い　109

3 ヨークの脇を縫う

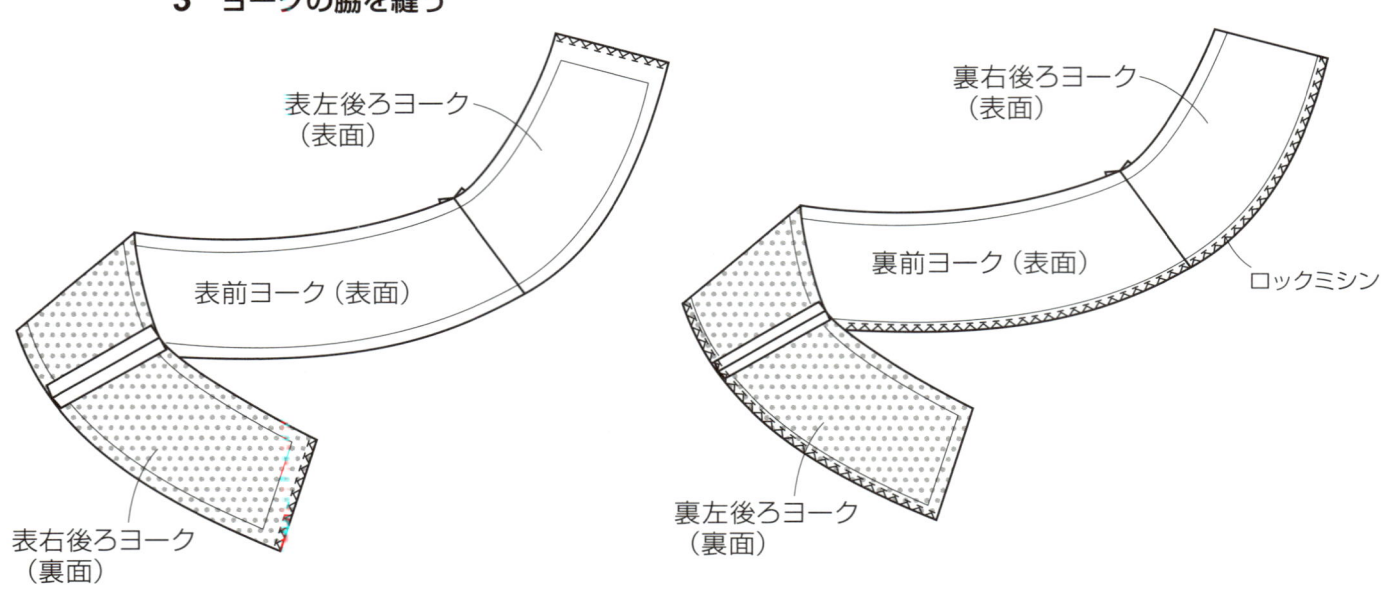

- 表左後ろヨーク（表面）
- 表前ヨーク（表面）
- 表右後ろヨーク（裏面）

- 裏右後ろヨーク（表面）
- 裏前ヨーク（表面）
- ロックミシン
- 裏左後ろヨーク（裏面）

4 表ヨークをつける

- 0.2 縫い代に差をつける
- 0.8にカット
- 1
- 縫い代を割る
- 切込み
- あき止り
- 右後ろ（裏面）
- 左後ろ（裏面）

〈拡大図〉

- スカートの縫い代のみ切込み
- 出来上り位置
- 1

5 裏ヨーク（見返し）をつける

裏ヨークを中表に合わせてしつけをし、ミシンをかける。

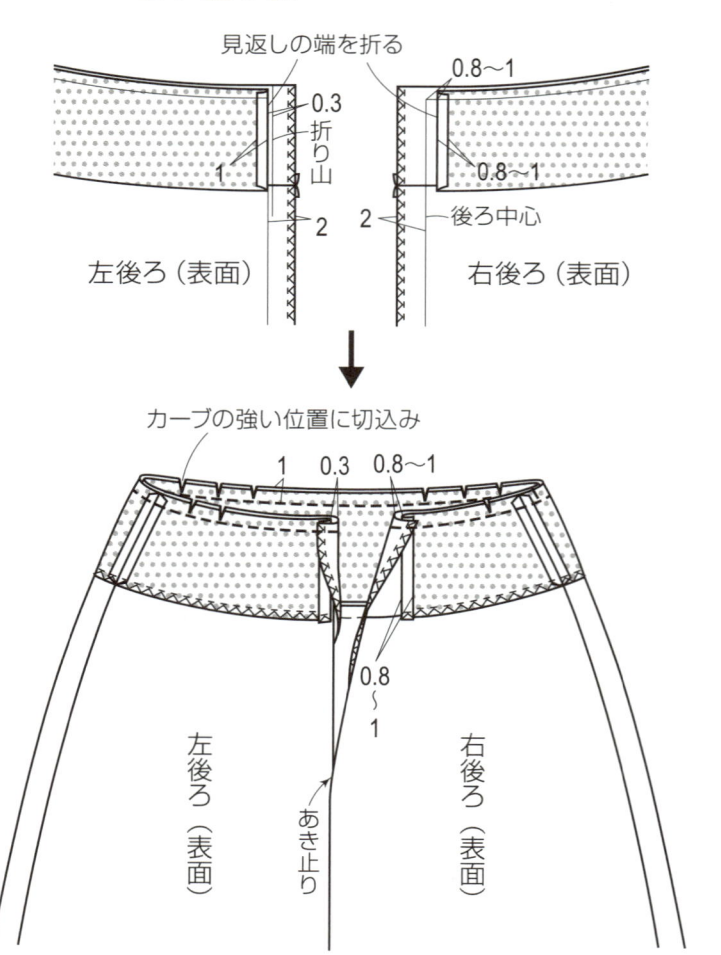

- 見返しの端を折る
- 0.3
- 0.8〜1
- 折り山
- 1
- 2
- 2
- 後ろ中心
- 左後ろ（表面）
- 右後ろ（表面）

↓

- カーブの強い位置に切込み
- 1　0.3　0.8〜1
- 0.8〜1
- あき止り
- 左後ろ（表面）
- 右後ろ（表面）

6 ファスナーをつける

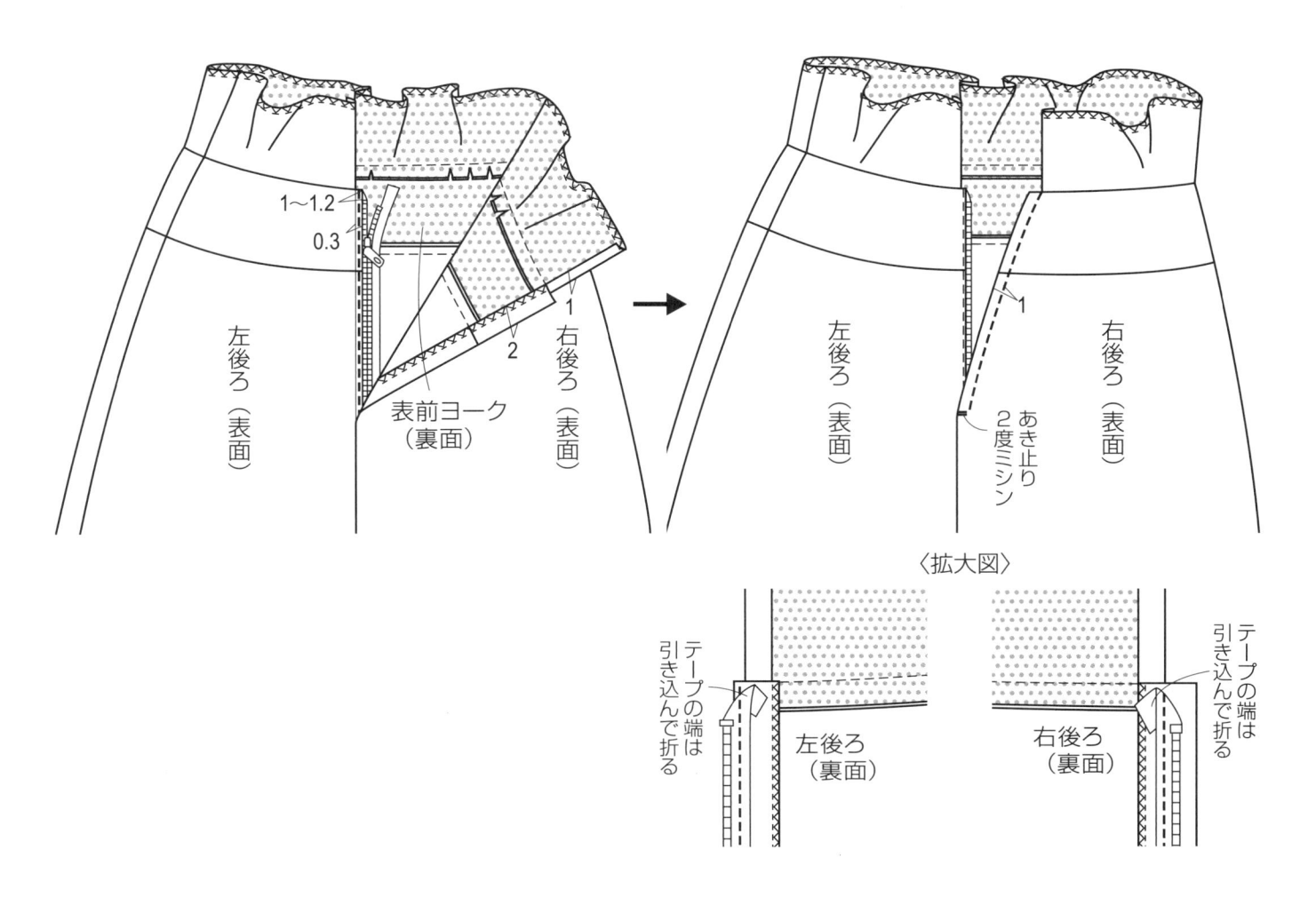

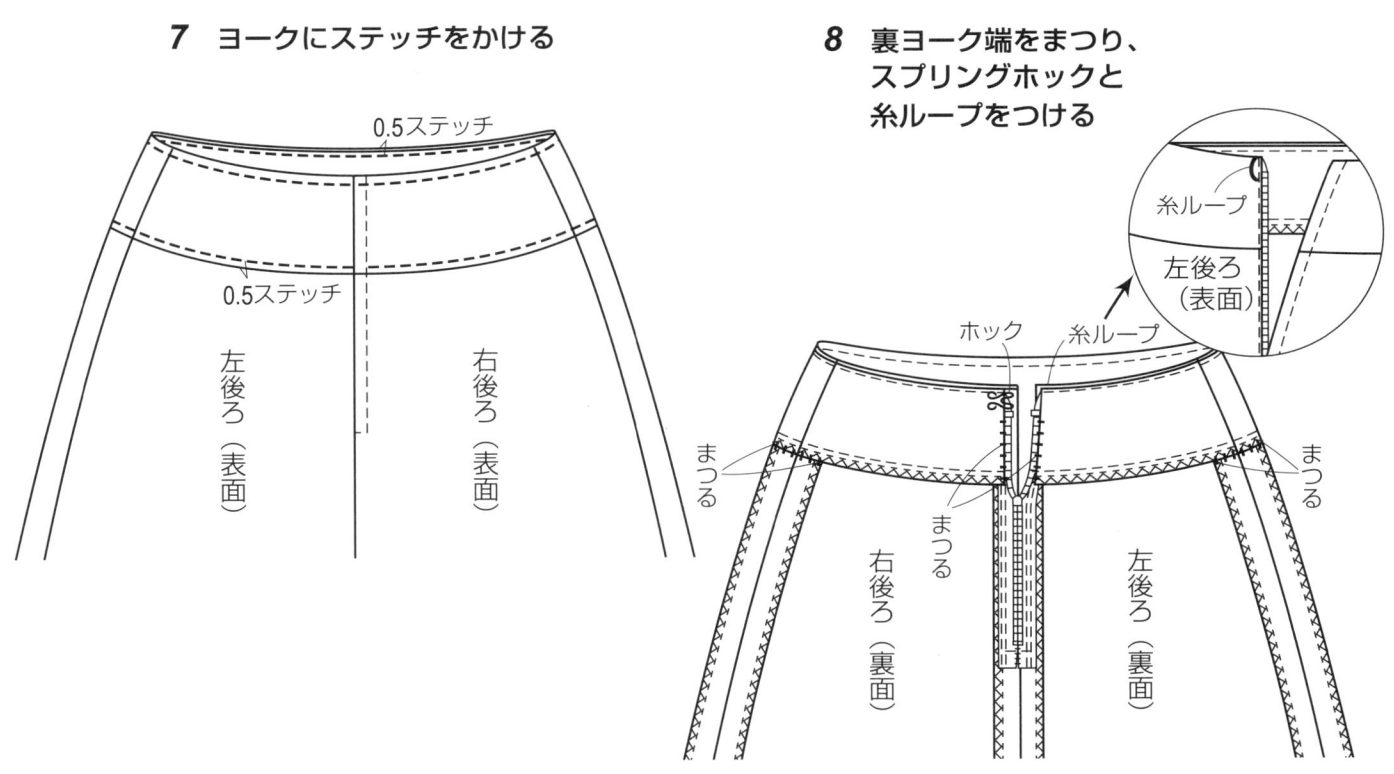

1〜1.2
0.3
左後ろ（表面）
表前ヨーク（裏面）
右後ろ（表面）
1
2

左後ろ（表面）
右後ろ（表面）
1
あき止り
2度ミシン

〈拡大図〉

テープの端は引き込んで折る
左後ろ（裏面）
右後ろ（裏面）
テープの端は引き込んで折る

7 ヨークにステッチをかける

0.5ステッチ
0.5ステッチ
左後ろ（表面）
右後ろ（表面）

8 裏ヨーク端をまつり、スプリングホックと糸ループをつける

糸ループ
左後ろ（表面）
ホック
糸ループ
まつる
まつる
まつる
右後ろ（裏面）
左後ろ（裏面）

8 部分縫い　111

【B】見返しの場合（裏布つき）

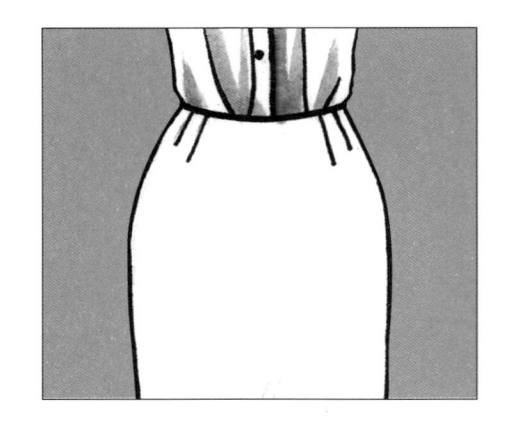

1 見返しのパターンを作る

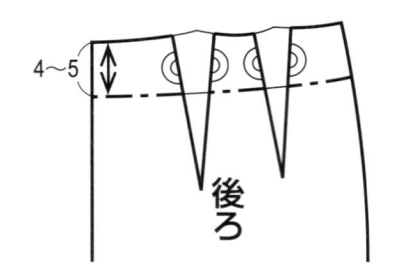

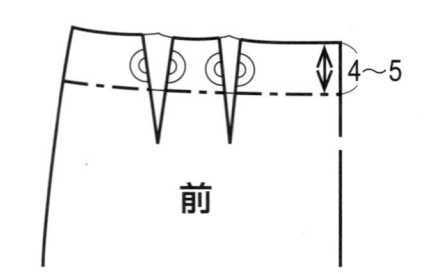

4～5

後ろ　　前

4～5

後ろ見返し　　前見返し

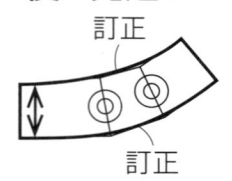

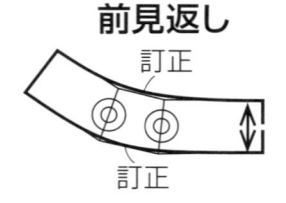

訂正　　訂正
訂正　　訂正

2 見返しに接着芯をはる

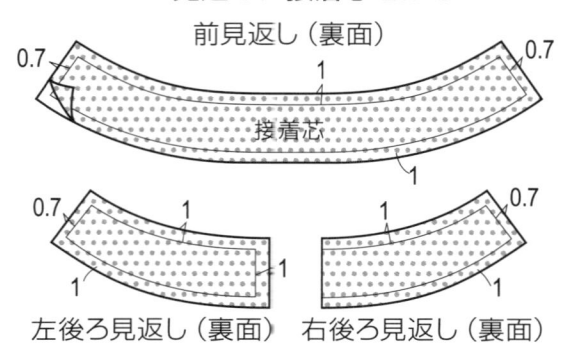

0.7　前見返し（裏面）　0.7
1　接着芯　1
0.7　1　　1　0.7
1　　　1
左後ろ見返し（裏面）　右後ろ見返し（裏面）

3 見返しの脇を縫う

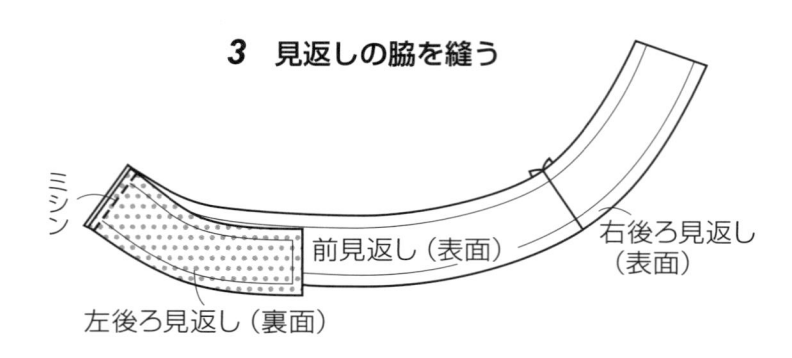

ミシン
前見返し（表面）
右後ろ見返し（表面）
左後ろ見返し（裏面）

4 見返しをつける

スカートの表布裏面のウエストにペアテープをはる。
あきの部分は110ページを参照

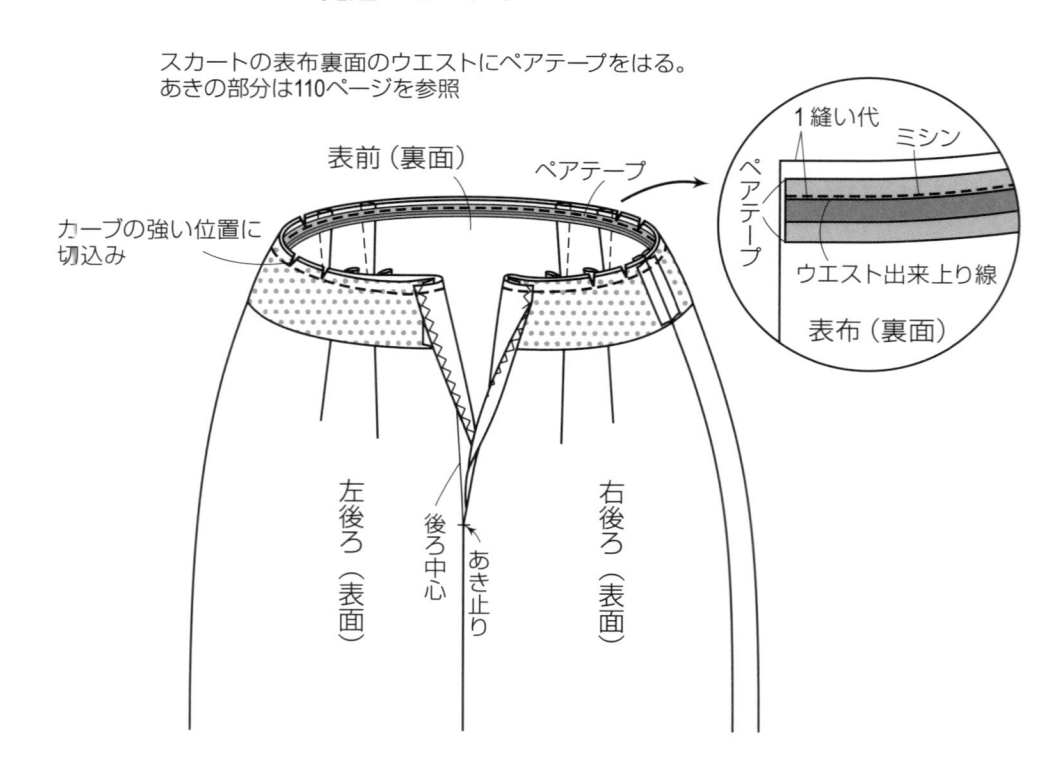

表前（裏面）　ペアテープ
カーブの強い位置に切込み

1 縫い代
ミシン
ペアテープ
ウエスト出来上り線
表布（裏面）

左後ろ（表面）　後ろ中心　あき止り　右後ろ（表面）

5 ファスナーをつける（111ページを参照）

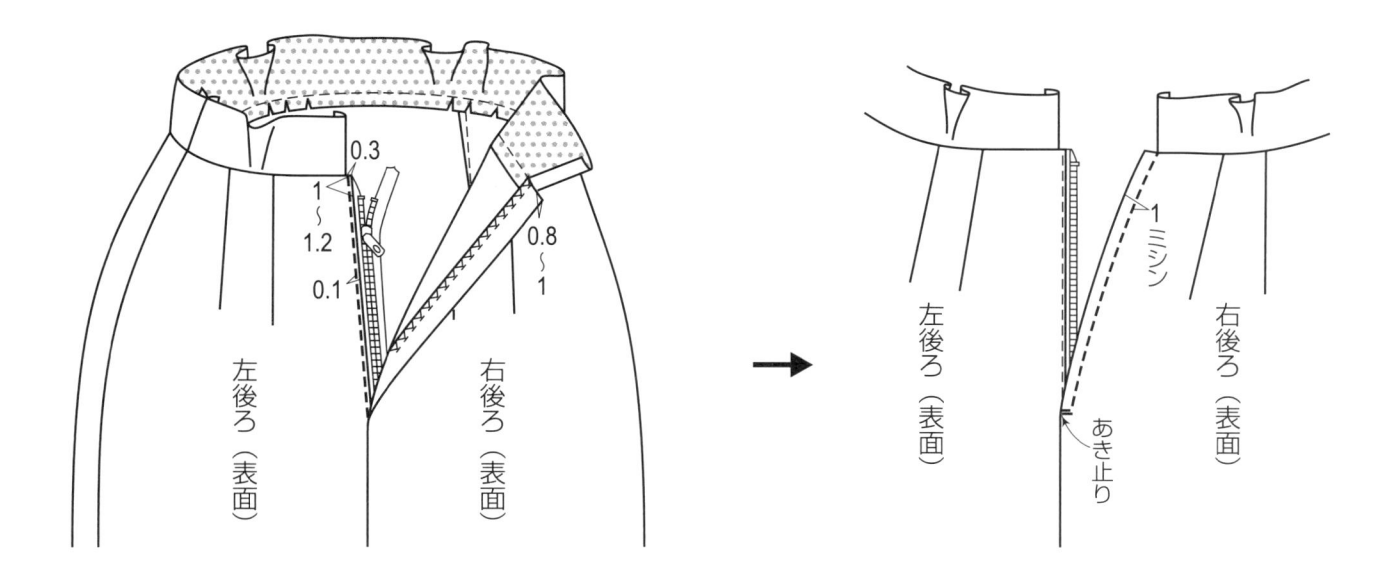

6 裏布をつけ、ウエストにステッチをかける

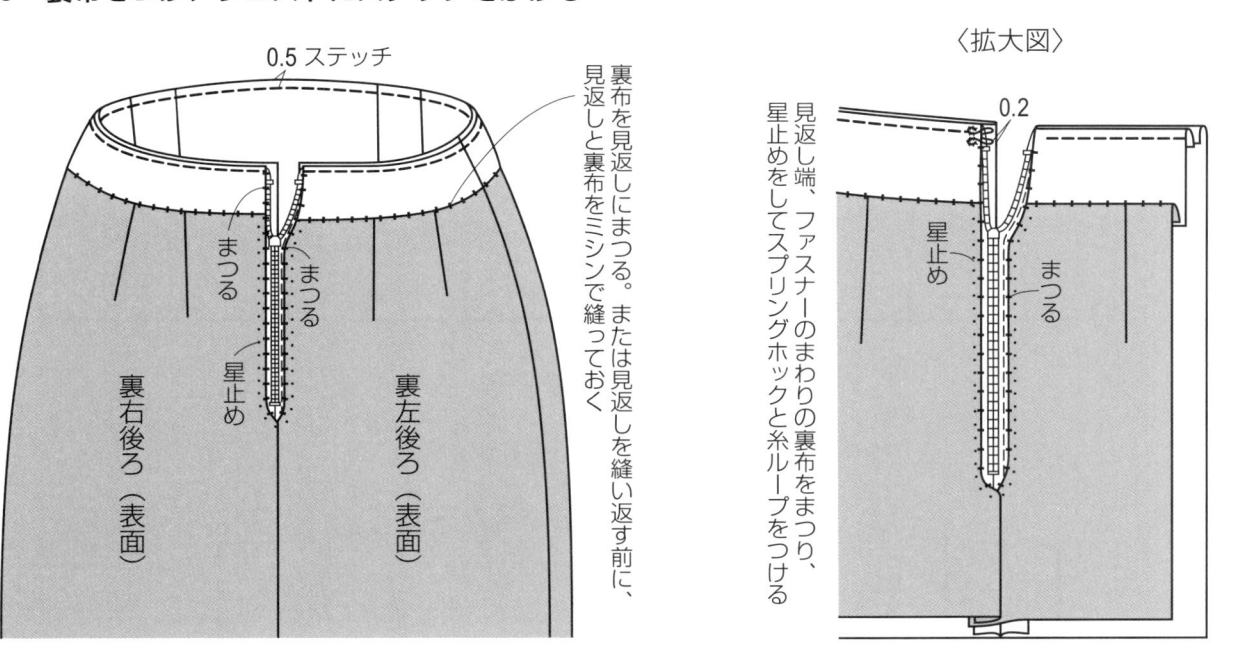

〈拡大図〉

裏布を見返しにまつる。または見返しを縫い返す前に、見返しと裏布をミシンで縫っておく

見返し端、ファスナーのまわりの裏布をまつり、星止めをしてスプリングホックと糸ループをつける

8 部分縫い 113

部分プリーツスカートの裏布のつけ方

　プリーツが入ったスカートの裏布は、表パターンと同じプリーツを入れるのが理想であるが、裏布を節約して簡略にする方法として、スリットを入れた作り方をする場合がある。

1　裏布のパターンを作る

表布のパターン

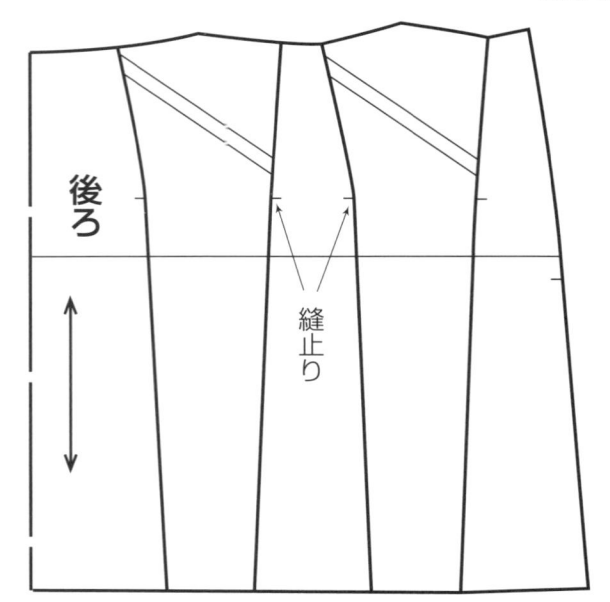

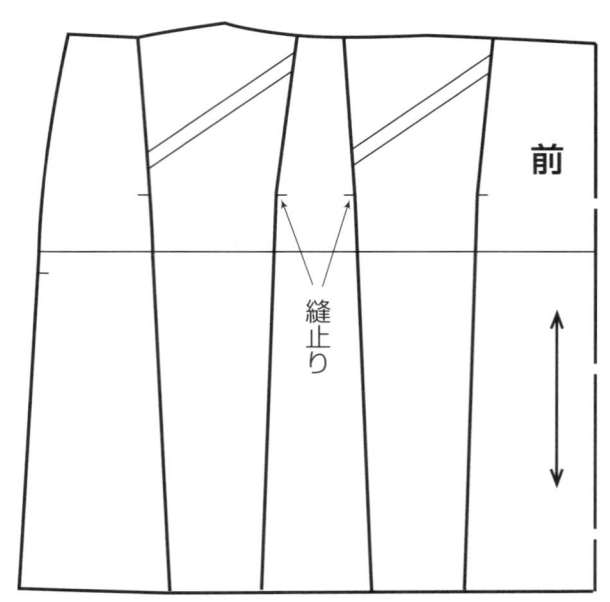

後ろ　縫止り　　前　縫止り

裏布のパターン

表パターンのプリーツを除いて型紙を突き合わせる

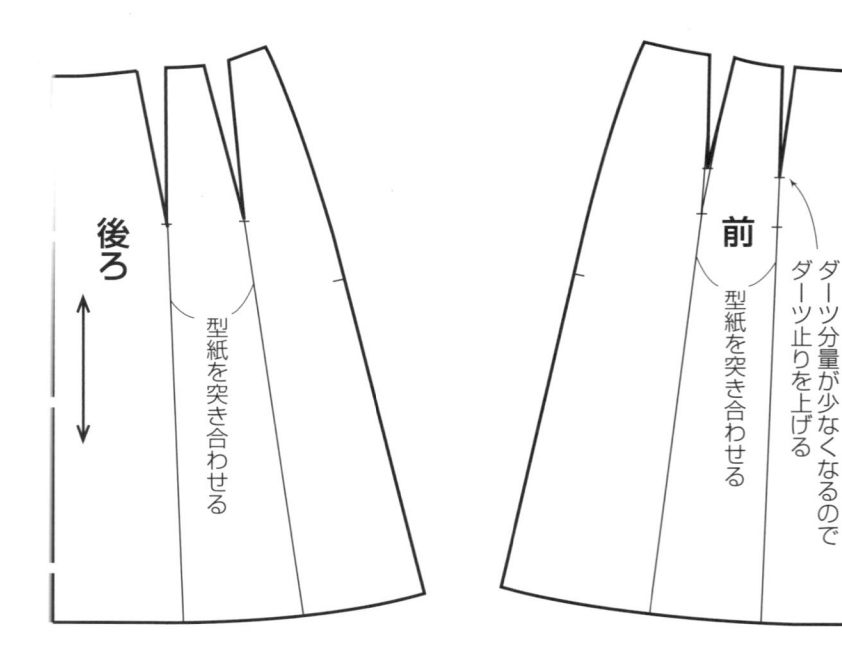

後ろ　型紙を突き合わせる

前　型紙を突き合わせる　ダーツ分量が少なくなるのでダーツ止りを上げる

2 縫い代をつけて裁つ

裏後ろ
1
2
2〜3
縫止り
20〜22
3
0.5〜1

裏前
1
2
2〜3
縫止り
20〜22
3
0.5〜1

3 脇を縫う

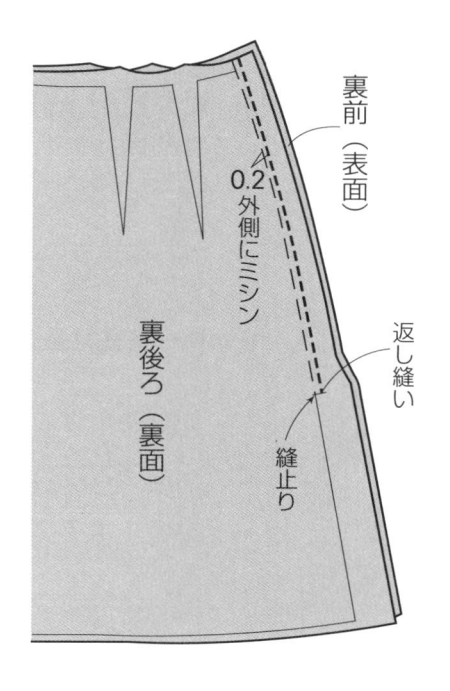

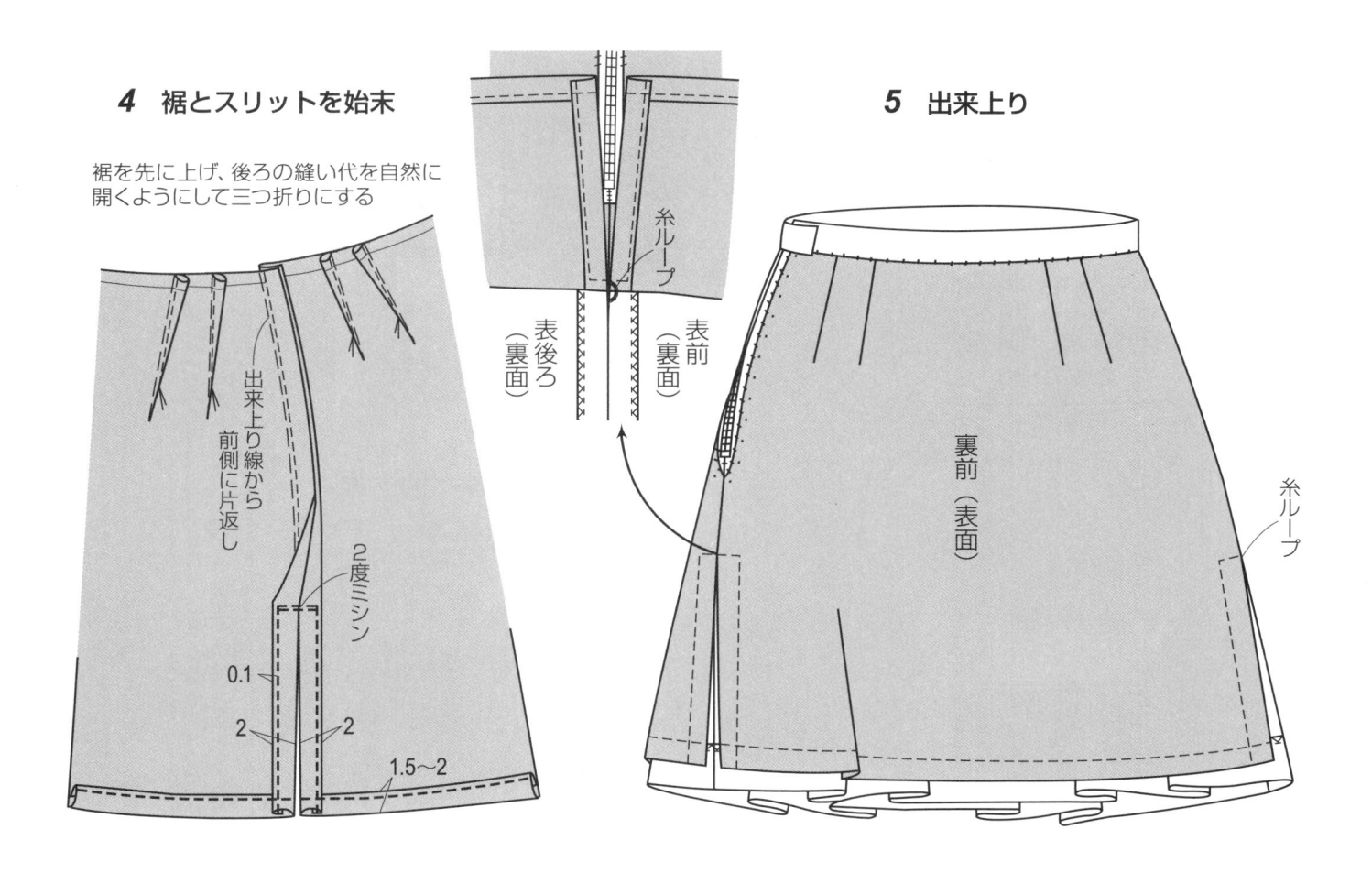

裏前（表面）
0.2 外側にミシン
返し縫い
縫止り
裏後ろ（裏面）

4 裾とスリットを始末

裾を先に上げ、後ろの縫い代を自然に開くようにして三つ折りにする

出来上り線から前側に片返し
2度ミシン
0.1
2   2
1.5〜2

糸ループ
表後ろ（裏面）
表前（裏面）

5 出来上り

裏前（表面）
糸ループ

8 部分縫い

ギャザーの寄せ方

ギャザーの寄せ方には、手縫いの方法と、ミシン縫いの方法がある。ミシン縫いは針目の限界があるので細かいギャザーになり、手縫いのギャザーは縫い目の調節ができるので変化をつけることができる。針目が細かいと繊細なギャザーになり、針目が粗いと大きな畝のギャザーになる。

ギャザースカートのベルトつけは、縫い合わせる前に縫い代をアイロンで落ち着かせ、ギャザーを整えてから、ベルト布の合い印と合わせてつける。

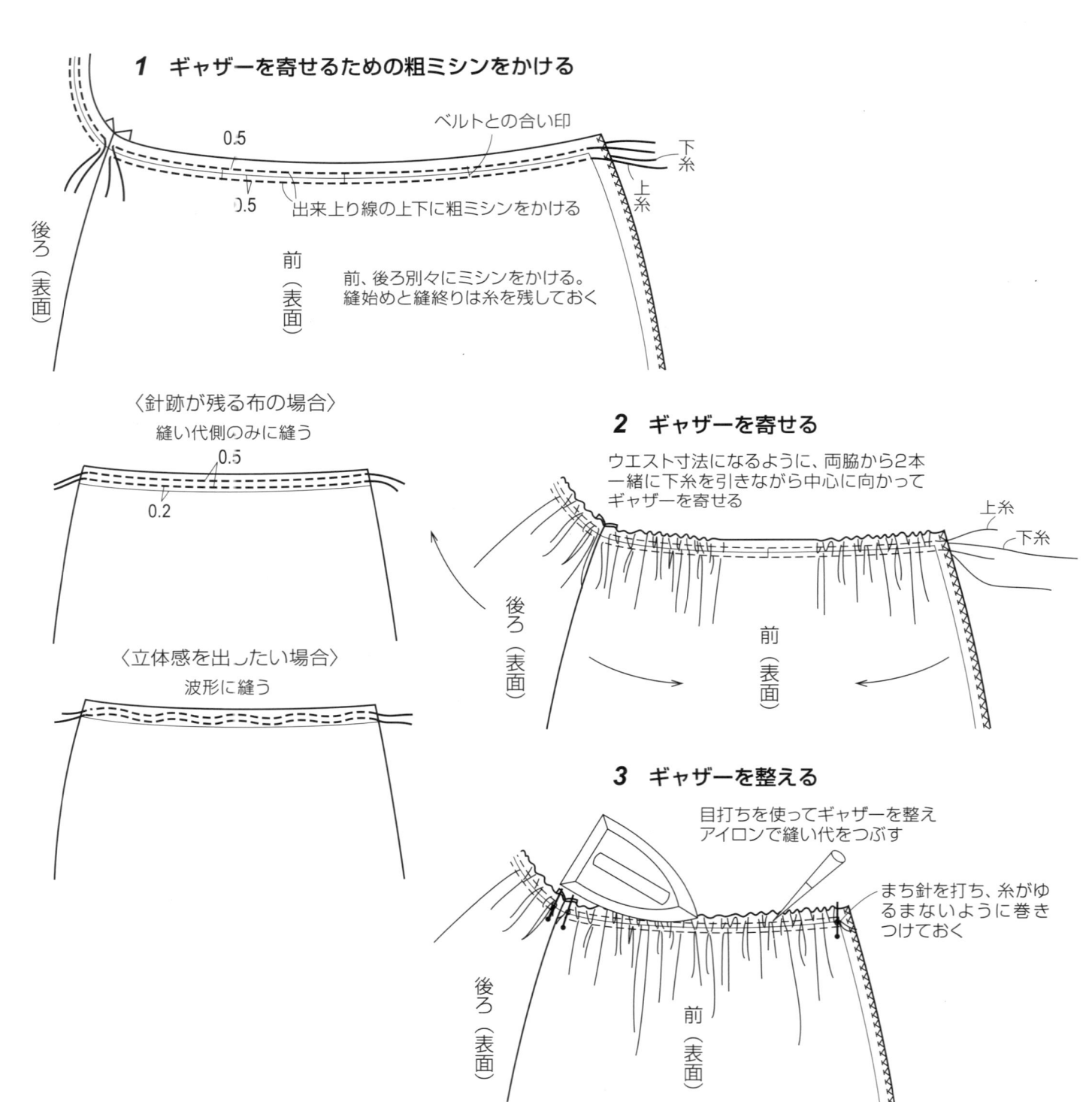

1 ギャザーを寄せるための粗ミシンをかける

- 0.5
- 0.5
- ベルトとの合い印
- 出来上り線の上下に粗ミシンをかける
- 下糸
- 上糸
- 後ろ（表面）
- 前（表面）
- 前、後ろ別々にミシンをかける。縫始めと縫終りは糸を残しておく

〈針跡が残る布の場合〉
縫い代側のみに縫う
- 0.5
- 0.2

〈立体感を出したい場合〉
波形に縫う

2 ギャザーを寄せる

ウエスト寸法になるように、両脇から2本一緒に下糸を引きながら中心に向かってギャザーを寄せる

- 上糸
- 下糸
- 後ろ（表面）
- 前（表面）

3 ギャザーを整える

目打ちを使ってギャザーを整えアイロンで縫い代をつぶす

まち針を打ち、糸がゆるまないように巻きつけておく

- 後ろ（表面）
- 前（表面）

フレアスカートの裾の始末

　裾幅が広いスカートは、裾の分量が多くなるため、裾線を軽く仕立てることが大切である。

1　裾を上げる

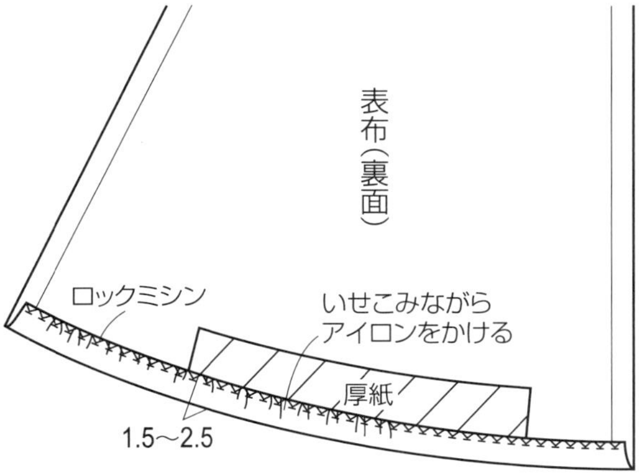

表布（裏面）
ロックミシン
いせこみながらアイロンをかける
厚紙
1.5〜2.5

2　裾にステッチ

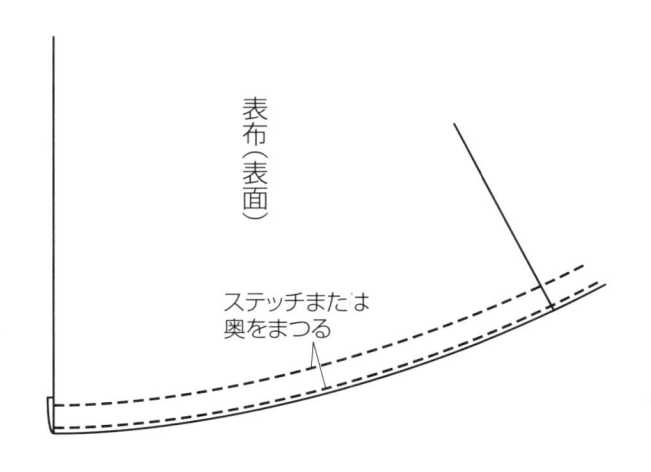

表布（表面）
ステッチまたは奥をまつる

〈拡大図〉

丈夫に仕立てたい場合
ダブルステッチ
ロックミシンの上にステッチ

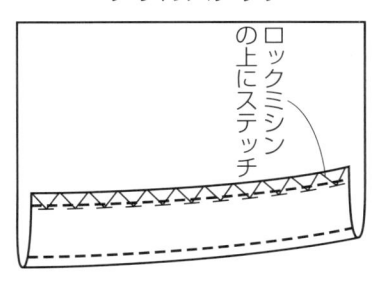

ソフトに仕立てたい場合
奥をまつる

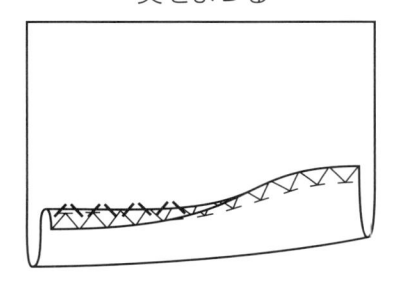

薄地で透ける布の場合

丈夫に仕立てたい場合
ダブルステッチ
三つ折り
0.2　1〜1.2
0.2

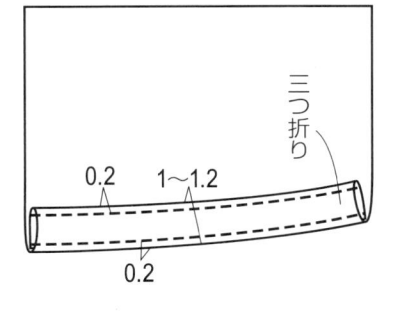

ソフトに仕立てたい場合
端ミシンをかけてまつる
三つ折り
1〜1.2　0.2
まつる
端ミシン

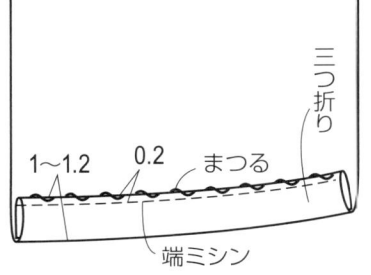

9　ワンウェープリーツスカートの縫製

パターンメーキング

　パターンをうつし取り、表プリーツ山に印つけのための穴を切る。

地直し

　プリーツを折るとき高温でスチームを当てるので、ウールの場合は充分に縮絨(しゅくじゅう)をしておく。また、化学繊維の場合は高温とスチームで変化が起きないか試し折りをしてみるとよい。

印つけ

　プリーツスカートの場合は裾を上げてから印つけをする。

　裾線の布目を正しく通してロックミシンをかけ、裾を折り上げて奥をまつる。裾の折り山はアイロンで押さえて、できるかぎり布の厚みを薄くする。その上に布目を正確に合わせてパターンを置き、ずれないように要所要所をピンで止める。

　印つけは、表プリーツと陰プリーツ山に切りじつけをする。陰プリーツ山は布目が通っているので表プリーツよりも間隔が広くてもよい。また、表プリーツと陰プリーツ山の切りじつけは、しつけ糸の色を変えると判別しやすい。

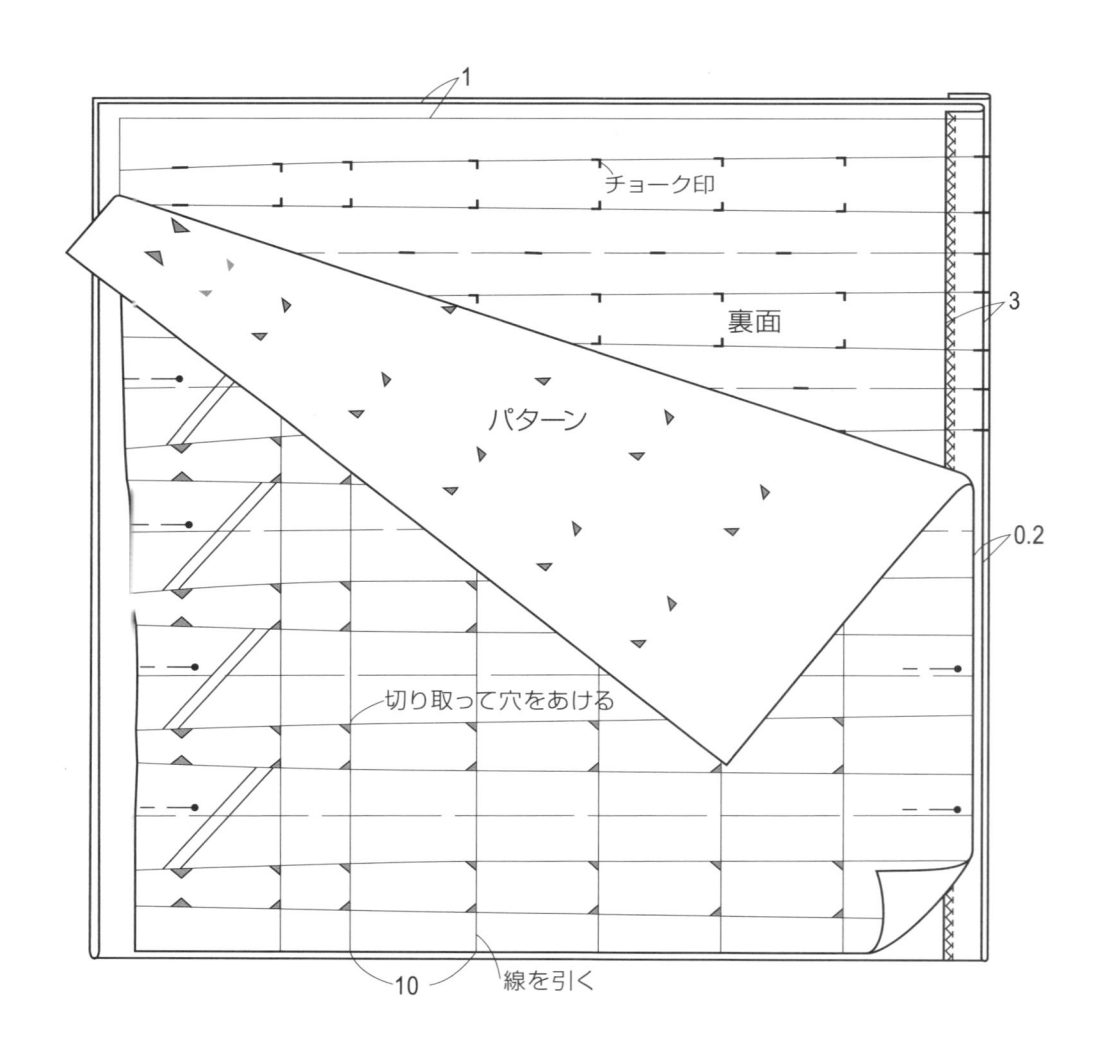

プリーツの折り方と縫い方

1 陰プリーツを折る

縦の布目が通っている陰プリーツ山を1本ずつ折る。アイロンは上から押さえ込むようにして、均等に折り目がつくようにしっかりかける。

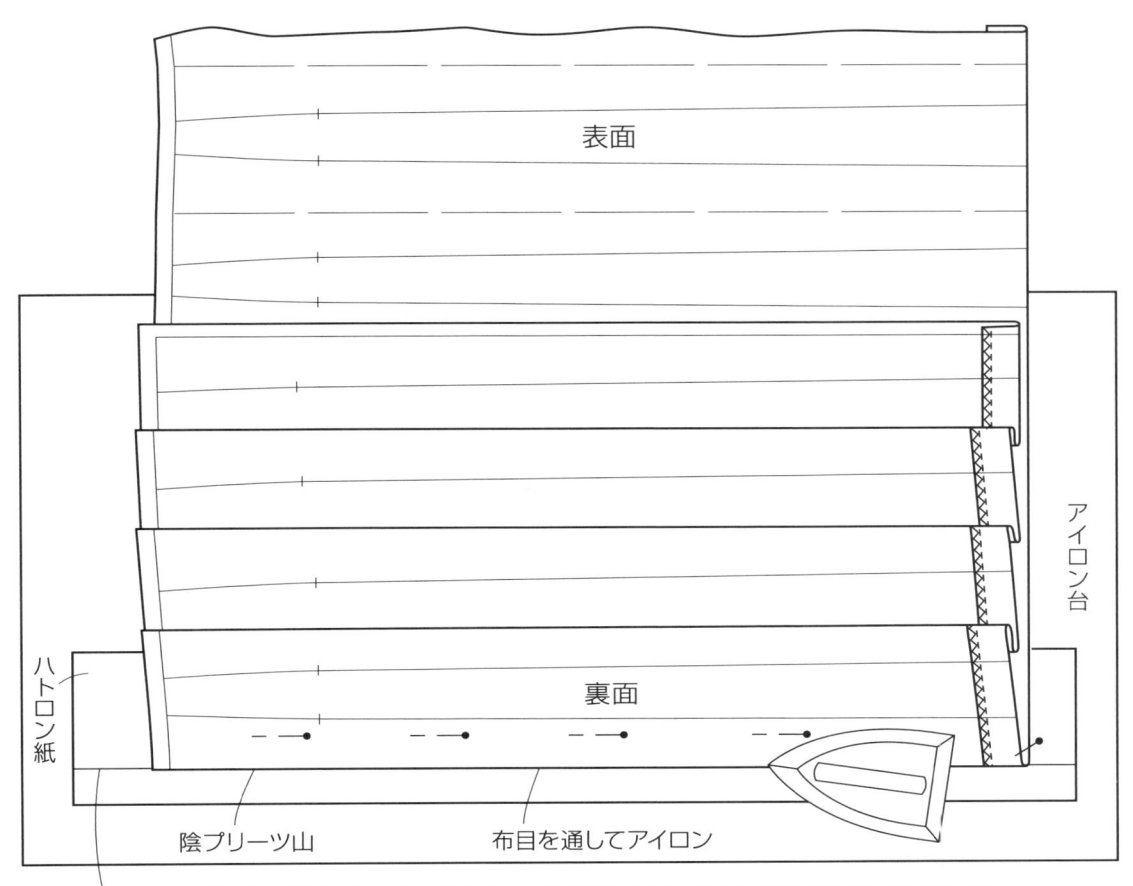

表面

アイロン台

ハトロン紙

裏面

陰プリーツ山　布目を通してアイロン

ハトロン紙に線を引き、布の折り端を合わせて折る（丈の長いものは布のゆがみを防ぐ）

2 プリーツを縫う

縫止り位置の合い印を合わせてしつけをし、陰プリーツ山からウエストに向かってミシンをかける。

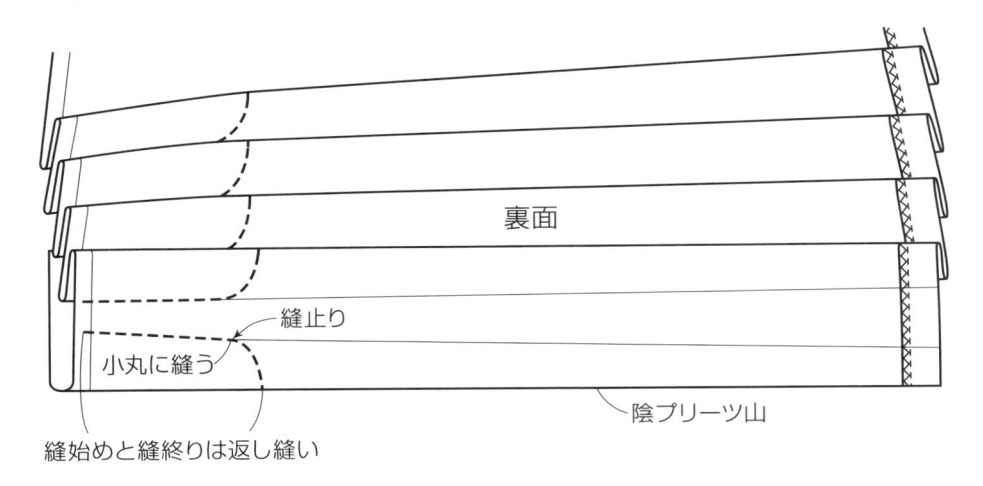

裏面

縫止り
小丸に縫う
陰プリーツ山
縫始めと縫終りは返し縫い

9　ワンウェープリーツスカートの縫製　119

3 表プリーツを折る

プリーツの縫止りまでプレスボールの上でアイロンをかける。縫止りから裾までの表プリーツをアイロン台の上で1本ずつ折る。表ひだ山のあたりが出ないように、画用紙程度の厚紙をはさんでアイロンをかける。表プリーツを折るときはこてずれを防ぐため、当て布または当て紙をする。

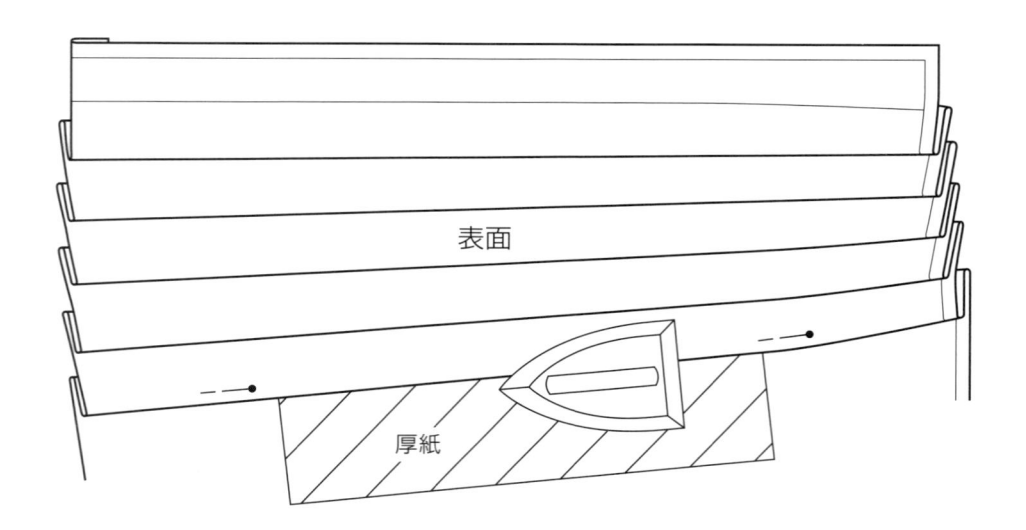

4 プリーツをしつけで押さえる

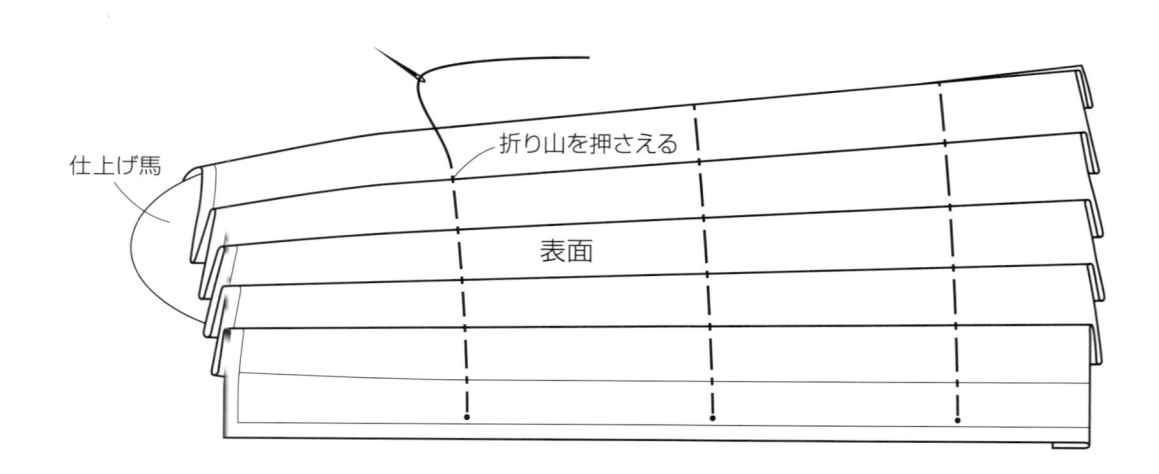

5 あきにファスナーをつけ、陰プリーツ山を縫い合わせる

A 表プリーツ山にファスナーをつける場合

表プリーツ山をダーツ止りまで縫う場合は、表プリーツ山にファスナーをつける。

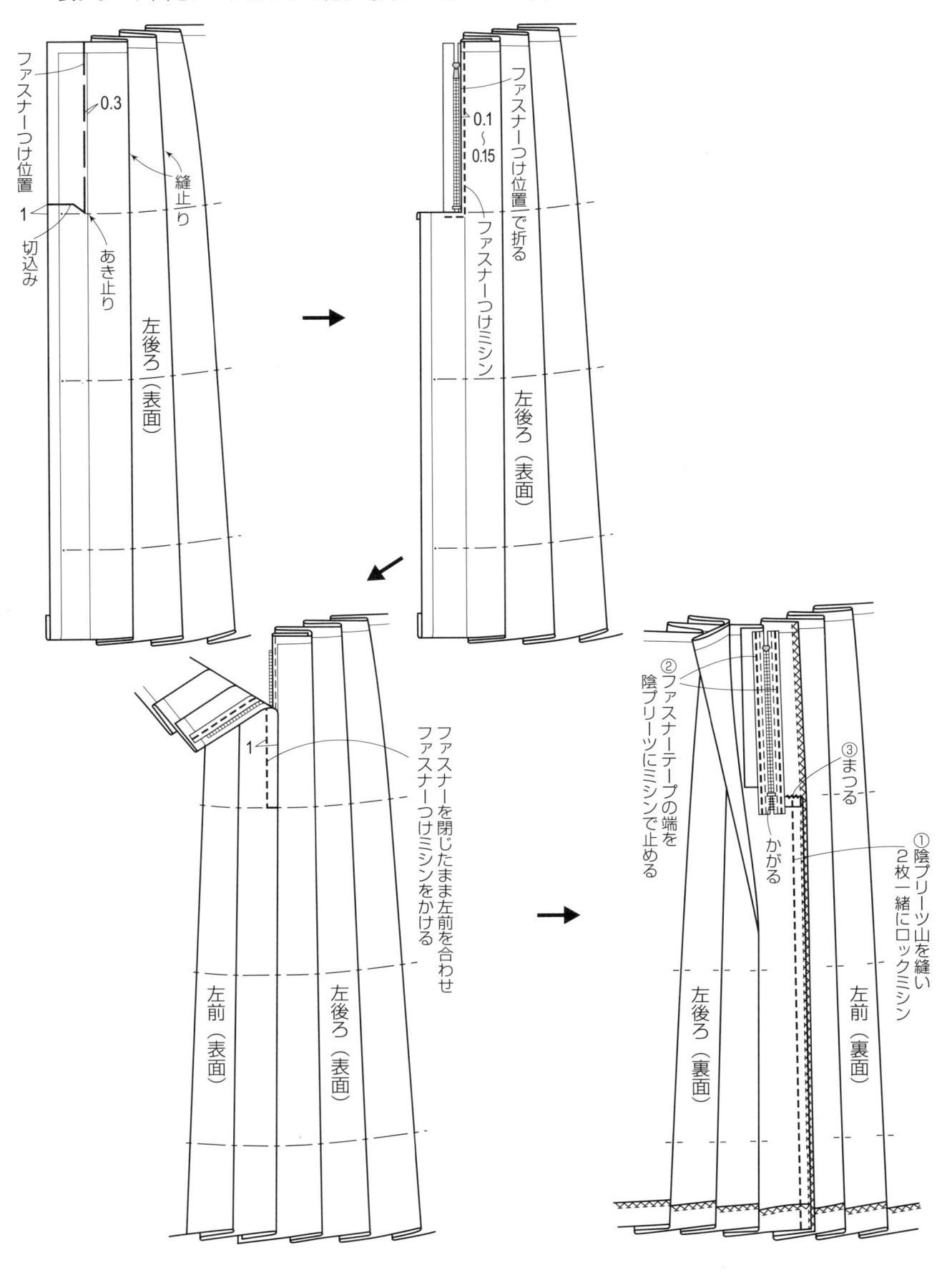

B 陰プリーツ山にファスナーをつける場合

表プリーツ山を縫わない場合は、陰プリーツ山にファスナーをつける。

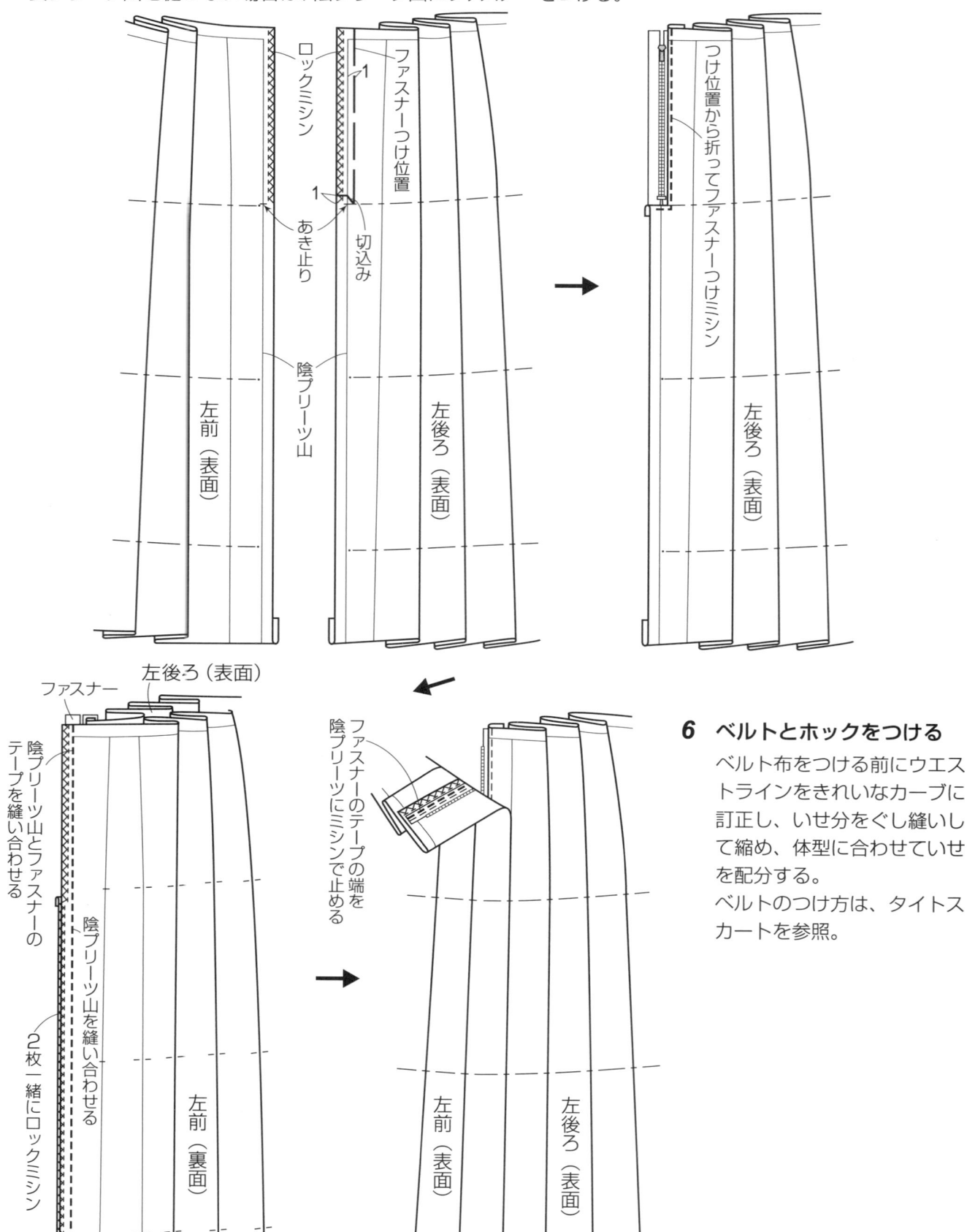

図中ラベル:
- ロックミシン
- ファスナーつけ位置
- あき止り
- 切込み
- 陰プリーツ山
- 左前（表面）
- 左後ろ（表面）
- つけ位置から折ってファスナーつけミシン
- ファスナー
- 陰プリーツ山とファスナーのテープを縫い合わせる
- 陰プリーツ山を縫い合わせる
- 2枚一緒にロックミシン
- 左前（裏面）
- ファスナーのテープの端を陰プリーツにミシンで止める
- 左前（表面）
- 左後ろ（表面）

6 ベルトとホックをつける

ベルト布をつける前にウエストラインをきれいなカーブに訂正し、いせ分をぐし縫いして縮め、体型に合わせていせを配分する。

ベルトのつけ方は、タイトスカートを参照。

縫い代つきパターンメーキング

完成された(仮縫い済み)パターンで縫製する場合は、縫い代つきパターンで裁断し、印をつけないで縫製する方法がある。

縫い代幅の決め方
- 素材の性質(厚み、伸び、ほつれ、つれなど)を考慮して決める。
- 縫い代は、出来上り線に平行につける。複雑なカーブ線のつながりを正確に縫うために、出来上り線を延長して縫い代に角を作る(図1)。
- 後ろ中心、前後脇線、ウエストラインとベルト、センターベンツ、裾など、各部の縫製方法によって縫い代幅を決める。
- 縫製箇所の縫い代は、原則として同じ幅にする。
- 表布と裏布の縫い代は、同じ縫い代幅にする。

縫い代と合い印のつけ方
- 各パーツの縫い代は、縫い方順序にしたがってつける。
- 出来上り線の外側に平行に縫い代をつける。方眼定規、カーブルーラーを活用するとよい(図2)。
- 縫いやすく正確に仕上げるために、縫始めと縫終りの角度を同じにする。必要な位置に合い印を出来上り線に対して直角に入れる。

裁断、縫製要点
- 印つけの代りに、目安となるノッチ(切込み)を入れる。ノッチの深さは縫い代幅によって変わるが、縫い代端から0.3〜0.4cmとし、深く入れすぎないように注意する。
- 縫製はノッチを合わせてピンを打ち、一定の縫い代幅でミシンをかける。正確に縫うために縫い代幅に固定したミシンアタッチメントのステッチ定規を利用する(図3)。

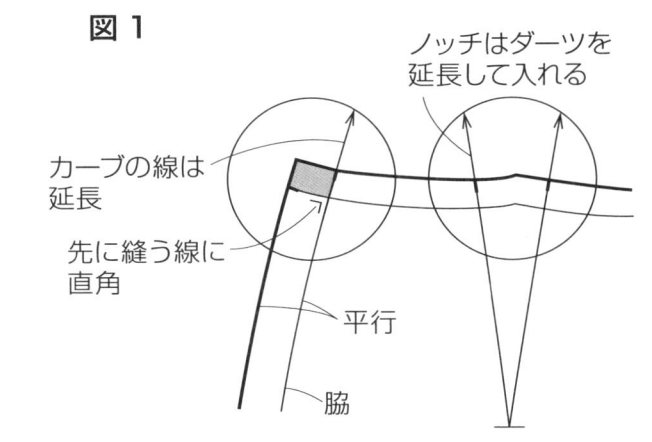

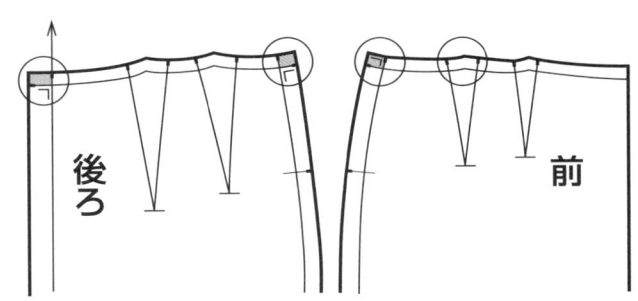

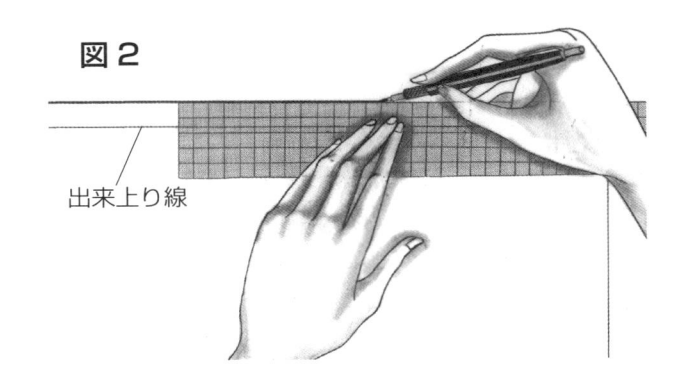

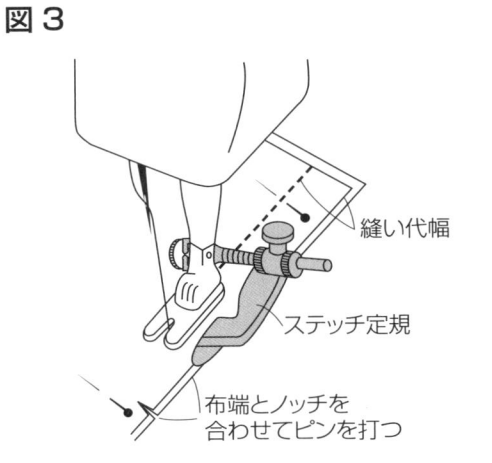

図1
ノッチはダーツを延長して入れる
カーブの線は延長
先に縫う線に直角
平行
脇
後ろ　前

図2
出来上り線

図3
縫い代幅
ステッチ定規
布端とノッチを合わせてピンを打つ

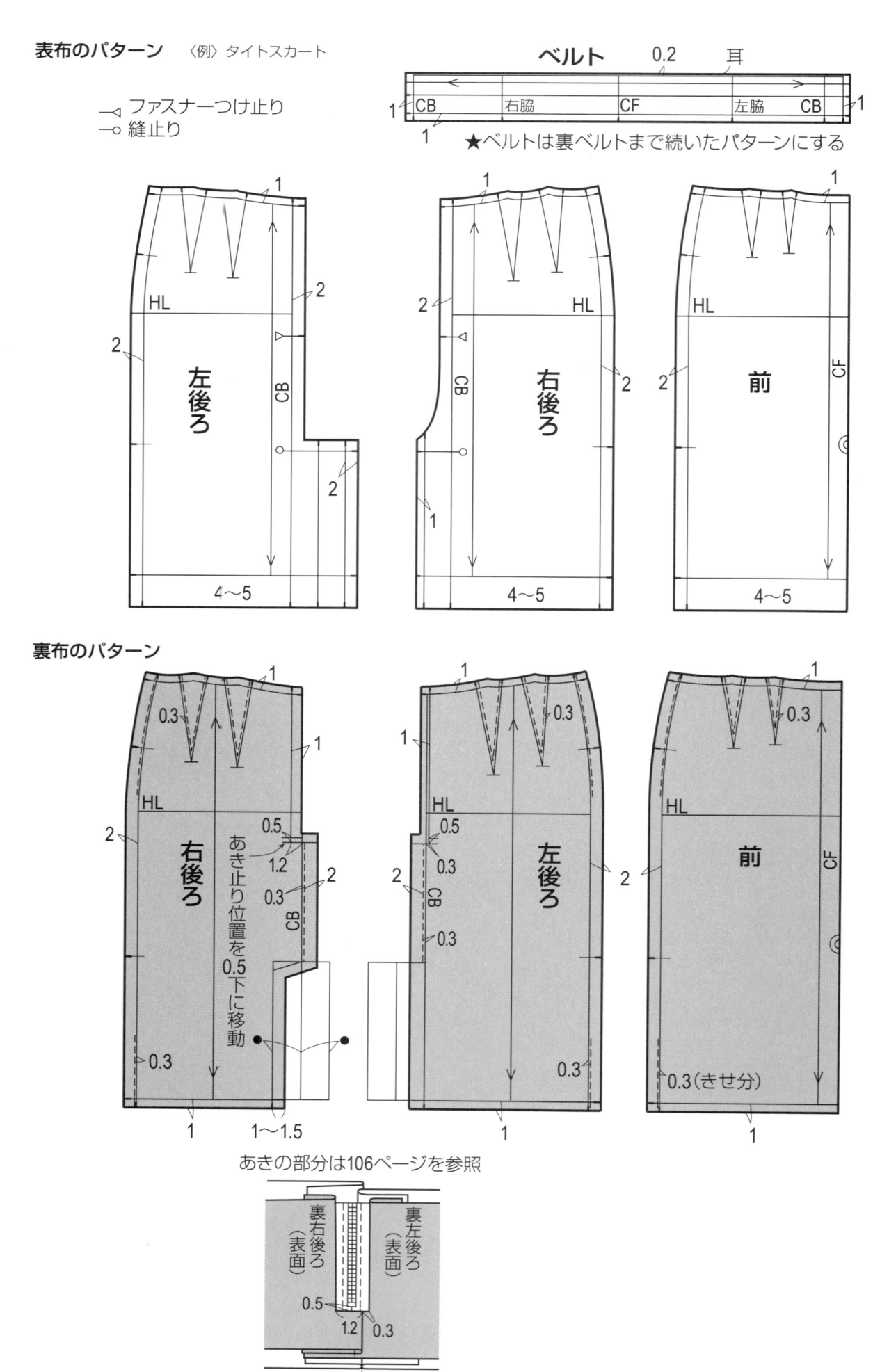

表布のパターン　〈例〉タイトスカート

▷ ファスナーつけ止り
○ 縫止り

ベルト　0.2　耳
CB　右脇　CF　左脇　CB

★ベルトは裏ベルトまで続いたパターンにする

裏布のパターン

あきの部分は106ページを参照

第2章

パンツ

pants

1 パンツについて

パンツとは

パンツとは、両脚を別々に包む形態の下半身の衣服のことである。下肢の機能性が高い活動的なパンツは、男性の衣服としての歴史が長く、一般に女性のパンツスタイルが見られるようになったのは、20世紀に入ってからである。

パンツの呼び方はいろいろあり、アメリカではパンタルーン〔pantaloon〕の略語のパンツ〔pants〕、イギリスではトラウザーズ〔trousers〕またはスラックス〔slacks〕、フランスではパンタロン〔pantalon〕、日本ではズボンといわれている。

名称はその時代の流行により変化するが、もともと男子服の背広や礼服の上衣と組み合わされているものをトラウザーズ、単品としてセーターやシャツなどと組み合わせて着用するものをスラックス、パンツと、着用形式により使い分けることもある。婦人物もこれに準じて、このようにいうこともある。

パンツの変遷

紀元前

古代ペルシアのアナクサリデス

パンツは本来遊牧民族に共通した衣服形態であり、騎馬生活に適応した男性の下衣としてアジアで発生した。狩猟、戦争の動作に適し、寒さや砂塵から身を守る機能をもち、寒冷な地域では細くぴったりしたパンツ、温暖な地域ではゆるやかで大きいパンツが着用された。

13世紀～14世紀

ショース

14世紀ごろ、衣服の男女差が明確になる。女性のスカート形式に対し、男性のパンツ形式として、体にぴったりした左右異なった色の靴下のようなショース（英語でにホーズという）が着用された。

15世紀～18世紀

16世紀の オー・ド・ショース　　17世紀の オー・ド・ショース　　サン・キュロット・スタイル

16世紀のルネサンスの時代には男性の服装に、プールポワンと呼ばれる上衣に合わせて、下衣に丸くふくらんだオー・ド・ショース（半ズボン）が着用された。17世紀のバロックそして18世紀のロココの時代にはキュロットと呼ばれ、丸みは少なくなり、丈が長くなる。18世紀末のフランス革命期には、キュロットは王党派の人々に着用された。それに対し革命派の下層階級の人々は長ズボン（パンタロン）を着用し、それを「サン・キュロット」と呼んだ。これは〝キュロットをはかない者〟という意味である。

19世紀

19世紀初頭
ダンディズムのスタイル

ブルマー
スタイル

19世紀に入るとイギリス紳士服の流行がフランスに伝わり、キュロットからトラウザーズへと変化し、シルクハットとブーツを合わせたスタイルが流行する。これ以後、紳士服ではトラウザーズが定着し、近代紳士服へと歩み出した。

20世紀前半

スーツスタイル

19世紀末、女性の間では自転車が大流行し、サイクリングを楽しむ女性が増え、ブルマー（半ズボン）が流行する。スポーツをする女性、社会に進出する女性、リゾートライフを楽しむ女性たちが増える20世紀の服装は、機能的で快適な装いとなり、パンタロンが流行していくことになる。

また男子服において、19世紀末より日常着としてテーラードジャケットとトラウザーズが定着し、現代とほぼ同じスタイルになる。

20世紀後半

サブリナパンツ
（トレアドルパンツ）

パンタロンスーツ

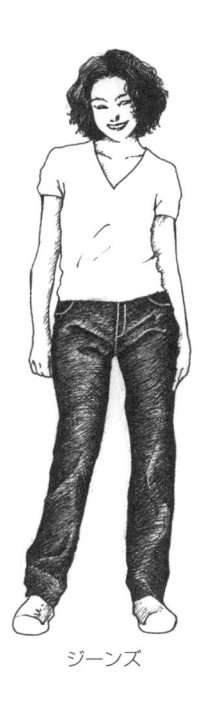

ジーンズ

第二次世界大戦後、女性の地位が向上し、女性の社会進出やスポーツ熱が高まる中で、映画「麗しのサブリナ」のヒットによりヒロイン役のオードリー・ヘプバーンがはいたトレアドルパンツがサブリナパンツと呼ばれ流行し、若者はパンツを好んで着用するようになる。1968年秋冬のパリ・コレクションでイヴ・サンローランがパンタロンスーツを発表し、女性のパンツスタイルはカジュアルな場面にとどまらず、素材やシルエットによってフォーマルな場面でも着用できるアイテムになる。その一方で、アメリカの労働着だったジーンズが若者の間で流行し、男女ともにパンツ丈やデザイン、素材によりさまざまなパンツスタイルが見られるようになった。現在カジュアル化している衣服の流れの中で、機能的なスタイルとして重要な位置を占めている。

2 パンツの名称・デザイン・素材

パンツの種類は数多く、シルエット、デザイン、パンツ丈、さらに素材や用途などによってさまざまな名称で呼ばれている。代表的な形態をヒップのゆとり、脚部の形状などから分類してみると次のようになる。

形態による名称と素材

(1) 脚部のシルエットがまっすぐなパンツ

脚のつけ根からまっすぐなラインで裾まで下りているパンツで、ゆとり量、丈にさまざまなバリエーションが見られる。

素材

緻密に織られた布で、しわにならず、適度の弾力があり、下に垂れる性質のものが適している。

ウール素材では、フラノ、ミルドウーステッド、ギャバジン、サキソニー、サージ、ベネシャンなど。

綿素材ではチノクロス、デニム、ギャバジン、コーデュロイなど。

また、ポリエステルやテンセルなどの化学繊維も使われる。

ストレートパンツ〔Straight pants〕

パンツの基本形で脚部のシルエットがまっすぐに近いシルエットのものをいう。ゆとり量は流行により多少の変化が見られる。適度なゆとりは、体型を美しくカバーし、はきやすい。

テーラードパンツ〔Tailored pants〕

紳士服仕立てのパンツ。緻密に織られたメンズ素材が多く使われ、前後にきちんと折り目がつけられている。フランス語でパンタロンマスキュランとも呼ばれる。

シガレットパンツ〔Cigarette pants〕

紙巻きたばこのように折り目がなく細身に作られたストレートシルエットのパンツ。

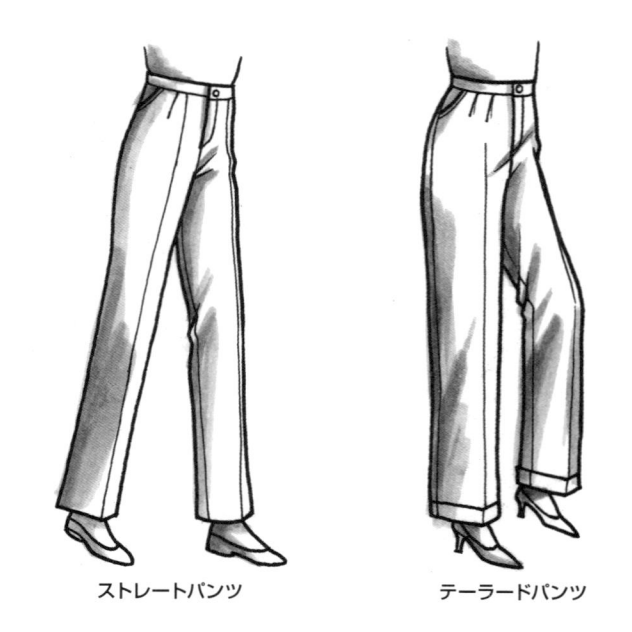

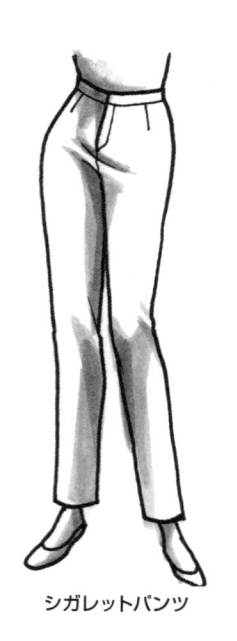

ストレートパンツ　　テーラードパンツ

シガレットパンツ

〈ゆとりの多いもの〉

ワイドパンツ〔Wide pants〕
　ストレートパンツより幅のゆとりが多く、ヒップラインの幅をそのまま裾まで延長したシルエットで、ゆったりとした感じのパンツのこと。

バギーパンツ〔Baggy pants〕
　バギーとは〝袋のような、だぶだぶの〞の意味で、全体に幅広でストレートシルエットのたっぷりしたパンツのことをいう。

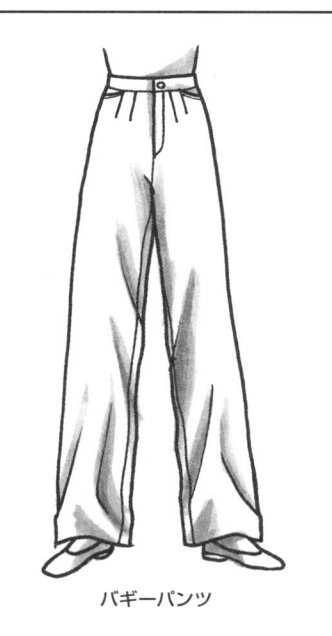

ワイドパンツ　　　バギーパンツ

〈丈の短いもの〉

クロップトパンツ〔Cropped pants〕
　裾を短く切り落としたような、ふくらはぎ丈のパンツのこと。

バミューダパンツ〔Bermuda pants〕
　膝上丈のパンツ。アメリカの避暑地バミューダ諸島で着用されていたことからこのように呼ばれている。

ジャマイカパンツ〔Jamaica pants〕
　大腿部の中間くらいの丈のパンツのこと。カリブ海に浮かぶジャマイカ島にちなんだ呼び方で、夏のリゾート用として着用されることが多い。

ショートパンツ〔Short pants〕
　短い丈のパンツの総称で、もっとも短いものをショートショーツという。

クロップトパンツ　　　バミューダパンツ

ジャマイカパンツ　　　ショートパンツ

2　パンツの名称・デザイン・素材

(2) スリムシルエットのパンツ

全体にゆとりが少なく、体にそったパンツをいう。

素材

体の動きの激しい部分に着用する衣服なので、弾力があって形くずれしにくい、しっかりした布地を選ぶ。
スリムな脚線美を強調し躍動感あふれるデザインを表現する素材としては、伸縮性のあるストレッチ素材がふさわしい。

スリムパンツ〔Slim pants〕

ヒップのゆるみが少なく、裾に向かって細くなったシルエットのパンツ。スレンダーパンツ〔slender pants〕、ナローパンツ〔narrow pants〕とも呼ばれる。
ゆるみが少ないため、日常の動作（前屈、膝を曲げる、腰を掛けるなど）に無理のない最小限のゆとりを考慮して作らなくてはならない。

トレアドルパンツ〔Toreador pants〕

闘牛士がはいている、足首より短めのぴったりしたパンツ。脇縫い目の裾にスリットやあきを入れて、着用しやすいように工夫されたものもある。
また、これによく似たシルエットに、映画「麗しのサブリナ」でオードリー・ヘプバーンが着用し話題となった、サブリナパンツ〔Sabrina pants〕がある。

ペダルプッシャーズ〔Pedal pushers〕

自転車にのるときにペダルが踏みやすいように膝下までの丈にしたパンツのこと。

スターラップパンツ〔Stirrup pants〕

乗馬のとき足を掛けるあぶみ状のバンドやゴムテープ、裁出し布などが裾についたパンツで、スリムでシャープなシルエットに着こなせる。

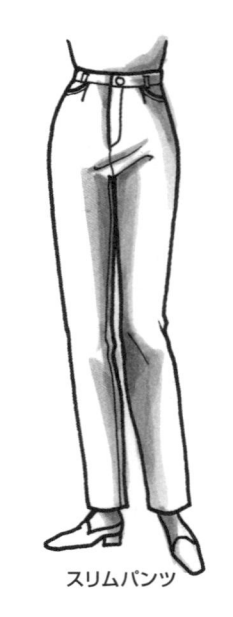

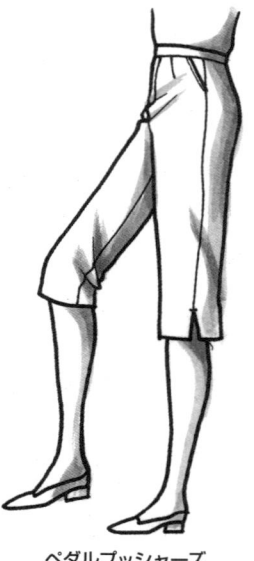

スリムパンツ　　トレアドルパンツ

ペダルプッシャーズ　　スターラップパンツ

(3) 裾に向かって広がりのあるパンツ

脚部のシルエットが裾に向かって広がっているパンツ。ヒップラインから裾に向かって広がっているものと、膝のあたりから広がっているものがある。

素材
しなやかで弾力性のある素材が、動きやシルエットを美しく表現できる。ベルボトムシルエットの場合はスリムパンツと同じ素材がよい。

フレアパンツ〔Flare pants〕
ヒップラインまではぴったり体にそわせ、脚部は裾に向かってゆるやかに広がっているパンツ。

ガウチョパンツ〔Gaucho pants〕
ガウチョは南米の牧童のことで、ふくらはぎまでの丈で裾広がりのゆったりとしたパンツをいう。

ベルボトムパンツ〔Bell-bottom pants〕
ウエストからヒップにかけてはスリムで、膝の上あたりから裾に向かってフレアを入れたつり鐘状のシルエットのパンツのこと。セーラーパンツ（水兵や船員がはくパンツ）もこの一種である。

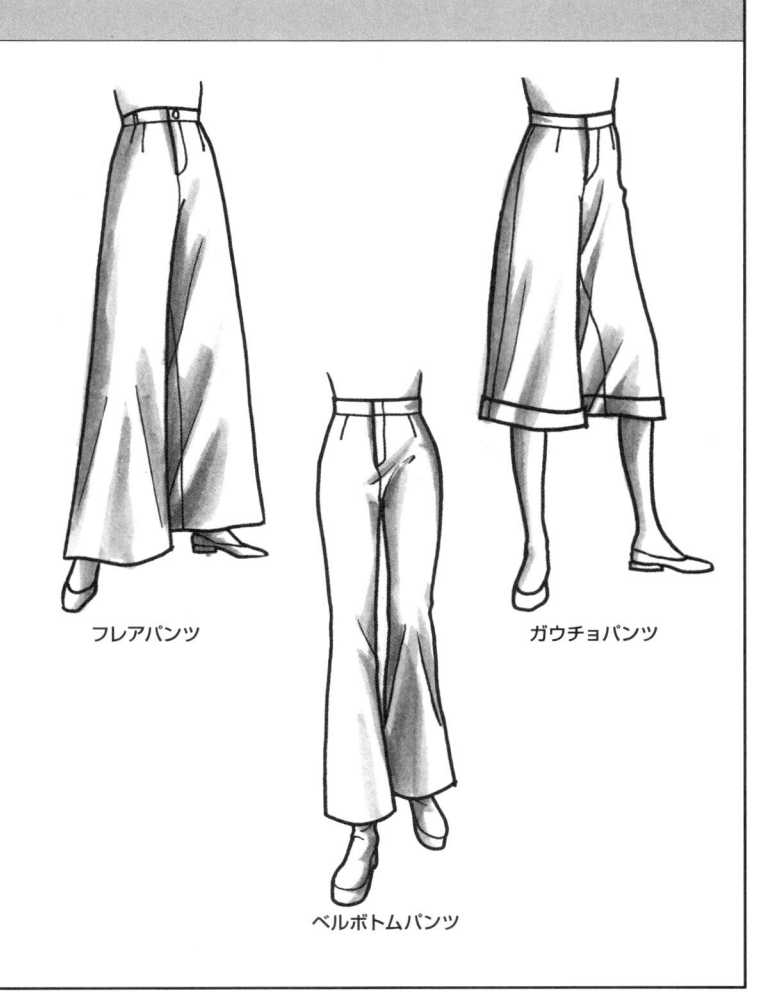

フレアパンツ　　ガウチョパンツ　　ベルボトムパンツ

(4) 裾に向かって次第に細くなっているパンツ

脚部が裾に向かって次第に細くなっているシルエットのパンツ。

素材
ストレートパンツと同じ素材が適している。
ボリューム感を強調する場合は弾力性があり、軽くて張りのある布地が適している。また、シルキータッチでソフトな布地を使用し、ギャザーやタック分を多く入れるとフェミニンな感じになる。

テーパードパンツ〔Tapered pants〕
スリムパンツよりもウエストからヒップにかけてギャザーやタックを入れてゆったりとした量感をもたせ、脚部は裾に向かって次第に細くなるシルエットのパンツ。

ペッグトップパンツ〔Peg-top pants〕
腰の部分を強調したシルエットのパンツで、西洋梨形のコマに似たところからこのように呼ばれている。

テーパードパンツ 　　ペッグトップパンツ

(5) 裾を絞ったパンツ

　裾をギャザーやタックで絞り、脚部にふくらみをもたせたパンツをいう。

素材
　ふくらみの多いシルエットには、薄くてしなやかなウール素材や化学繊維などがしわになりにくく、シルエットも美しく表現できる。

アンクルバンデッドパンツ〔Ankle banded pants〕
　全体にゆとりをもたせ、くるぶしの位置で裾を絞ってベルトをつけたパンツのこと。

ニッカーズ〔Knickers〕
　ニッカーボッカーズ〔Knickerbockers〕の略。
　全体にゆとりをもたせたシルエットで、膝下丈の裾にベルトをつけて絞ったパンツをいう。

ハーレムパンツ〔Harem pants〕
　幅広の裾を足首で絞った、ゆったりとしたパンツのことで、かつてイスラム教国の女性たちがはいていたパンツに由来する。

ジョドパーズ〔Jodhpurs〕
　乗馬ズボンのことで乗馬の機能上、膝から大腿部にかけてゆったりとふくらませ、膝下から足首まではぴったりさせて、ボタンがけやファスナーあきにしたものが多い。

ブルーマーズ〔Bloomers〕
　たっぷりした分量を裾でギャザーを寄せて絞ったバルーン型で、ショート丈のパンツをいう。

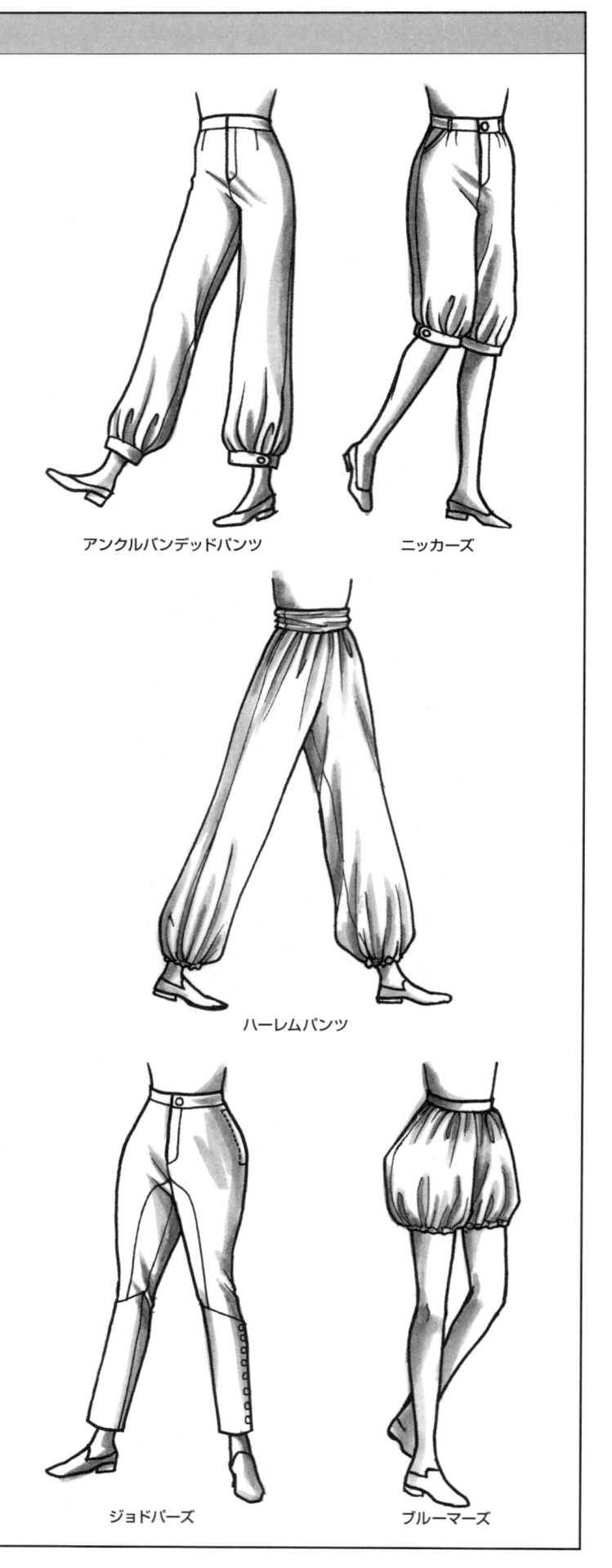

アンクルバンデッドパンツ　　ニッカーズ

ハーレムパンツ

ジョドパーズ　　ブルーマーズ

(6) その他のパンツ

シャルワール〔Shalwar〕
イスラム文化圏の女性たちがはいたパンツで、股上の部分が長くゆったりしており、足首でぴったりさせたシルエット。着用したときのドレープが特徴である。

サルエル〔Sarrouel〕
ウエストギャザーで腰回りがたっぷりしていて股の部分が裾まで下がっている。裾はわになっており、足の部分だけがあいているパンツ。イスラム教国の民族衣装がルーツである。

プルオンパンツ〔Pull-on pants〕
あきがなく、ゴムテープを入れたウエストを引っ張って楽にはけるパンツのことである。

サロペットパンツ〔Salopette pants〕
胸当てつきパンツのこと。

ジーンズ〔Jeans〕
綾織りの丈夫な綿布のパンツで、1850年代アメリカ西部のゴールドラッシュ時代に、金鉱掘りに集まった労働者の作業着として作られた。
スリムシルエットからルーズシルエットまで形はさまざまで、カジュアルウェアとして定着している。

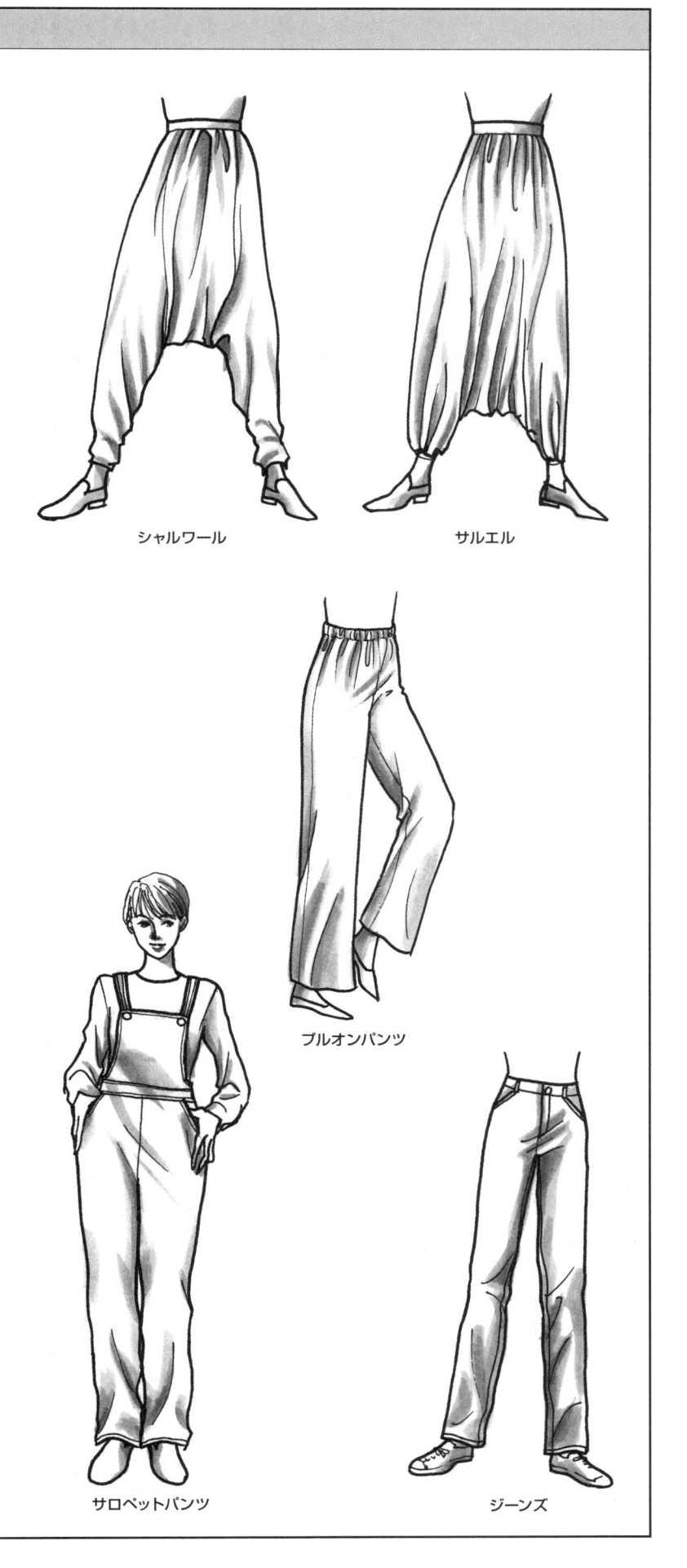

シャルワール　　サルエル

プルオンパンツ

サロペットパンツ　　ジーンズ

3 パンツの機能性

パンツは下肢の最も動きの大きい部位を包む衣服である。ウエストラインからヒップラインにかけてはスカートとほぼ同様の形態であるが、ヒップラインから下の部位は、左右の脚部を別々に包む筒状の形態になっている。

股関節と膝関節は歩行、階段の昇降、いすに座る、しゃがむなどの、日常動作において特に運動量を多く必要とする部位である。その動きを妨げないように、美しく機能するパンツを作るには、正しい採寸をすることが最も大切である。正確な寸法に基づきシルエットに合わせた適度なゆとりを加えて作図をして、はじめて体に美しくフィットしたはき心地のよいパンツを作ることができる。

動作分析

日常動作（座る、しゃがむ、前屈、階段の昇降）で動きの大きい部位は、殿溝から股底、膝に至る股下の部位である。この動作に適応するためには、後ろ股ぐり寸法は長く必要になり、前の股ぐり寸法は逆に余りが生じる（図1）。しかし直立姿勢になった場合、股ぐり寸法が長すぎると殿溝に余ったたるみじわが生じてくるので、機能性だけを考えると美的要素が失われがちである。

体に美しくフィットし、はき心地もよく、機能的なパンツは、静と動の条件を考え合わせながらシルエットや用途に合わせて形作らなければならない。

体型の観察

下肢の回り寸法は同じでも、側面シルエット（図2）で見ると体型（体つき）は個々に違っている。腰部の厚み、殿部の突出、大腿部、下腿部の張りの状態などを観察して作図することが大切である。

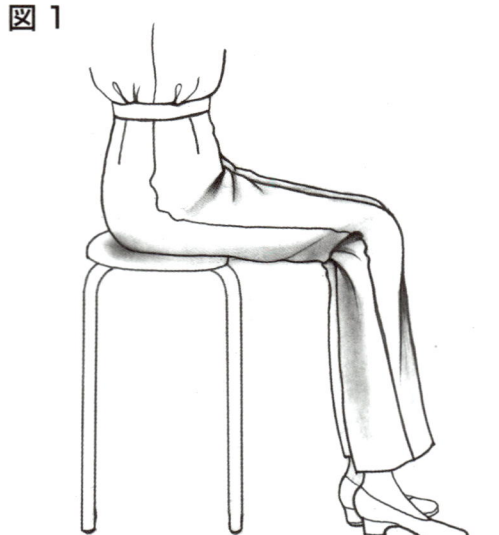

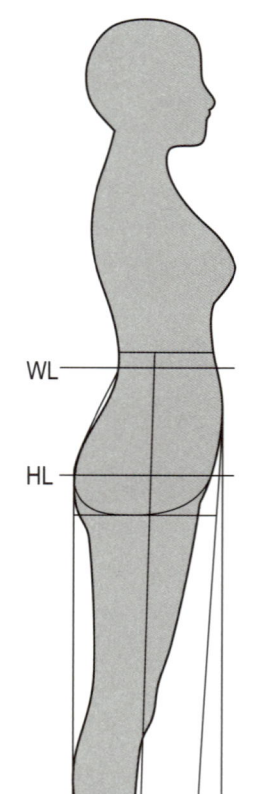

図1

図2　20歳代標準体型

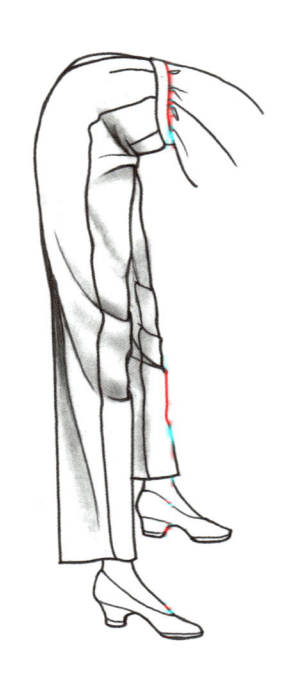

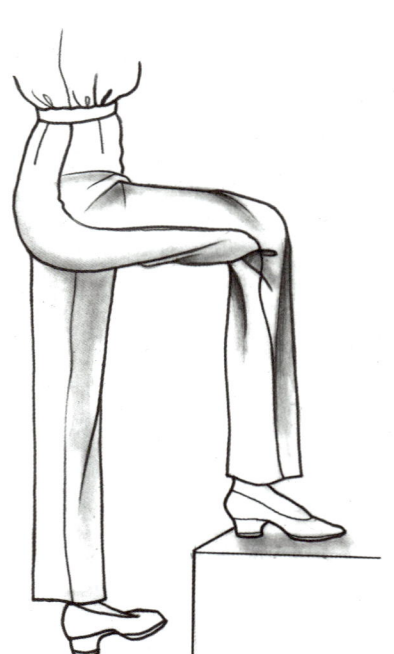

4 採寸

採寸上の注意
採寸時の下着は、タイツ、パンツ用ガードルなどを着用し、デザインに合った高さの靴をはく。ウエストにウエストベルト（綾織りテープの幅の中央に線を入れたもの）または細幅のテープを水平につける。

採寸箇所とはかり方

● **ウエスト、ミドルヒップ、ヒップ寸法**
締めすぎないように注意し、腹部の出ている体型、大腿部の張っている体型の場合は、その分を見越して寸法が不足しないようにはかる。

● **パンツ丈**
ウエストからくるぶしまでの直線距離をはかる。この寸法を基準にし、デザインに合わせて増減する。

● **股下丈**
股の位置にものさしを当て、ものさしの上部からくるぶしまでの直線距離をはかる。

● **股上丈**
計算により算出する。パンツ丈から股下丈をマイナスした寸法とする。

● **腰丈**
ウエストラインからヒップラインまでの丈をはかる。

● **股上前後長（a～b）**
ウエストの前中心から股のつけ根を通りウエストの後ろ中心までの長さをはかる。

● **大腿部回り**
大腿部の最も太い位置を一周はかる。

● **膝回り**
膝蓋骨中央を一周してはかる。腰をかける、しゃがむなどの姿勢での寸法もはかっておくとよい。

● **下腿部回り**
ふくらはぎの最も太い位置を一周はかる。

● **足首回り**
くるぶしを通る足首回りをはかる。

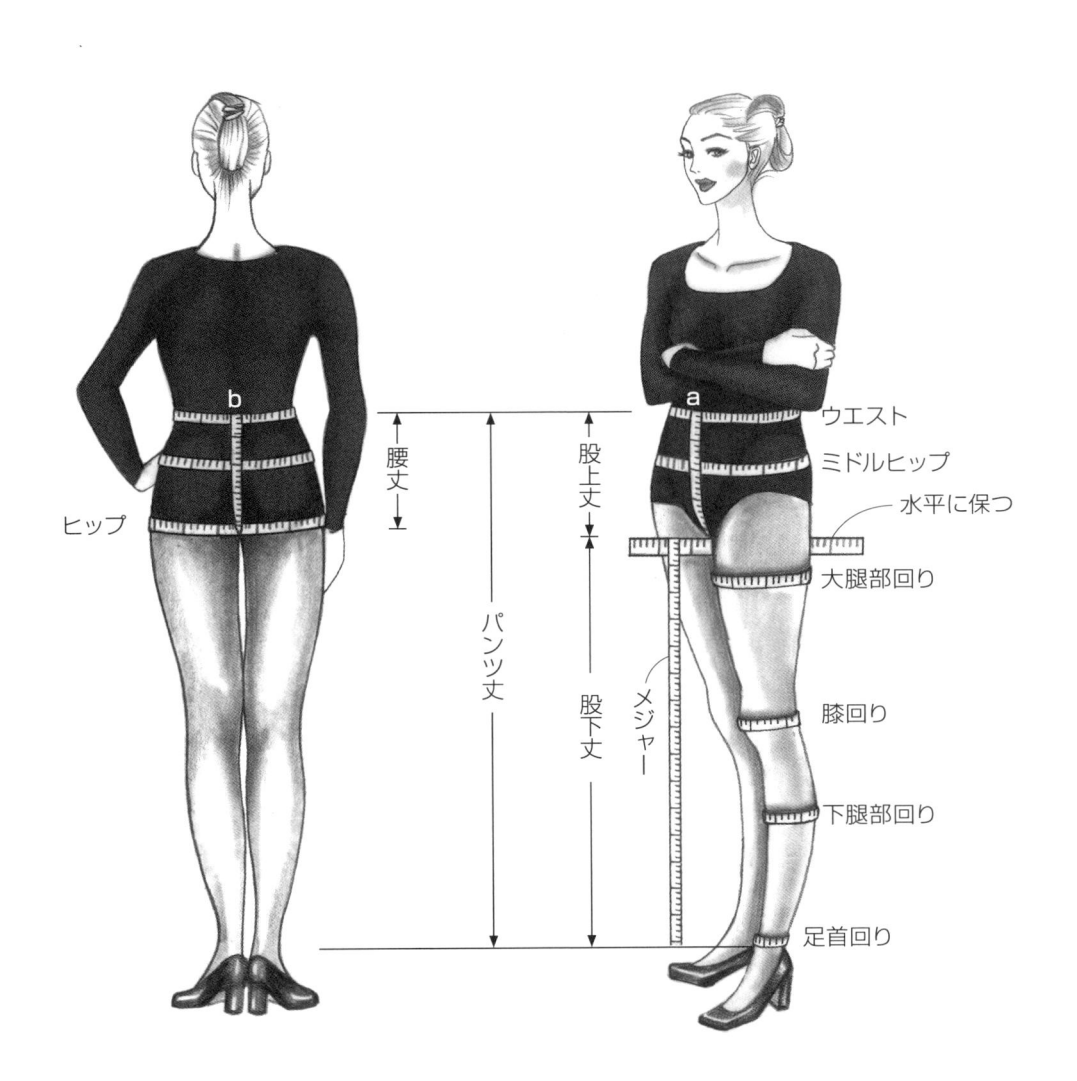

5 ストレートパンツ（基本形）の作図

裾幅が広めで、ヒップラインから裾までがまっすぐに見えるシルエット。ウエストからヒップにかけては体にそわせ、大腿部から膝にかけてはゆとりがあるので、側面のシルエットも美しく、体型もカバーでき、誰にでも似合うスタイルである。

全体的にたっぷりした分量のパンツなので、素材は体になじみやすい薄手ウールやドレープ性のある布地がすっきりと見え、動きも美しい。

色は紺、黒、グレー、茶色などの基本色の無地にするとコーディネートがしやすい。また、オーソドックスなチェック柄やストライプ柄も、品がよくマニッシュな着こなしになる。

使用量　表布　150cm幅160cm　　接着芯　90cm幅30cm
　　　　　表布　110cm幅220cm　　スレキ　100cm幅40cm

各部の名称

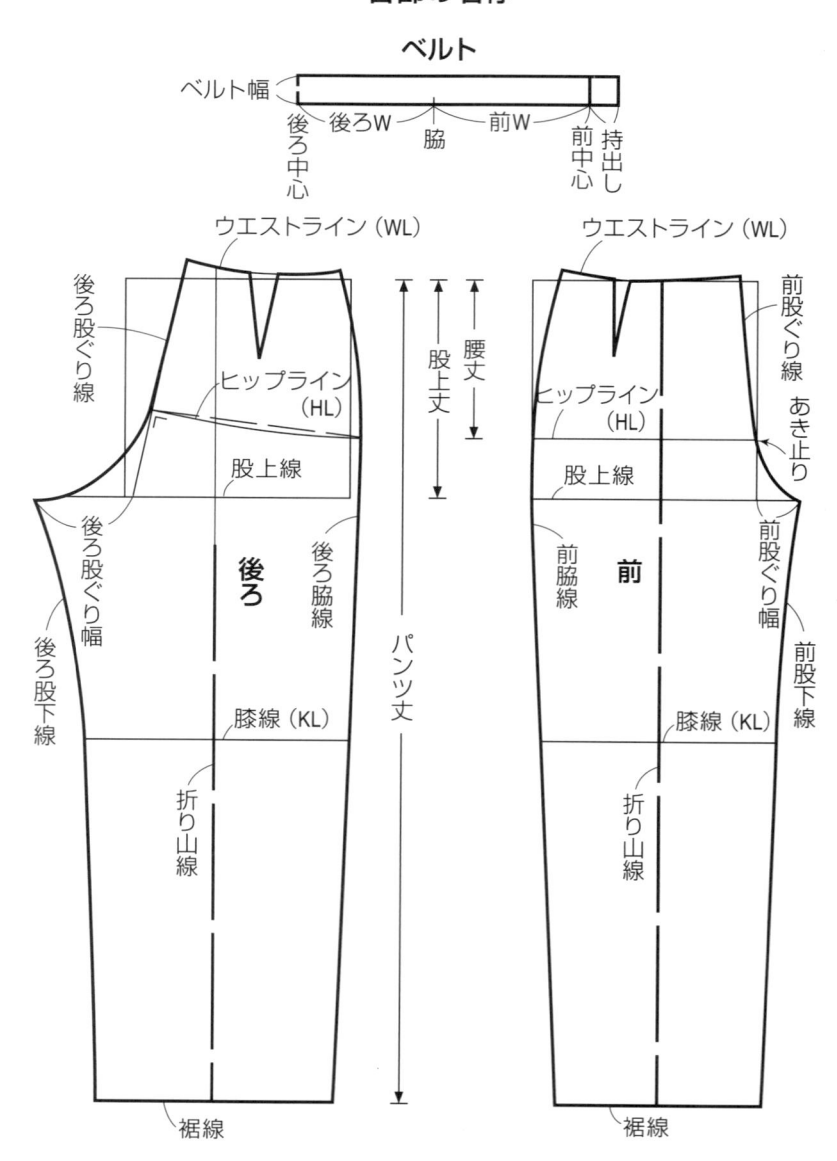

ベルト

ベルト幅／後ろ中心／後ろW／脇／前W／前中心／持出し

後ろ
ウエストライン（WL）／後ろ股ぐり線／ヒップライン（HL）／股上線／後ろ股ぐり幅／後ろ脇線／後ろ股下線／膝線（KL）／折り山線／裾線／腰丈／股上丈／パンツ丈

前
ウエストライン（WL）／前股ぐり線／あき止り／ヒップライン（HL）／股上線／前脇線／前股ぐり幅／前股下線／膝線（KL）／折り山線／裾線

作図順序
● 前

①**基礎線を引く。**直角線を書き、縦に股上丈、腰丈、横に $\frac{H}{4}$ 寸法にゆとり分（2cm）を加えた寸法をとり、長方形をかく。

②**股上線上に前股ぐり幅をとる。**前股ぐり幅は、ⓐⓑ間を4等分した寸法から1.5cmマイナスした寸法を標準値とする。この寸法は体の厚みが大きいか小さいかによって増減する。

③**折り山線を引く。**ⓐⓒ間を2等分した位置を折り山線とし、パンツ丈をとる。

④**膝線（ニーライン）を引く。**股下丈を2等分し、その位置より7cm前後上にする。実際の膝の位置よりも、上のほうがバランスがよい。

⑤**裾幅を決め、脇線、股下線を引く。**脇線を直下した位置より、丈とのバランスを見て裾幅を決め、脇線をかく。

裾とニーラインで脇側と同寸法を股下側にとり（図1）、股下線をかく。ニーラインとⓒ点を結ぶ。

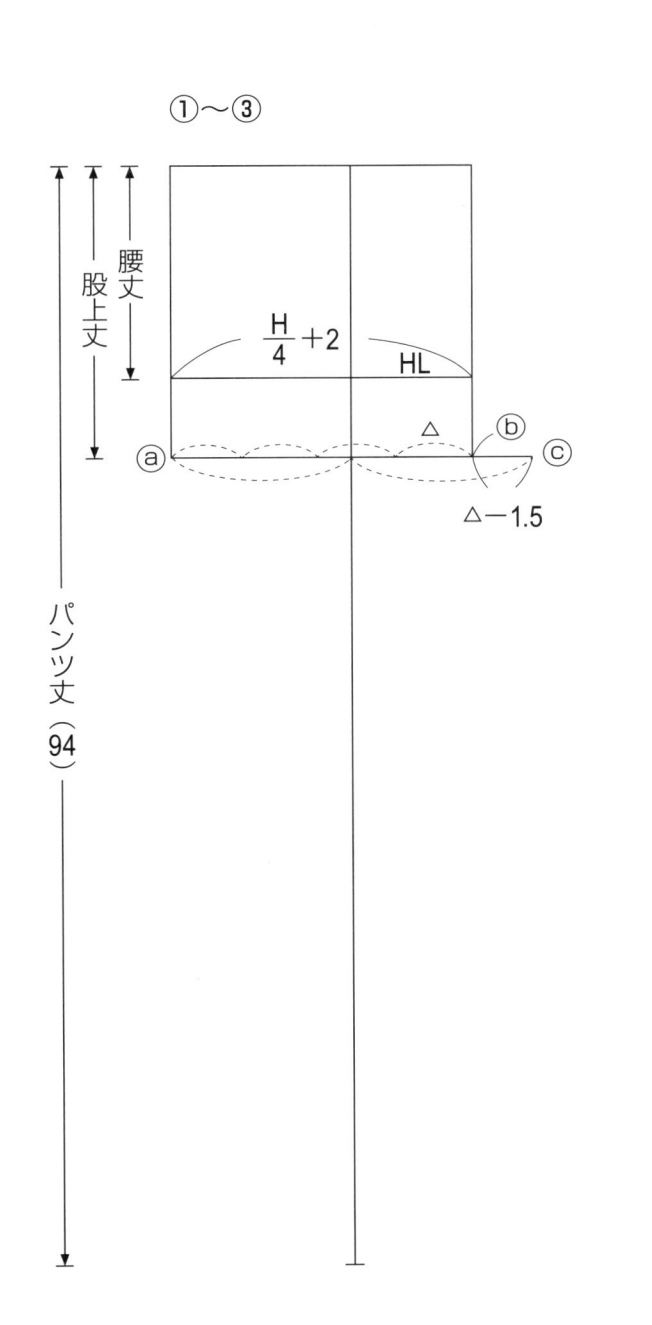

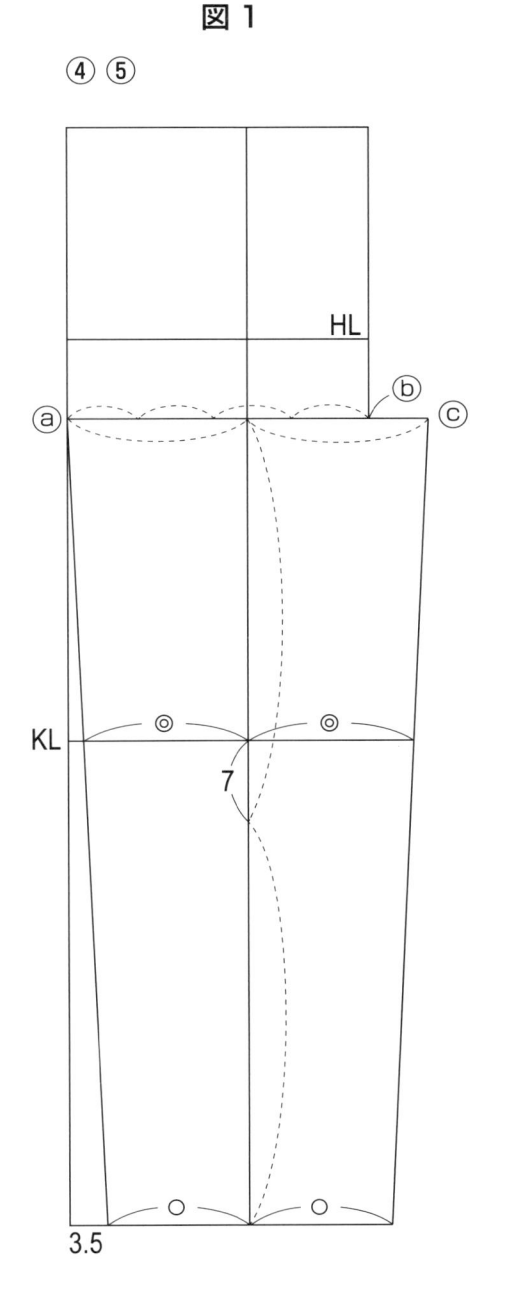

⑥**前股ぐり線を引く。**
案内線としてヒップラインとⓒ点を結び、さらにその線に直角になるようにⓑ点と結び、股ぐりのカーブをかき、ウエストラインで1.5cmカットした位置と結ぶ。
⑦**ウエストラインとダーツをかく。**
脇線から1.5～2.5cm入り、腰部の張りに合わせて上に1.2cm追加し、脇線とウエストラインをカーブでかく。
　ウエスト寸法（●）をとり、残りをダーツとする。
　ダーツ位置は、折り山線から脇までを2等分して決める。
⑧**脇ポケット位置をかき、前中心あきの位置を決め、それぞれのステッチを入れる。**

● 後ろ
⑨**前に準じ、後ろ中心を左側にして基礎線をかく。**
ニーラインの寸法と裾幅は、前の寸法に下腿部の形状を考慮し、それぞれ1.5cm加えてかく。
⑩**後ろ股ぐり線と股下線を引く。**折り山線とⓓ点の間を2等分し、さらに折り山線より1cmの位置と、ⓑ点から1cm折り山線よりのⓔ位置を結んで案内線とし、ウエストラインより上に運動量として2～2.5cm加える（後ろ中心の股上線の傾斜度は、殿部の突出の大小によって決められる。突出の大きい場合は傾斜が強く、小さい場合は弱くなる）。
　股上線上で後ろの股ぐり幅（△−1）をさらに追加し後ろ股ぐりをかく。ニーラインとゆるやかなカーブで結んで股下線をかく。
　前後の股ぐりのつながりを確認する（図2）。
⑪**ウエストラインと脇線を引く。**図3のようにヒップライン上で後ろヒップ寸法をとり、ⓘ点とニーライン（KL）を結んでウエストラインに向かって延長し、その線から1.5～2.5cm入った位置から、脇丈を1.2cm上に加えてウエストラインをかく。
　ヒップラインは、ⓗ～ⓔと直角になるように緩やかなカーブでひき直す。
　脇線はヒップラインあたりまでカーブでかき、ニーライン、裾と結ぶ。
⑫**ダーツをかく。**ウエスト寸法をとり、残りをダーツ量とする。
⑬**ベルトをかく。**
⑭**出来上り線、名称、布目線を入れる。**

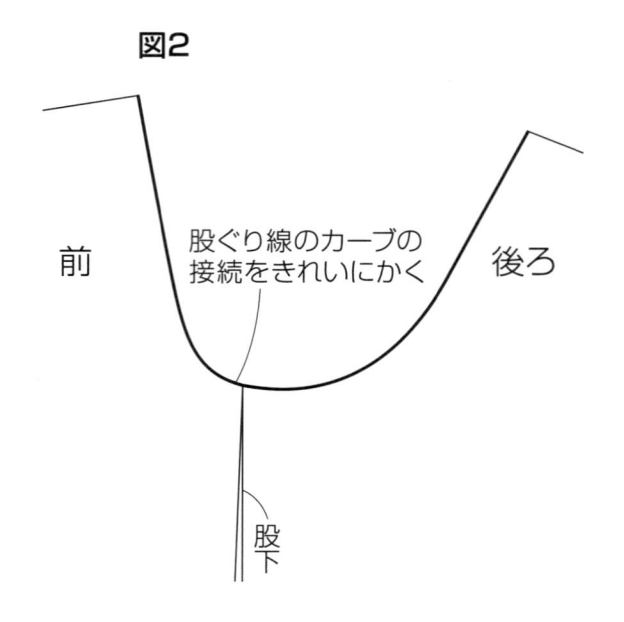

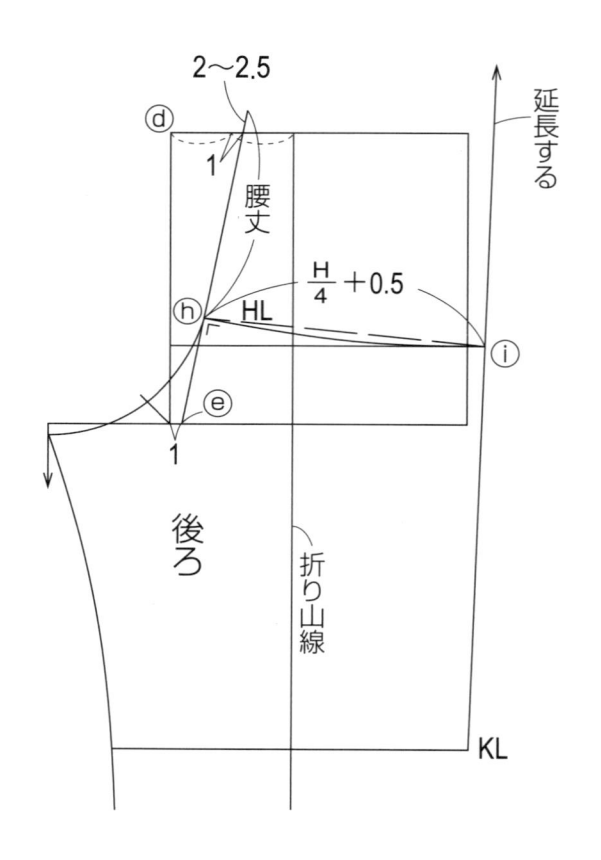

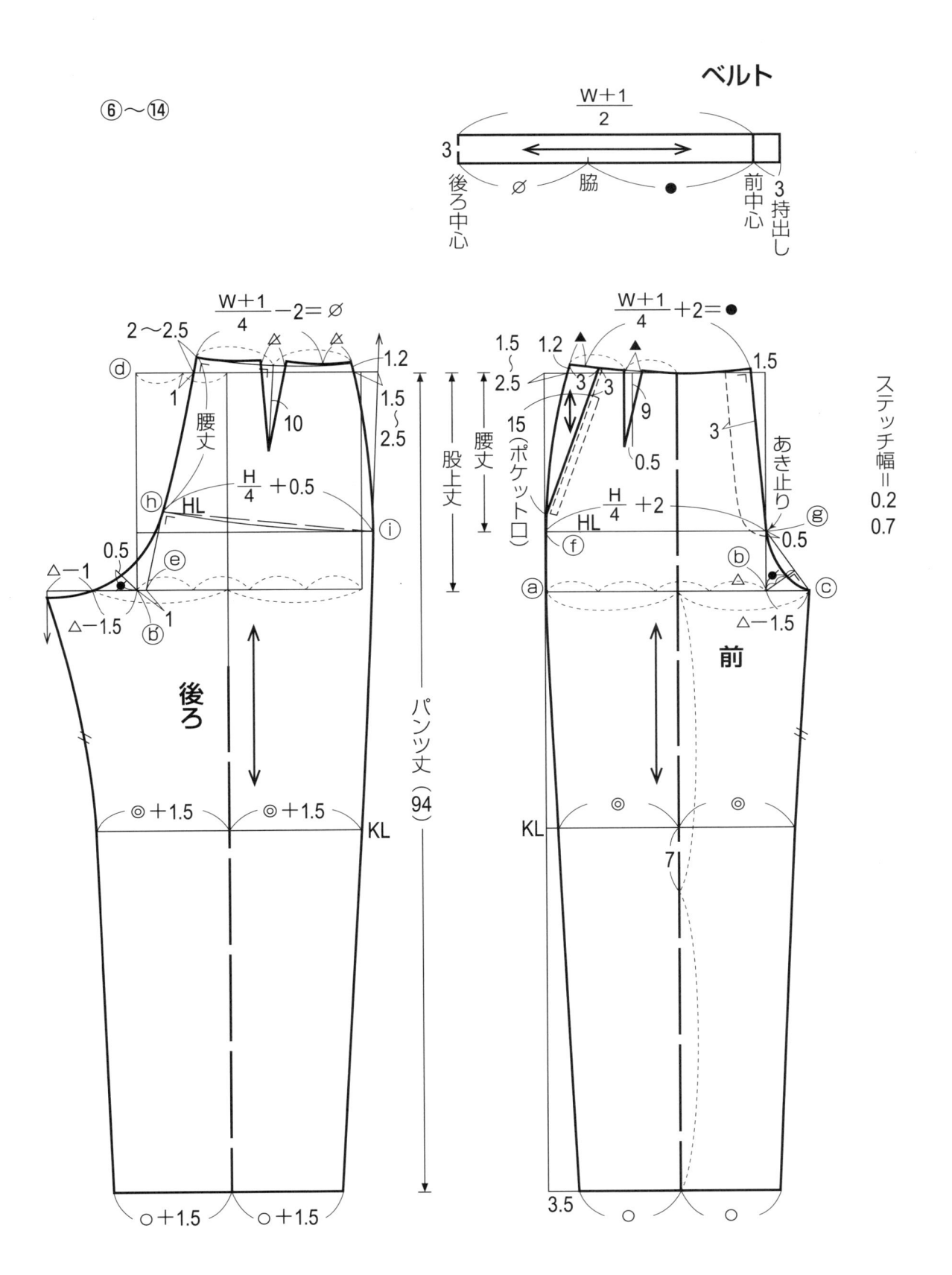

5 ストレートパンツ（基本形）の作図

6 デザイン展開と作図・パターン展開

スリムパンツ

ほどよく体にフィットし、裾に向かって次第に細くなっているシルエットで、軽快感があり、活動的に見えるパンツ。

作例はミルドウーステッド程度のウール地に適するゆるみ分量を加えている。

伸縮性のあるストレッチ素材を使う場合は、さらにゆとり分を少なくし、体にぴったりそわせたシルエットにすることもできる。

また、丈を短くしてリゾートウェア、レジャーウェアとして着用するのもよい。

使用量　表布　150cm幅140cm　接着芯　90cm幅30cm
　　　　　表布　110cm幅210cm　スレキ　100cm幅40cm

部分縫い　ポケットの作り方については188ページを参照。

作図要点
● 前
ヒップのゆとりについて

前ヒップのゆとり分量は、大腿部の張りを考慮し、$\frac{H}{4}$寸法に1.5～2cm加える。

裾幅の決め方

裾幅はⓐ点から裾まで直下した線から折り山線までの長さの$\frac{1}{2}$に1cm加え、折り山線より股下側にも同寸法をとる。

● 後ろ
後ろ股ぐり線の引き方

折り山線とⓓ点の間を4等分してⓔ点と結び、ウエストラインから上に運動量として3.5cm加える。

幅のゆとりの少ないパンツは、後ろ股ぐり寸法が長く必要なので、後ろ中心の傾斜を強くし、さらにウエストラインより上の追加寸法も多くする。

ヒップラインより上の脇線の引き方

後ろヒップは余分なゆとりがないほうがきれいなので、ⓗ点より$\frac{H}{4}$寸法に0.5cm程度加えてとる。ⓘ点とニーライン（KL）を結んでウエストラインに向かって延長し、ウエストで1.5～2.5cmとり、脇丈を1.2cm加えて脇線をカーブでかく。

全体のシルエットをさらに細くする場合

大腿部、膝回り、下腿部の寸法を考慮に入れ、裾にスリットを入れたり、ファスナーやボタンあきにするなど、着脱ぎしやすい工夫をする。

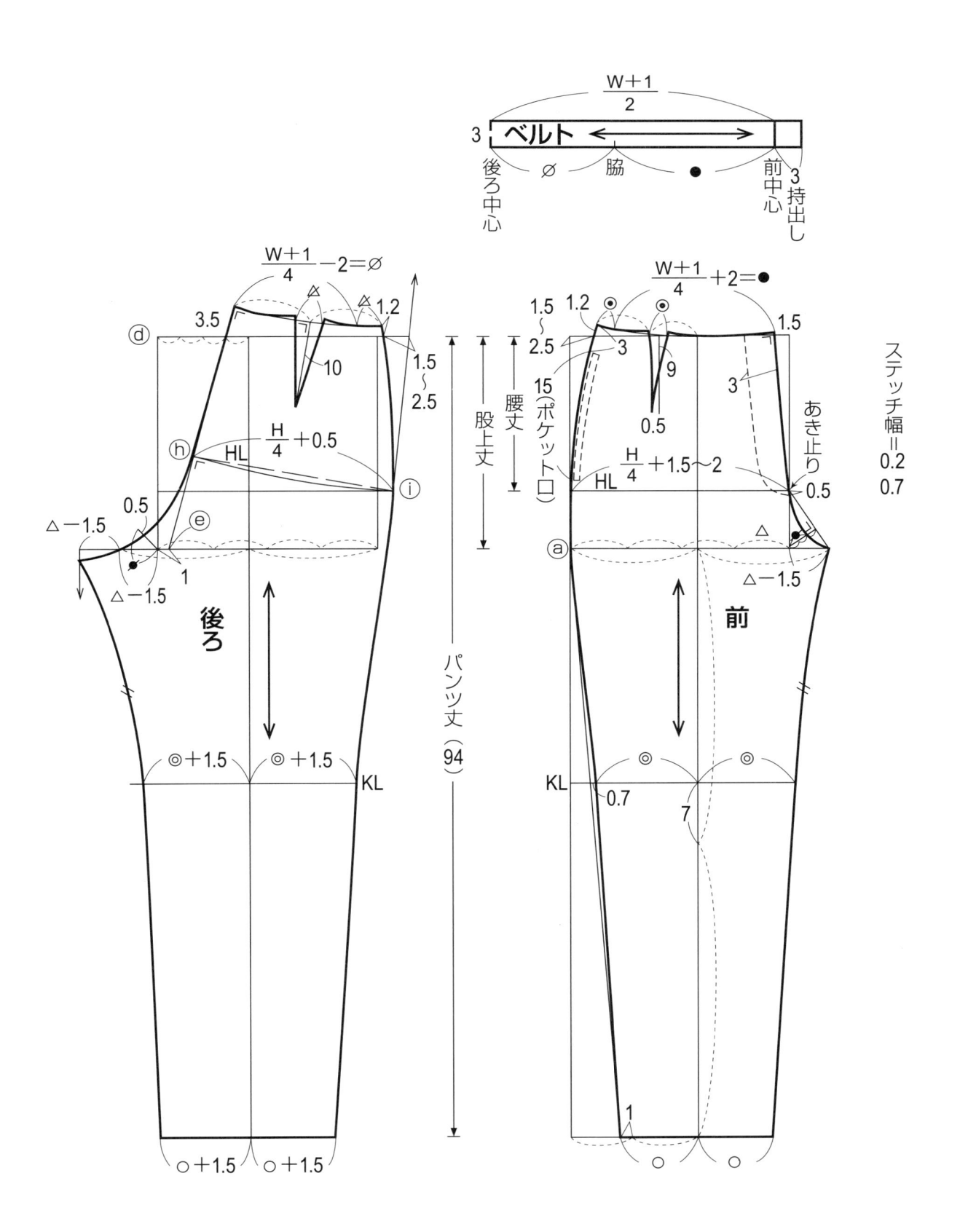

6 デザイン展開と作図・パターン展開

ベルボトムパンツ

　スリムパンツを変化させた形で、膝上から裾に向かって広がったシルエットのパンツ。パンツ丈と膝上のしぼりの位置、裾幅のバランスが重要である。作図上では、しぼる位置（膝上の位置）の寸法を正確に採寸しておく必要がある。

　素材はコットンプリント、デニム、ストレッチ素材など、広範囲に使用できる。

使用量　表布　150cm幅120cm　接着芯　90cm幅30cm
　　　　　表布　110cm幅200cm　スレキ　100cm幅20cm

部分縫い　ポケットの作り方は186ページを参照。
　　　　　　ウエストベルトのつけ方は202ページを参照。

作図要点
股上線より上の引き方
　スリムパンツと同じに作図し、ウエストラインを2cm下げ、ウエストベルトの切替え線をかく。
　ウエストのゆとりとして、後ろダーツ分量を0.3cmずつ少なくし、前ダーツ分量はポケット位置に移動する。ベルト部分のダーツ分量は突合せにする。

脚部のシルエットの引き方
　膝上のしぼり位置から裾までを長く見せるために、しぼり位置をスリムパンツよりも上にし、裾口を後ろ下がりにしてカーブでかく。

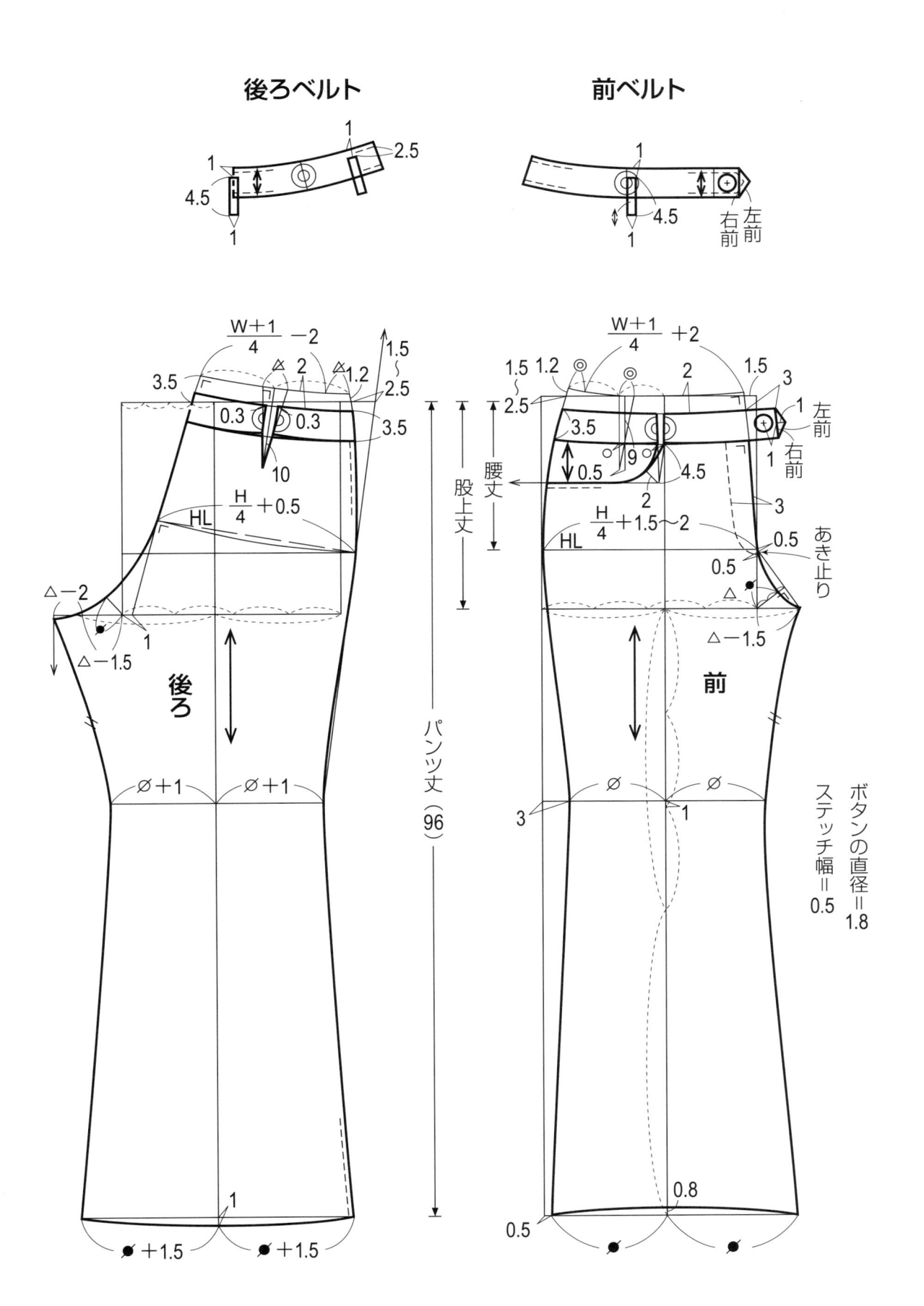

6 デザイン展開と作図・パターン展開

スリムパンツからのパターン展開

①パンツ丈を長く(2cm)する。
②ウエストラインを2cm下げて、ウエストベルトの切替え線を入れる。
③ポケットをかき、前ダーツをポケット位置に移動する。
④膝上のしぼりの位置をニーラインより上げ(5cm)、幅を両側で0.4cmずつ細くする。
⑤裾幅を両側で4.5cmずつ広くし、裾口を後ろ下がりにカーブでかく。
⑥ヒップのゆとりが少ないため、あき止りをヒップラインより0.5〜1cm下に移動する。
⑦ベルト通しをおさまりのよい位置に決めてかく(作図参照)。

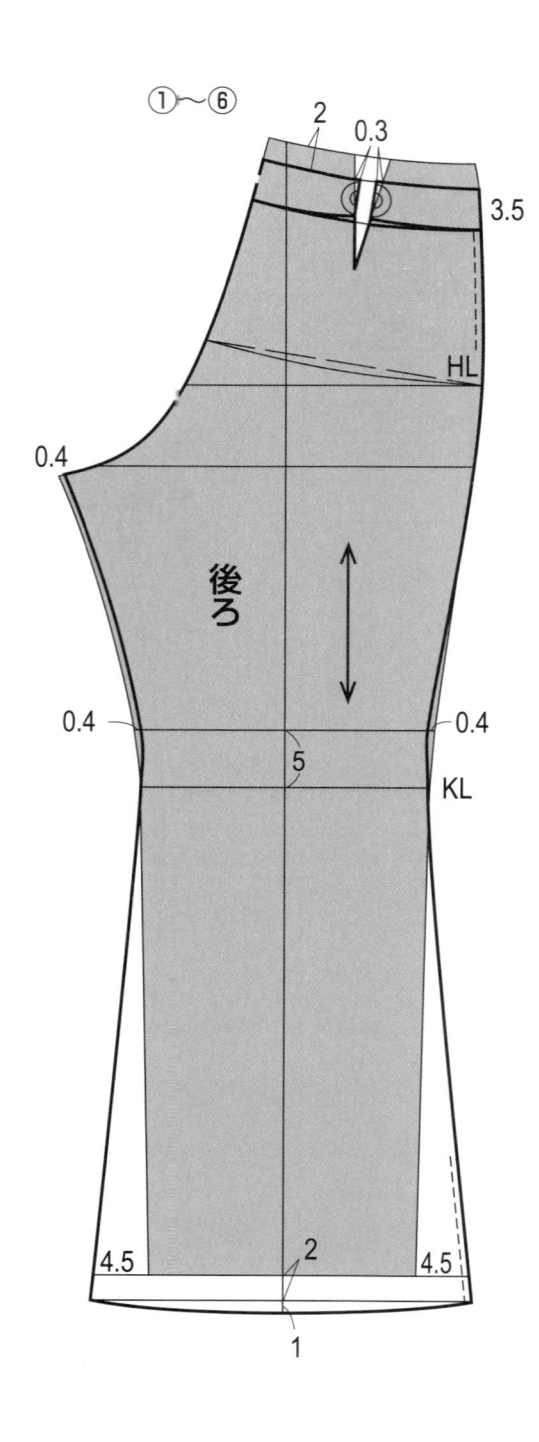

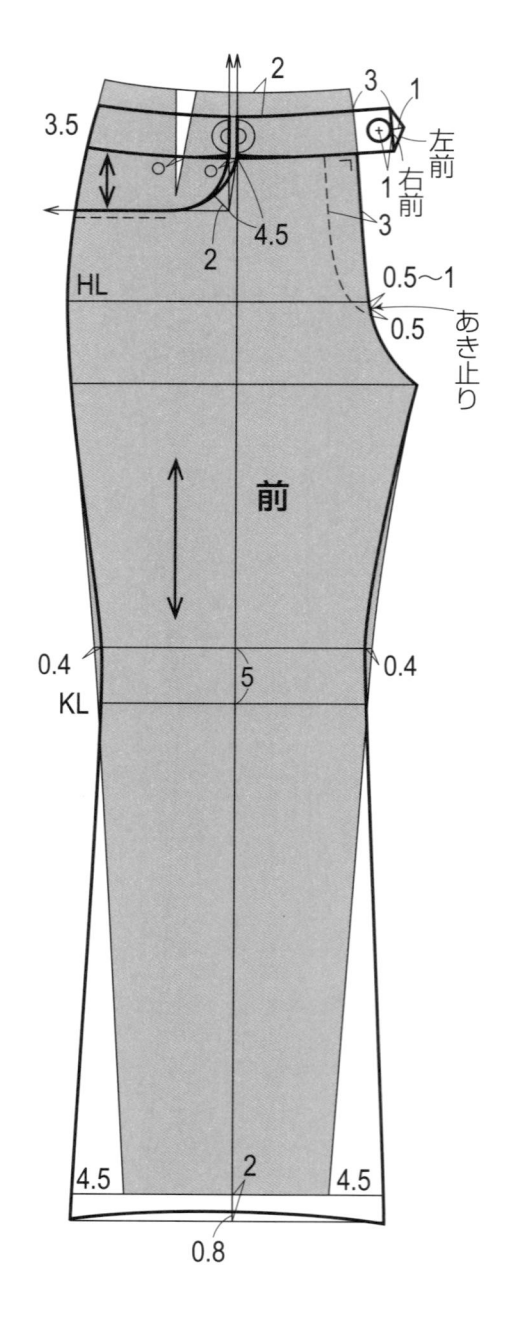

くせとりについて

　裁断された平面の布は縫い合わせただけでは充分に立体のシルエットが出ない。くせとりとは、アイロン（熱とスチーム）で、平らな布を伸ばしたり、いせたりして立体的にする方法のことをいう。

　ベルボトムのシルエットは、脇線と股下線のしぼりの位置から裾に向かって傾斜が強いため、このままで縫うと縫い代がつれてきれいなシルエットが出にくい。そのためしぼりの位置の縫い代を伸ばすくせとりをする。

くせとりの仕方

しぼりの位置の縫い代を、出来上りの線が直線になるように、中表に合わせてアイロンで伸ばす

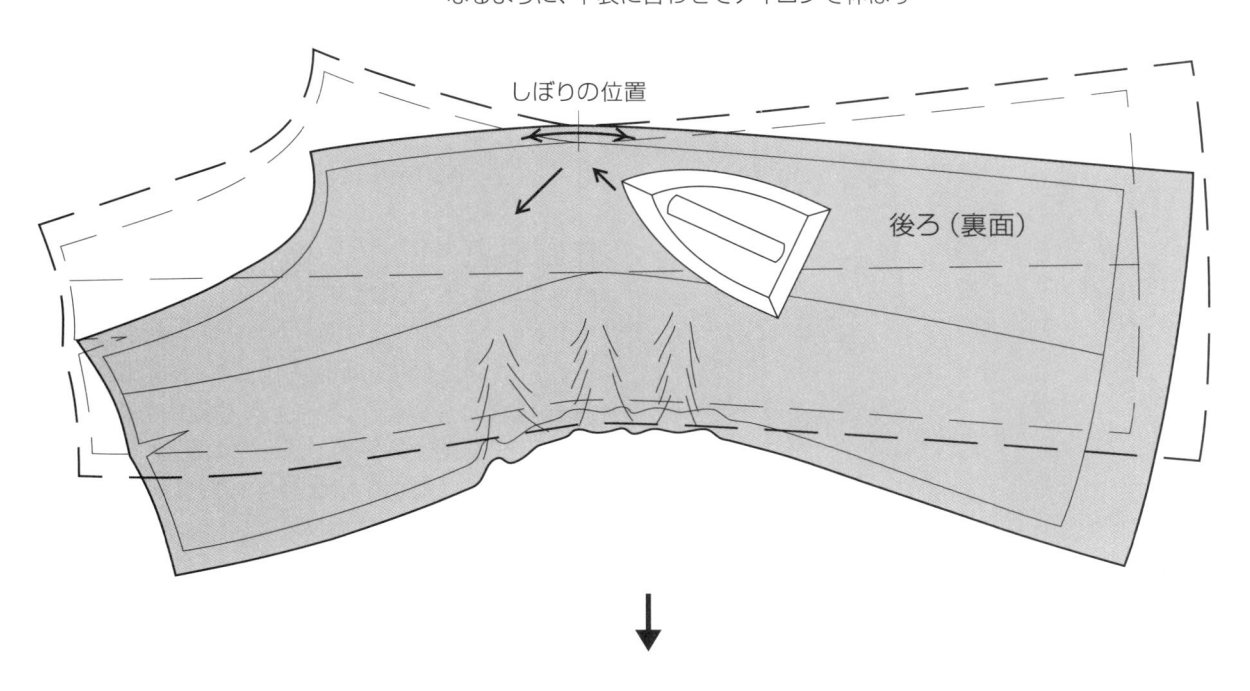

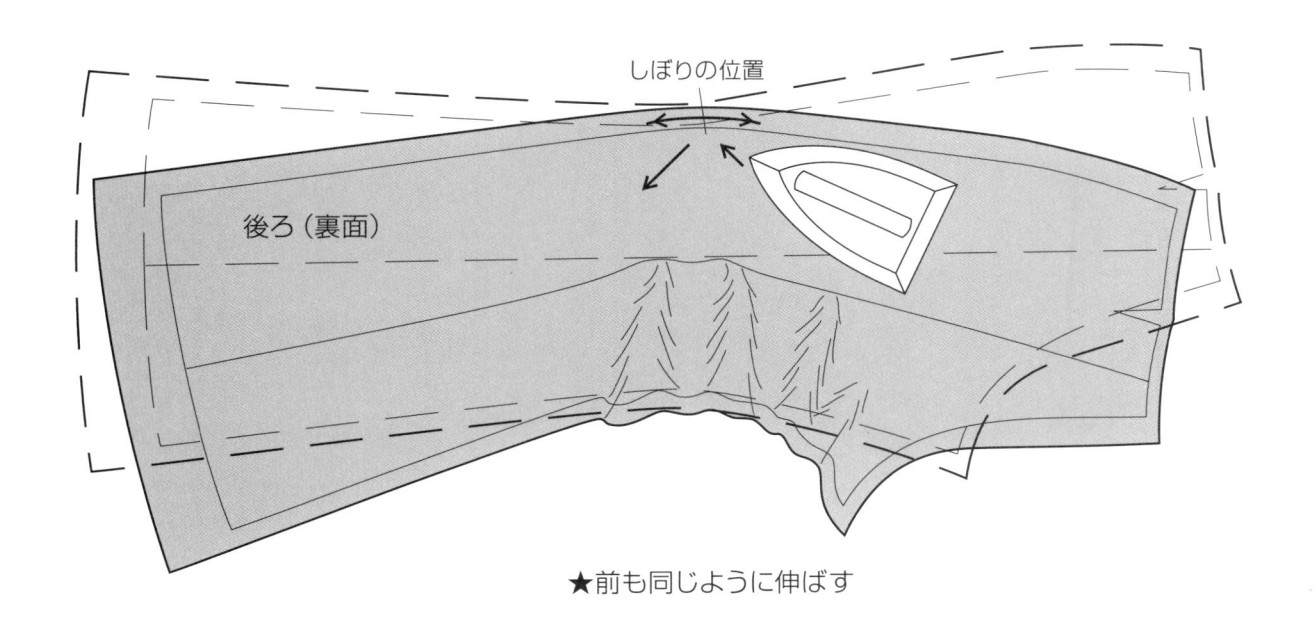

しぼりの位置

後ろ（裏面）

↓

しぼりの位置

後ろ（裏面）

★前も同じように伸ばす

ワイドパンツ

　ストレートパンツに前幅のゆとりを加え、前タックをとり、裾幅を広くしたパンツ。全体に幅の広さを感じさせるシルエットなので、パンツ丈は長めに、ウエストは裁出しのハイウエストにしてある。
　素材は、厚手は避けて薄手で弾力のあるウール、化学繊維などのストライプやオーソドックスな感じのチェックなどがよい。

使用量　表布　150cm幅240cm　　接着芯　90cm幅50cm
　　　　　表布　110cm幅240cm　　スレキ　100cm幅40cm

部分縫い　ポケットの作り方は184ページを参照。
　　　　　　ファスナーあきとハイウエストの始末は197ページを参照。
　　　　　　裾の始末は204ページを参照。

作図要点

ヒップのゆとりについて
　ストレートパンツよりゆったりとした幅の広さを感じさせるシルエットなので、前は$\frac{H}{4}$寸法に6cm、後ろは$\frac{H}{4}$寸法に2cmのゆとり分を入れ、それぞれ基礎線を引く。

ウエスト寸法とタック、ダーツの配分
　ハイウエストになるため、ウエストにはゆとり分を3～4cm入れる。前後差として前ウエストに2cm加え、後ろウエストで2cmとり、残りを2等分してタック、ダーツに配分する。
　前のタックは中心側を0.5cm多くし、タック止りの位置を中心側は股上線、脇側はヒップラインと結ぶ。縫止りはウエストラインより3cm下にする。
　後ろのダーツは、ハイウエストの位置でダーツ分量を少なくし、ゆとりを入れる。

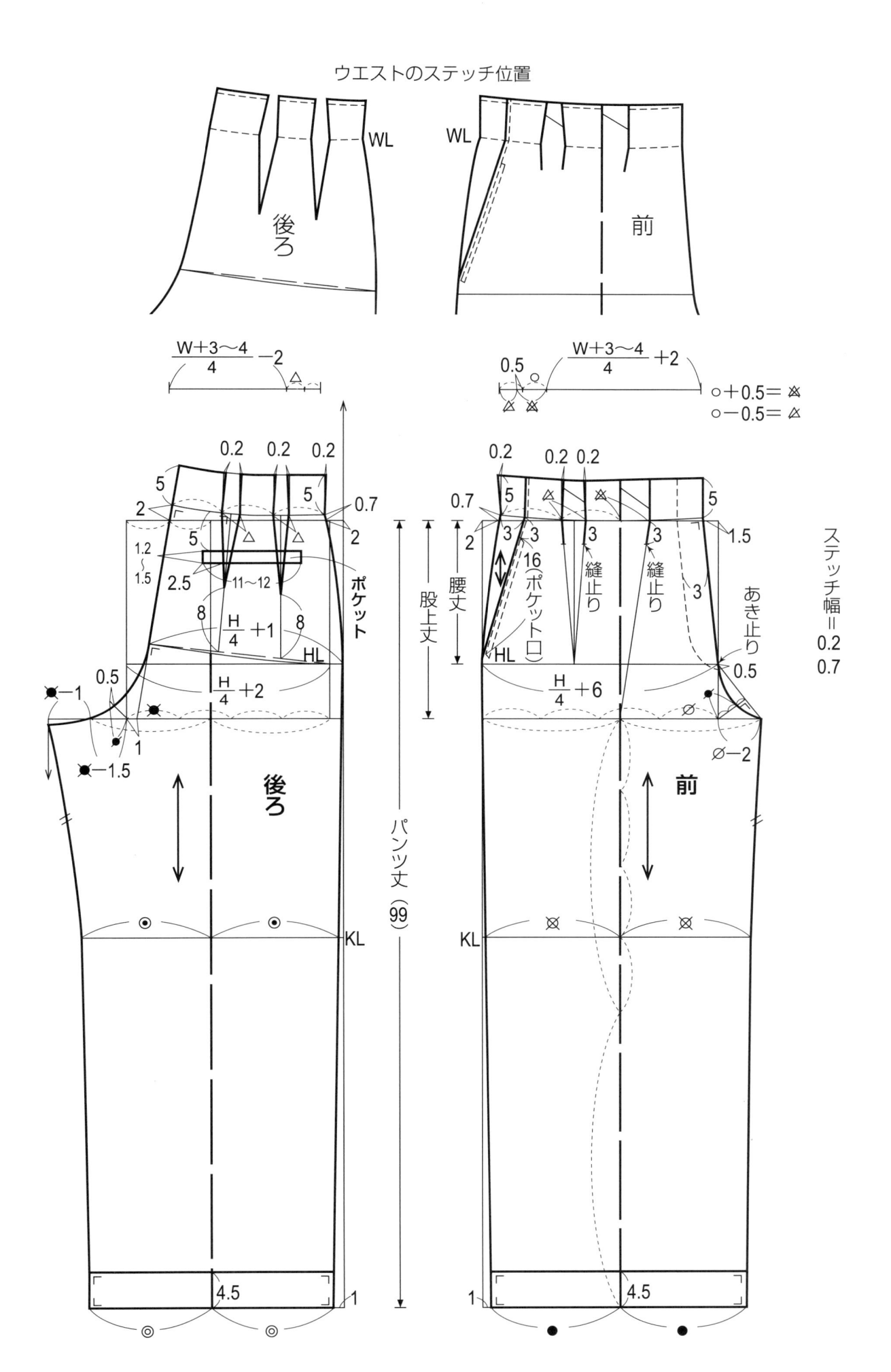

6 デザイン展開と作図・パターン展開

ウエストの見返しについて

ウエストラインを見返し線とし、タック、ダーツ線を突き合わせてパターンを作る。

見返し幅を広くする場合は、A、Bのいずれかにするとよい。

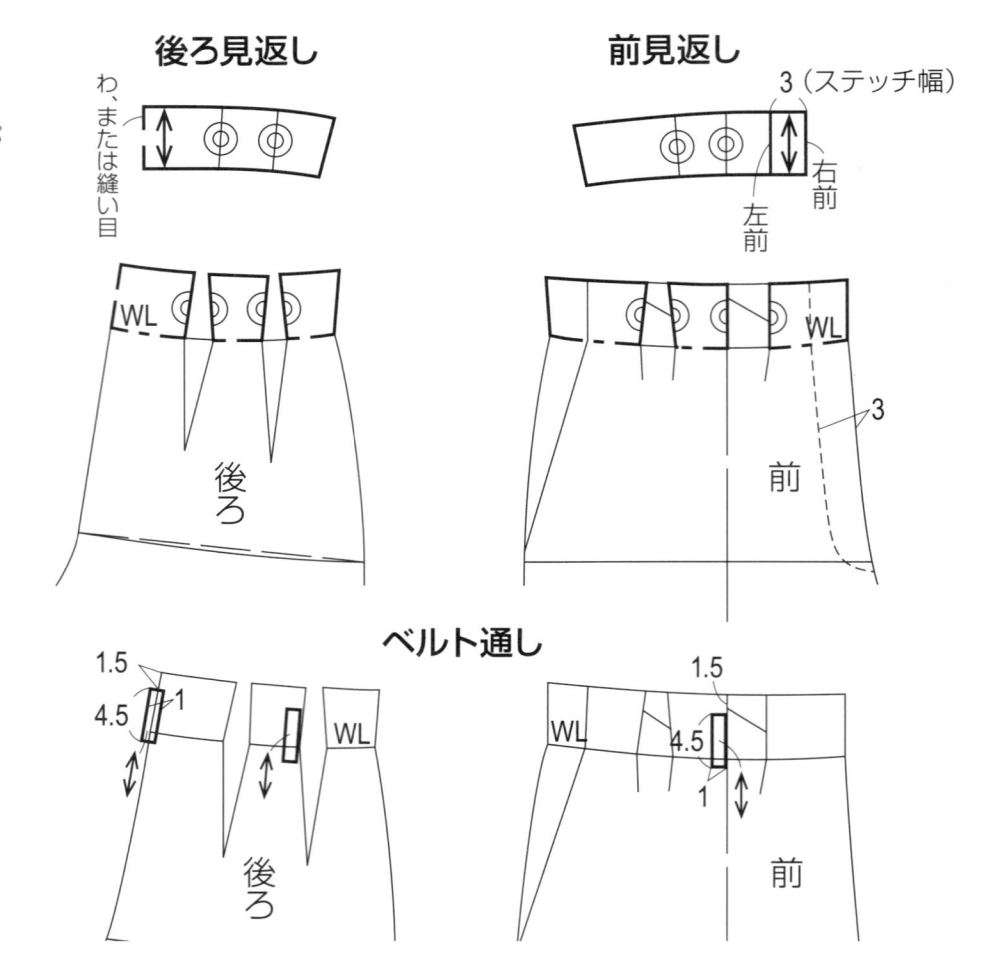

後ろ見返し
わ、または縫い目

前見返し
3（ステッチ幅）
右前
左前

ベルト通し

1.5　4.5　1

ウエスト見返しの幅を広くする場合

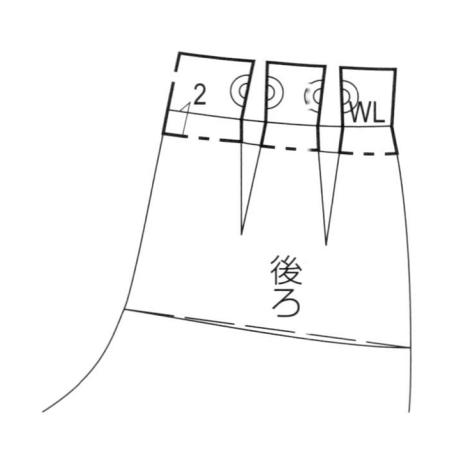

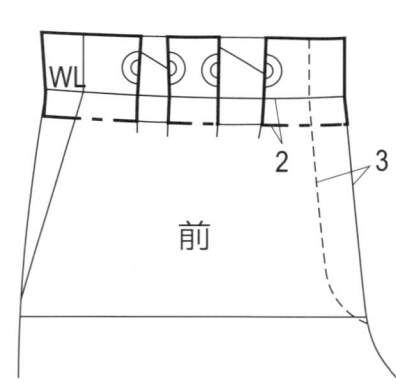

2　WL
WL　2　3
後ろ　前

A　はぎ目を脇縫い目のみにする場合
（くせとりのできる布）

ウエストラインから上の
タック、ダーツを突き合わせる

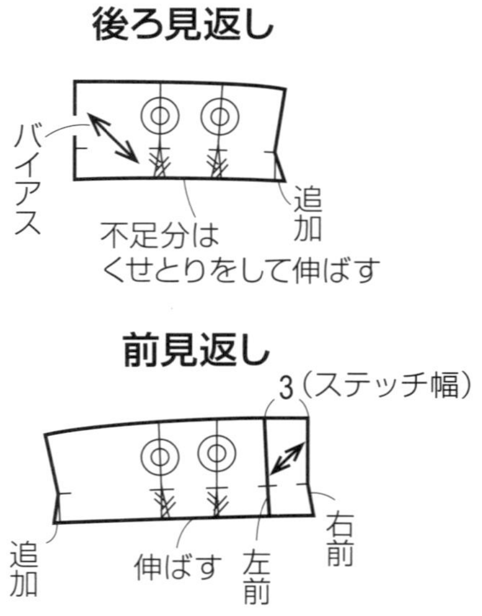

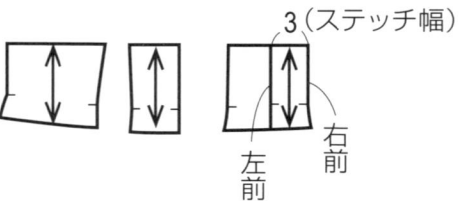

後ろ見返し
バイアス
不足分はくせとりをして伸ばす
追加

前見返し
3（ステッチ幅）
追加　伸ばす　左前　右前

B　タック、ダーツ位置にはぎ目を入れる場合

後ろ見返し

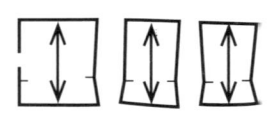

前見返し
3（ステッチ幅）
左前　右前

ストレートパンツからのパターン展開

①前の折り山線で幅のゆとり分（4cm）を開き、股ぐり幅を0.5cm加え、ⓐⓒ間を2等分して新しい折り山線をかく。
②パンツの丈を5cm長くする。
③脇線をストレートシルエットにする。ヒップラインから線を直上、直下する。ウエストは直上した線から脇線までの$\frac{1}{3}$を加え、裾では1cm入れてダブルの折返し幅（4.5cm）を直角にとり、脇線をかく。
④後ろ股上の傾斜を弱くする。ウエストラインでゆとり分を1cm加え、ⓔ点と結ぶ。
⑤裾幅とニーラインの寸法を折り山線から股下側に同寸法とり、股下線をかく。
⑥ハイウエストラインをかく。後ろ中心は股ぐり線を延長し、前中心、脇は線を直上して5cmのハイウエストにし、ウエストラインをかく。

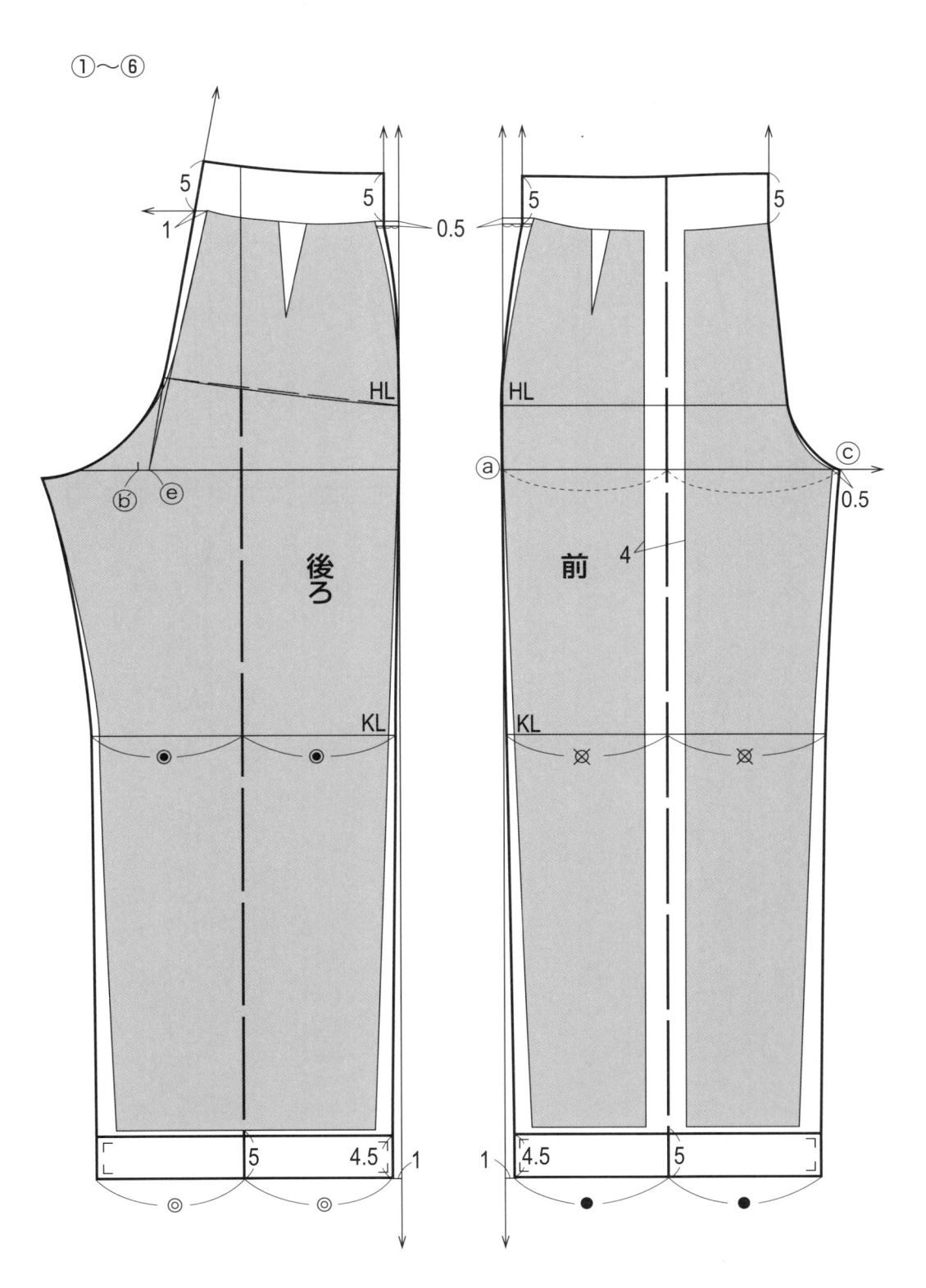

⑦脇ポケットをかく。脇より3cm入り、ウエストラインより3cm下がったところからポケット口寸法を脇に向かってとる。
⑧前にタック、後ろにダーツをかく。149ページの作図と同様にウエスト寸法を決め、残りをタック、ダーツに配分する。
⑨ウエストの見返しとベルト通しをかく（148ページの作図を参照）。

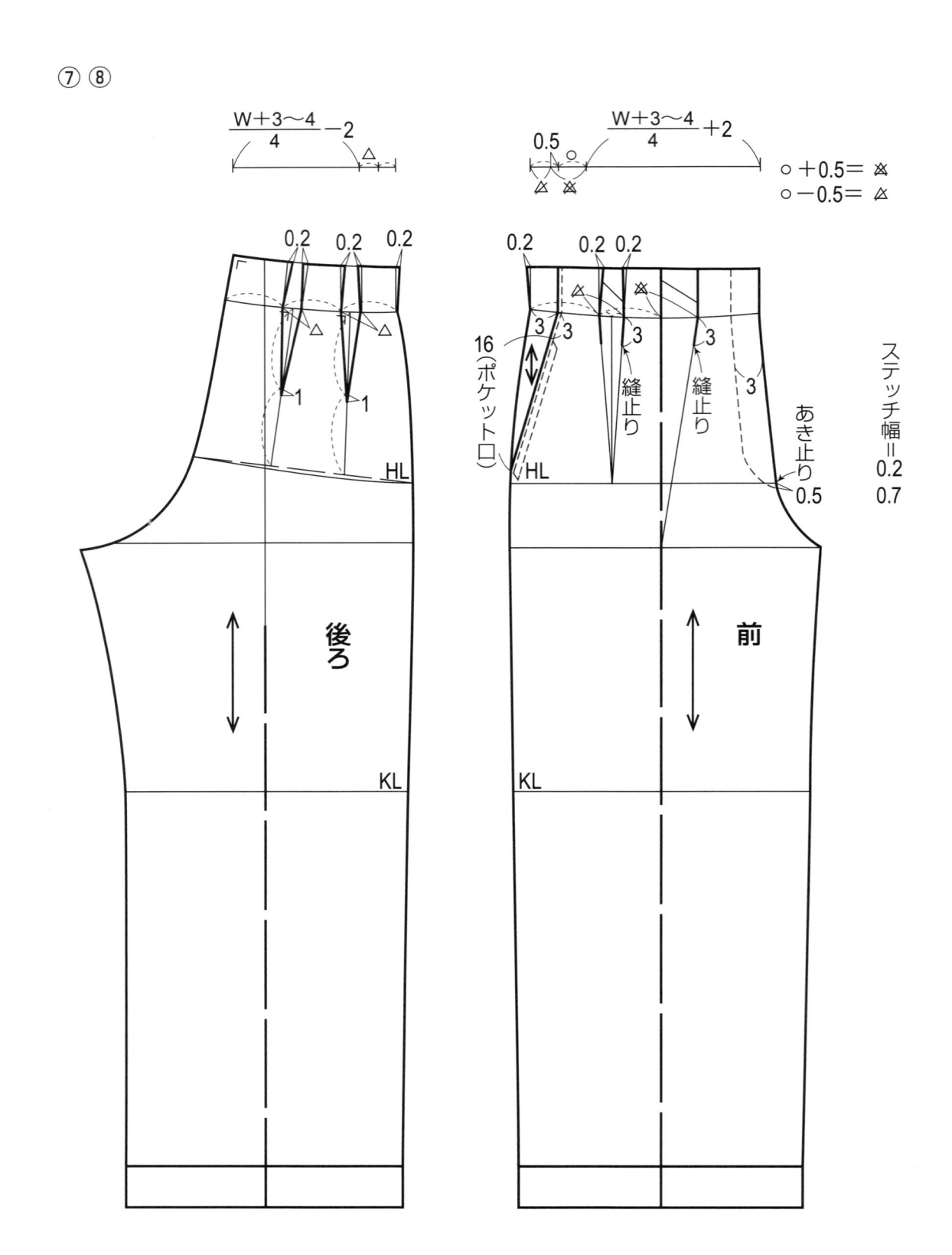

⑦⑧

フレアパンツ

　ミドルヒップラインあたりまでは体にフィットし、裾に向かってゆるやかに広がっているパンツ。フェミニンで優雅さを感じさせるシルエットである。

　綿や薄手ウールでシティウェアに。また、ドレープ性のある布地で作ると、フォーマルウェアやラウンジウェアとして着用できる。

　ここではストレートパンツから展開する方法で説明する。

使用量　　表布　150cm幅210cm
　　　　　　表布　110cm幅210cm

ストレートパンツからのパターン展開

①前の⒡点から下に垂直線を引き、裾開き分量4cmをとり⒡点と結んでウエストラインまで延長する。ウエストライン上で延長線と脇線との間を2等分し、新しい脇線をかき、脇で追加された分量を前中心でカットする。後ろも同様。

②股下線は、全体にゆとりのあるシルエットにするため前の⒞点より幅のゆとり分として1cm加えた位置から垂直線を引く。後ろも同様。

③前と後ろの裾線を訂正する。

④前はダーツ止りと⒢点、後ろはダーツ止りと⒣点から垂直線を引き、フレア分の切開き線をかく。

⑤フレア分を切り開く。股上線と裾幅を2等分にした位置に布目線をかく。

⑥ベルトをかく。

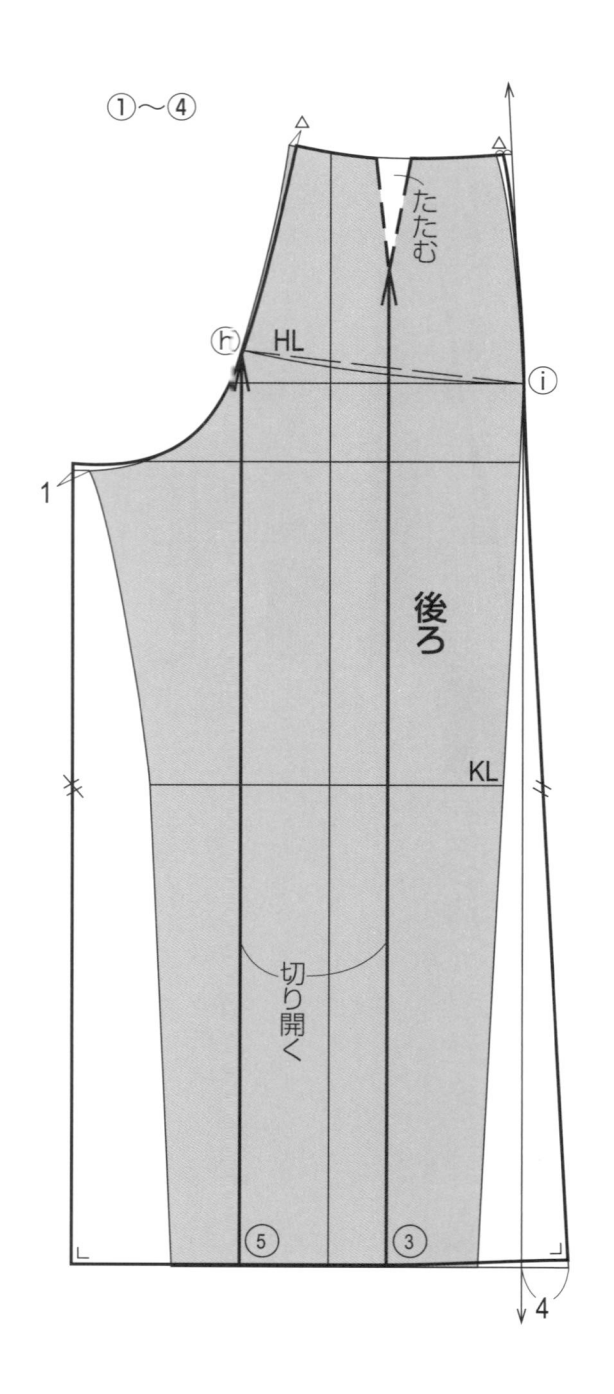

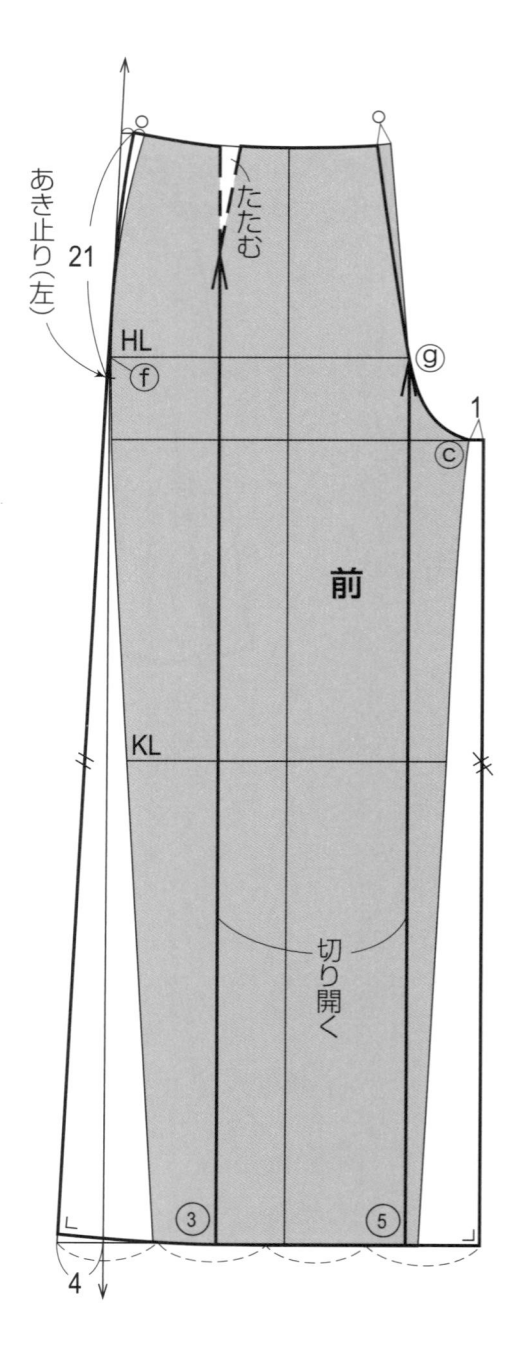

⑥ ベルト

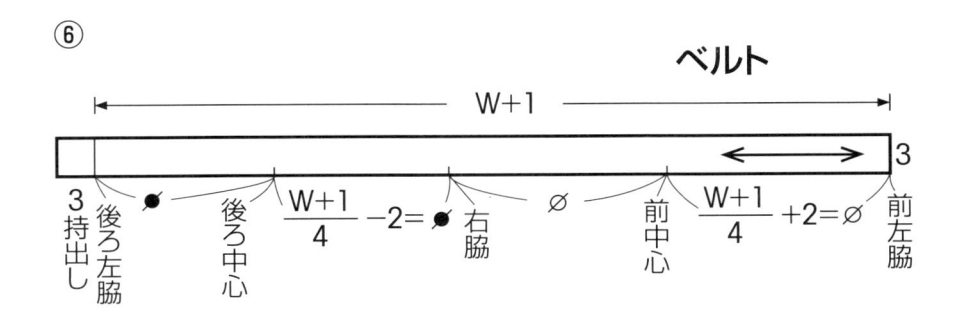

W+1

3 持出し / 後ろ左脇 / 後ろ中心 / $\frac{W+1}{4}-2=●$ 右脇 / ∅ / 前中心 / $\frac{W+1}{4}+2=∅$ / 前左脇

3

⑤

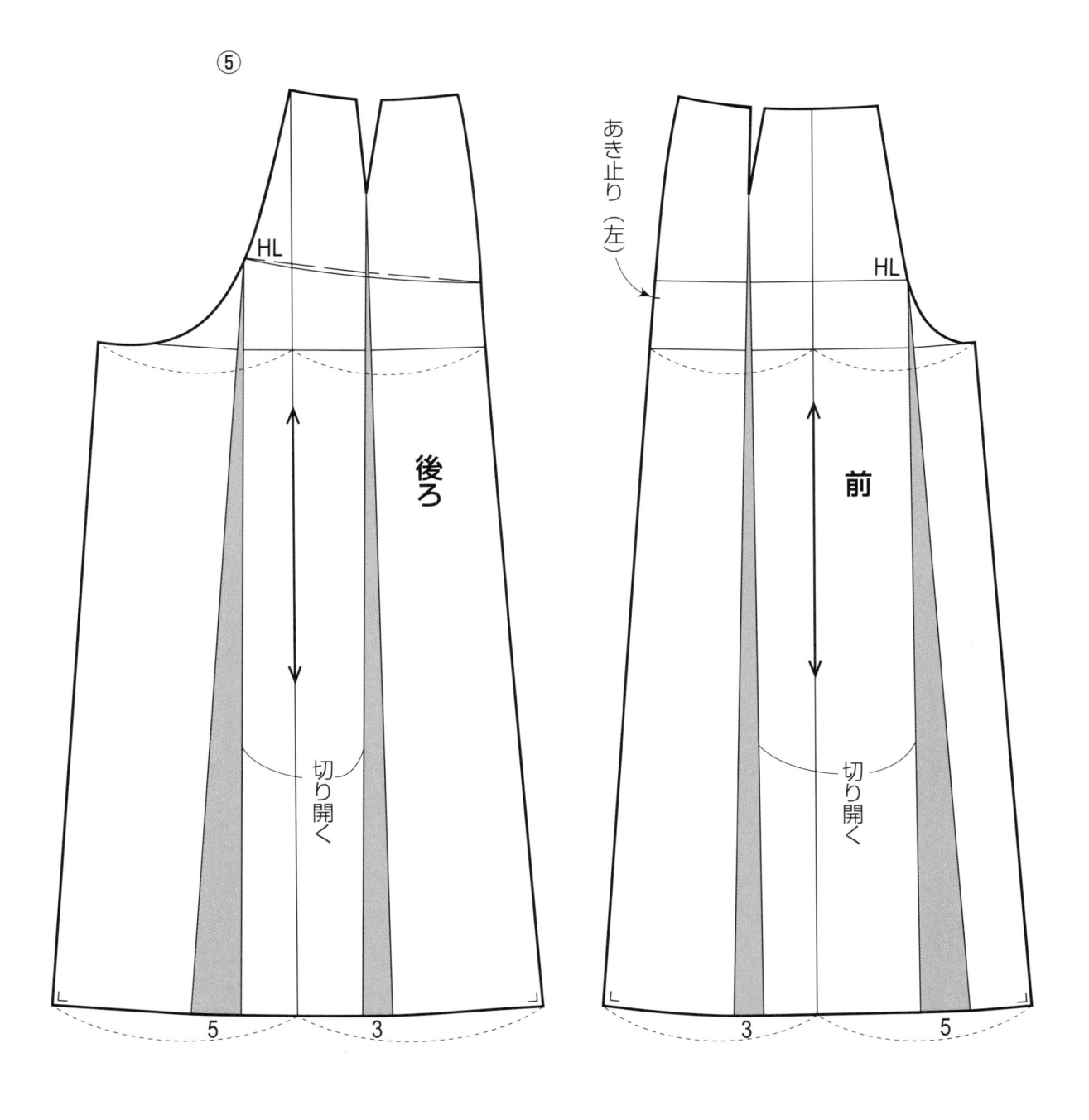

後ろ
HL
切り開く
5 3

前
あき止り（左）
HL
切り開く
3 5

6 デザイン展開と作図・パターン展開

7　仮縫い方法と試着補正法

（1）パターンメーキング

補正を記録するために作図はそのまま残し、ほかの紙にうつし取ってパターンを作る（65ページを参照）。

型紙には必ず名称、布目、合い印、ポケット位置、折り山線、あき止りをかき入れておく。

うつし取ったパターンは、前後の脇丈、前後股下丈、ウエストラインの寸法とベルト寸法、前後股ぐり線のつながりをチェックする。

〈例〉ストレートパンツ

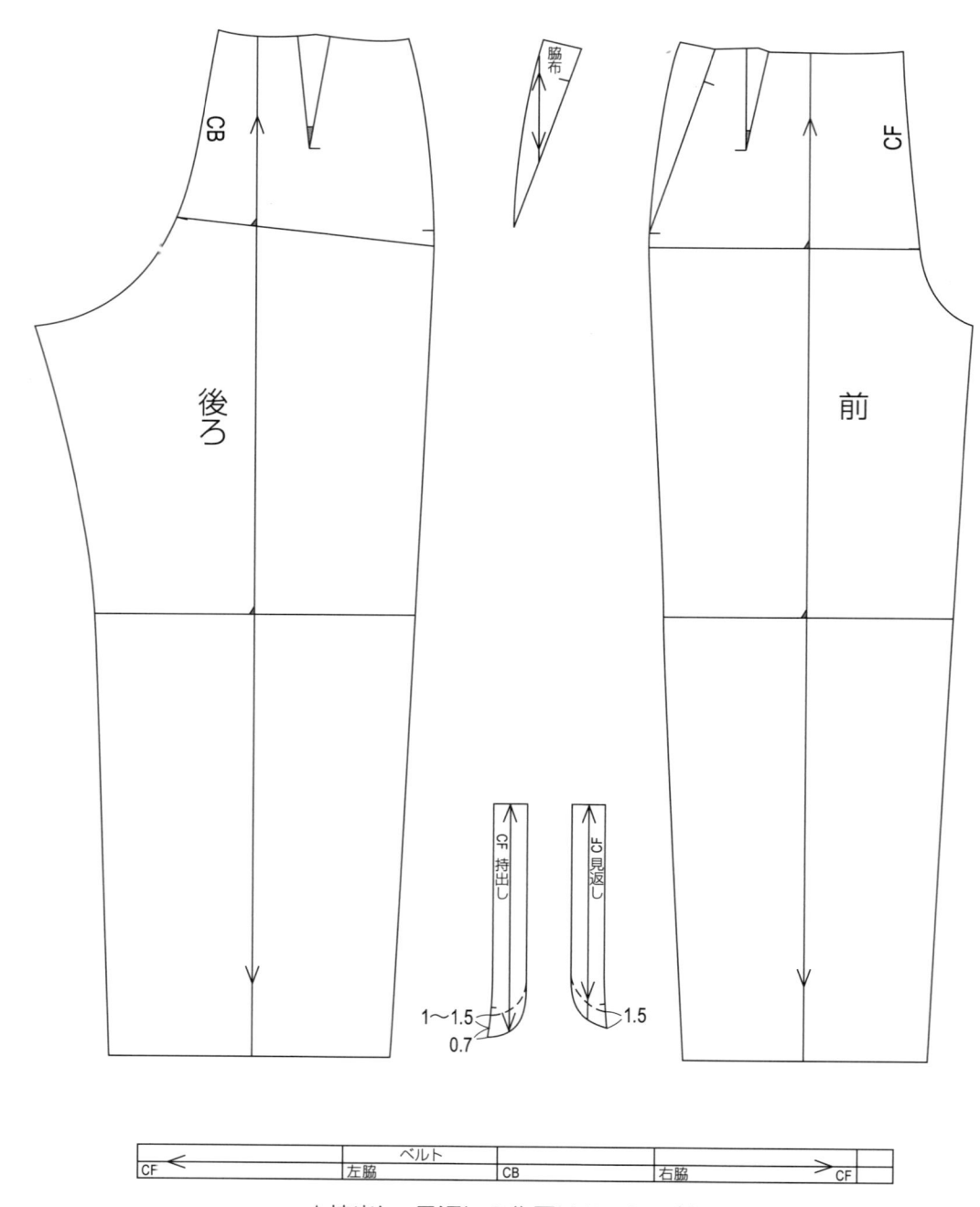

★持出し、見返しの作図は167ページ参照

(2) 裁断

裁ち方の要点

毛並みや光沢のある布地は、前後同じ方向に裁断する。布目は折り山線に通す。

ベルトは片方を耳にする。前後のパターンを配置し、布幅に余裕がない場合は、布目を変えて横地に裁断してもよい。

縫い代は、パンツ丈、シルエット、ゆとり分などの補正を考慮して多めにつけておく。

仮縫い後に裁断するベルト、脇布、持出し、見返しも、型紙を置いて裁断する場所を予定しておく。

150cm幅の布の場合

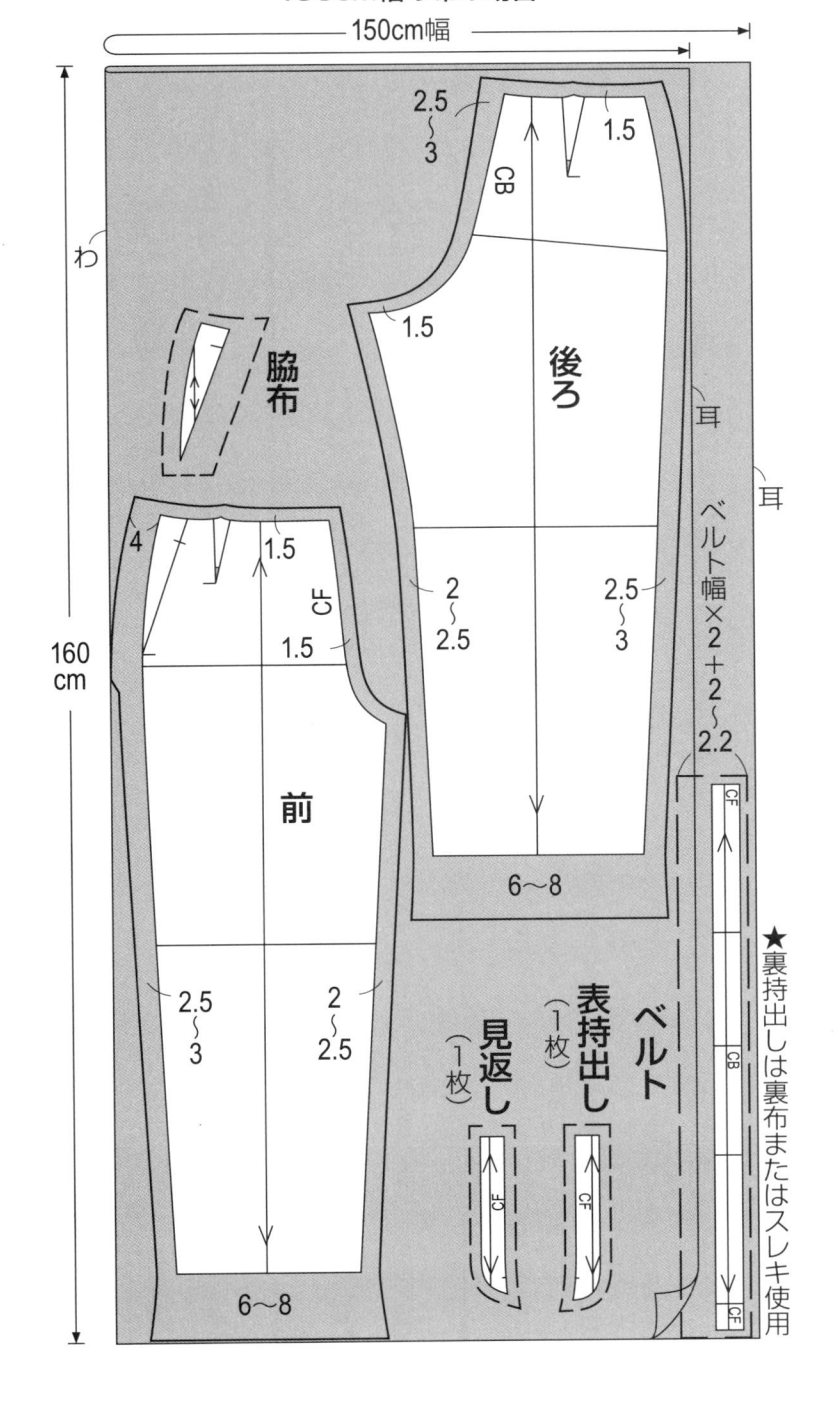

裁合せ図 110cm幅の布の場合

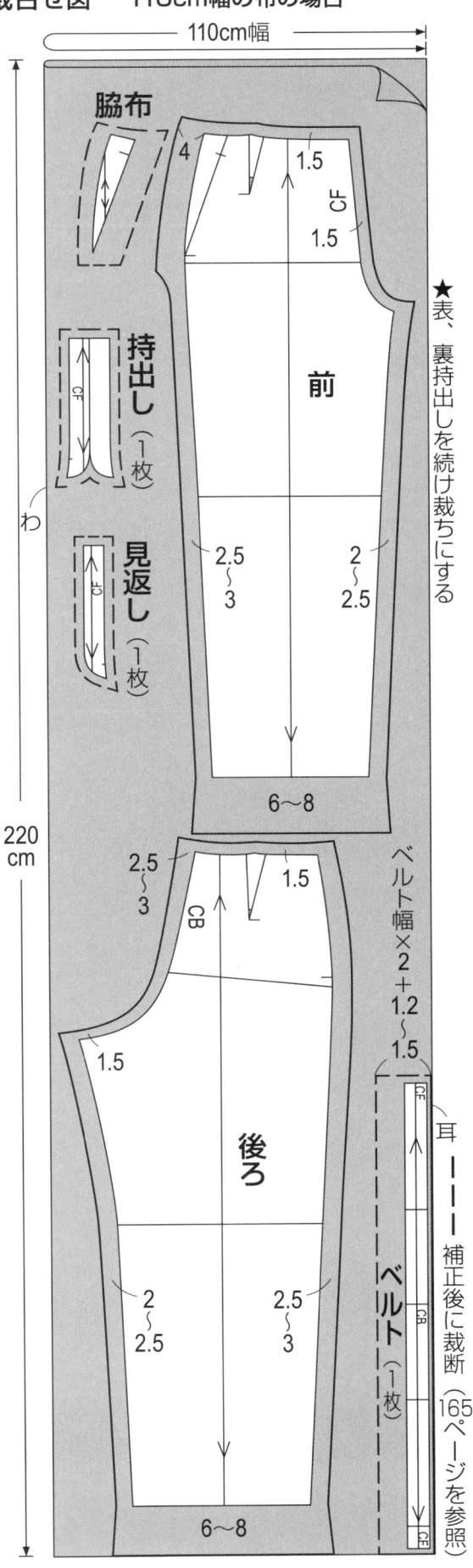

7 仮縫い方法と試着補正法 155

（3）柄合せ

ここでは格子柄について説明する。

上下、左右のある柄は、パターンを同じ方向に配置し、1枚ずつ裁断する。

柄合せの場合、格子の大小によっても異なるが、無地の布より使用量を10〜20パーセント多く見積もる必要がある。

前後パンツ
- いちばん目立つ縦の縞の中心に、折り山線を合わせる。チェックの大きさによっては、変える場合もある。
- 横の縞は、裾線で合わせる。裾線に濃い色をもってくると安定感があり、薄い色にすると軽快な感じになる。

脇布
- 前パンツのポケット位置の柄を、脇布のパターンにうつし取って合わせる。

ベルト
- 縞の太さ、濃淡などを考慮して、ベルト幅の中心を決める。

見返し、持出し
- ウエストラインを前パンツのウエストラインの柄に合わせる。

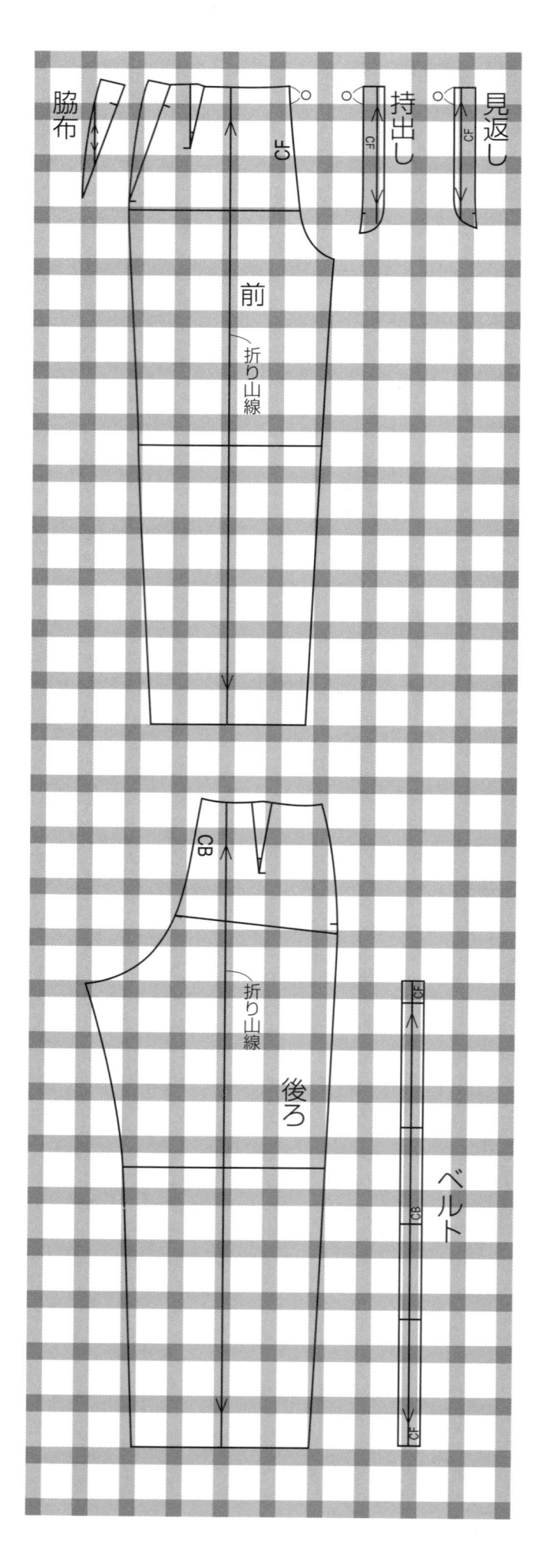

（4）仮縫い

仮縫いは、しつけ糸1本どりで糸がつれないように注意し、縫始めと縫終りは一針返し縫いをする。

縫い目は、表側から押えじつけをする。

折り山線に折り目をつける場合は、軽くアイロンをかける。

《ストレートパンツの仮縫いの順序》

1 ヒップライン、折り山線、ポケット口位置に、置きじつけで縫い印をする

2 ダーツを縫う
縫い代は中心側に倒して表側から押えじつけをする。

3 脇を縫う
縫い代は、前側に倒して表側から押えじつけをする。

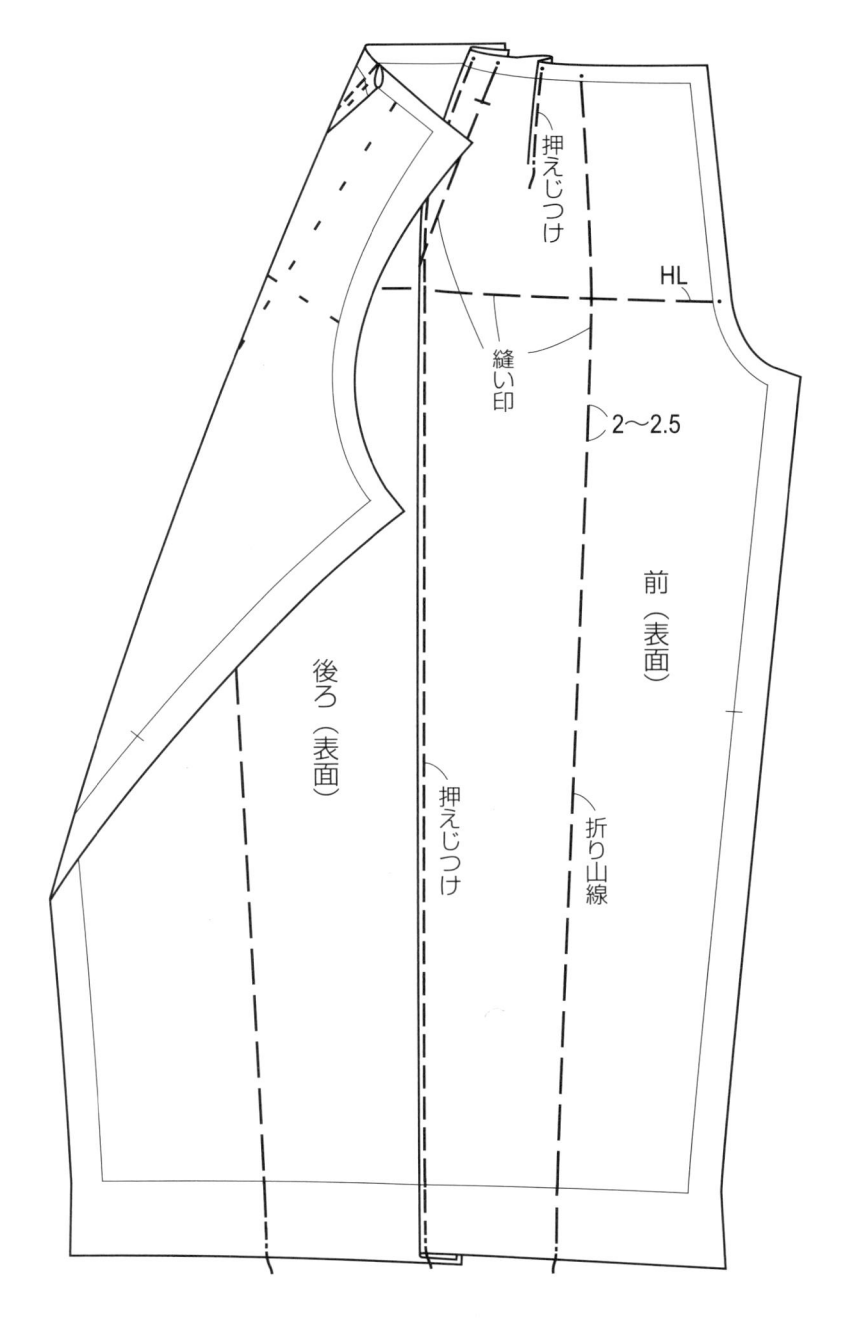

7 仮縫い方法と試着補正法

4 股下を縫う

股下を縫い合わせると筒状になるので、脇側の縫い代をすくわないように、中に定規などを入れてしつけをするとよい。

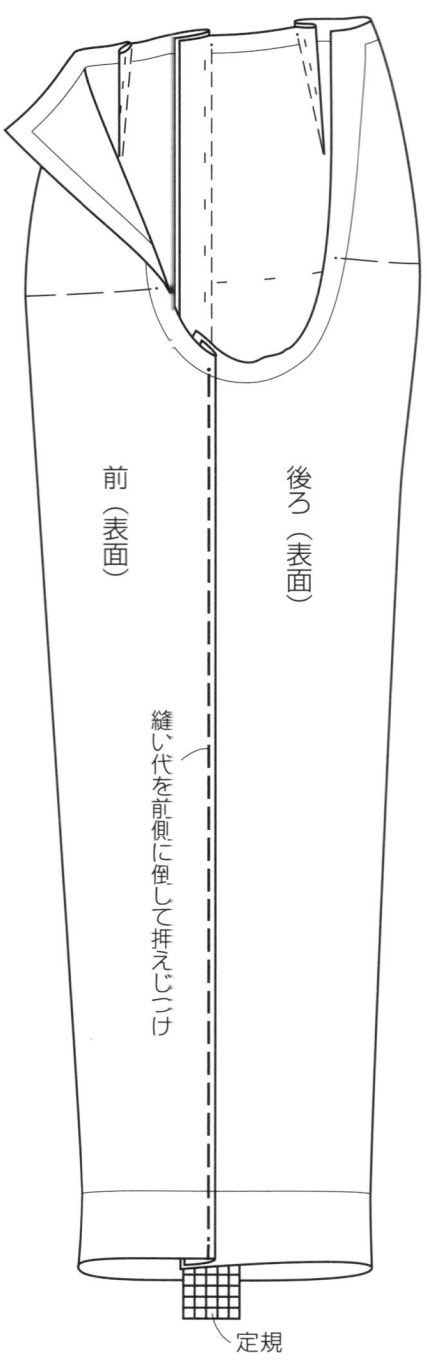

前（表面）　後ろ（表面）

縫い代を前側に倒して押えじつけ

定規

5 裾を折り上げる

出来上りに折って押えじつけをする。股下を縫う前に裾を折り上げて押えじつけをする場合もある。

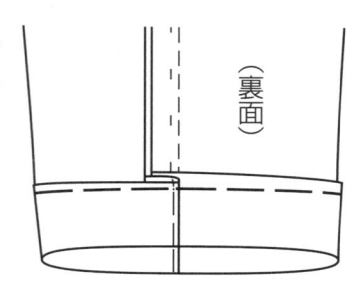

（裏面）

6 股ぐりを縫う

筒状になった左右の股ぐりを合わせ、前のあき止りから後ろ股ぐりを続けてしつけ糸2本どりで縫う。

縫い代は左側に倒し、ヒップラインから上の部分に押えじつけをする。股ぐりは縫い代がつれるので、押えじつけはしない。

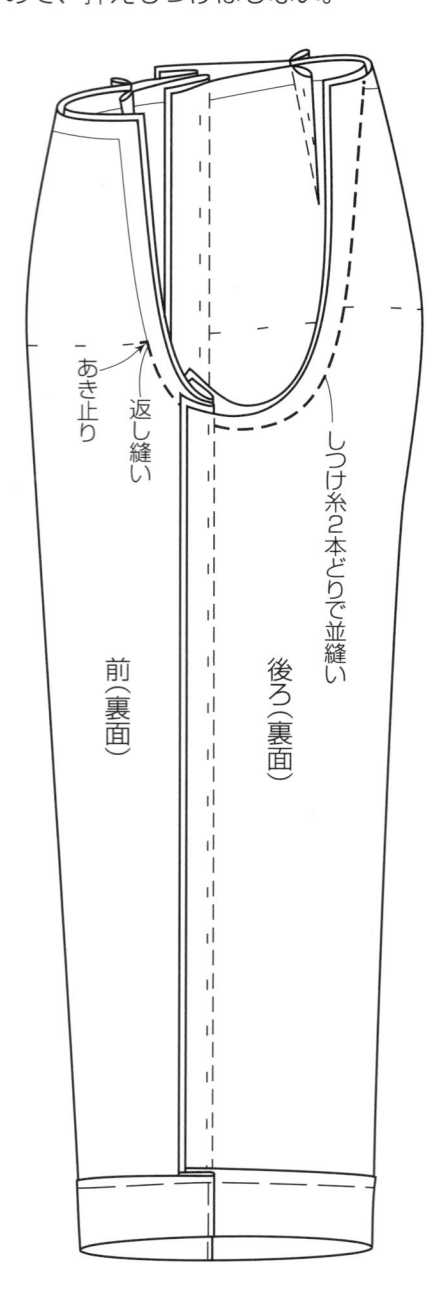

あき止り　返し縫い

前（裏面）　後ろ（裏面）

しつけ糸2本どりで並縫い

7 あきの始末をする

上前を出来上りに折り、裏側から押えじつけをする。下前は出来上り線上に縫い印をする。

8 ベルトとホックをつける

ベルト芯をウエストの縫い代の上にのせ、合い印を合わせて縫い、ホックをつける。

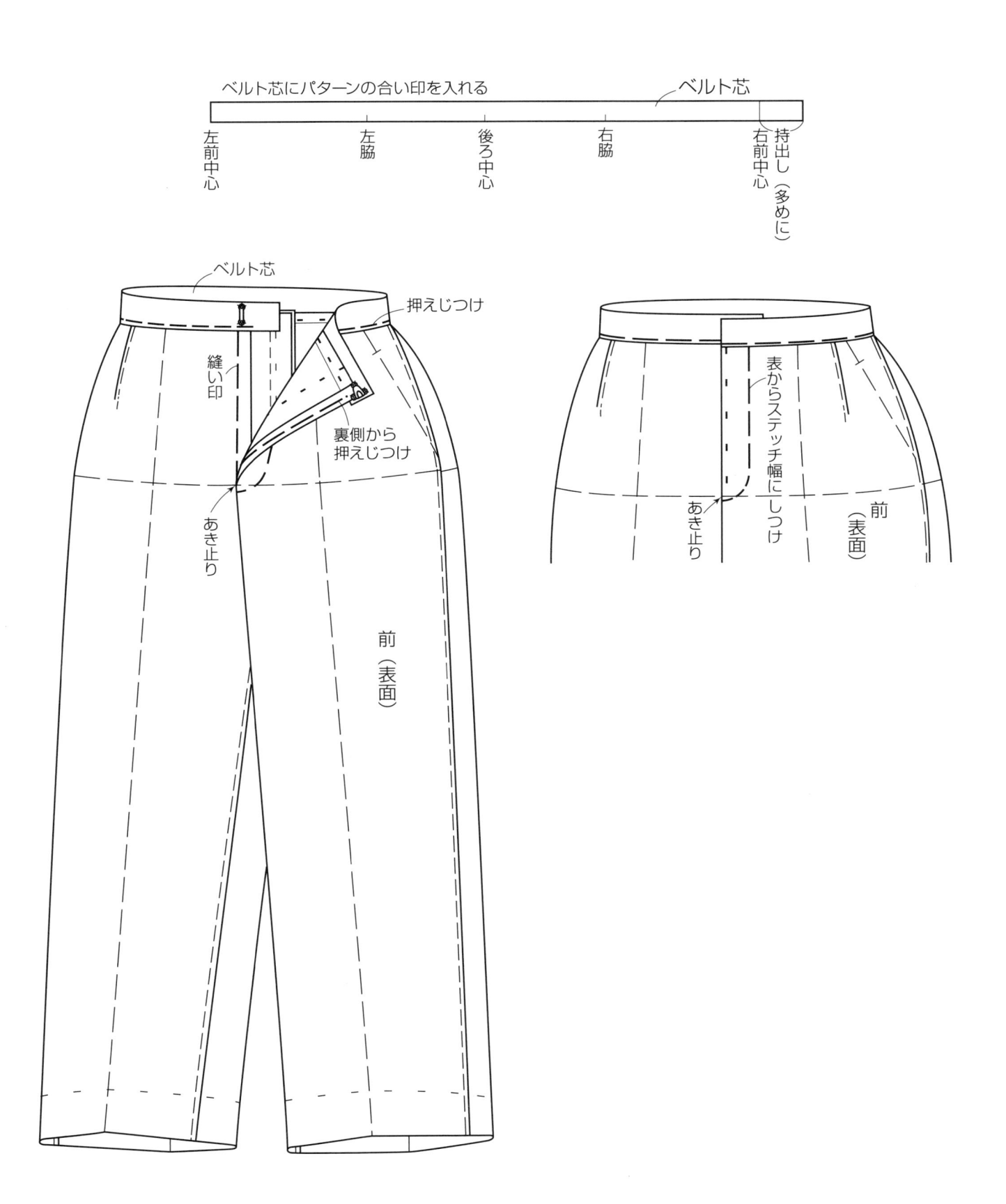

（5）試着補正方法とパターン修正

着装時の靴をはき、自然な姿勢（やや足を開く）で立つ。

補正方法
- 分量が多い部位は、余りをつまんでピンを打つ。
- 分量が不足の場合は、採寸の不正確によることが多いので、不足の部位の採寸をし、不足分をパターン上で修正し、再度仮縫いをする。

〈例〉ストレートパンツ

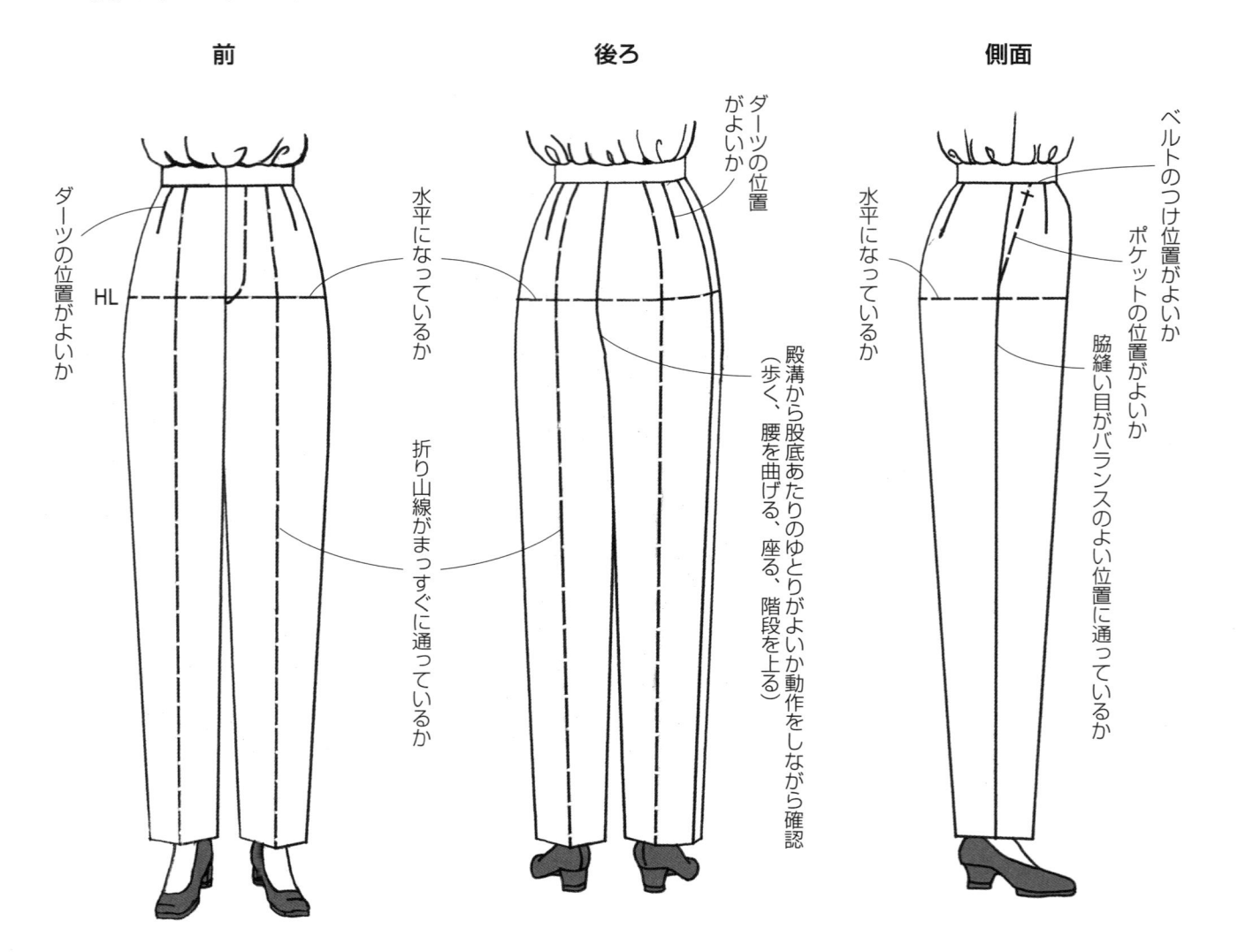

前

- ダーツの位置がよいか
- HL
- 水平になっているか
- 折り山線がまっすぐに通っているか

後ろ

- ダーツの位置がよいか
- 殿溝から股底あたりのゆとりがよいか動作をしながら確認（歩く、腰を曲げる、座る、階段を上る）

側面

- 水平になっているか
- ベルトのつけ位置がよいか
- ポケットの位置がよいか
- 脇縫い目がバランスのよい位置に通っているか

腰の脇の張りに引かれてしわが出る場合

腰の張りが強いと脇にしわが出るので、不足分を追加する。

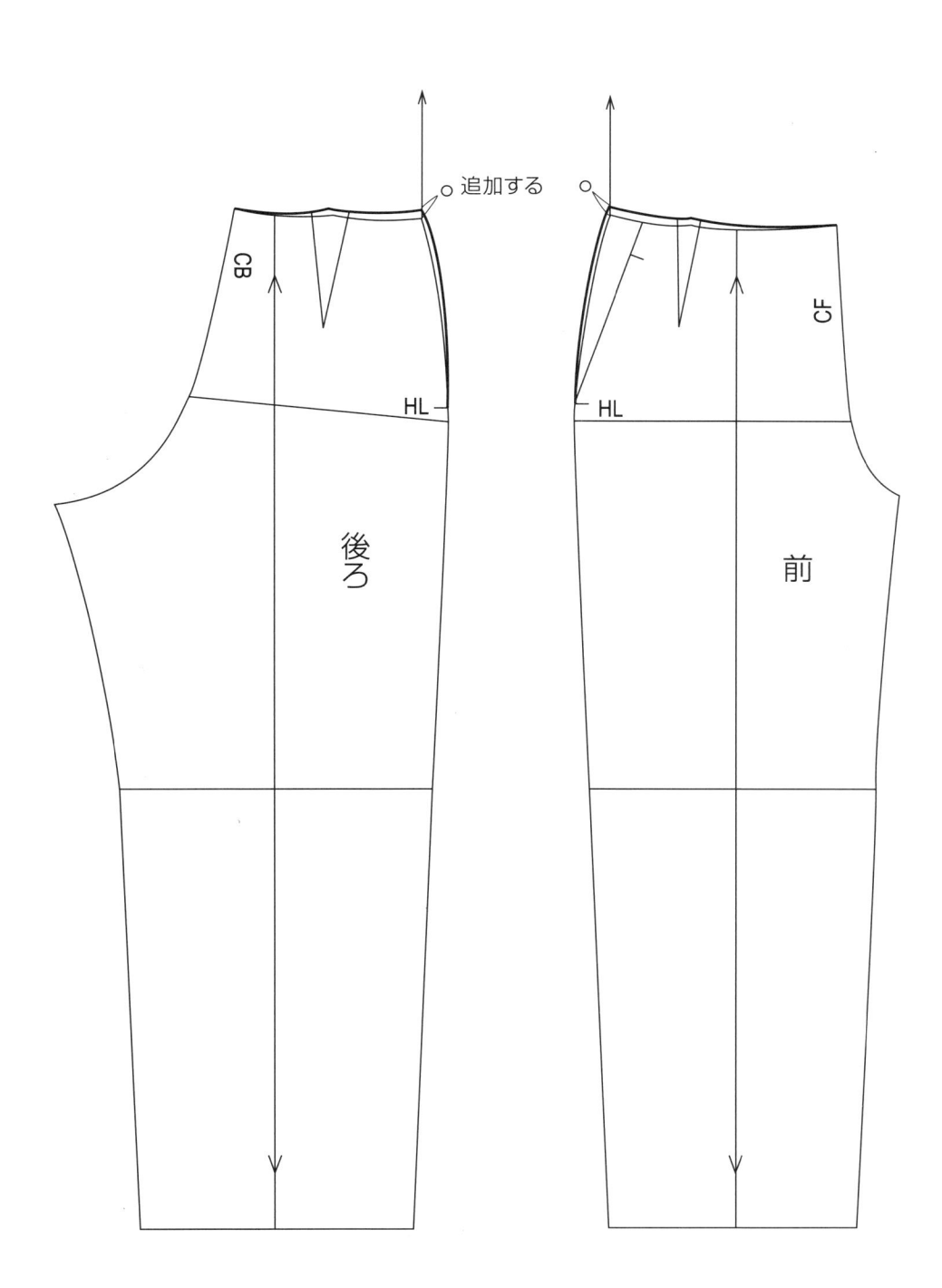

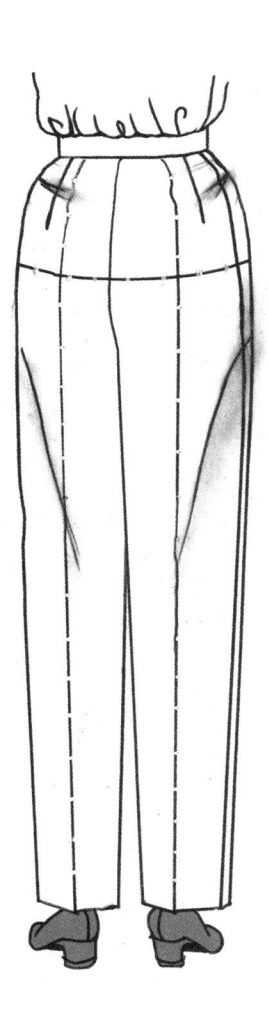

後ろヒップラインが上がる場合

股ぐり寸法が不足した場合、ヒップラインが上がり、しわが出る。

ヒップラインが水平になるように股ぐり寸法を長くし、ウエストラインを修正する。

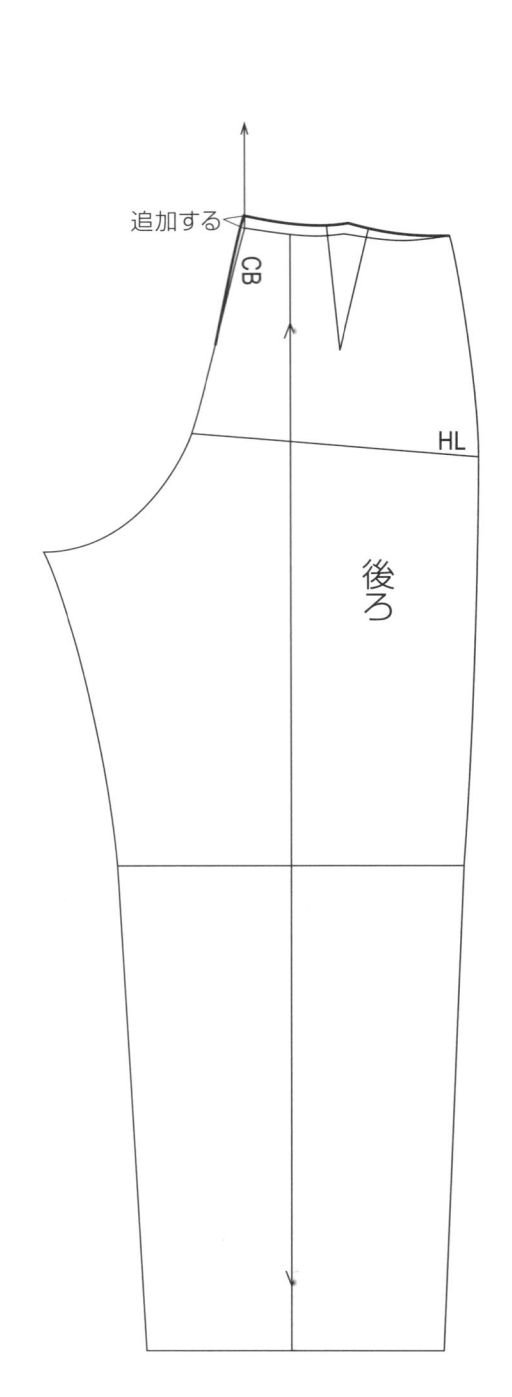

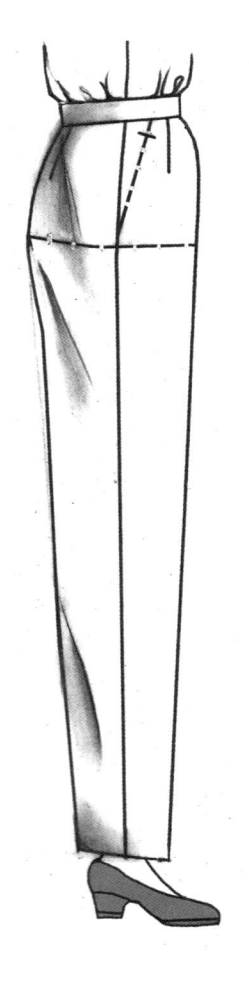

追加する

CB

HL

後ろ

後ろヒップラインが下がる場合

股ぐり寸法が長いとヒップラインが下がり、しわが出る。

ヒップラインが水平になるように股上丈をカットし、ウエストラインを修正する。

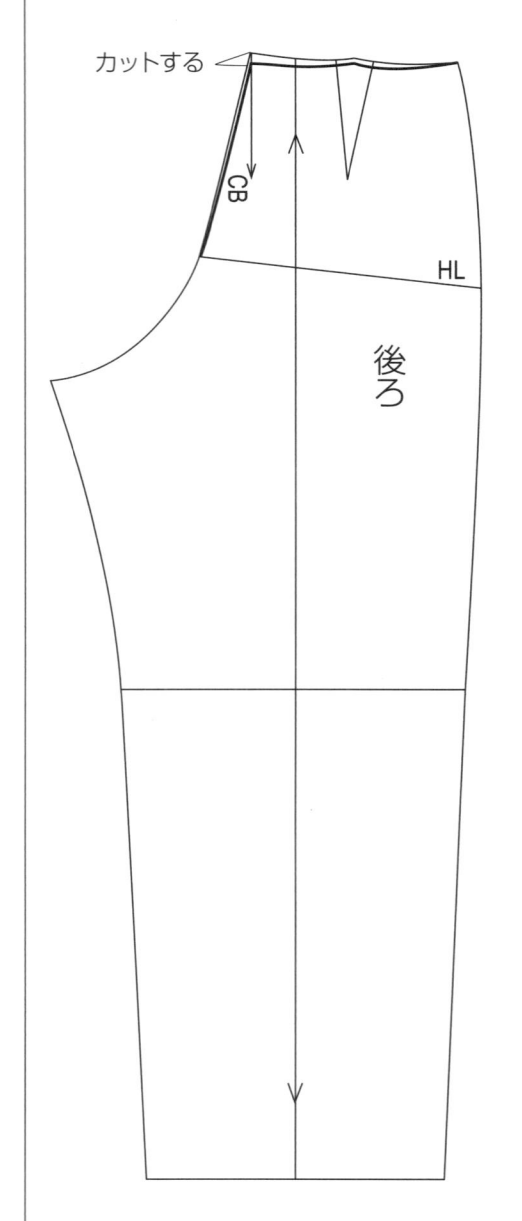

カットする

CB

HL

後ろ

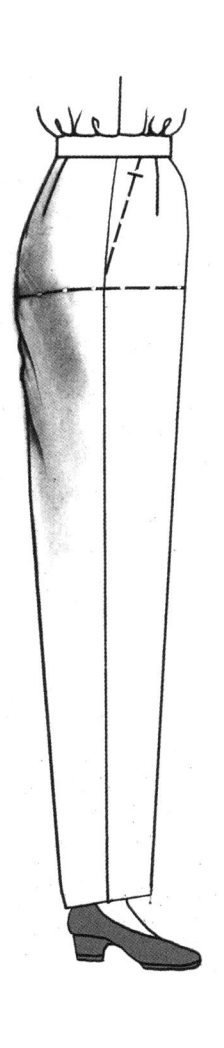

後ろが余り、しわが出る場合

体の厚みがない偏平な場合に出る。

後ろ股ぐり寸法をたたみ、後ろの股ぐり幅を少なくする。

また、後ろが不足する場合は、ヒップラインで開き股ぐりで追加をする。

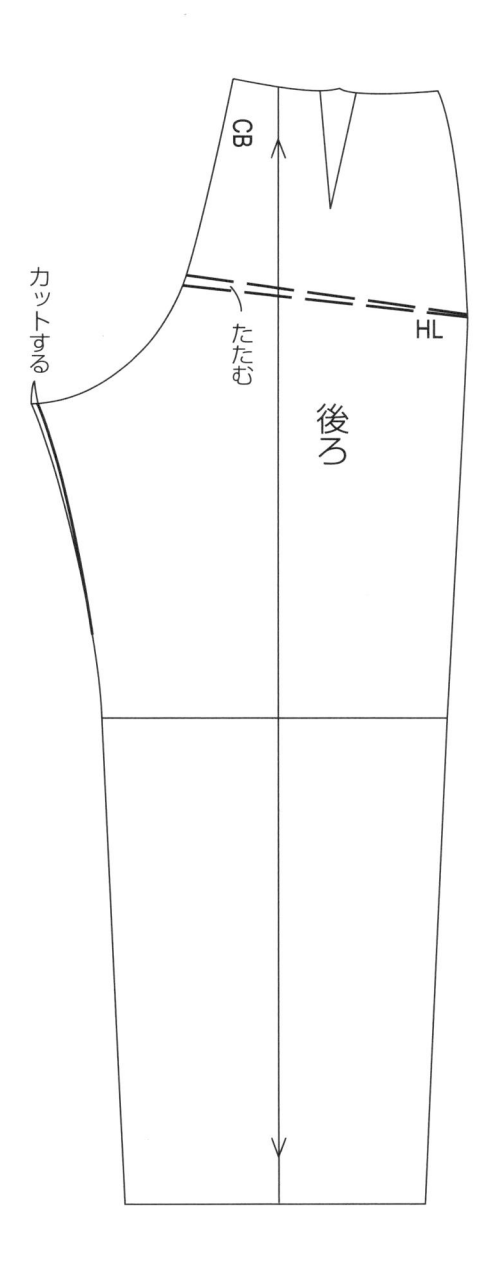

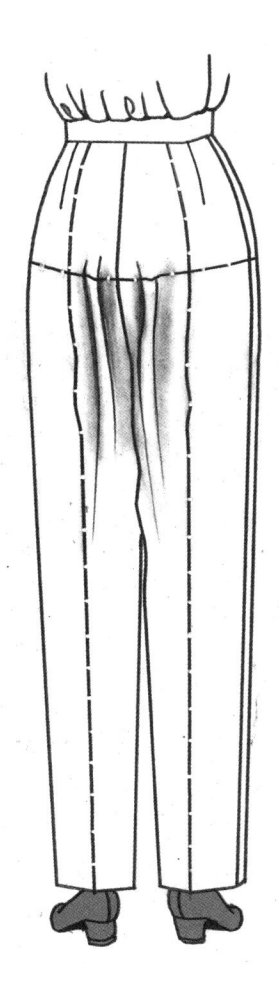

7 仮縫い方法と試着補正法 163

パターン修正と本縫いのための縫い代整理

補正終了後パターンを修正し、表布の切りじつけをし直す。
仮縫いのために縫い代が多くついているので、必要な縫い代を残して切りそろえる。脇ポケット位置は、ポケット口の傾斜に合わせて整理する。

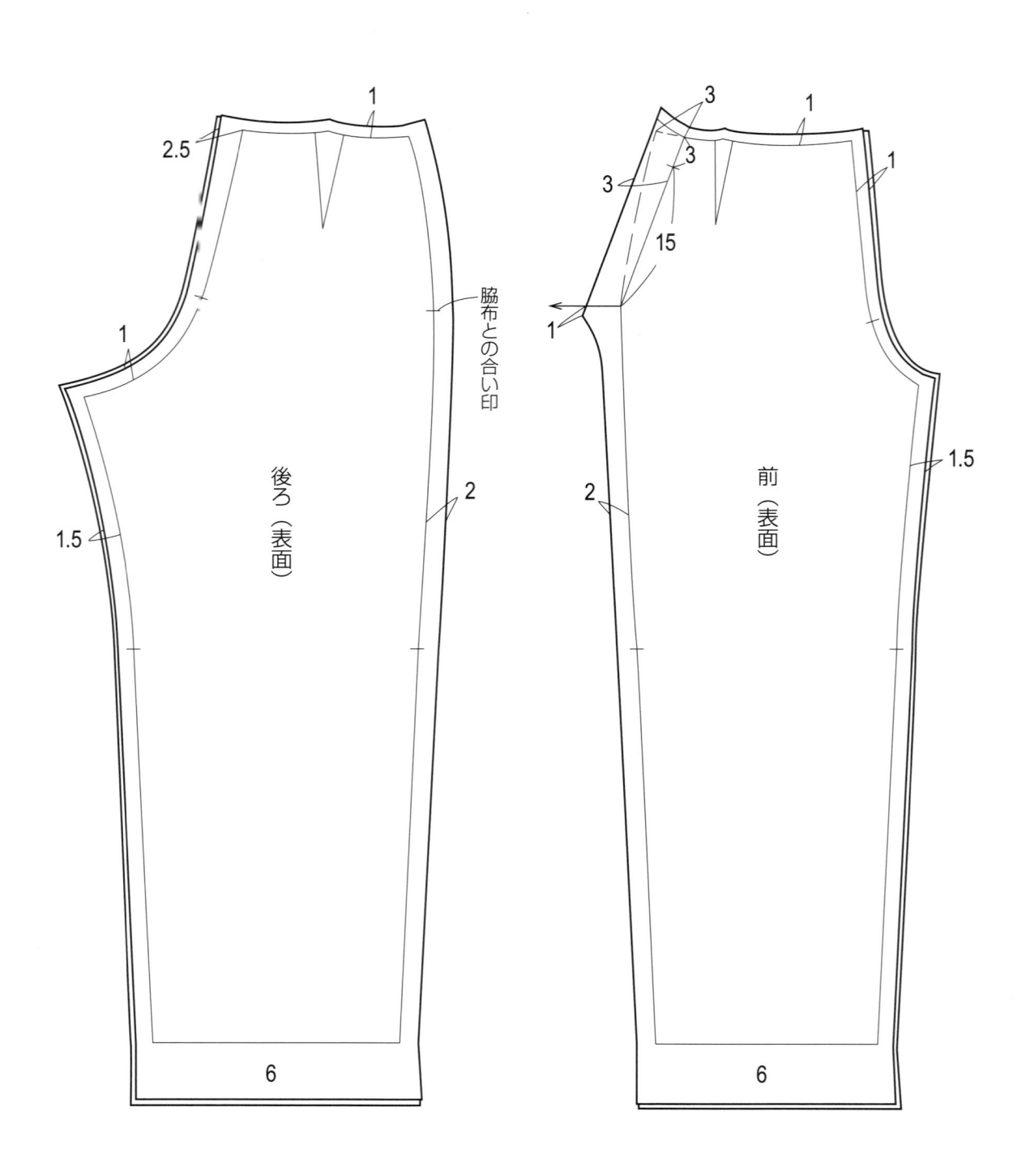

付属布の裁断

持出し、見返し、脇布、ポケット袋布、ベルト布のパターンを作り、裁断する。

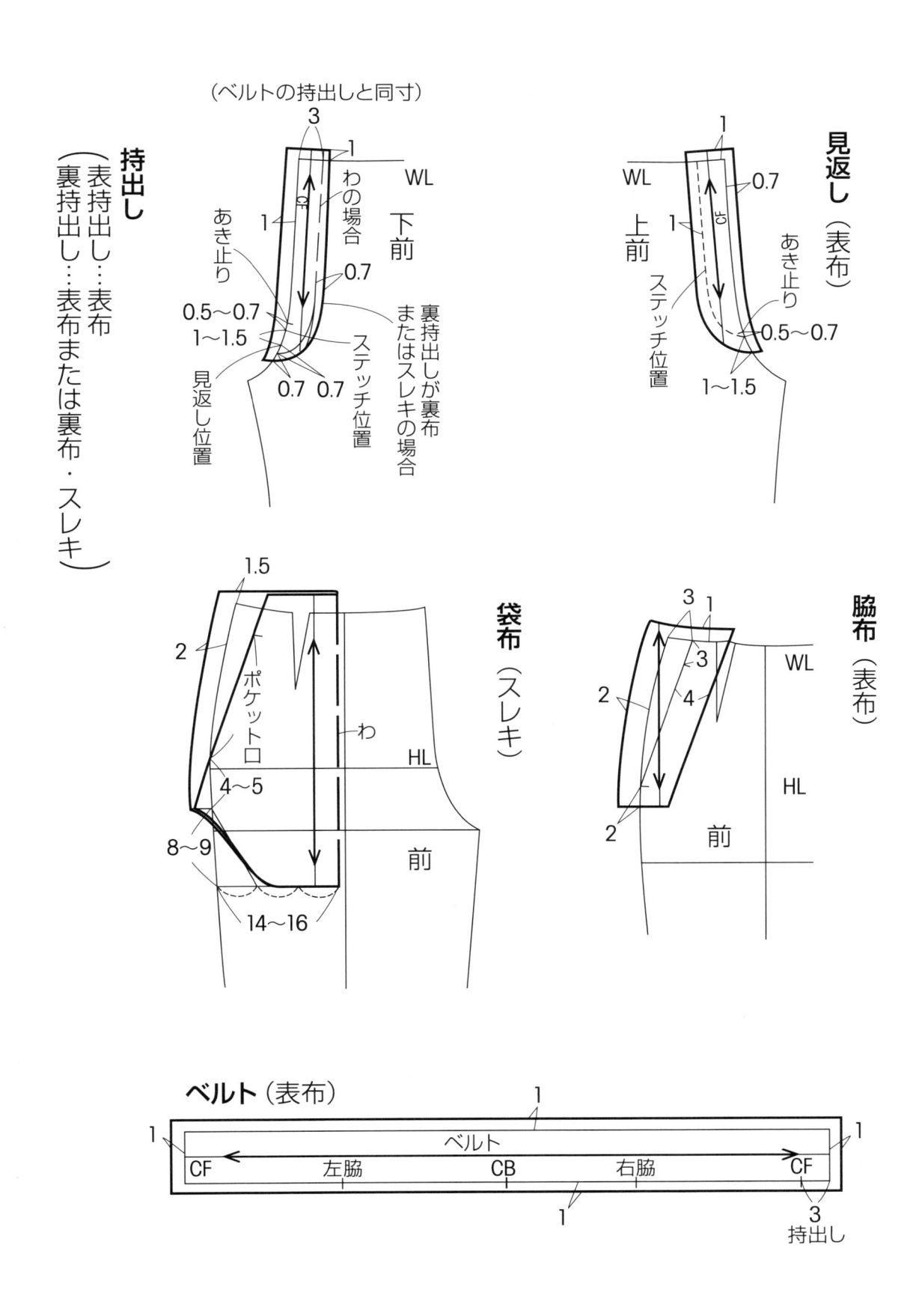

8 ストレートパンツの縫製

(1) 一重仕立て

1 縫い代にロックミシンをかける

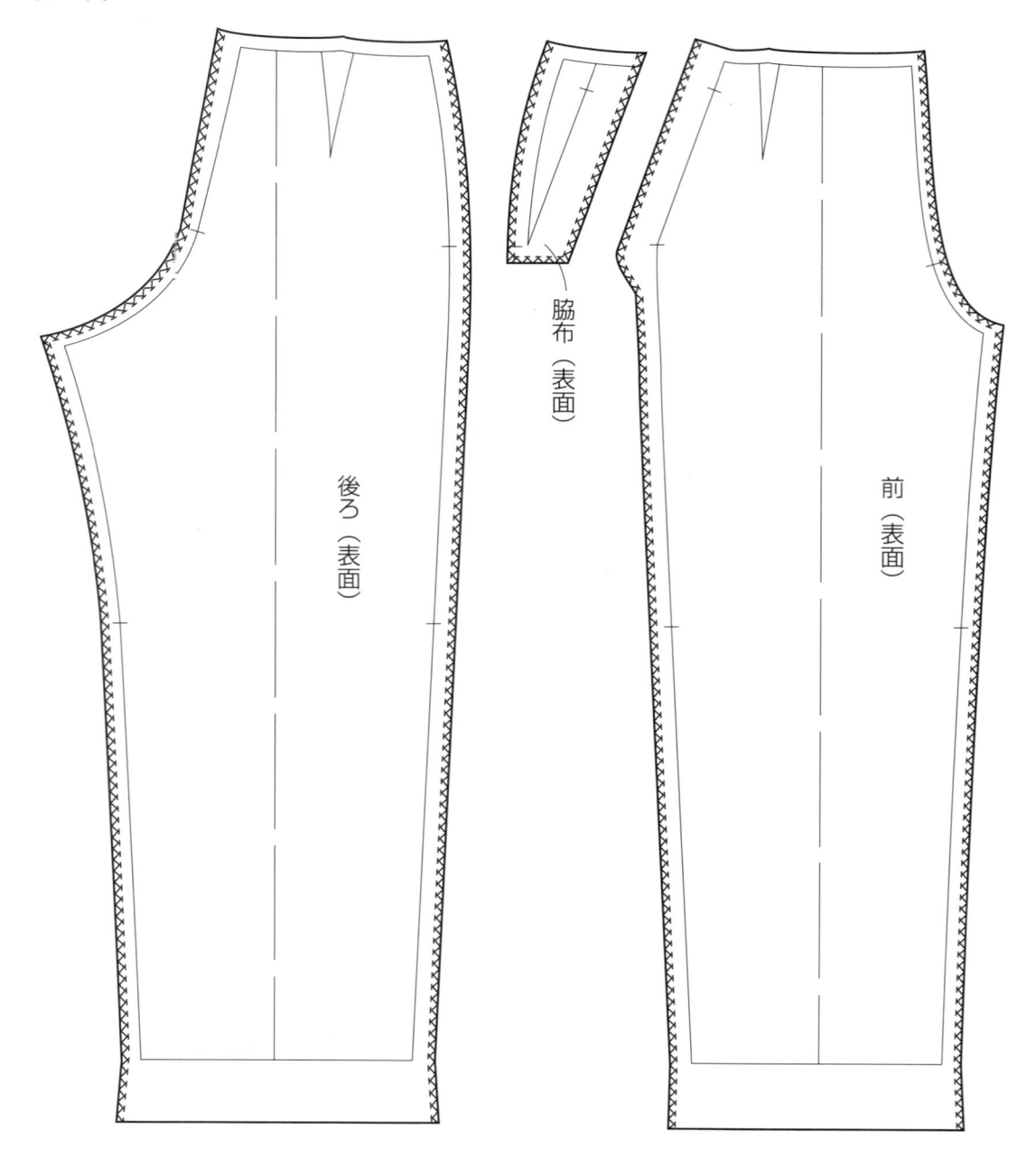

後ろ（表面）　脇布（表面）　前（表面）

2 見返し、持出しに芯をはる

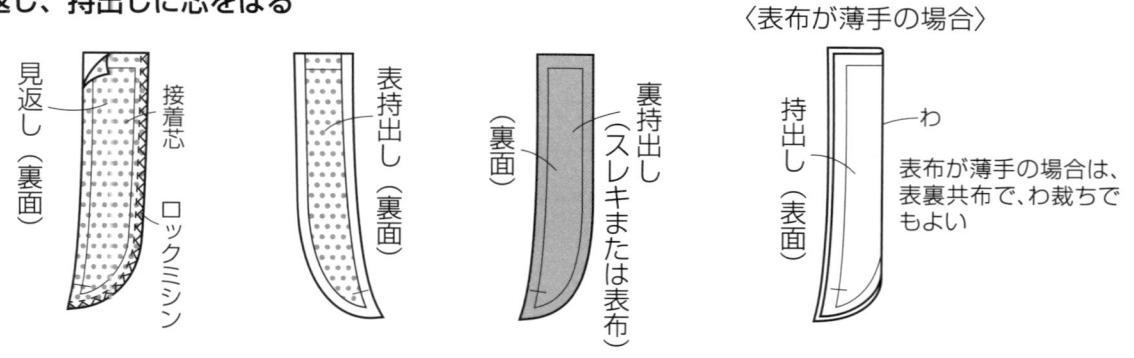

見返し（裏面）　接着芯　ロックミシン

表持出し（裏面）

裏持出し（スレキまたは表布）（裏面）

〈表布が薄手の場合〉

持出し（表面）　わ

表布が薄手の場合は、表裏共布で、わ裁ちでもよい

3 持出しを縫う

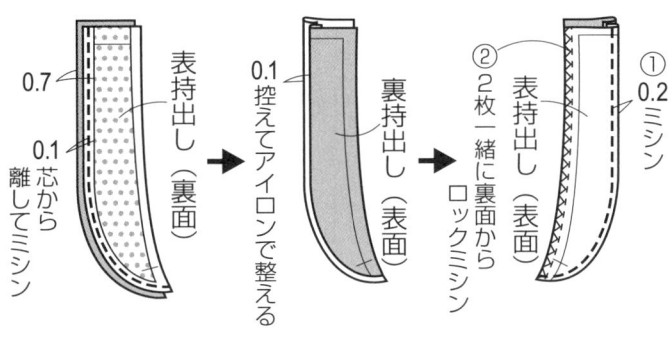

- 0.7
- 0.1 芯から離してミシン
- 表持出し（裏面）
- 0.1控えてアイロンで整える
- 裏持出し（表面）
- 表持出し（表面）
- ① 0.2
- ② 2枚一緒に裏面からロックミシン
- ① ミシン

袋布をポケット口に重ねポケット口に伸止めの接着テープをはる

- 脇布
- WL
- 接着テープ
- ポケット口
- 1
- 1
- 1
- しつけまたは薄のり、両面接着テープなどで仮止め
- 前（裏面）

4 脇ポケットを作る

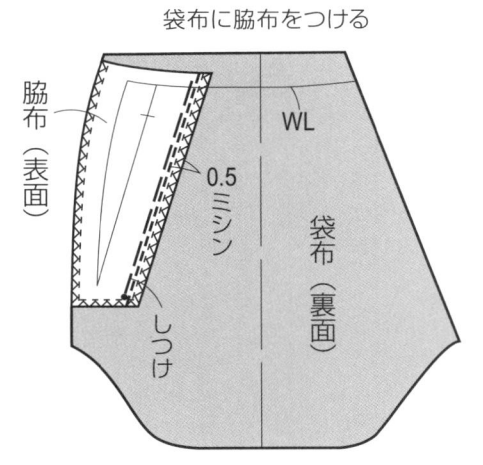

袋布に脇布をつける

- 脇布
- WL
- 0.5 ミシン
- しつけ
- 袋布（裏面）

袋布は一重仕立ての場合は内側が裏面、総裏仕立ての場合は内側が表面になる

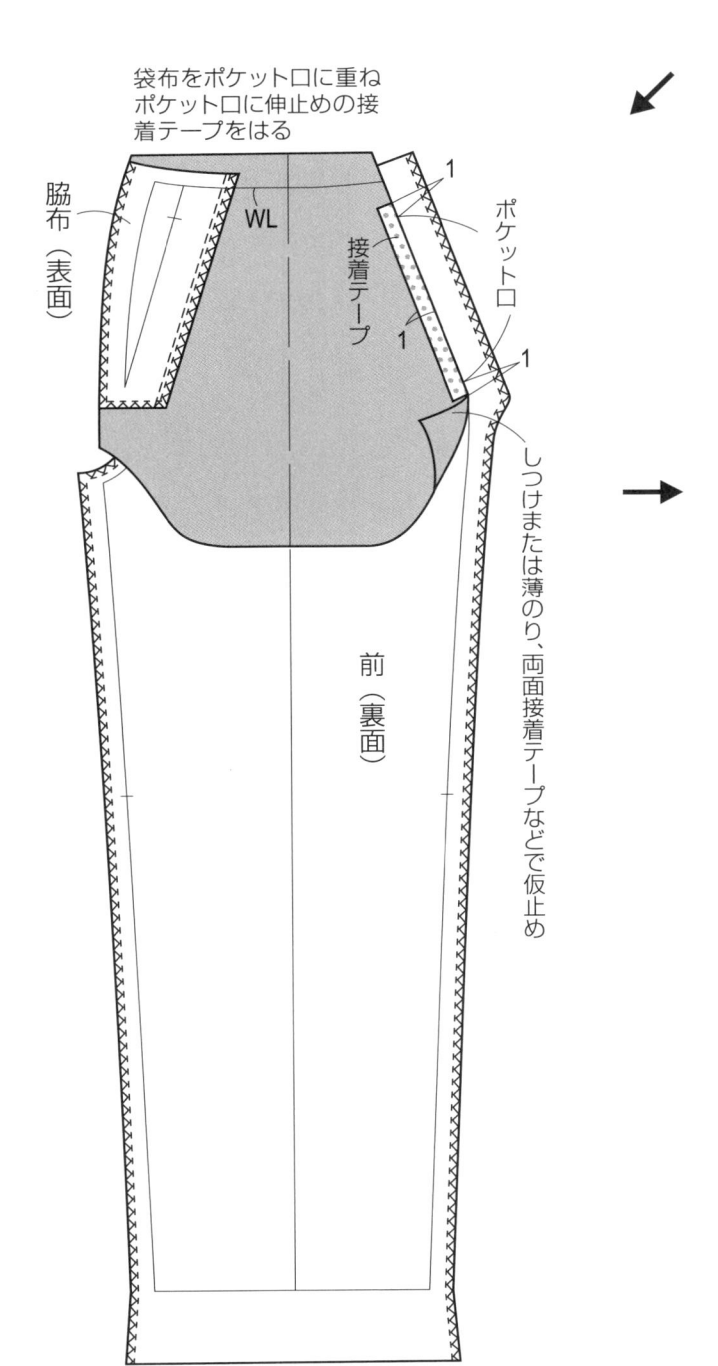

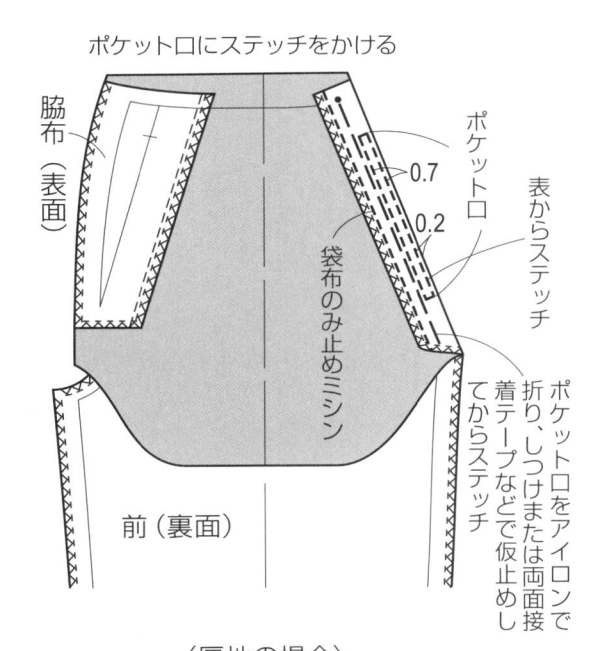

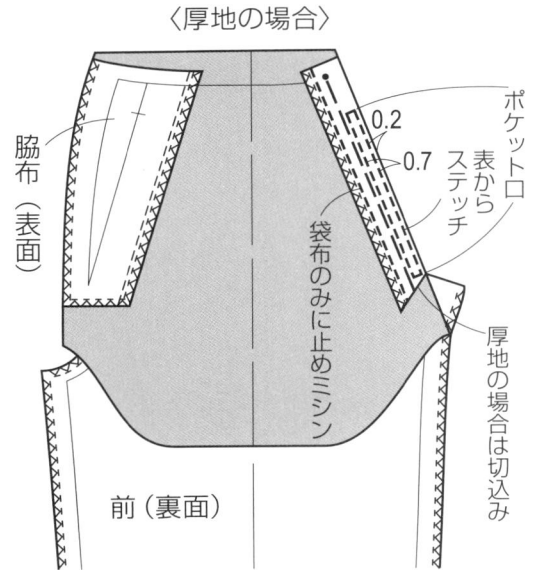

ポケット口にステッチをかける

- 脇布（表面）
- ポケット口
- 0.7
- 0.2
- 袋布のみ止めミシン
- ポケット口をアイロンで折り、しつけまたは両面接着テープなどで仮止めしてからステッチ
- 前（裏面）

〈厚地の場合〉

- 脇布（表面）
- ポケット口
- 0.2
- 0.7
- 表からステッチ
- 袋布のみに止めミシン
- 厚地の場合は切込み
- 前（裏面）

8 ストレートパンツの縫製

5 前後ウエストダーツを縫う

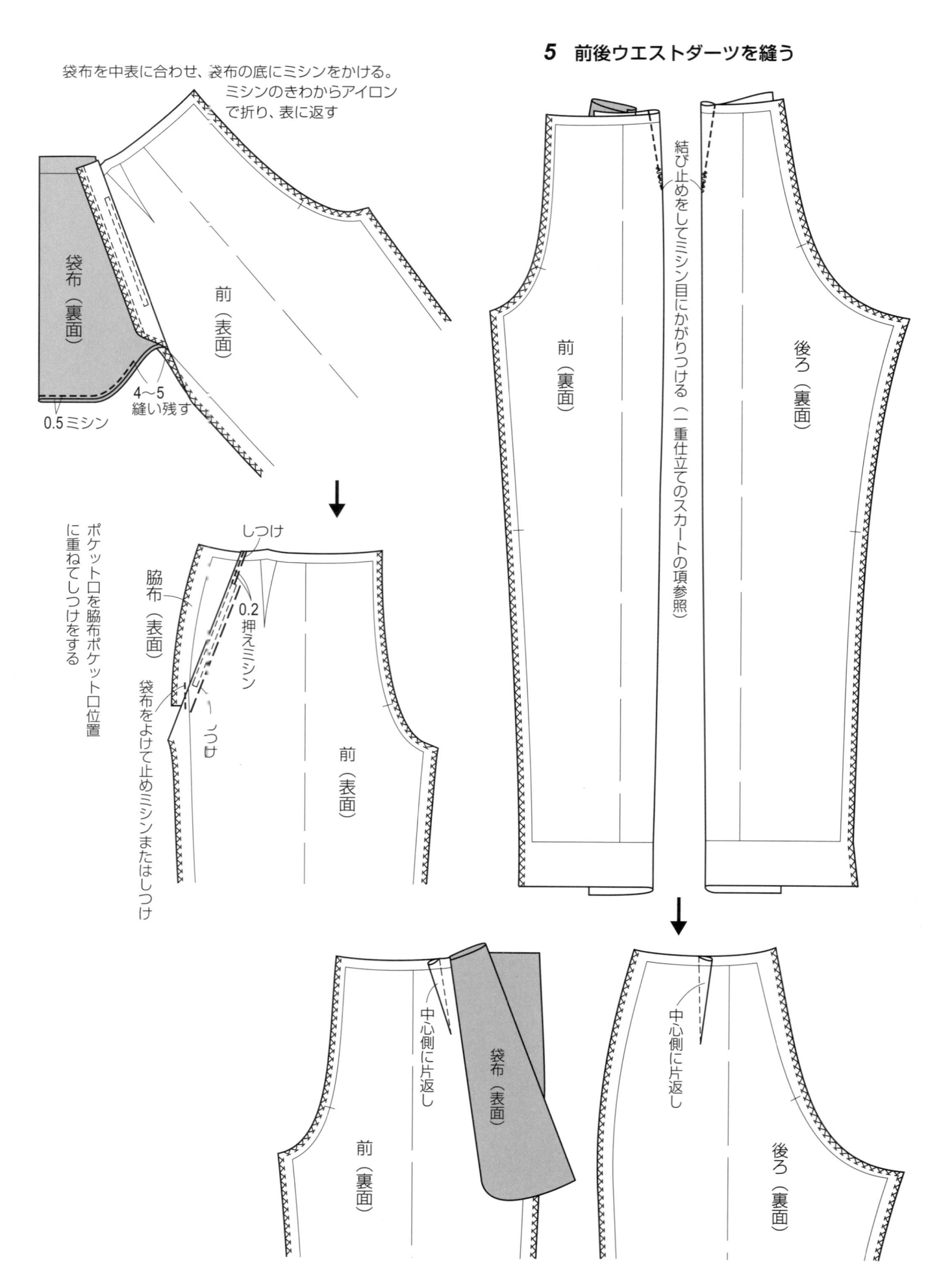

袋布を中表に合わせ、袋布の底にミシンをかける。ミシンのきわからアイロンで折り、表に返す

4～5 縫い残す

0.5ミシン

ポケット口を脇布ポケット口位置に重ねてしつけをする

しつけ
脇布
0.2 押えミシン
袋布をよけて止めミシンまたはしつけ

結び止めをしてミシン目にかがりつける（一重仕立てのスカートの項参照）

中心側に片返し

6 脇を縫い、袋布を始末

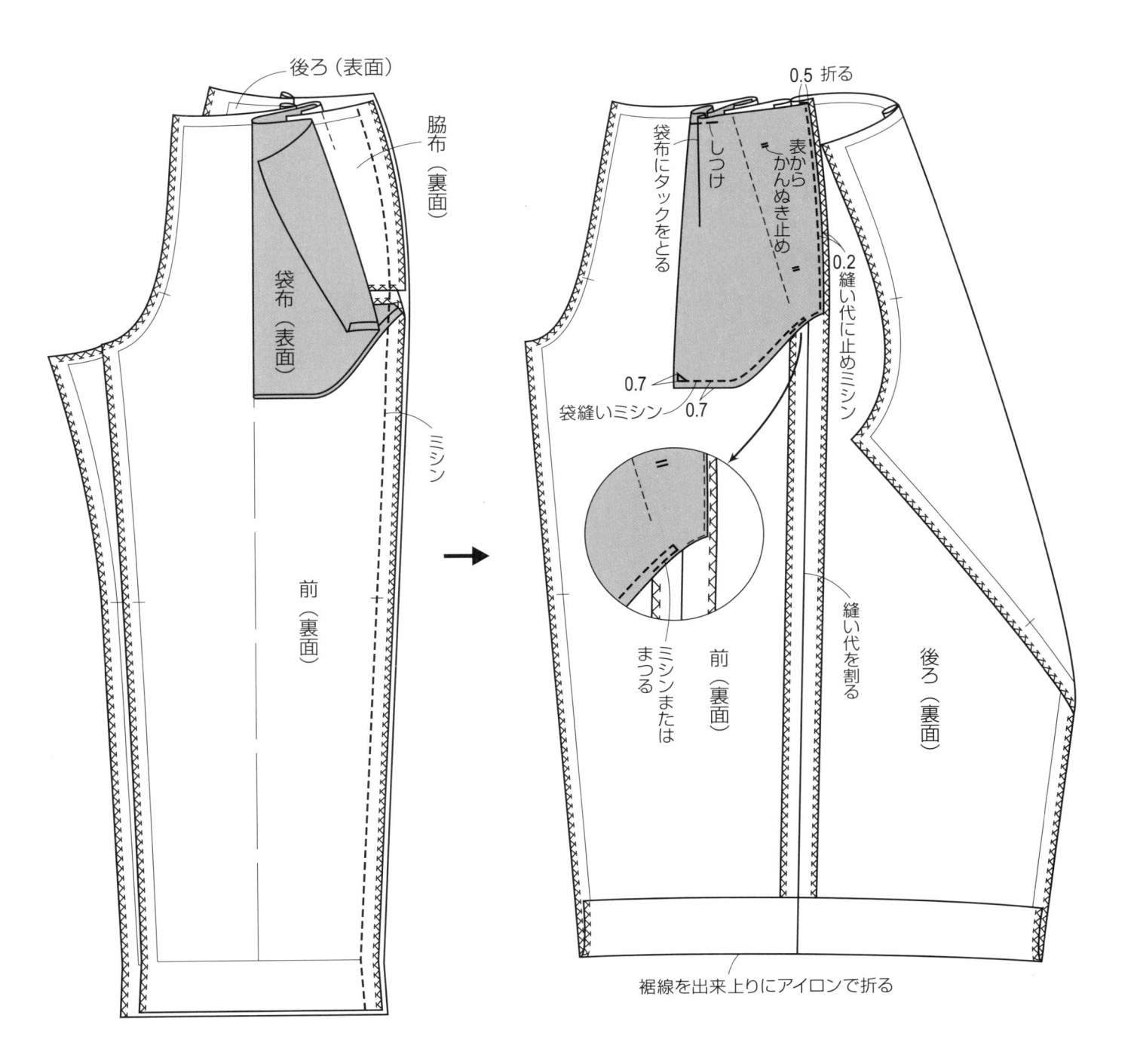

後ろ（表面）
脇布（裏面）
袋布（表面）
ミシン
前（裏面）

0.5 折る
袋布にタックをとる
しつけ
表からかんぬき止め
0.2 縫い代に止めミシン
0.7
0.7
袋縫いミシン
ミシンまたはまつる
縫い代を割る
前（裏面）
後ろ（裏面）
裾線を出来上りにアイロンで折る

8 ストレートパンツの縫製　169

7 股下を縫い、裾を始末する

- 袋布
- 3～4回ミシンかんぬき止め
- ①股下にミシン
- 前（裏面）
- 後ろ（裏面）
- ②割る
- ③ロックミシン
- ④しつけ
- ⑤奥をまつる
- 1

8 折り山線にアイロンをかける

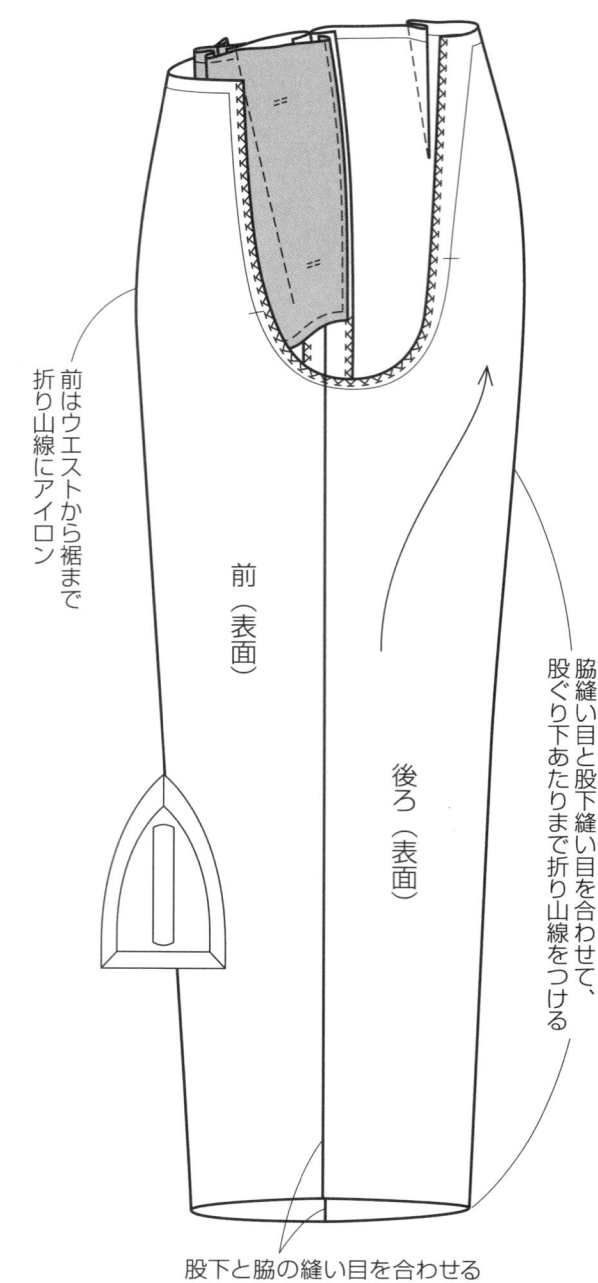

- 前はウエストから裾まで折り山線にアイロン
- 前（表面）
- 後ろ（表面）
- 脇縫い目と股下縫い目を合わせて、股ぐり下あたりまで折り山線をつける
- 股下と脇の縫い目を合わせる

9 前あきに見返しをつける

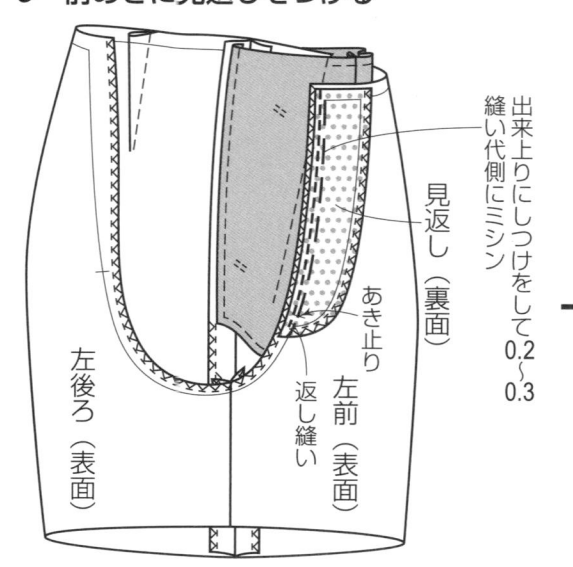

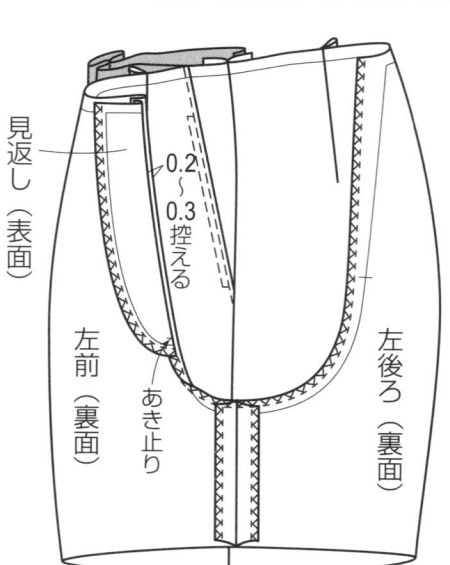

- 左後ろ（表面）
- 前（裏面）
- 見返し
- あき止り
- 返し縫い
- 左前（表面）
- 出来上りにしつけをして0.2～0.3縫い代側にミシン

→

- 見返し（表面）
- 0.2～0.3控える
- 左前（表面）
- 左後ろ（裏面）
- あき止り

10 股ぐりを縫う

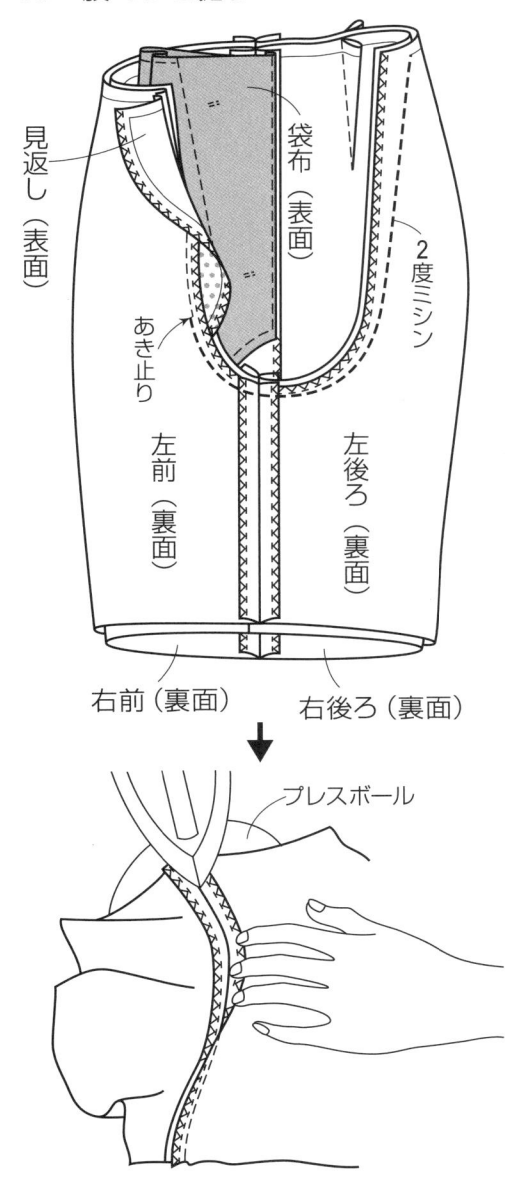

- 見返し（表面）
- 袋布（表面）
- 2度ミシン
- あき止り
- 左前（裏面）
- 左後ろ（裏面）
- 右前（裏面）
- 右後ろ（裏面）

プレスボール

股ぐりの縫い代はプレスボールまたは仕上げ馬の上で
アイロンの先を使って割る

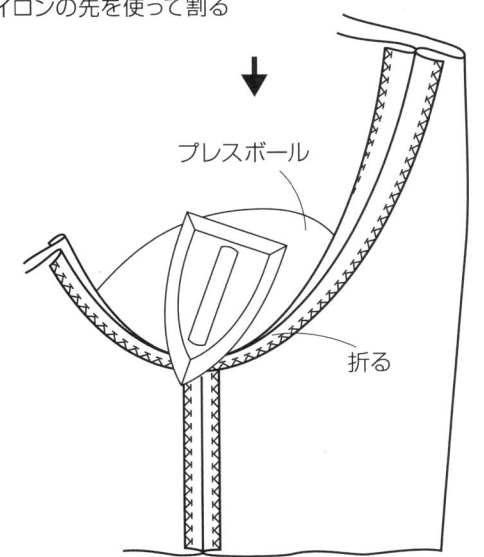

プレスボール

折る

縫い代がつれないように両方の縫い代を縫い目から
左右に折り、カーブの形どおりにアイロンをかける

11 ファスナーをつける

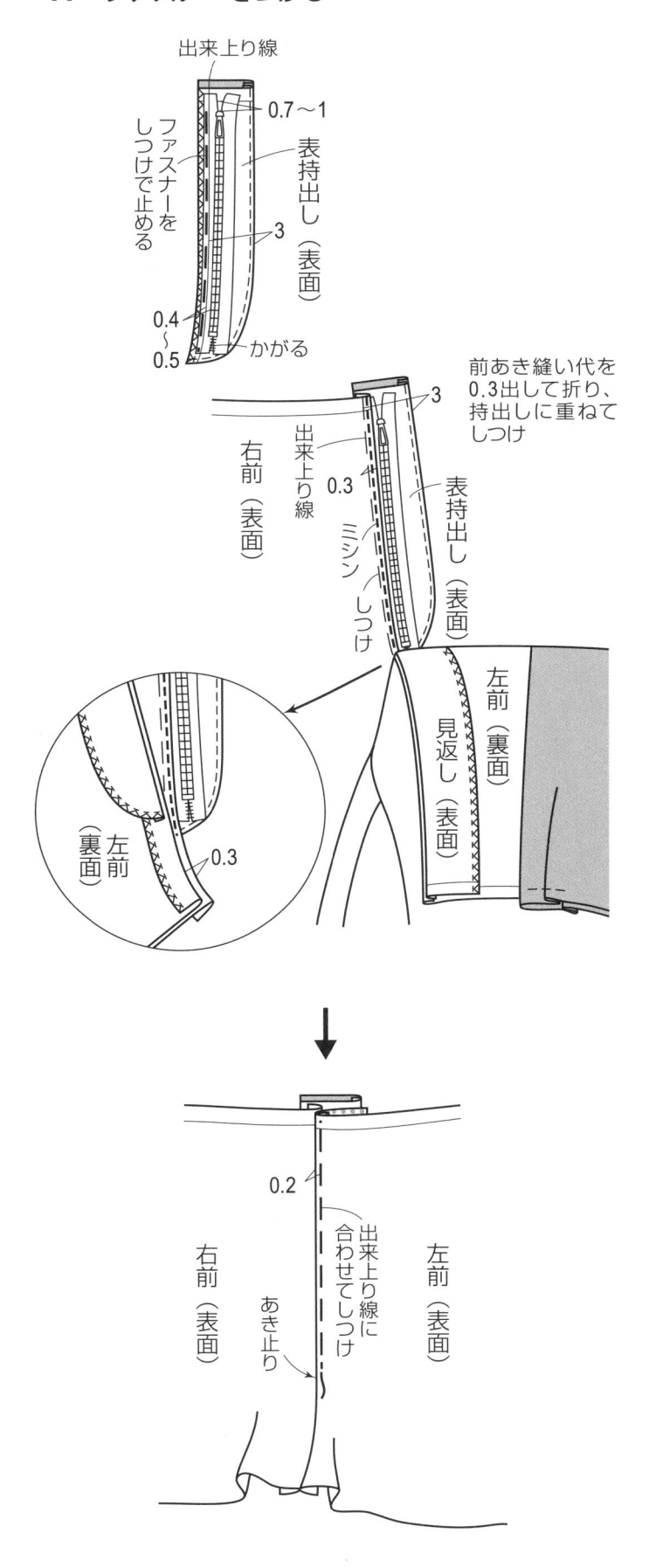

- 出来上り線
- 0.7〜1
- ファスナーをしつけで止める
- 表持出し（表面）
- 3
- 0.4〜0.5
- かがる

前あき縫い代を0.3出して折り、持出しに重ねてしつけ

- 3
- 出来上り線
- 右前（表面）
- 0.3
- 表持出し（表面）
- ミシン
- しつけ
- 左前（裏面）
- 見返し（表面）

- 左前（裏面）
- 0.3

- 0.2
- 右前（表面）
- あき止り
- 出来上り線に合わせてしつけ
- 左前（表面）

8 ストレートパンツの縫製

厚紙

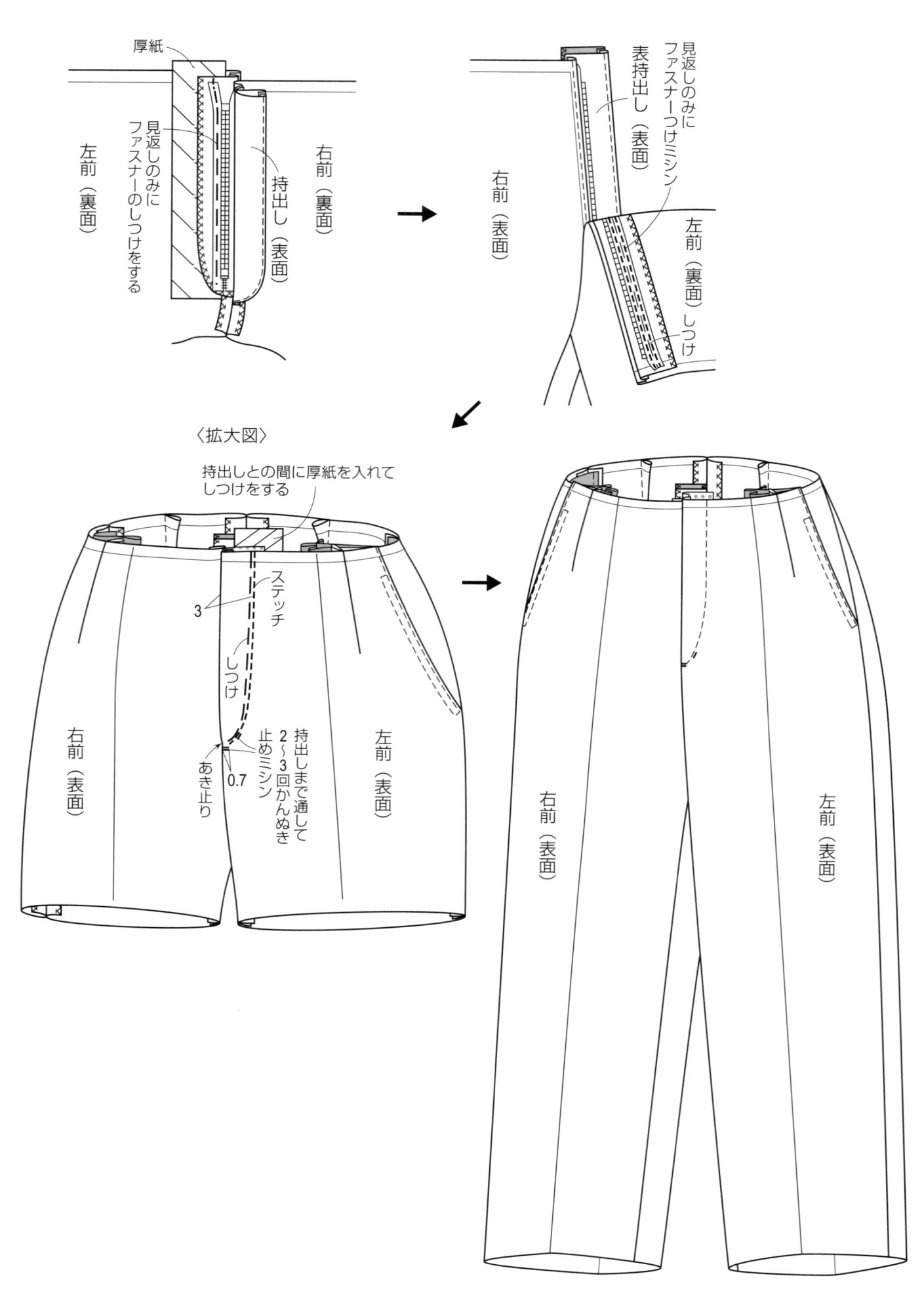

見返しのみにファスナーのしつけをする

右前（裏面）
持出し（表面）
左前（裏面）

見返しのみにファスナーつけミシン
表持出し（表面）

右前（表面）
左前（裏面）しつけ

〈拡大図〉

持出しとの間に厚紙を入れてしつけをする

ステッチ
3
しつけ
持出しまで通して2〜3回かんぬき止めミシン
0.7
あき止り

右前（表面）
左前（表面）

右前（表面）
左前（表面）

172

12 ウエストベルトをつける

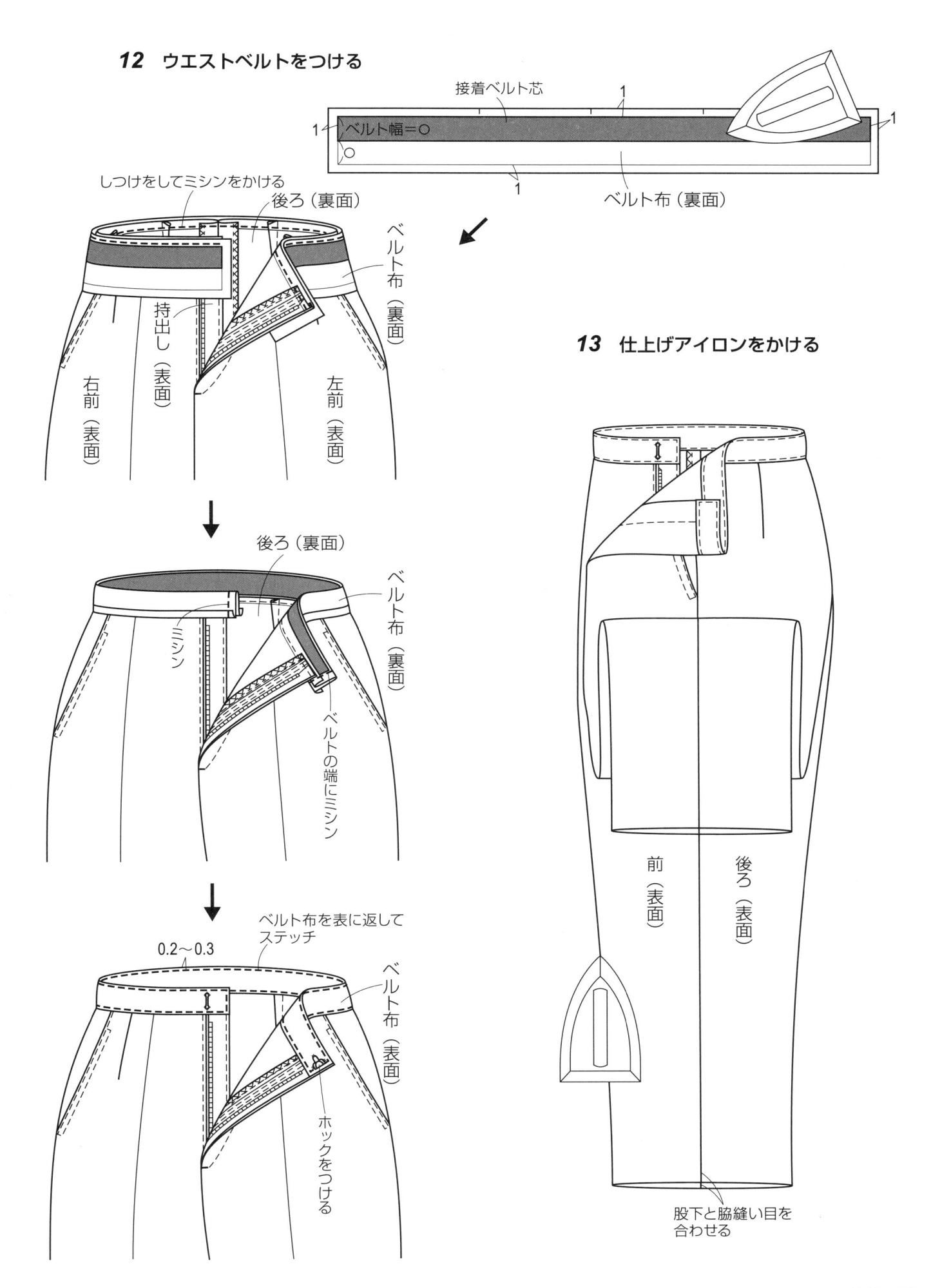

接着ベルト芯
ベルト幅＝○
ベルト布（裏面）
1

しつけをしてミシンをかける
後ろ（裏面）
ベルト布（裏面）
右前（表面）
持出し（表面）
左前（表面）

後ろ（裏面）
ミシン
ベルト布（裏面）
ベルトの端にミシン

0.2〜0.3
ベルト布を表に返してステッチ
ベルト布（表面）
ホックをつける

13 仕上げアイロンをかける

前（表面）
後ろ（表面）
股下と脇縫い目を合わせる

8 ストレートパンツの縫製　173

（2）前裏仕立て

前膝の部分の形くずれを防ぐために、前だけ裏布で補強して仕立てる方法である。

前裏の裁ち方とつけ方

前裏の裁ち方

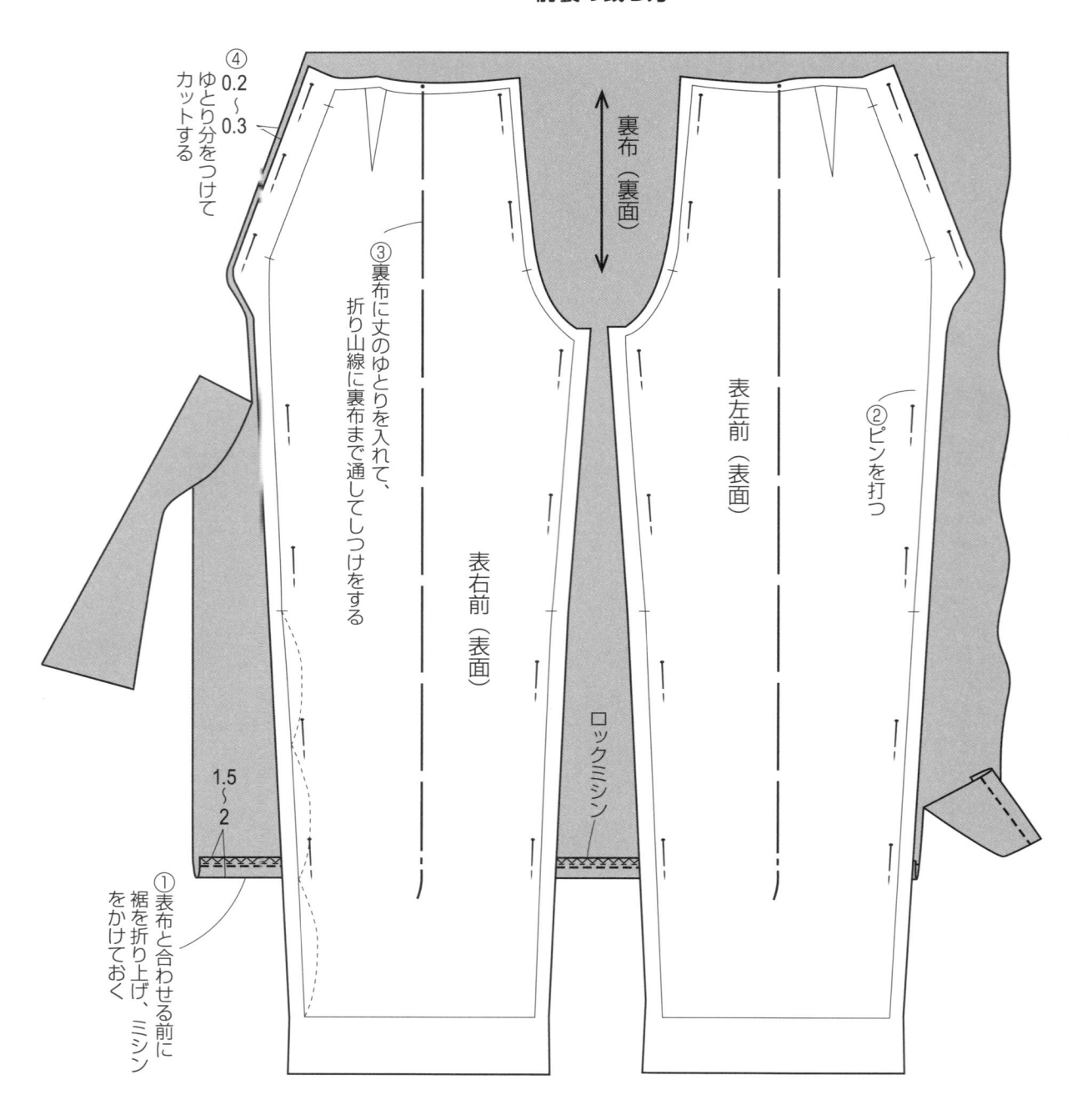

④ 0.2～0.3 ゆとり分をつけてカットする

③ 裏布に丈のゆとりを入れて、折り山線に裏布まで通してしつけをする

裏布（裏面）

表左前（表面）

表右前（表面）

② ピンを打つ

ロックミシン

1.5～2

① 表布と合わせる前に裾を折り上げ、ミシンをかけておく

裏布の布目について

A 表布と同じ布目で裁つ

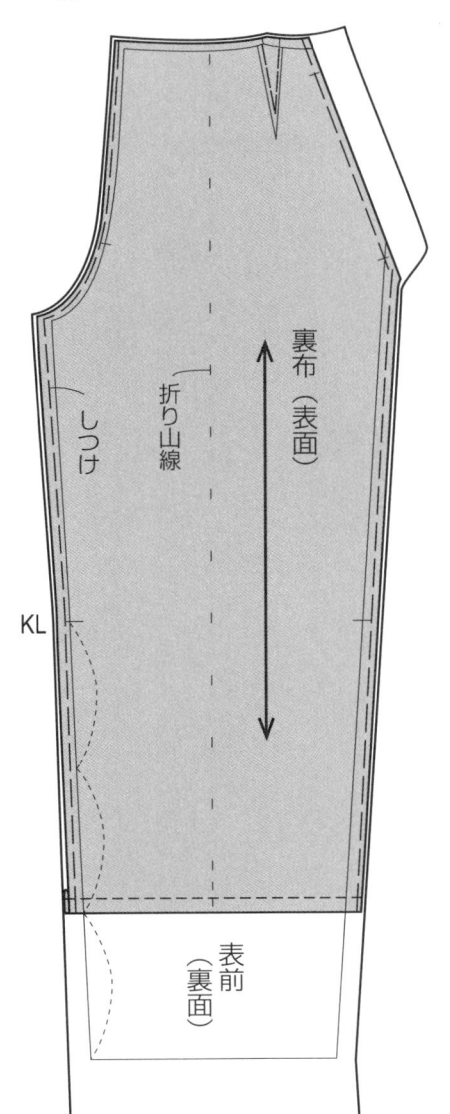

- 裏布（表面）
- しつけ
- 折り山線
- KL
- 表前（裏面）

B 耳を利用し横地に裁つ

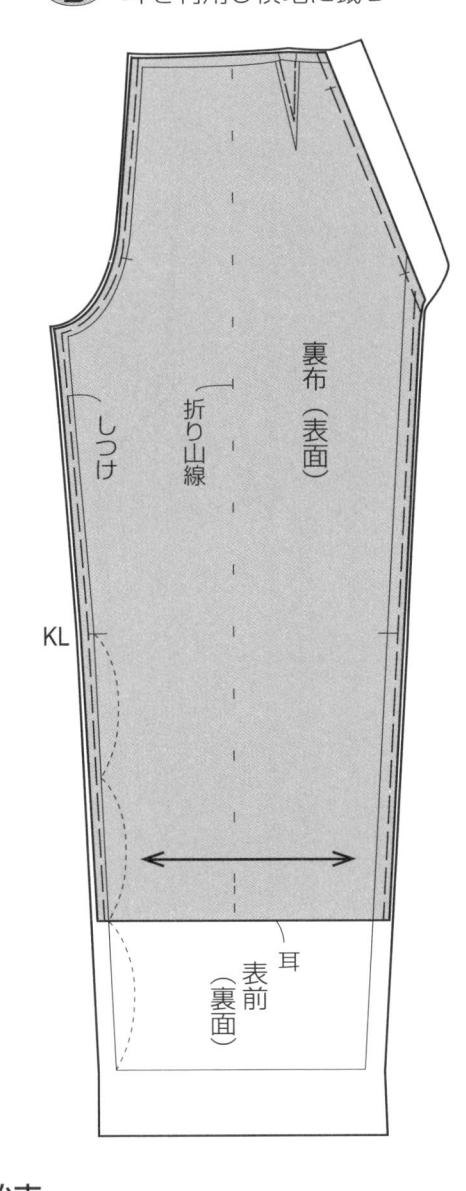

- 裏布（表面）
- しつけ
- 折り山線
- KL
- 耳
- 表前（裏面）

裏布の裾の始末

A 表布が薄地の場合（耳を利用）
前裏裾の影響が出にくい
裏布を経済的に使える

- 裏布（表面）
- 耳
- 表前（裏面）

B 表布が普通地の場合
（二つ折り）

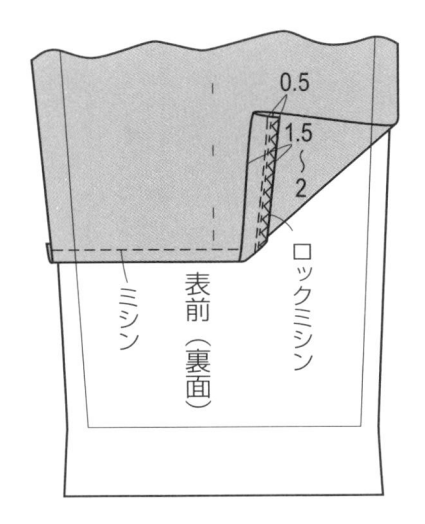

- 0.5
- 1.5〜2
- ミシン
- 表前（裏面）
- ロックミシン

C 表布が厚地の場合（三つ折り）
いちばん丈夫な仕立て

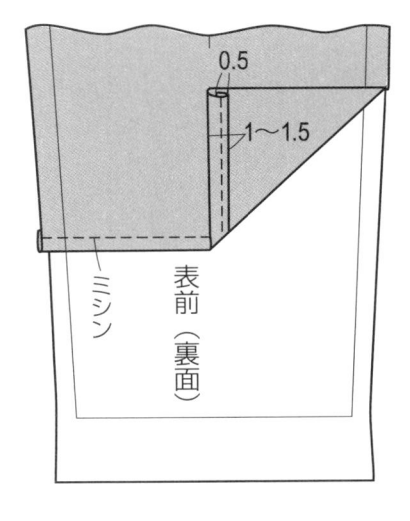

- 0.5
- 1〜1.5
- ミシン
- 表前（裏面）

8 ストレートパンツの縫製

前裏のつけ方

1 裏布を裁つ

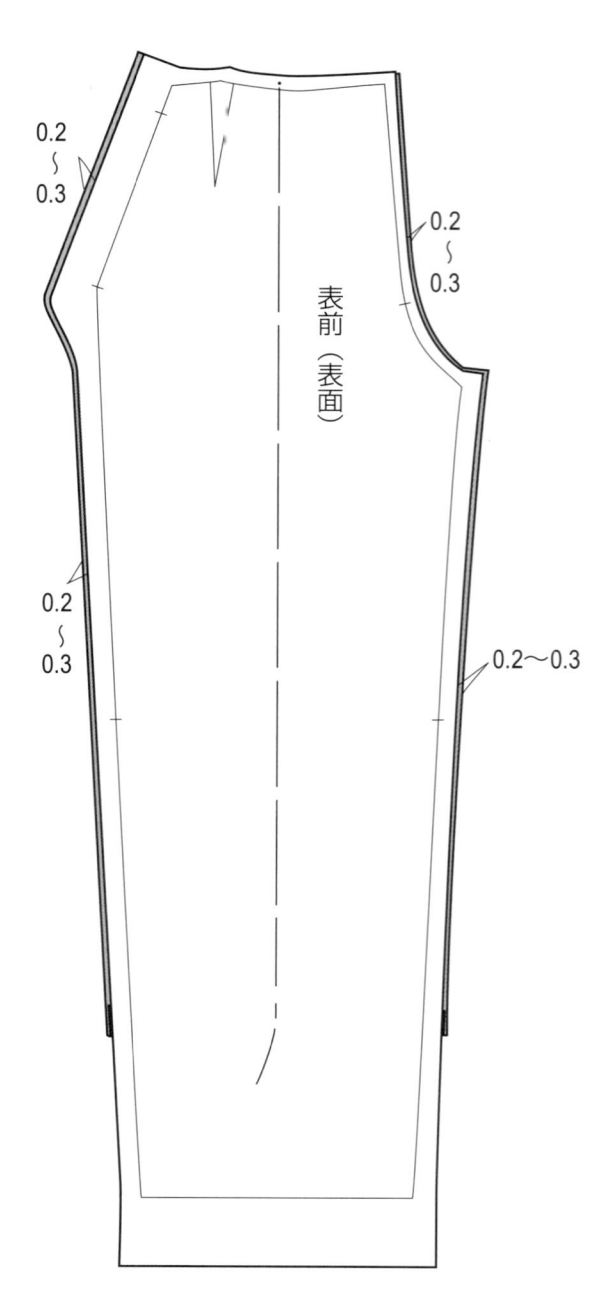

2 ポケット口の余分な裏布をカットする

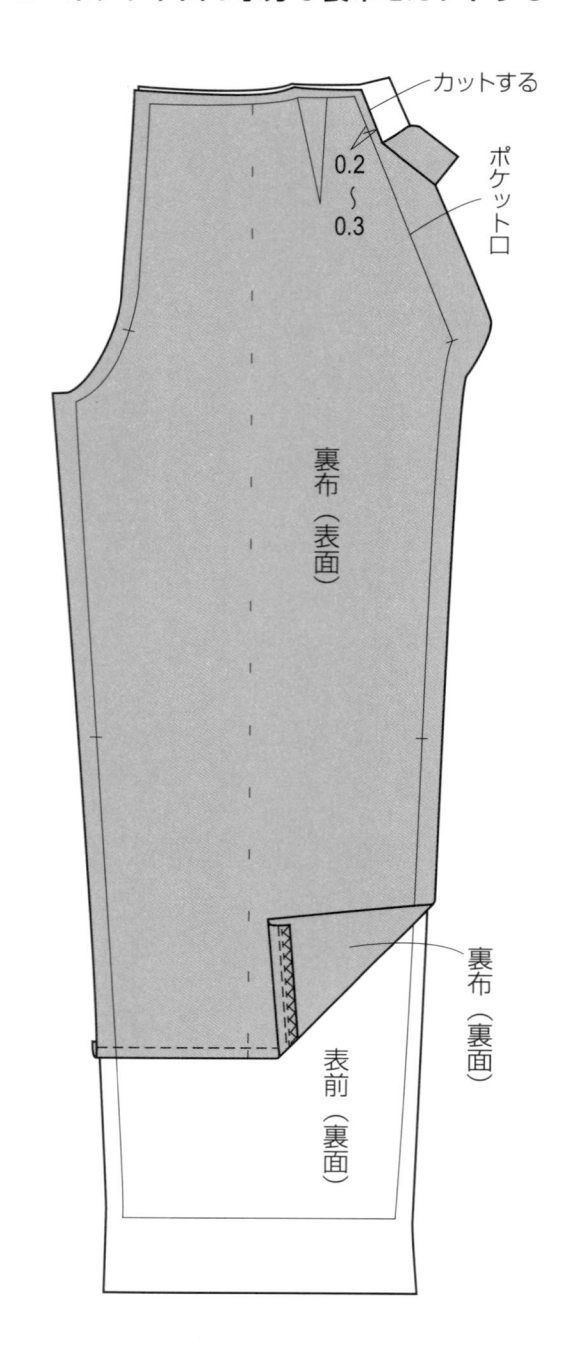

0.2～0.3

0.2～0.3

0.2～0.3

0.2～0.3

表前（表面）

カットする

ポケット口

0.2～0.3

裏布（表面）

裏布（裏面）

裏布

表前（裏面）

3　裏布を上にしてしつけをする

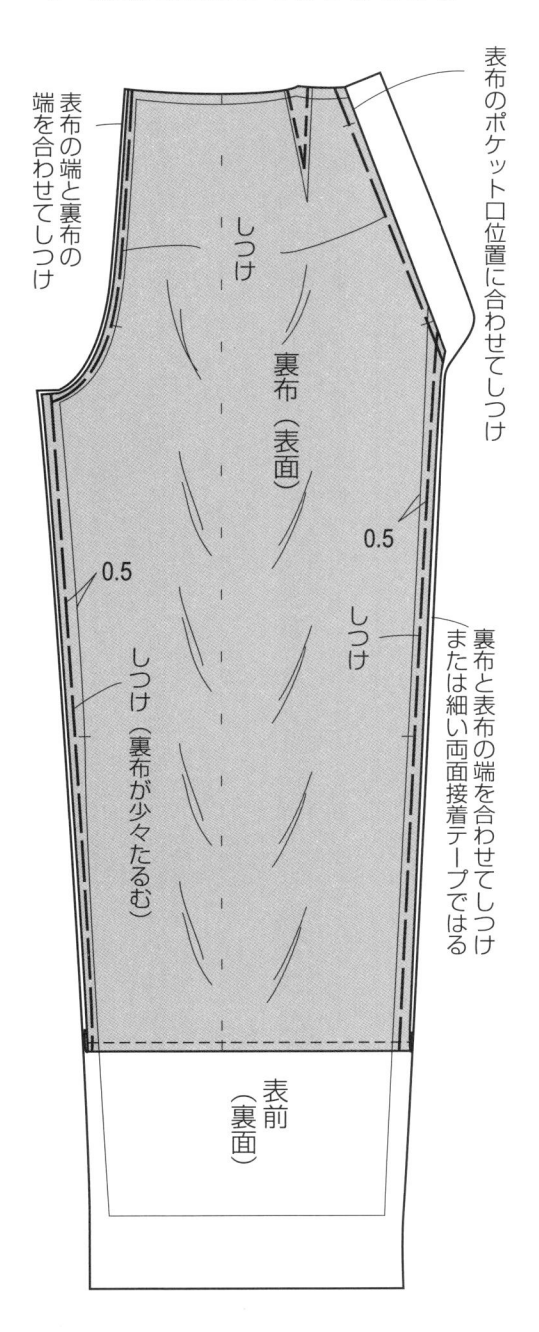

- 表布の端と裏布の端を合わせてしつけ
- 裏布（表面）
- しつけ
- 0.5
- 0.5
- しつけ
- しつけ（裏布が少々たるむ）
- 表布のポケット口位置に合わせてしつけ
- 裏布と表布の端を合わせてしつけまたは細い両面接着テープではる
- 表前（裏面）

4　表布と裏布を一緒に縫い代にロックミシンをかける

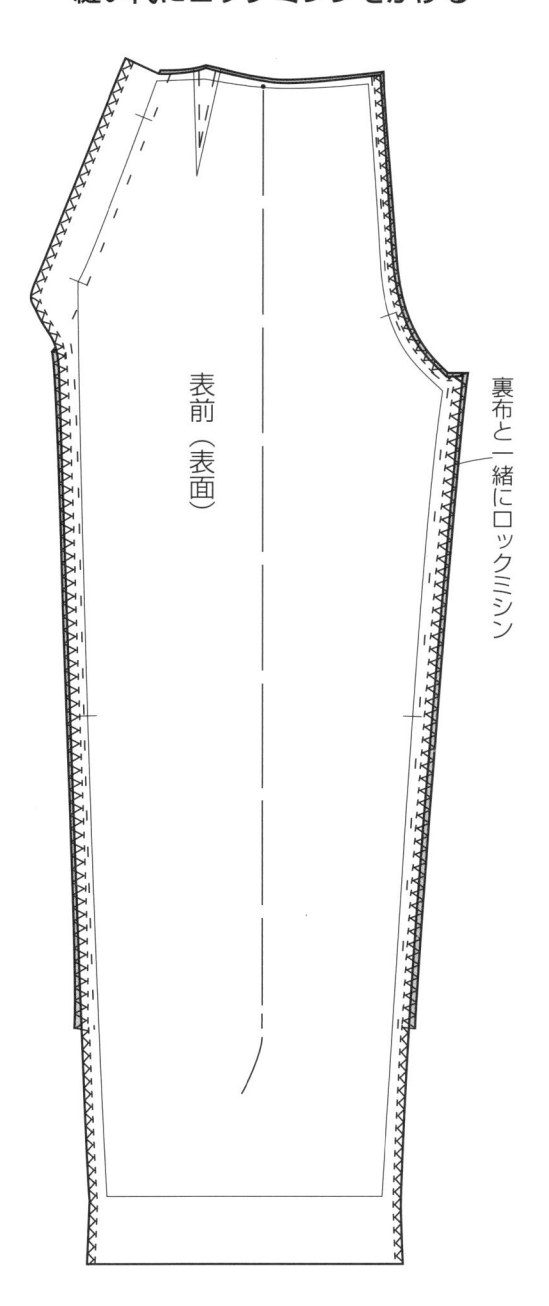

- 表前（表面）
- 裏布と一緒にロックミシン

縫い方は一重仕立ての項、166ページを参照

8　ストレートパンツの縫製　177

(3) 総裏仕立て

裏布の裁断と印つけ

総裏つきの仕立ては第一に形くずれ防止が目的で、そのほかに防寒や透け防止の目的がある。

裏布は表地に比べて伸びが少ないので力が加わるところにゆとりを入れないと切れてしまう。特に股ぐりの厚み部分にゆとりが必要になるので、表布のパターンを切り開く。

印つけは、へら印をする。

裏布のパターン

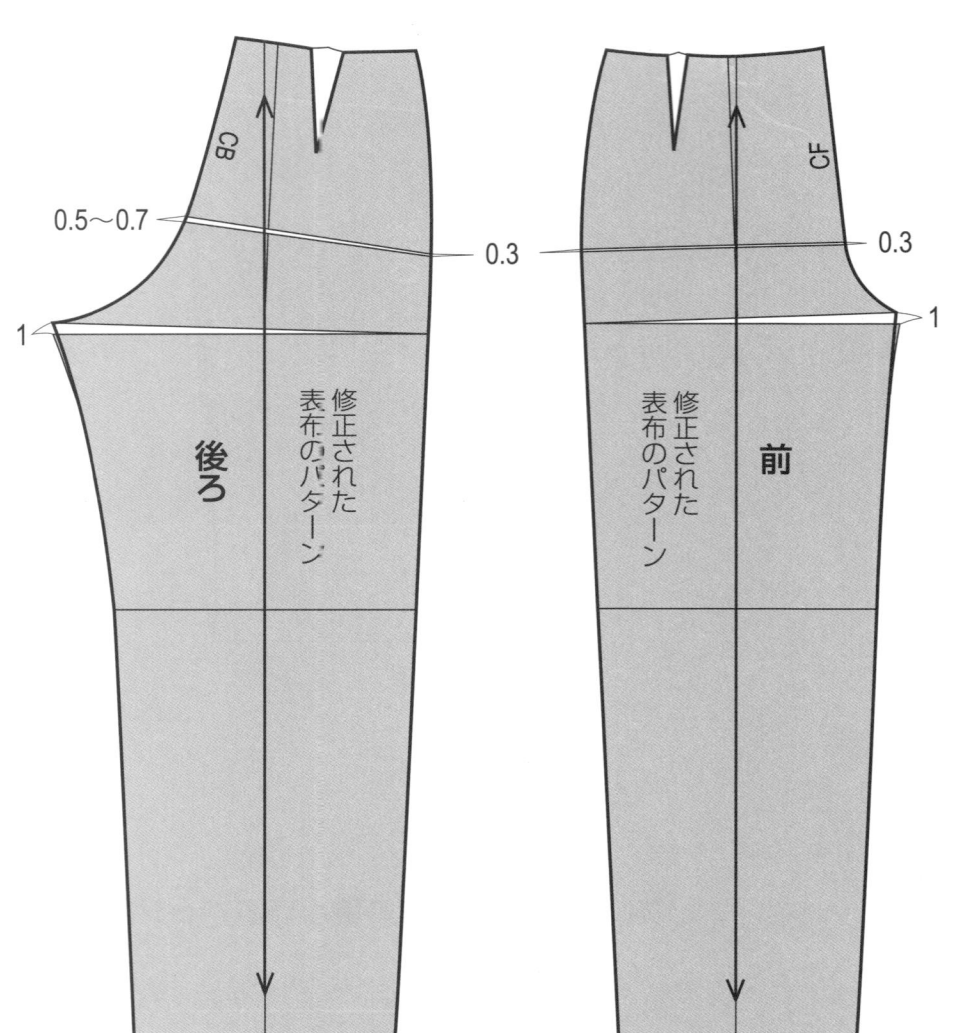

裏布裁合せ図

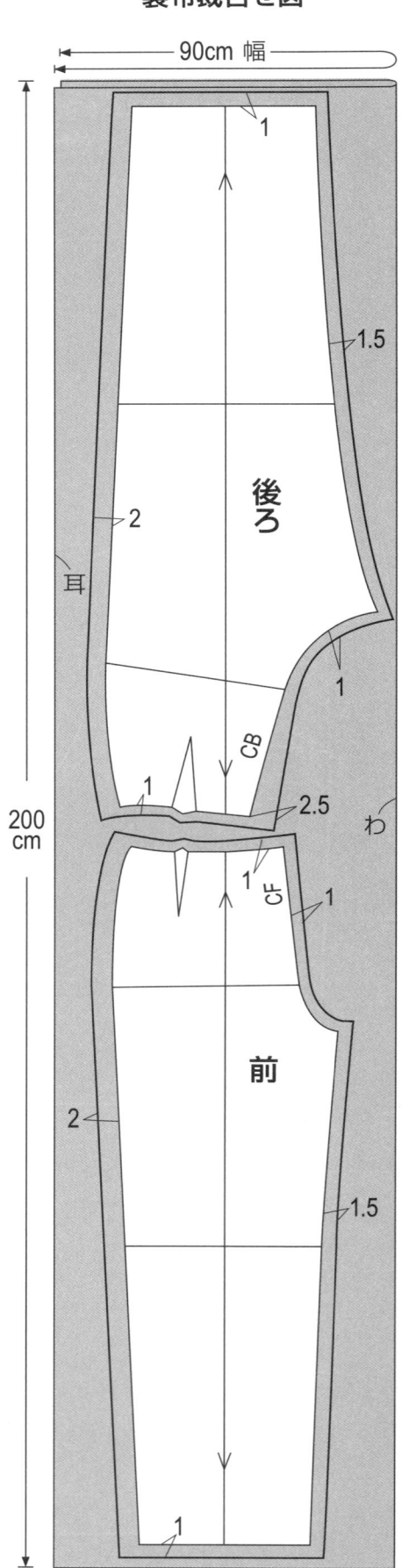

1. **縫い代にロックミシンをかける**
   素材によってはかけなくてもよい

2. **見返し、持出しに芯をはる**

3. **持出しを縫う**

4. **脇ポケットを作る**
   ★ *1〜4* までは一重仕立てと同じ（ただし袋布の底は縫わない）

5. **前後ウエストダーツを縫う**
   （一重仕立ての項、168ページを参照）

6. **脇を縫い、袋布を始末**

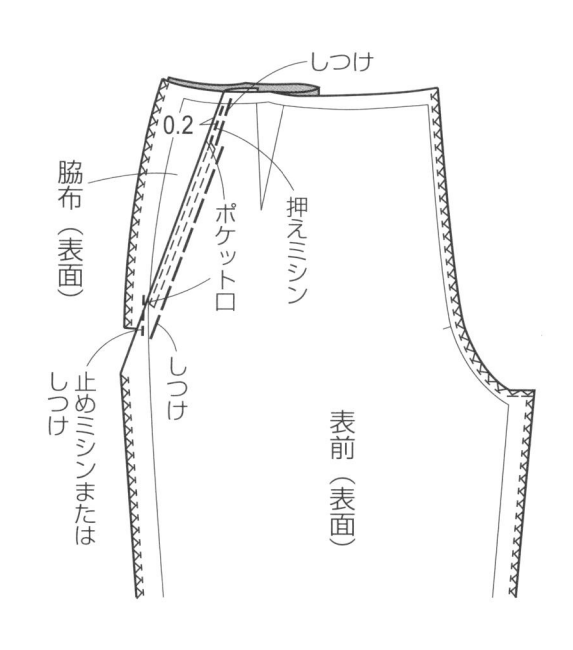

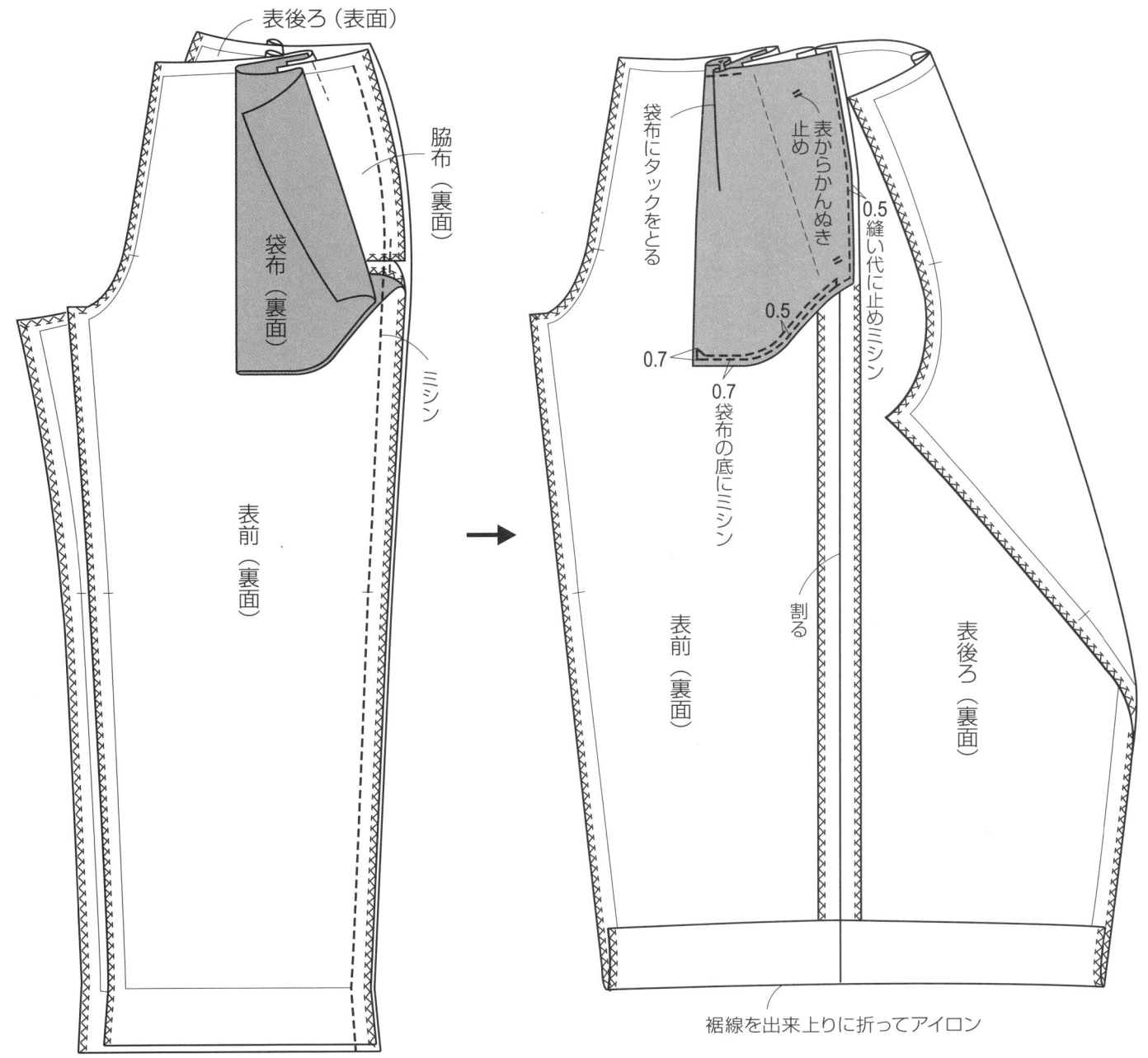

8　ストレートパンツの縫製

7 股下を縫い、裾を始末する

8 股ぐりを縫い、前あきを作る
（**7・8**は一重仕立ての項、171ページを参照）

9 裏布を縫う

ダーツと脇を縫う

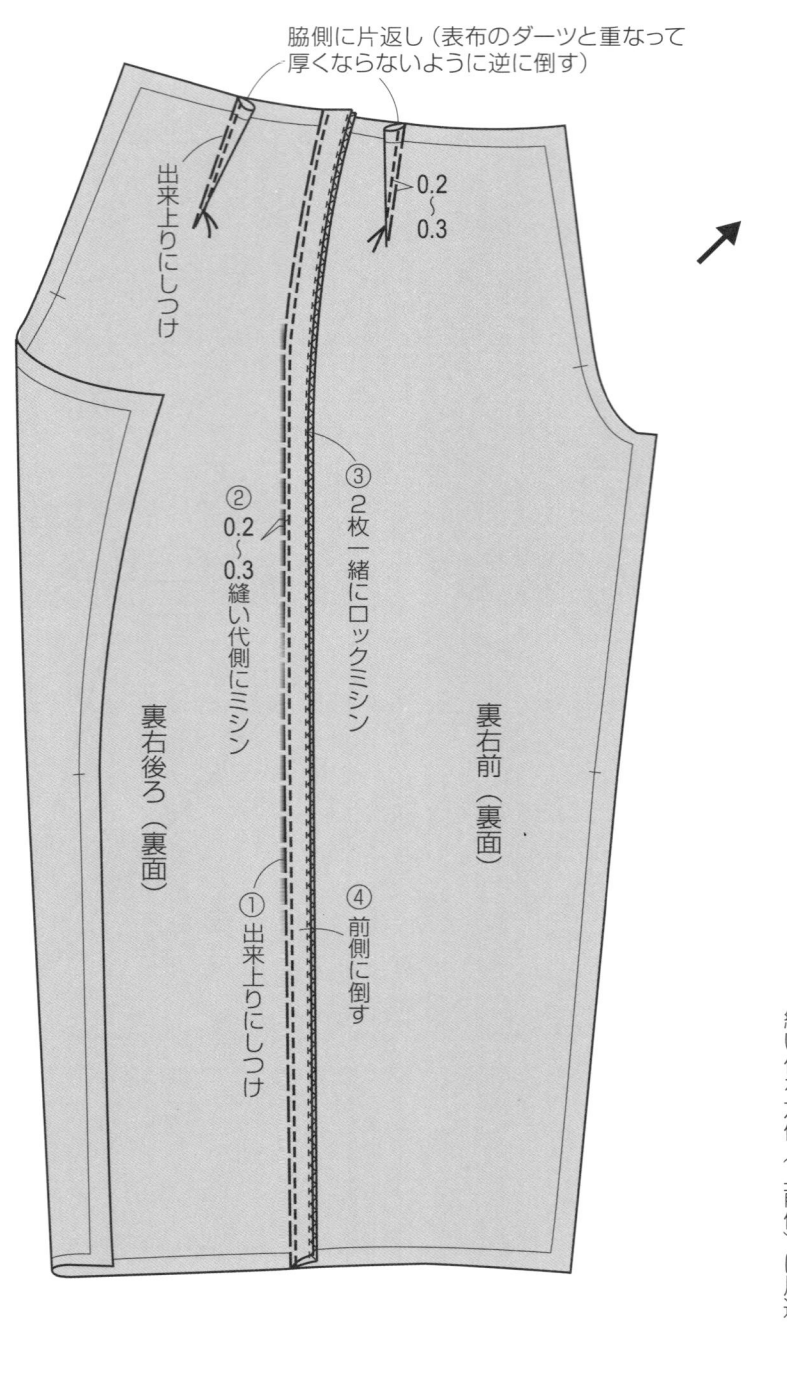

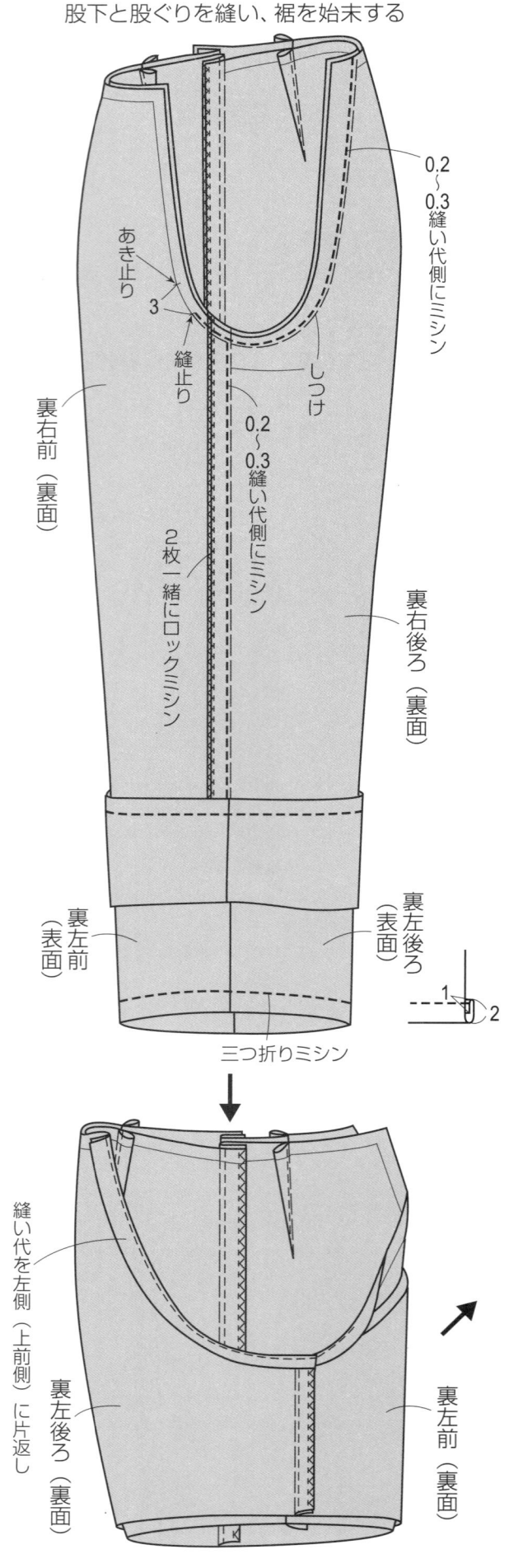

股下と股ぐりを縫い、裾を始末する

前あきの縫い代を折る

10 表布と裏布を合わせて中とじをする

1.5　1
1.5
裏右前（裏面）
カット
折り線
裏左前（裏面）

裏右前（裏面）
10
後ろ中心をしつけ糸2本どりでゆるく止める
裏左前（裏面）
裏左後ろ（裏面）
表左後ろ（裏面）

表右後ろ（裏面）

折る
1.5～2にカット
1.5
出来上り線
しつけ
切込み
裏右前（裏面）
折り山線をつける
裏左前（裏面）

〈拡大図〉

裏前（裏面）
股下
股ぐり
3～4
股ぐりをしつけ糸2本どりでゆるく止める
表前（裏面）
股下

8　ストレートパンツの縫製　181

12 ウエストベルトをつける

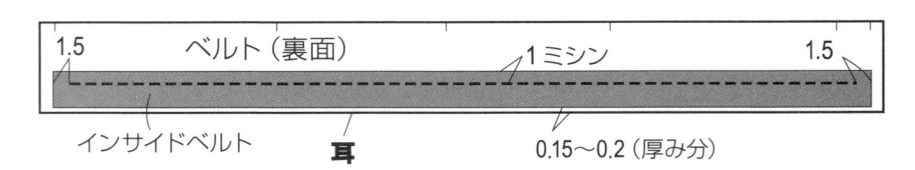

ベルト（裏面） 1.5 / 1 ミシン / 1.5
インサイドベルト　耳　0.15〜0.2（厚み分）

11 ウエストラインをしつけで止め、あきの部分を始末する

裏布のあきの縫い代をしつけまたはピンで止めてまつる

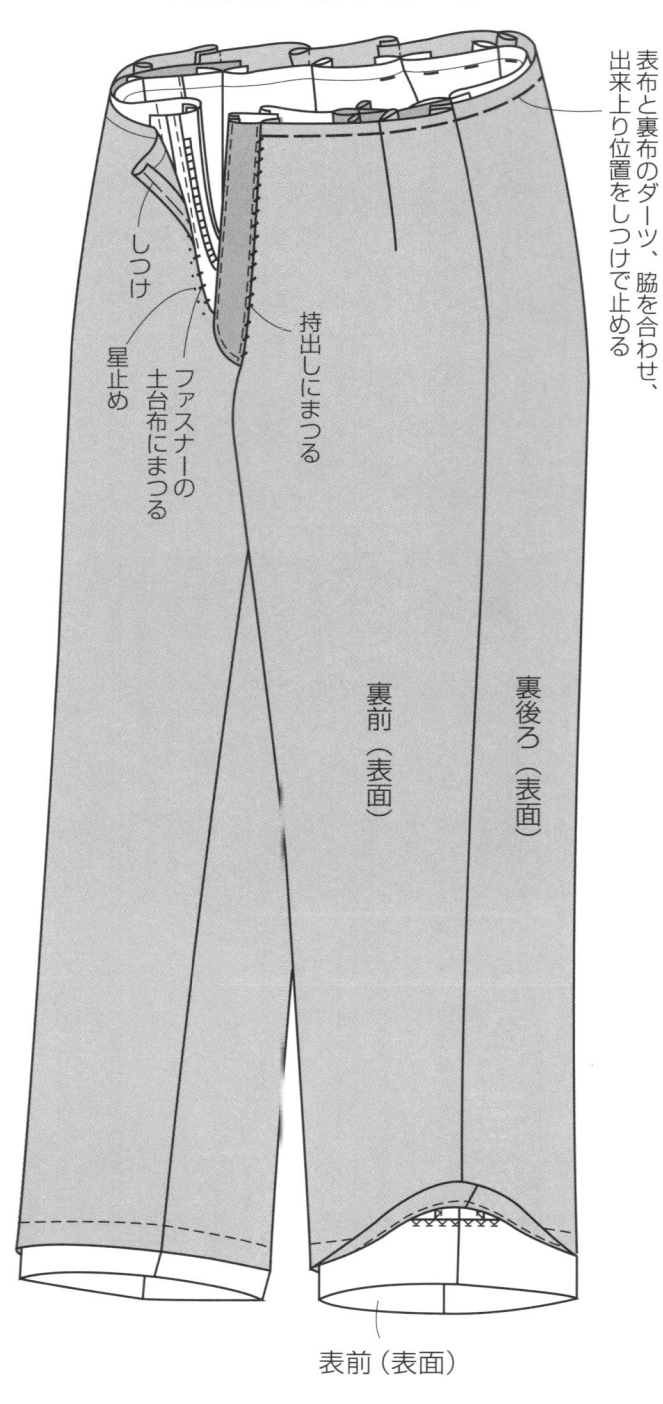

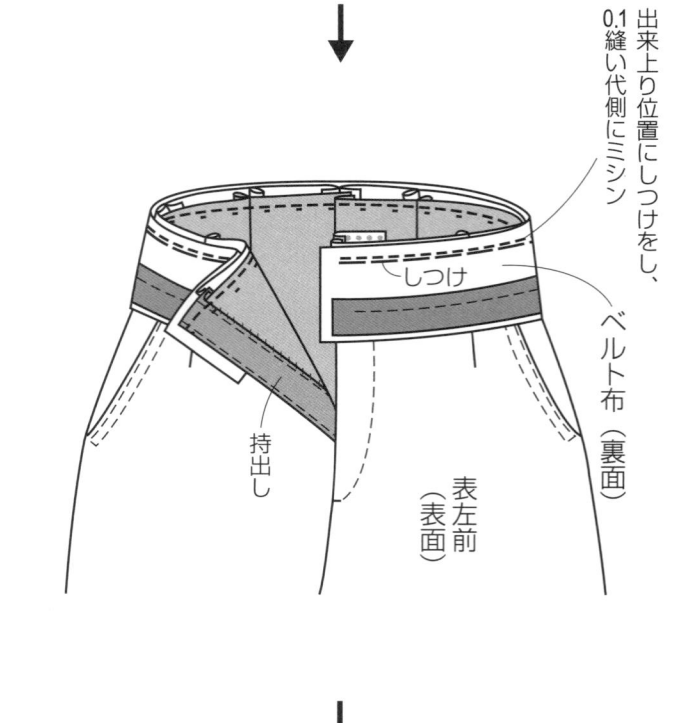

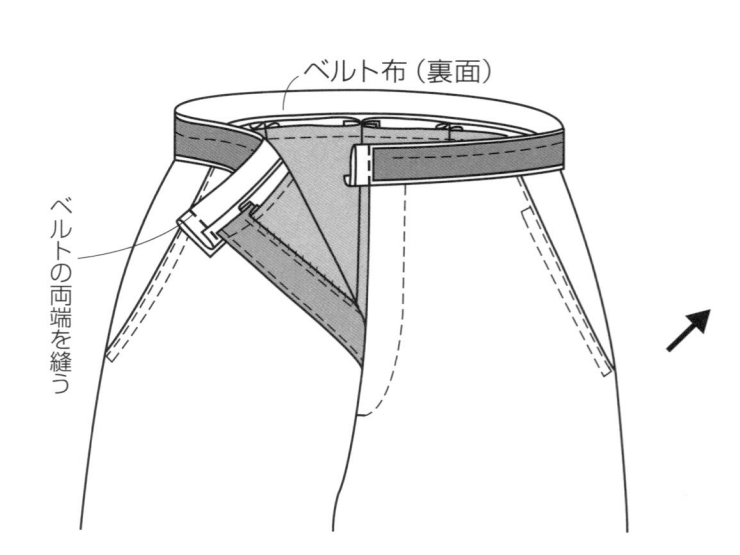

しつけ
星止め
ファスナーの土台布にまつる
持出しにまつる

表布と裏布のダーツ、脇を合わせ、出来上り位置をしつけで止める

裏前（表面）
裏後ろ（表面）
表前（表面）

出来上り位置にしつけをし、0.1縫い代側にミシン
しつけ
ベルト布（裏面）
持出し
表左前（表面）

ベルト布（裏面）
ベルトの両端を縫う

〈拡大図〉

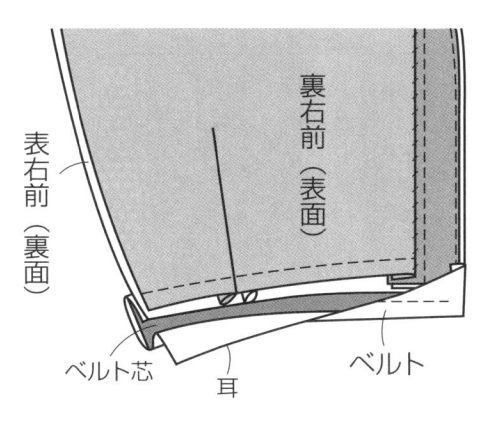

表右前（裏面） 裏右前（表面）
ベルト芯　耳　ベルト

ウエストの縫い代をベルト芯と裏ベルトの間に入れる

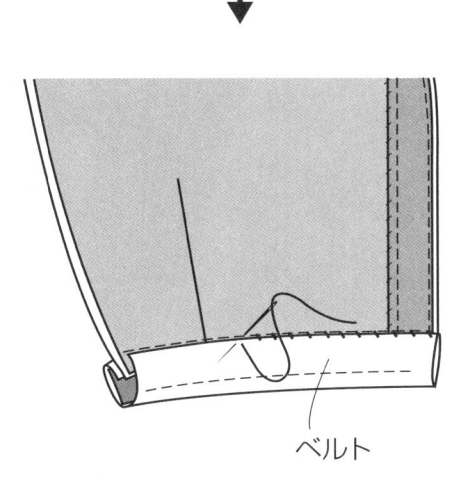

↓

ベルト

ウエストのミシン縫い目のきわに普通まつり

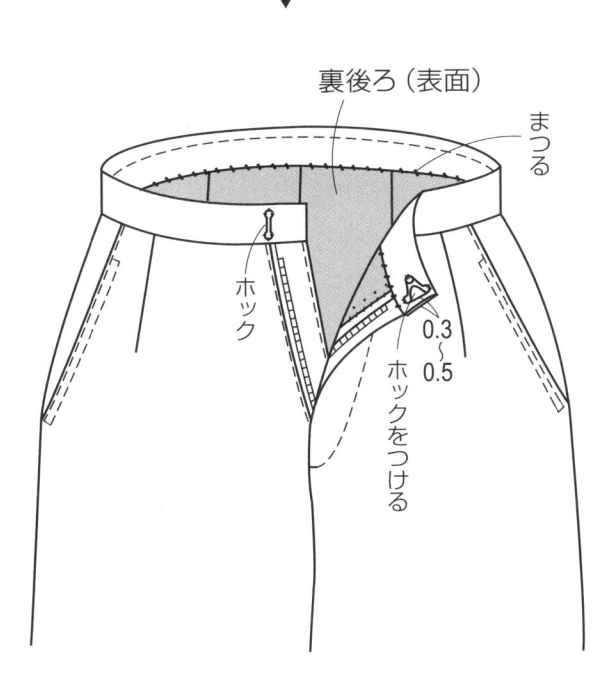

↓

裏後ろ（表面）
まつる
ホック
0.3
0.5
ホックをつける

13　裾をループで止める

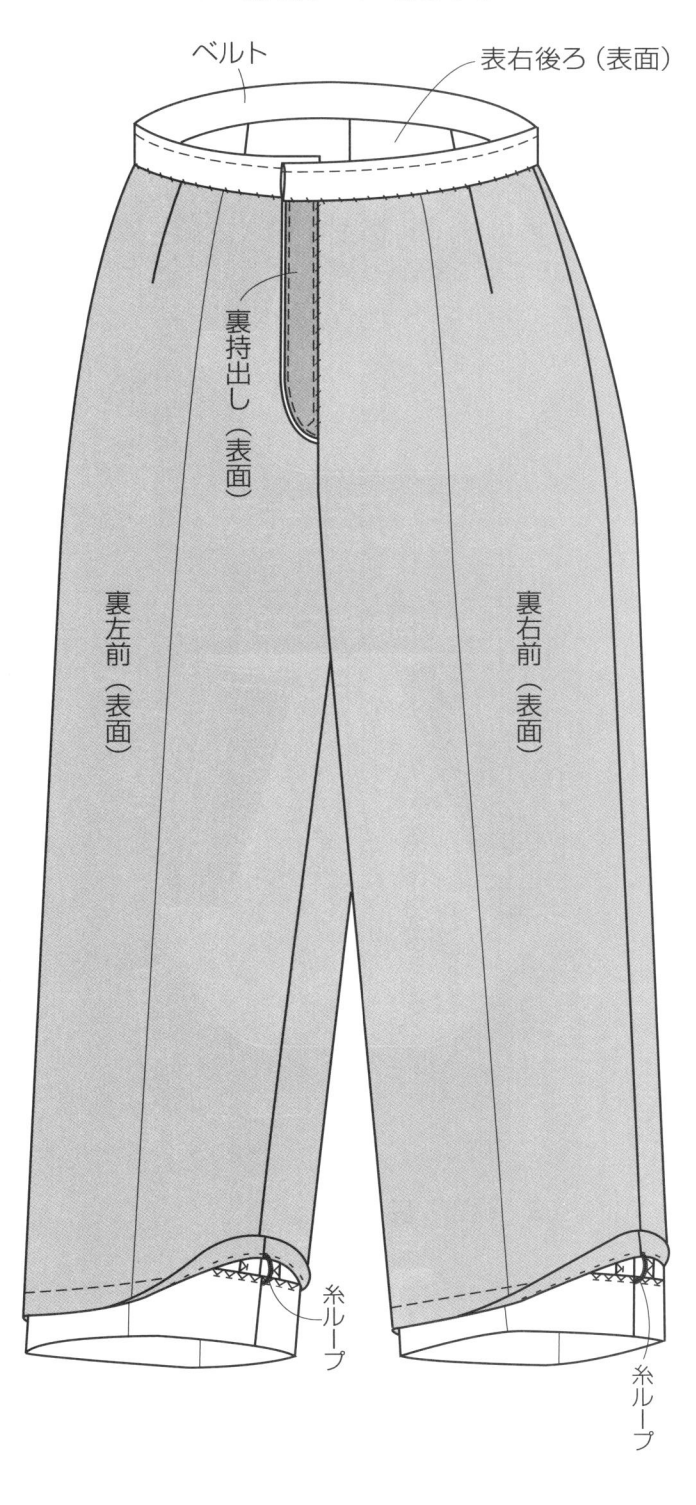

ベルト　表右後ろ（表面）
裏持出し（表面）
裏左前（表面）　裏右前（表面）
糸ループ　糸ループ

8　ストレートパンツの縫製　183

9 部分縫い

ハイウエストの脇ポケット

ベルトの部分が続け裁ちになっているので、袋布の寸法はウエストラインのステッチにかかる長さにする。ここでは、裏をつける場合の縫い方を説明している。一重仕立ての場合は袋布の底を袋縫いにする。

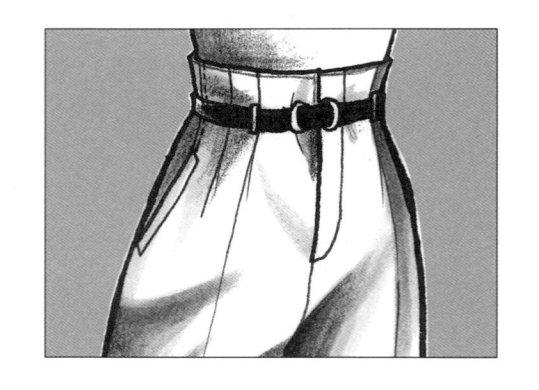

1 脇布、袋布の裁断

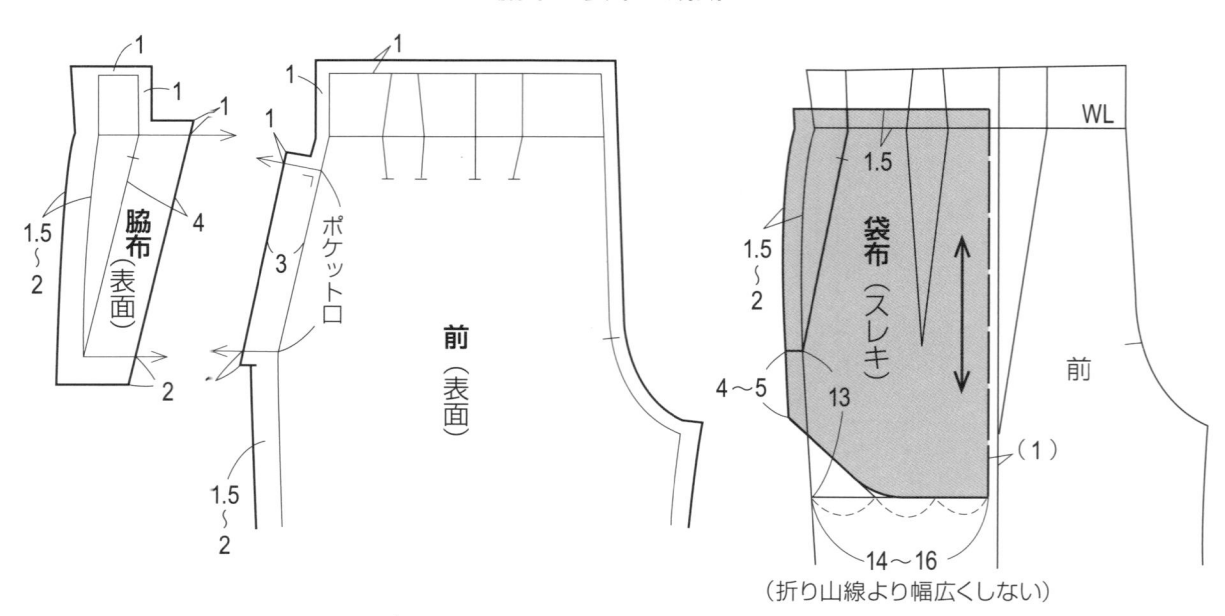

2 袋布に脇布を止める

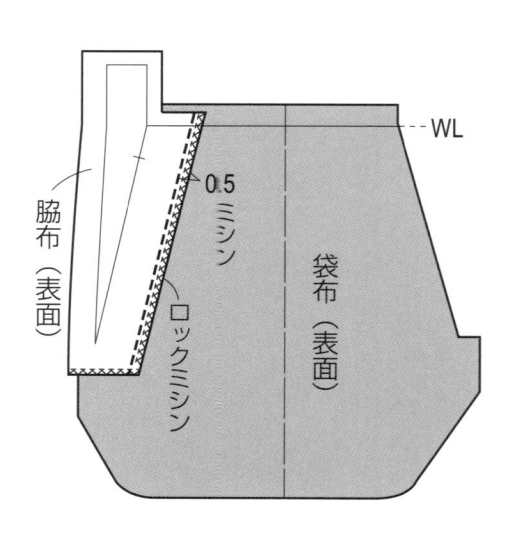

3 袋布をポケット口に重ね、伸止めテープをはる

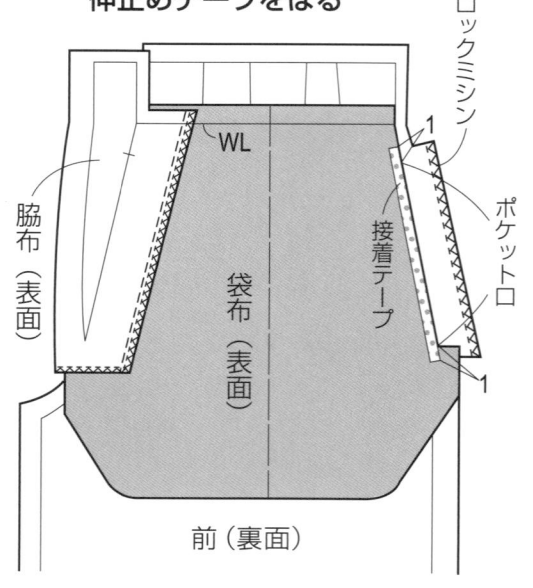

4 ポケット口をアイロンで折り、ステッチをかける

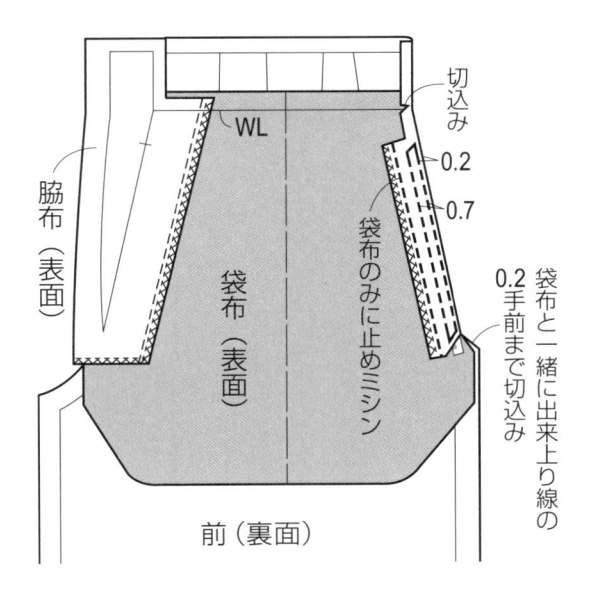

脇布（表面）
WL
切込み
0.2
0.7
袋布のみに止めミシン
袋布と一緒に出来上り線の0.2手前まで切込み
袋布（表面）
前（裏面）

5 脇布と合わせ、押えミシンで止める

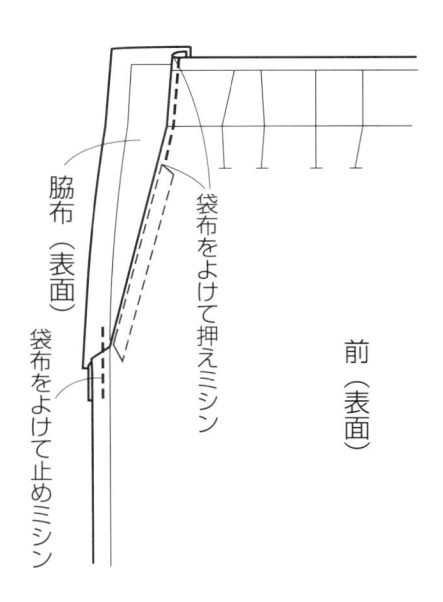

脇布（表面）
袋布をよけて押えミシン
袋布をよけて止めミシン
前（表面）

6 脇を縫う

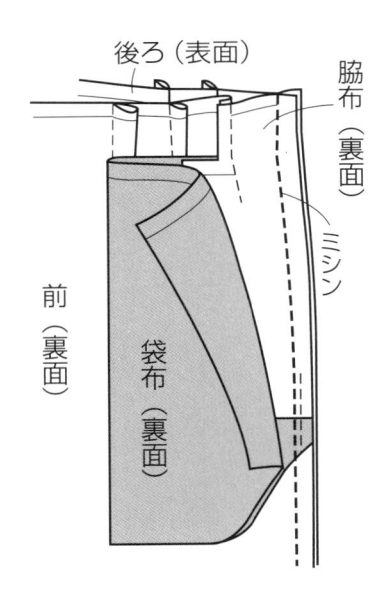

後ろ（表面）
脇布（裏面）
ミシン
袋布（裏面）
前（裏面）

7 袋布の底にミシンをかける

袋布のウエスト位置は腰の丸みに合わせ、タックをとってなじませる

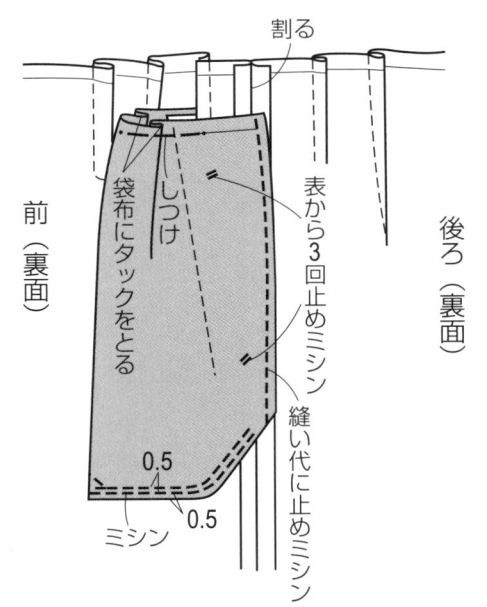

割る
袋布にタックをとる
しつけ
表から3回止めミシン
縫い代に止めミシン
ミシン
0.5
0.5
前（裏面）
後ろ（裏面）

9 部分縫い　185

カーブ切替えポケット

口がカーブしているため、別見返しをつける。脇布は袋布と続け裁ちになっている。ここでは一重仕立ての縫い方で説明している。

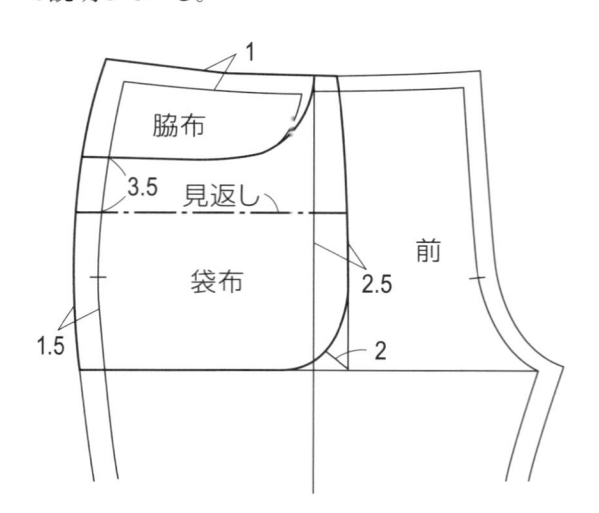

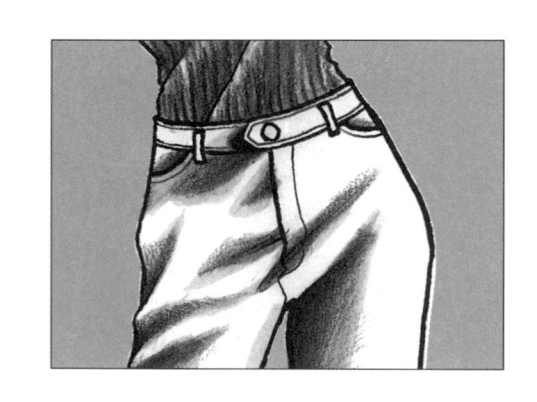

1 脇布、袋布、見返しのパターンを作り、裁断する

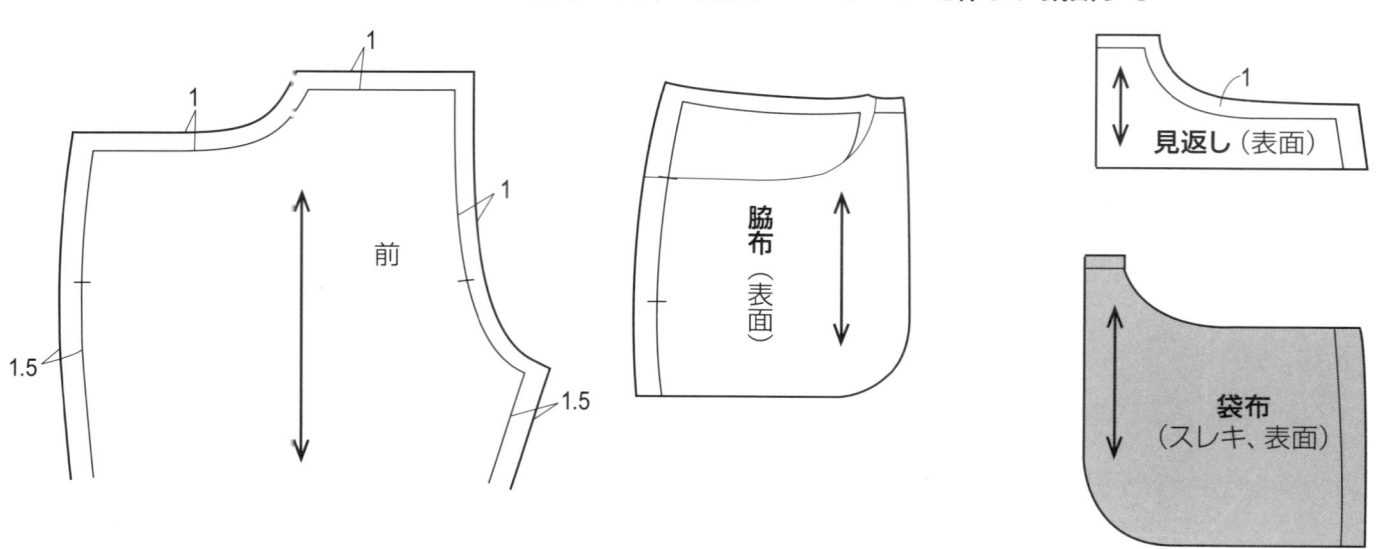

2 袋布に見返しをつける

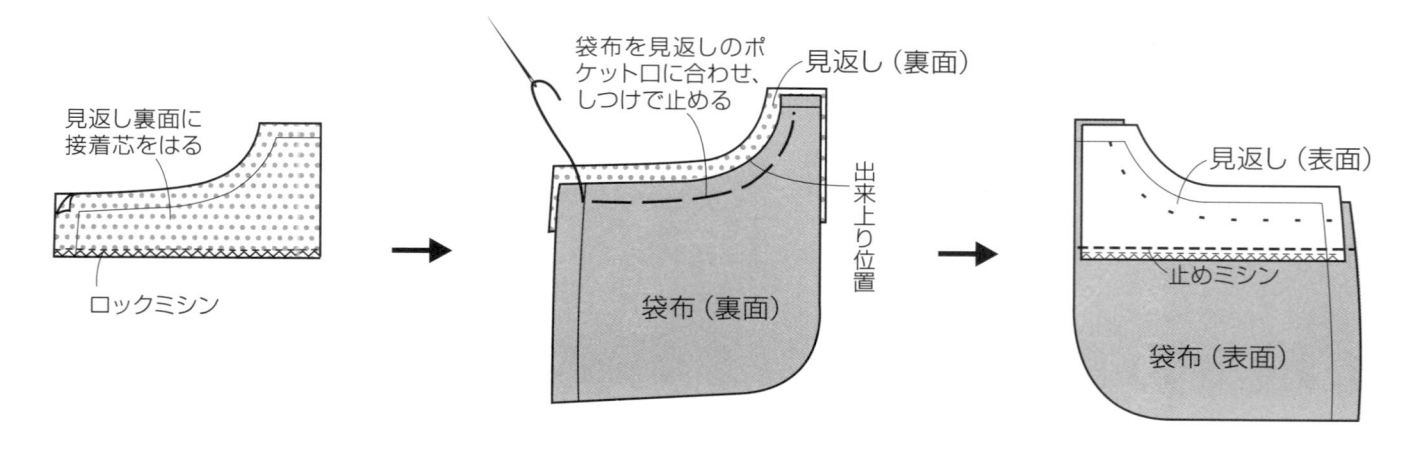

見返し裏面に接着芯をはる

ロックミシン

袋布を見返しのポケット口に合わせ、しつけで止める

見返し（裏面）

出来上り位置

袋布（裏面）

見返し（表面）

止めミシン

袋布（表面）

3 ポケット口を縫い返す

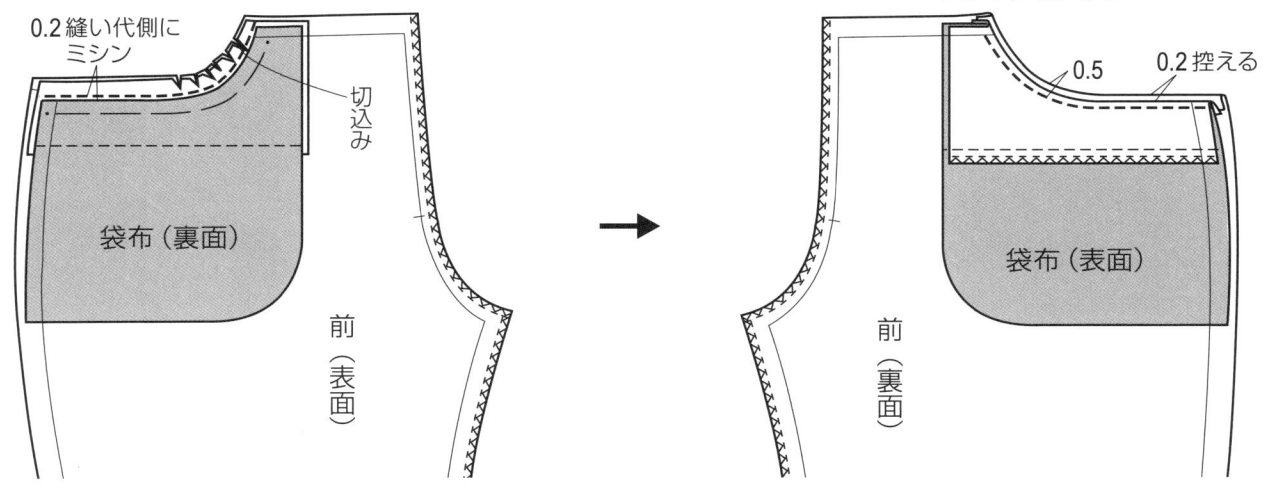

0.2 縫い代側にミシン
切込み
袋布（裏面）
前（表面）

表に返しアイロンで控えて整え、ステッチをかける
0.5
0.2 控える
袋布（表面）
前（裏面）

4 脇布と袋布を合わせ、袋縫いをする

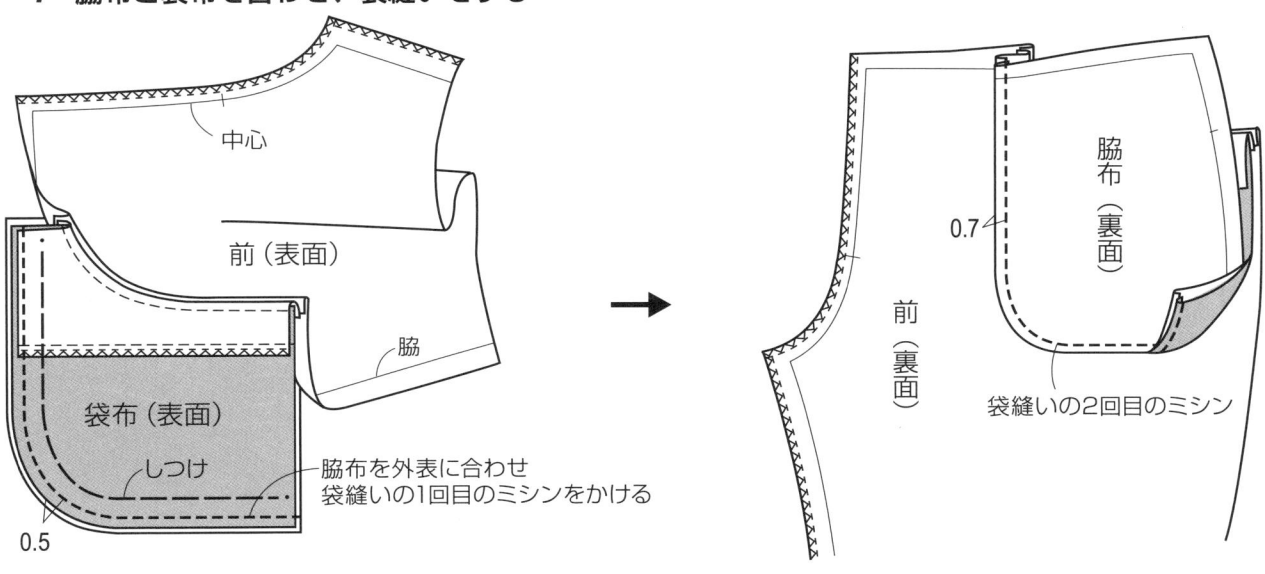

中心
前（表面）
脇
袋布（表面）
しつけ
0.5
脇布を外表に合わせ袋縫いの1回目のミシンをかける

脇布（裏面）
0.7
前（裏面）
袋縫いの2回目のミシン

5 脇縫い、ステッチをかける

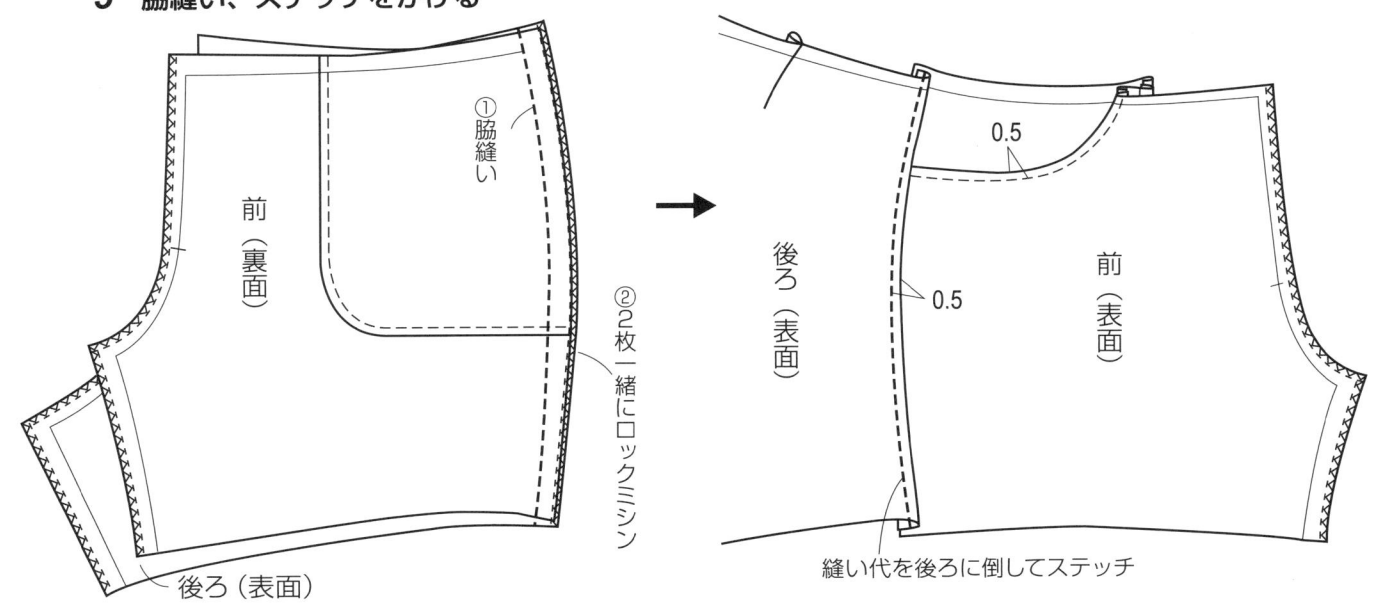

前（裏面）
①脇縫い
②2枚一緒にロックミシン
後ろ（表面）

0.5
後ろ（表面）
前（表面）
0.5
縫い代を後ろに倒してステッチ

9 部分縫い

サイドシームポケット

脇縫い目の縫い代に袋布をつけて作るポケット。斜めに切り替えたポケットよりも目立たず、すっきり見える。厚手の布地に適している。ここでは、一重仕立てで、袋縫いの縫い代をロックミシンで始末する方法で解説する。

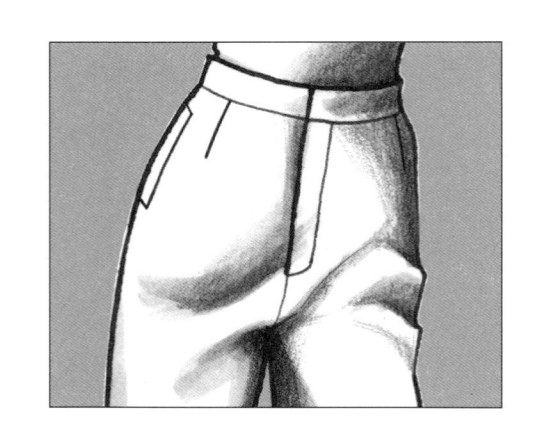

1 袋布と向う布のパターンを作り、裁断する

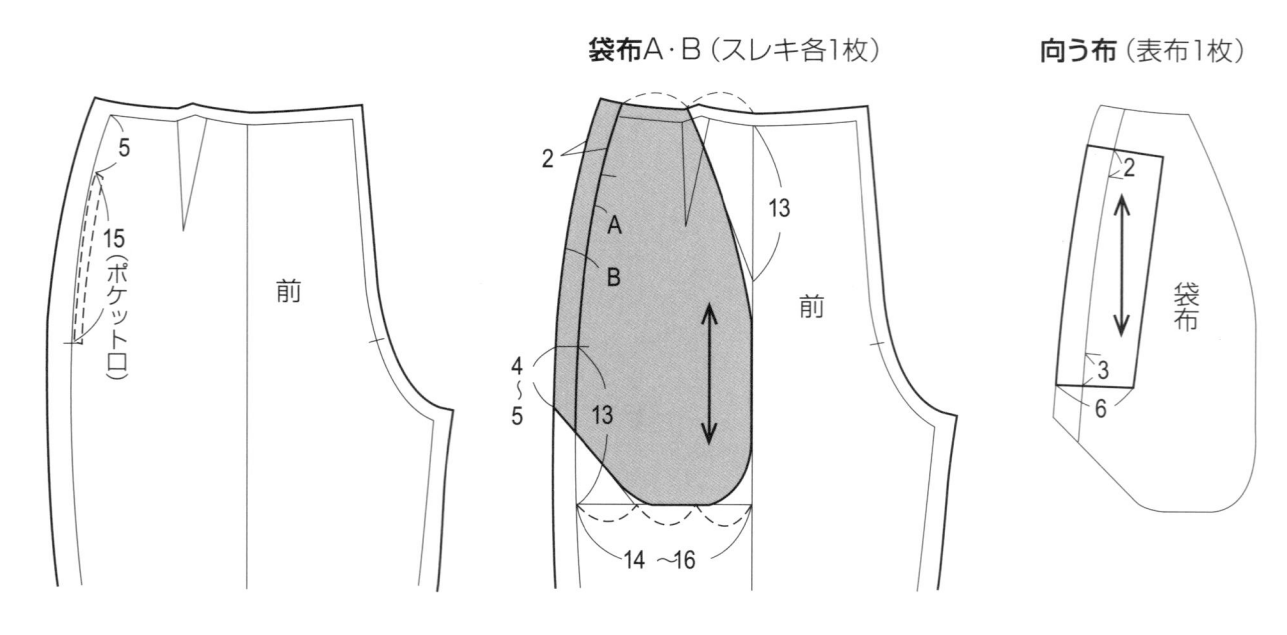

袋布A・B（スレキ各1枚）　　向う布（表布1枚）

2 ポケット口に伸止めテープをはる

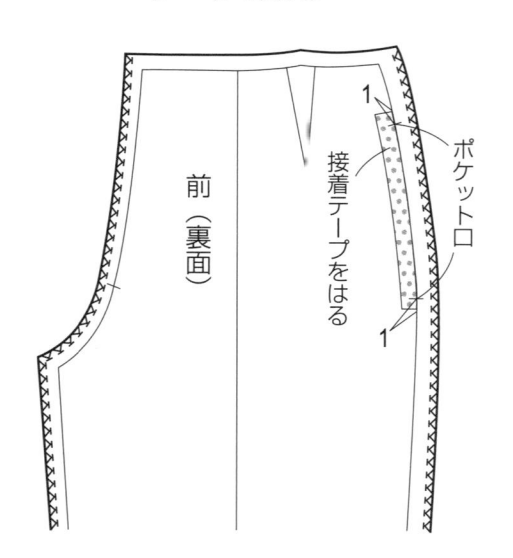

3 袋布Bに向う布を止める

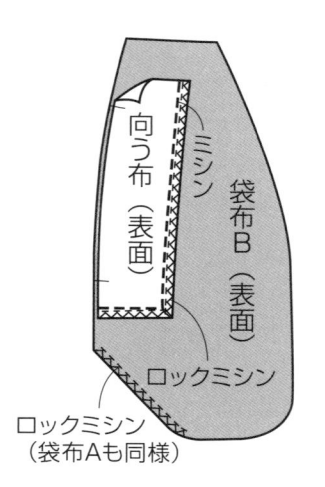

4 袋布Aを脇縫い代にミシンで止める

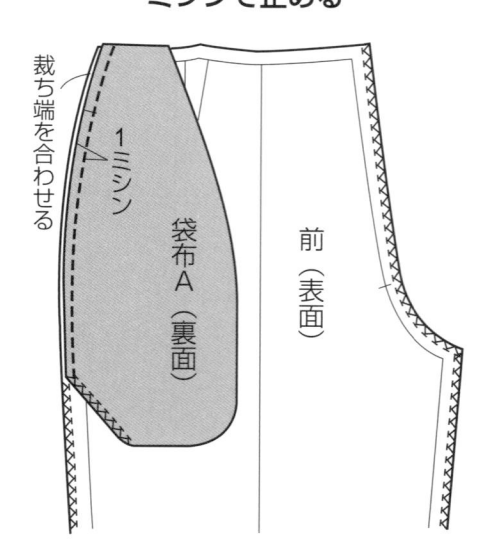

5 袋布Aを縫い代側に折り、アイロンをかける

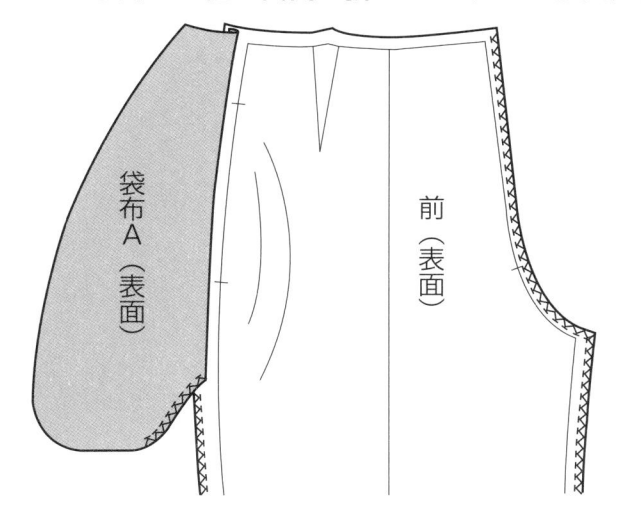

6 脇を縫う

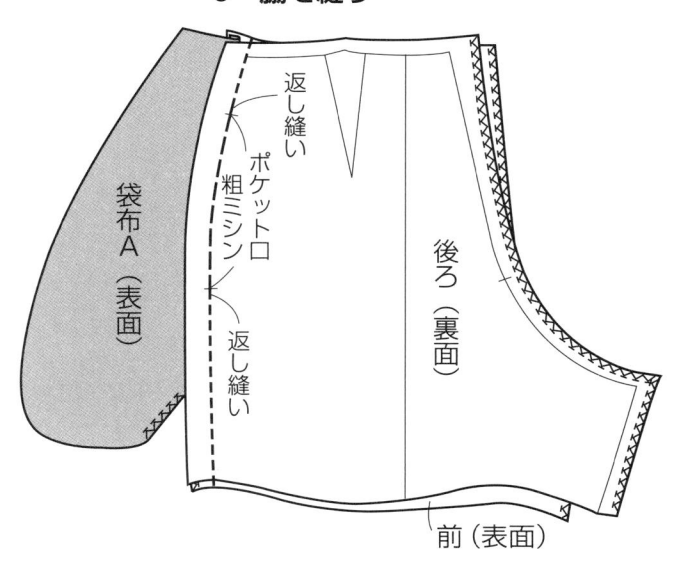

7 ポケット口にステッチをかける

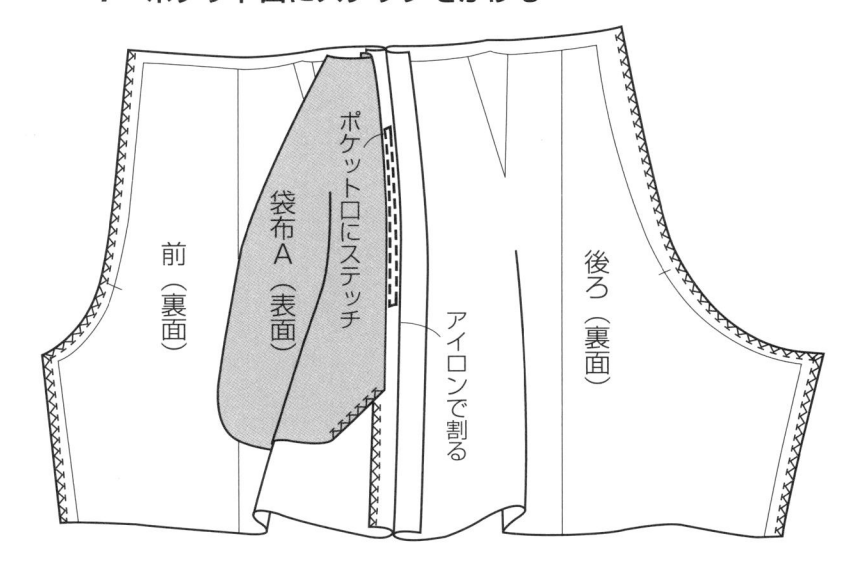

〈拡大図〉

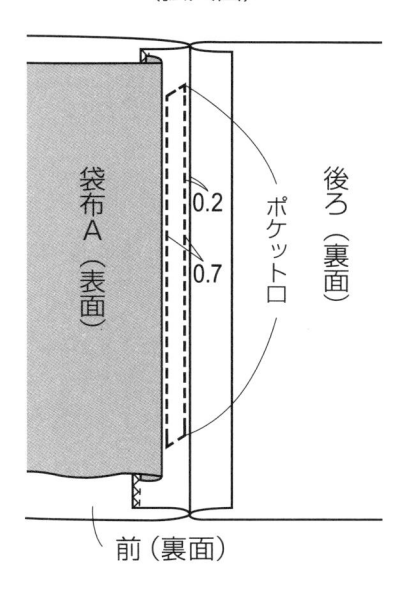

8 袋布Bを重ねてしつけをする

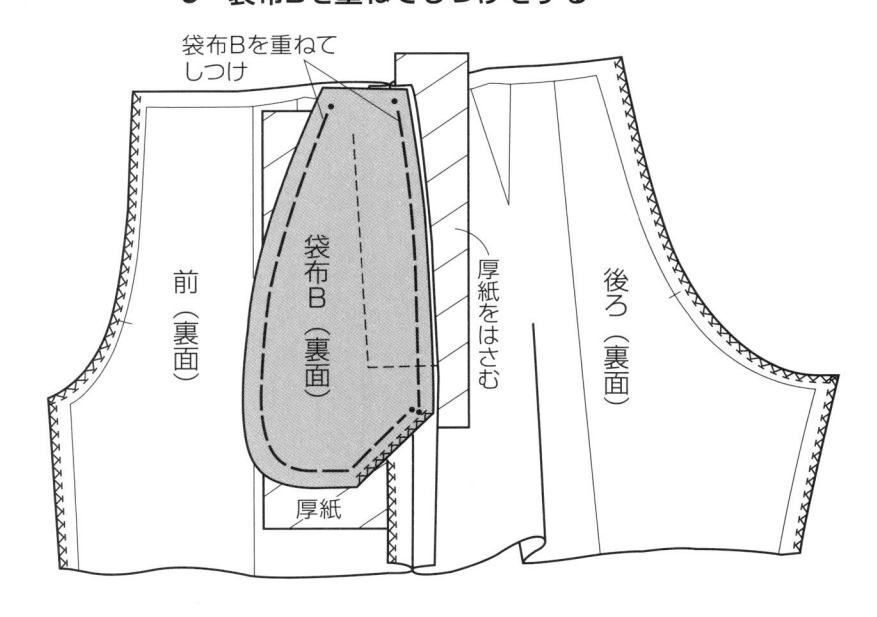

9 部分縫い 189

9 袋布Bを脇縫い代に止める

- しつけ
- ①脇縫い目のきわに袋布Bをミシンで止める
- ②粗ミシンをとる
- 後ろ（裏面）
- 袋布B（表面）
- 袋布A（裏面）
- 前（表面）

10 袋布の周囲にミシンをかける

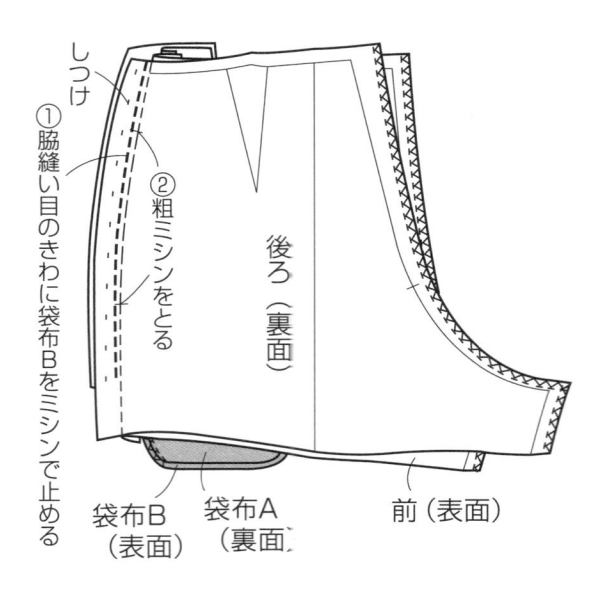

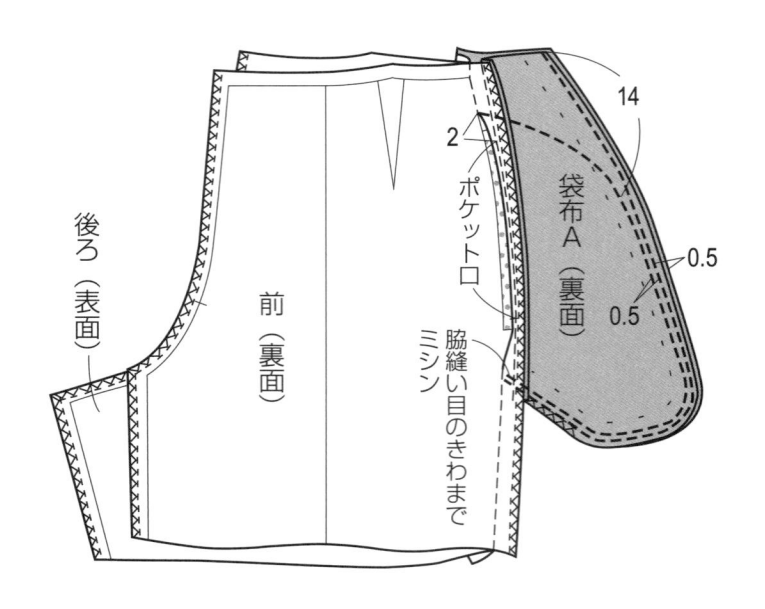

- 後ろ（表面）
- 前（裏面）
- ポケット口
- 脇縫い目のきわまでミシン
- 袋布A（裏面）
- 14
- 2
- 0.5
- 0.5

11 袋布の周囲と後ろ脇縫い代にロックミシンをかける

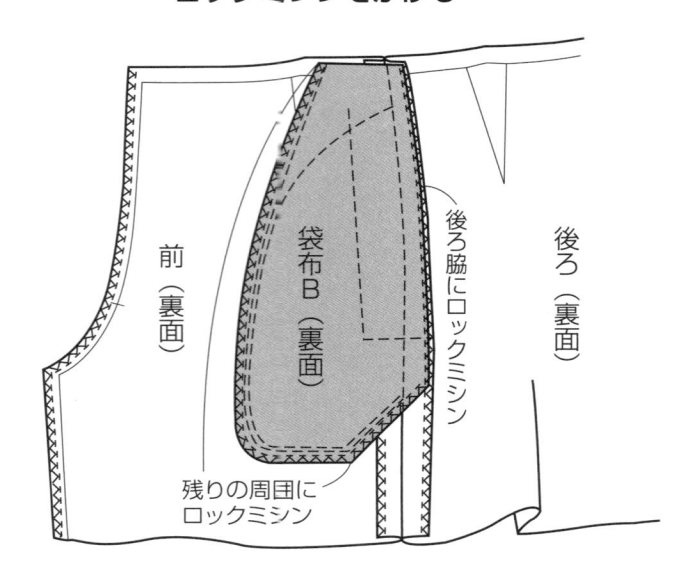

- 前（裏面）
- 袋布B（裏面）
- 後ろ脇にロックミシン
- 後ろ（裏面）
- 残りの周囲にロックミシン

12 ポケット口の両端にかんぬき止めミシン

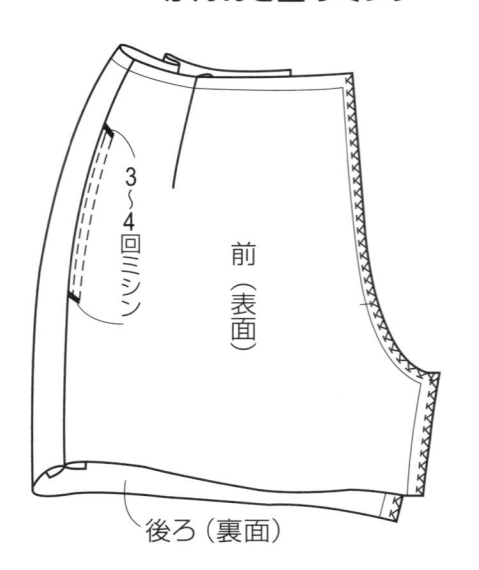

- 前（表面）
- 3〜4回ミシン
- 後ろ（裏面）

片玉縁ポケット（腰ポケット）

　婦人物では実用よりも、バックスタイルのアクセントとして、装飾的につける場合が多い。ここでは、二通りの方法を解説する。布地によって適切な方法を用いる。

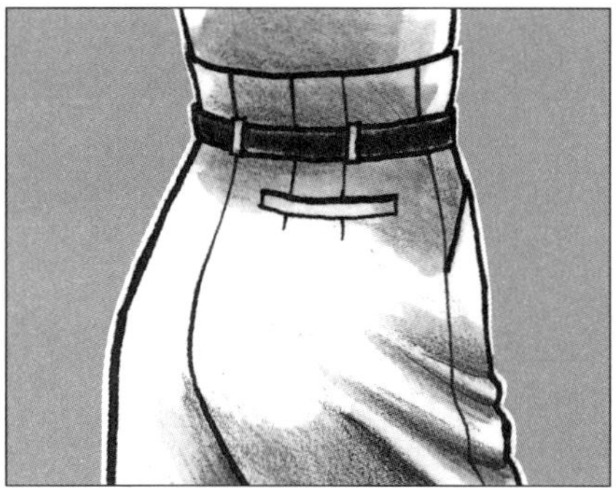

【A】玉縁の縫い代を割る方法（厚地の場合）

1　付属布の裁断

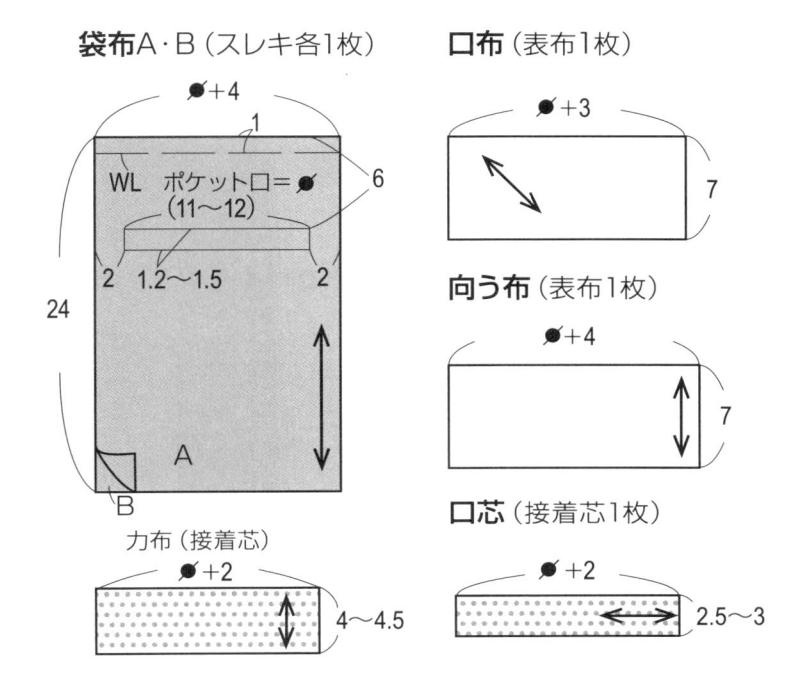

袋布A・B（スレキ各1枚）
● +4
WL　ポケット口＝●
（11〜12）
1.2〜1.5
24
A
B
力布（接着芯）
● +2
4〜4.5

口布（表布1枚）
● +3
7

向う布（表布1枚）
● +4
7

口芯（接着芯1枚）
● +2
2.5〜3

**2　口芯をはり、向う布をつける
　　力布を後ろパンツにはる**

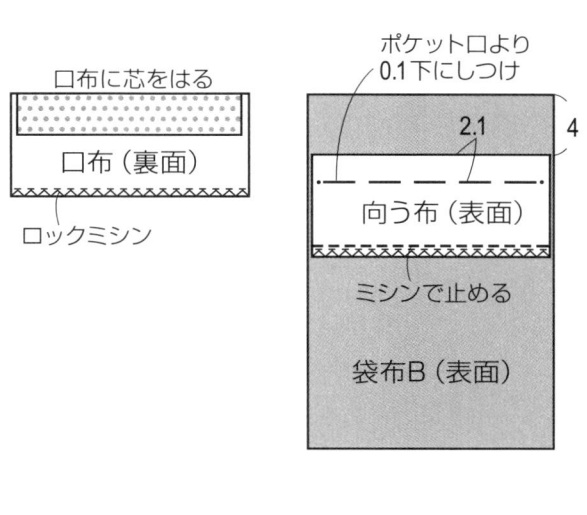

口布に芯をはる
口布（裏面）
ロックミシン

ポケット口より0.1下にしつけ
2.1
向う布（表面）
ミシンで止める
袋布B（表面）

3　袋布Aを裏面にすえ、縫い代を割る

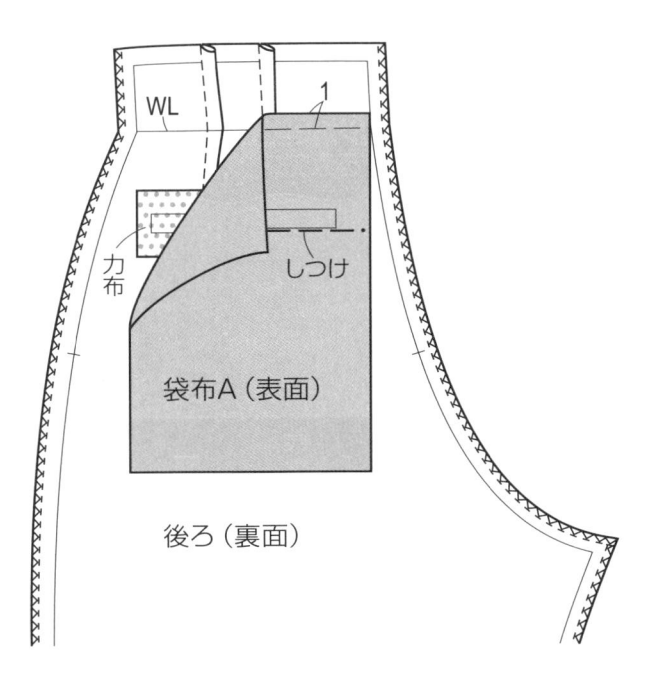

WL
力布
しつけ
袋布A（表面）
後ろ（裏面）

**4　口布を中表に重ねてしつけで止め、
　　ミシンをかける**

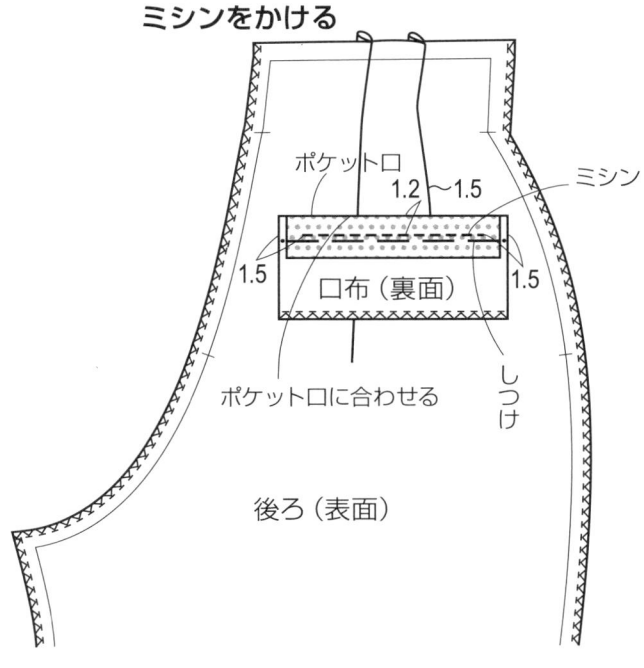

ポケット口
1.2〜1.5
ミシン
1.5　　1.5
口布（裏面）
ポケット口に合わせる
しつけ
後ろ（表面）

5 袋布Bをポケット口に合わせてしつけで止め、ミシンをかける

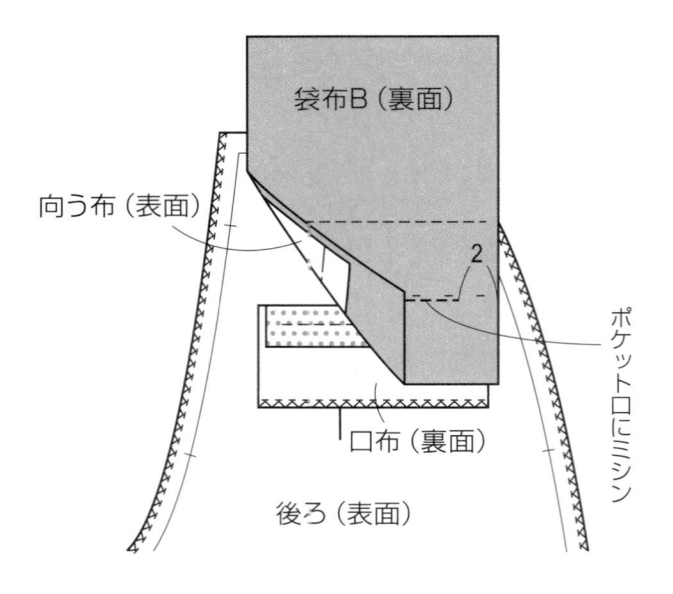

袋布B（裏面）
向う布（表面）
ポケット口にミシン
2
口布（裏面）
後ろ（表面）

6 口布と袋布の縫い代をよけて、中央に切込みを入れる

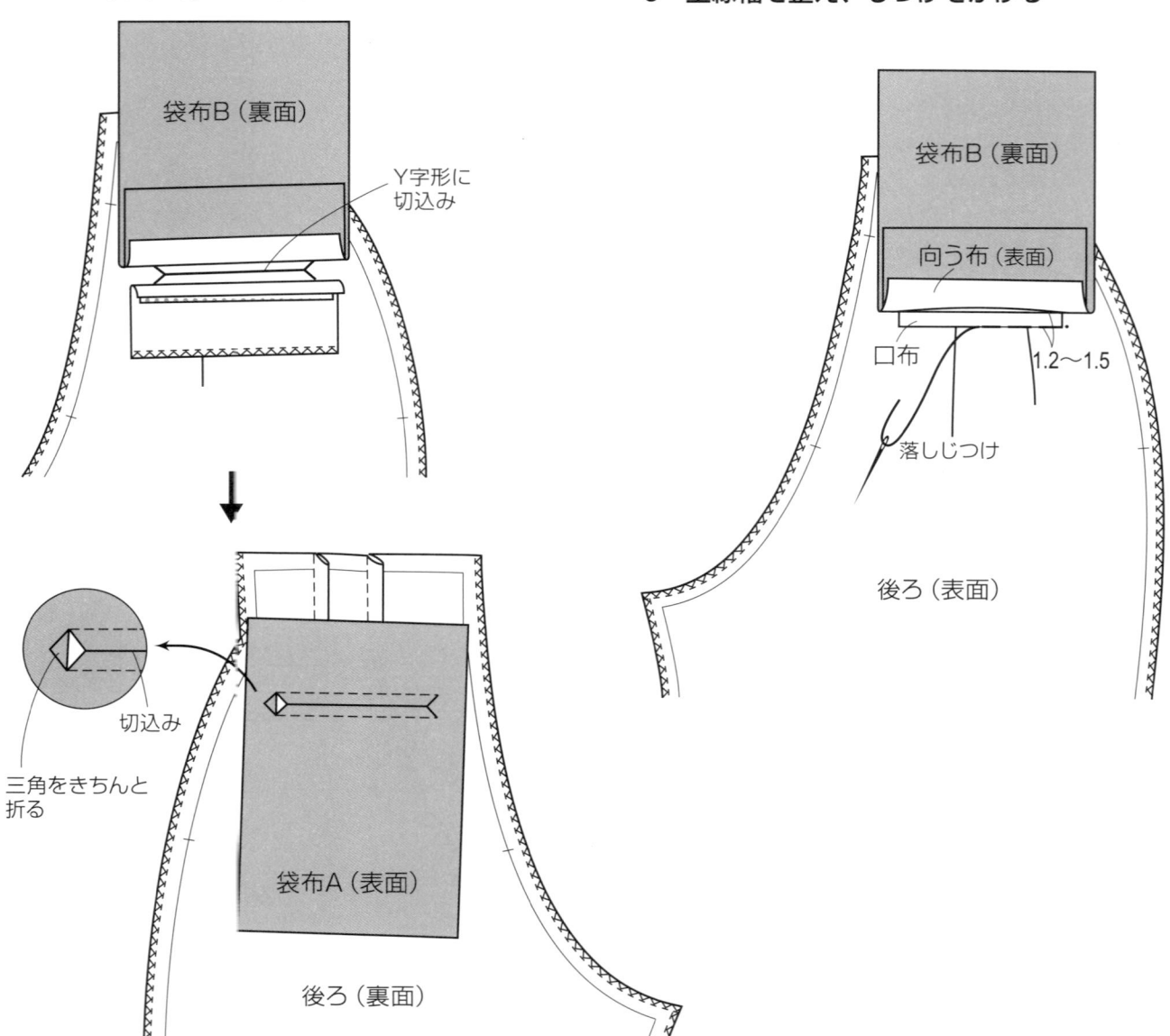

袋布B（裏面）
Y字形に切込み

切込み
三角をきちんと折る

袋布A（表面）
後ろ（裏面）

7 口布を裏側に引き出し、縫い代を割る

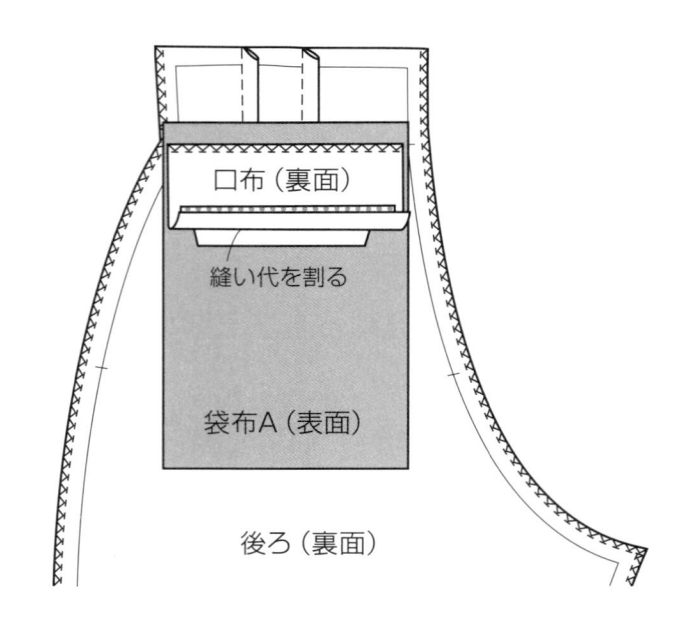

口布（裏面）
縫い代を割る
袋布A（表面）
後ろ（裏面）

8 玉縁幅を整え、しつけをかける

袋布B（裏面）
向う布（表面）
口布
1.2〜1.5
落しじつけ
後ろ（表面）

9 口布の落しじつけのきわに裏面からミシンをかける

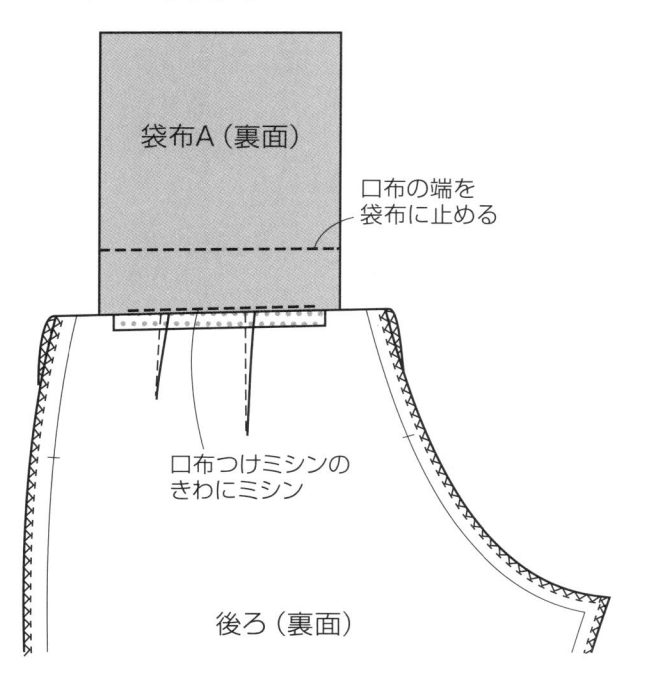

口布の端を袋布に止める

袋布A（裏面）

口布つけミシンのきわにミシン

後ろ（裏面）

10 袋布Bを裏側に引き出し、アイロンで整える

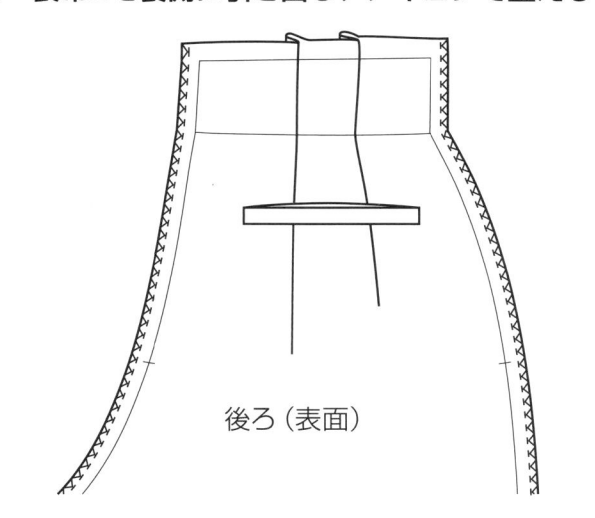

後ろ（表面）

11 袋布の周囲にミシンをかける

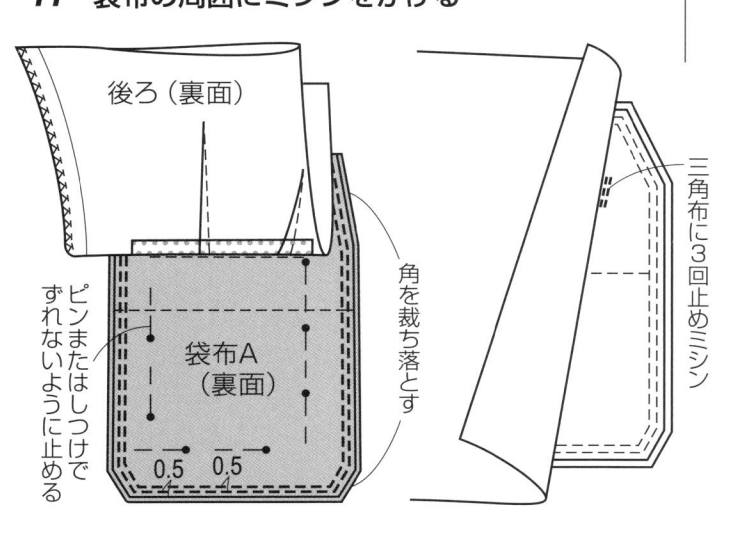

後ろ（裏面）

袋布A（裏面）

0.5　0.5

ピンまたはしつけでずれないように止める

角を裁ち落とす

三角布に3回止めミシン

【B】口布と向う布を1枚の布で作る方法（薄地の場合）

1 付属布の裁断

袋布A・B（スレキ各1枚）

● +4
1
WL　ポケット口＝●
　　　（11〜12）　　　6
2　1.2〜1.5　2
24
A
B

口布（表布1枚）

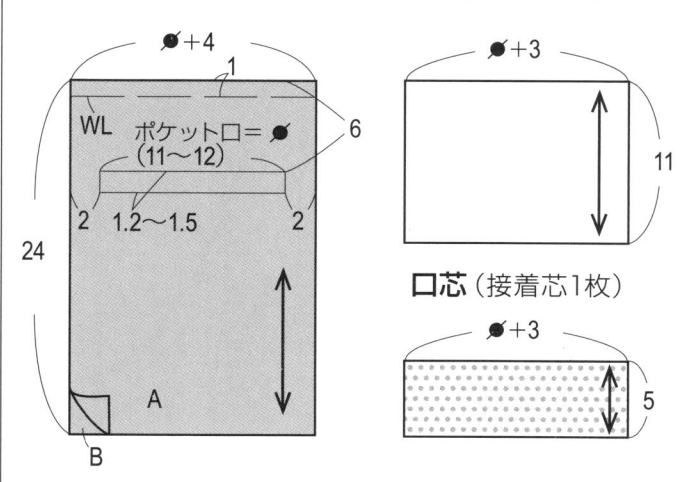

● +3
11

口芯（接着芯1枚）

● +3
5

2 口布に口芯をはり、ロックミシンをかける

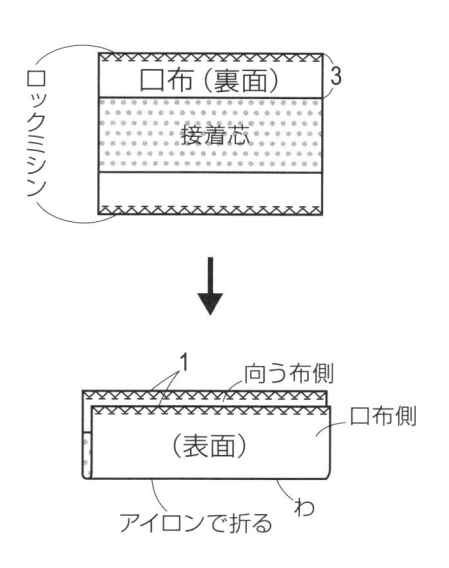

ロックミシン

口布（裏面）　3
接着芯

↓

1　向う布側
口布側
（表面）
わ
アイロンで折る

3　袋布Aを裏面にすえ、しつけで止める

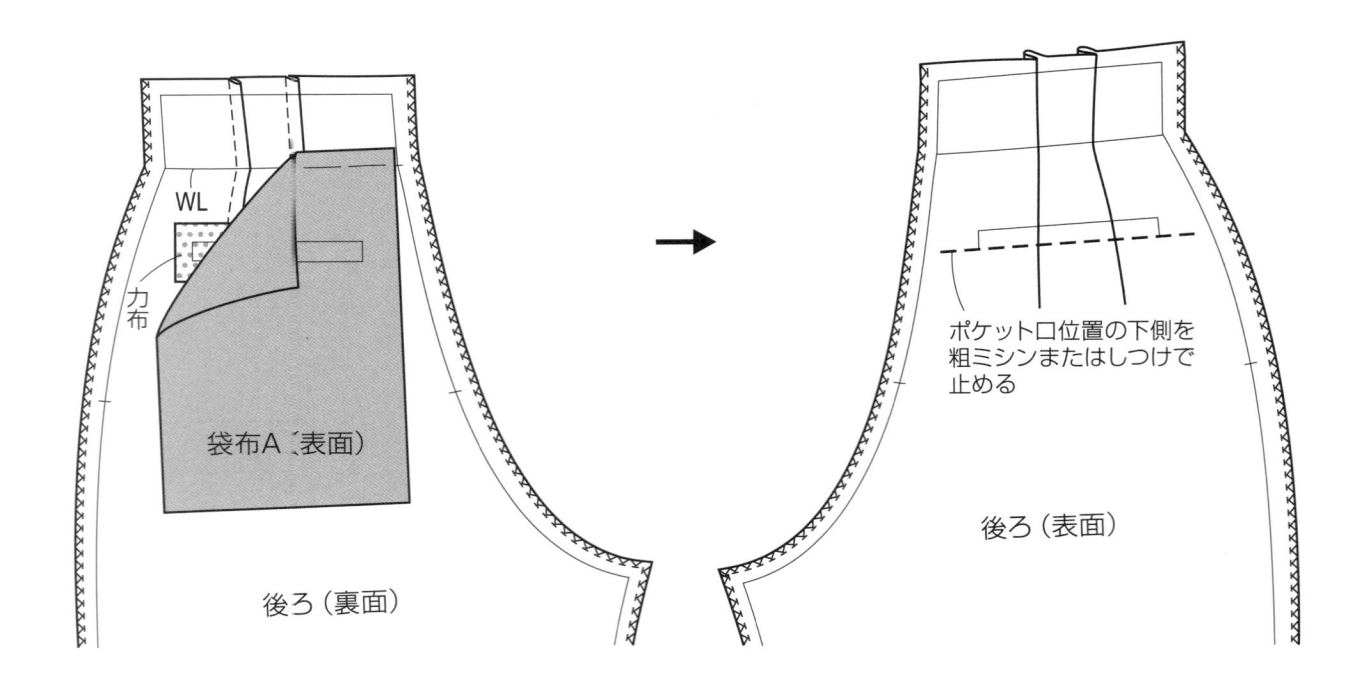

WL

力布

袋布A（表面）

後ろ（裏面）

→

ポケット口位置の下側を粗ミシンまたはしつけで止める

後ろ（表面）

4　表面に口布を当て、ミシンをかける

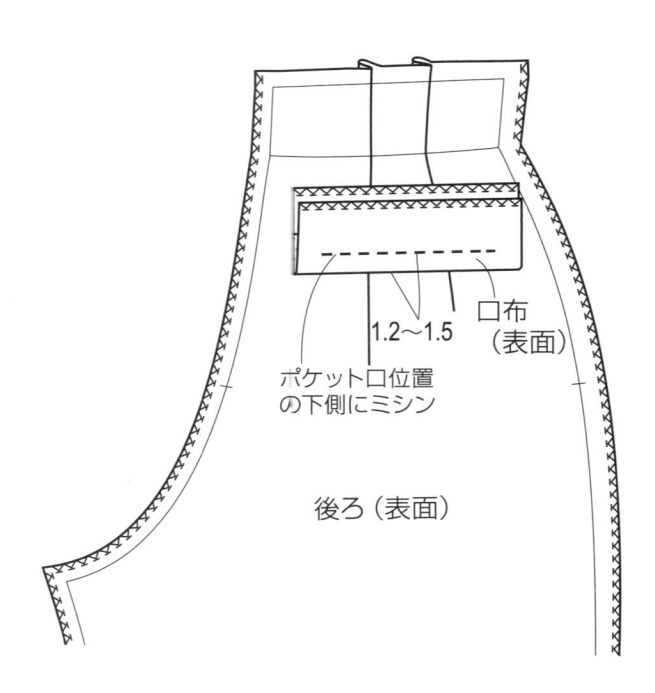

1.2～1.5

口布（表面）

ポケット口位置の下側にミシン

後ろ（表面）

5　口布側の布をめくってピンで止める

向う布

めくってピンで止める

後ろ（表面）

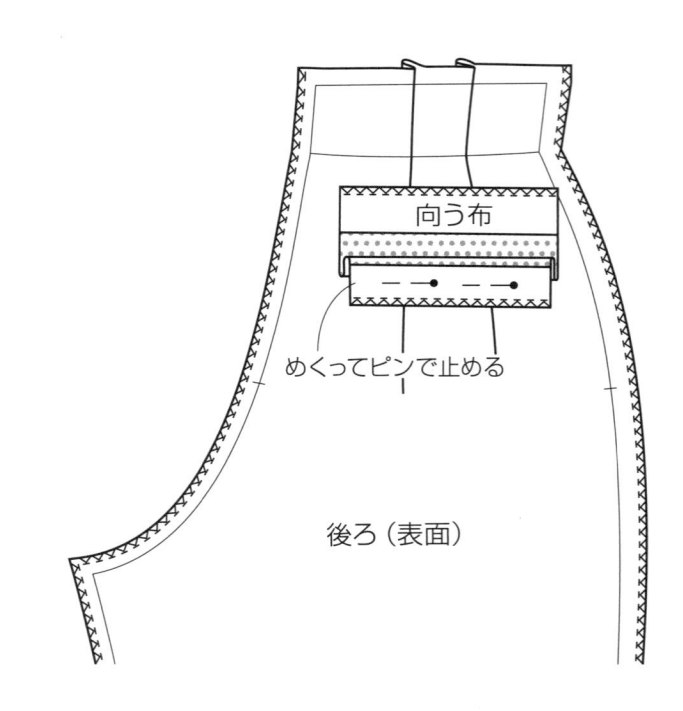

6　ポケット口布にミシンをかけ、切込みを入れる

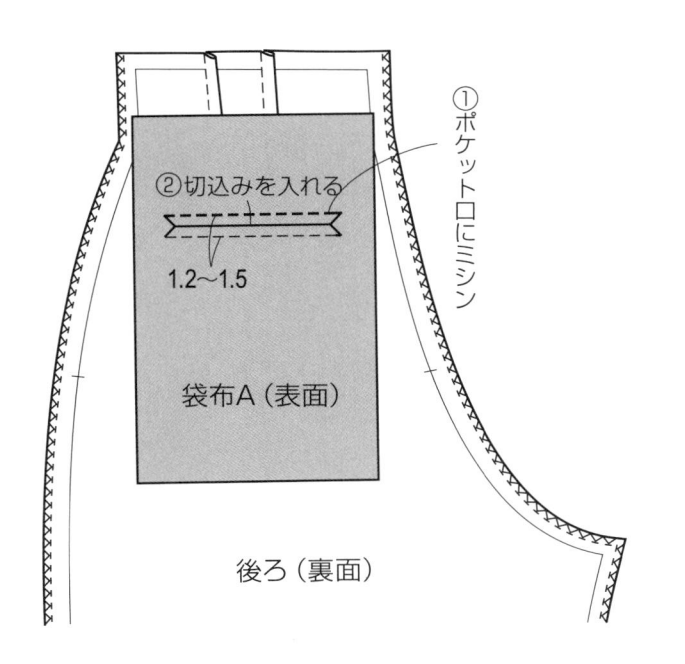

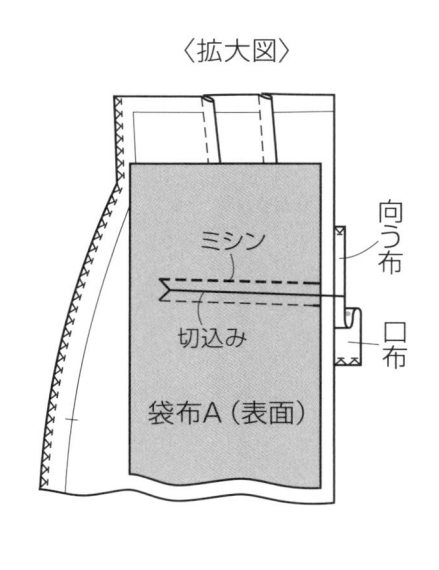

①ポケット口にミシン
②切込みを入れる
1.2〜1.5
袋布A（表面）
後ろ（裏面）

〈拡大図〉
ミシン
切込み
向う布
口布
袋布A（表面）

7　口布を裏面に引き出し、形を整える

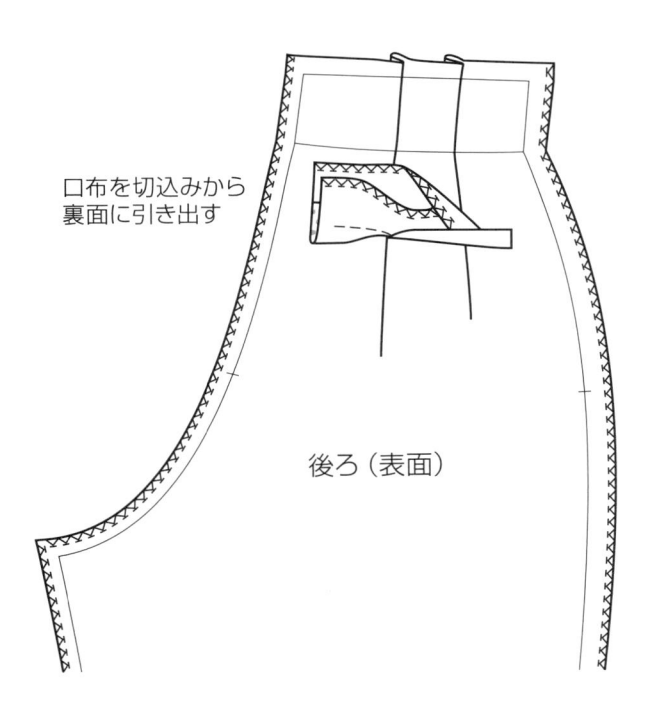

口布を切込みから裏面に引き出す
後ろ（表面）

8　口布の下端を袋布Aに止める

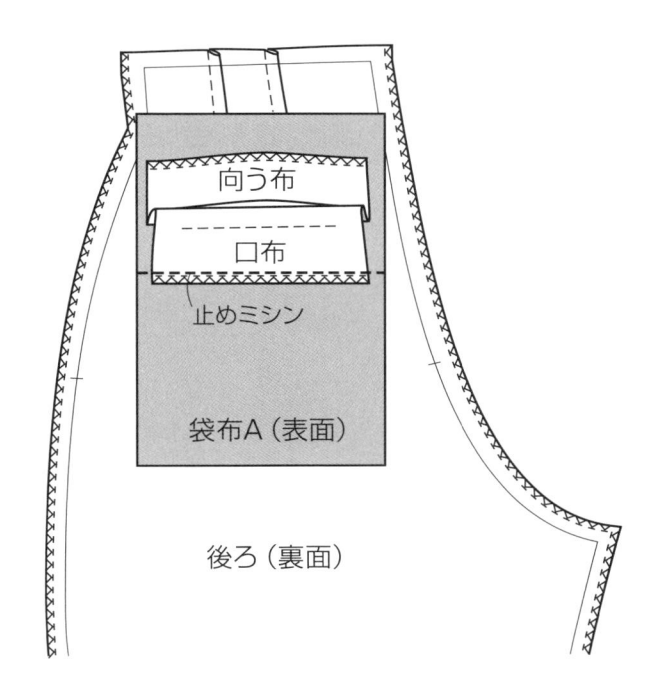

向う布
口布
止めミシン
袋布A（表面）
後ろ（裏面）

9　部分縫い

9 袋布Bをを両面接着テープまたはのりで仮止め

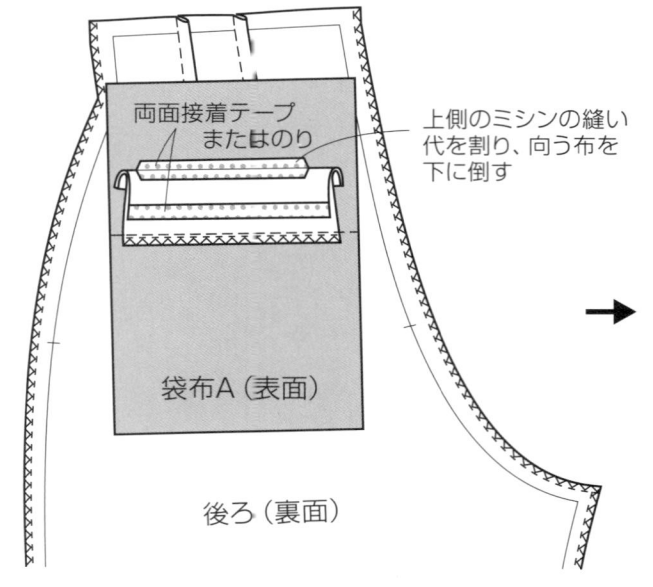

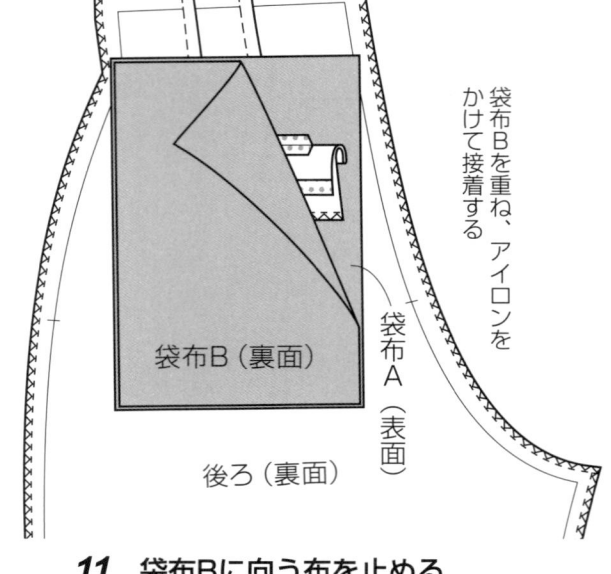

両面接着テープまたはのり

上側のミシンの縫い代を割り、向う布を下に倒す

袋布A（表面）

後ろ（裏面）

→

袋布Bを重ね、アイロンをかけて接着する

袋布B（裏面）

袋布A（表面）

後ろ（裏面）

10 ポケット口に表からミシンをかけて、袋布Bを止める

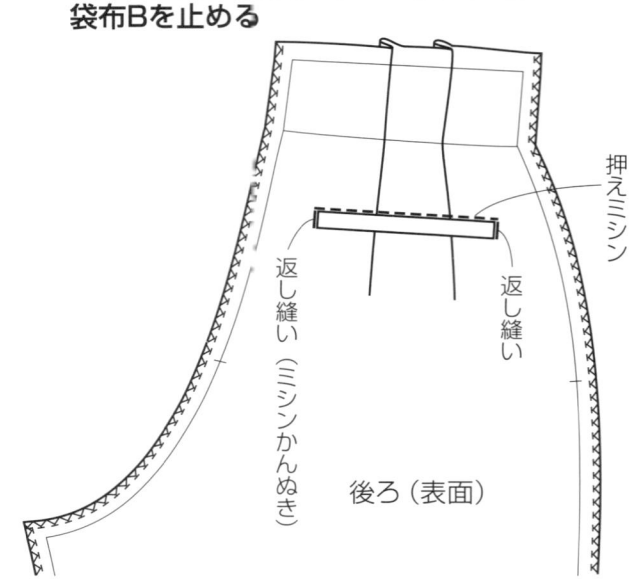

押えミシン

返し縫い（ミシンかんぬき）

返し縫い

後ろ（表面）

11 袋布Bに向う布を止める

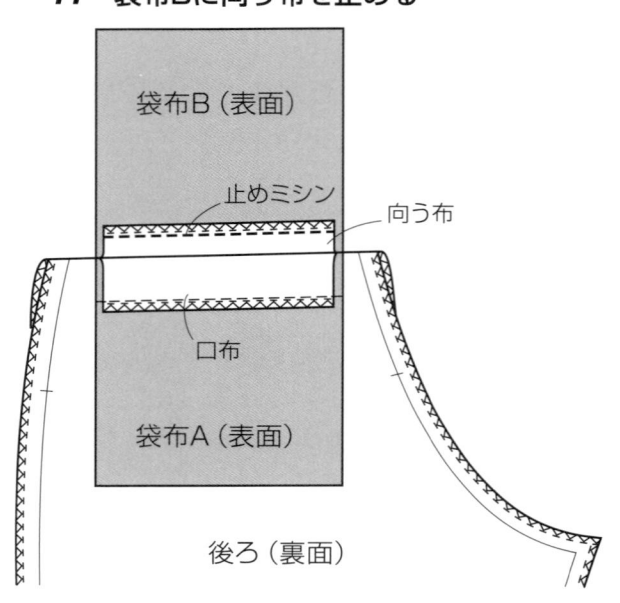

袋布B（表面）

止めミシン

向う布

口布

袋布A（表面）

後ろ（裏面）

12 袋布の周囲にミシンをかける

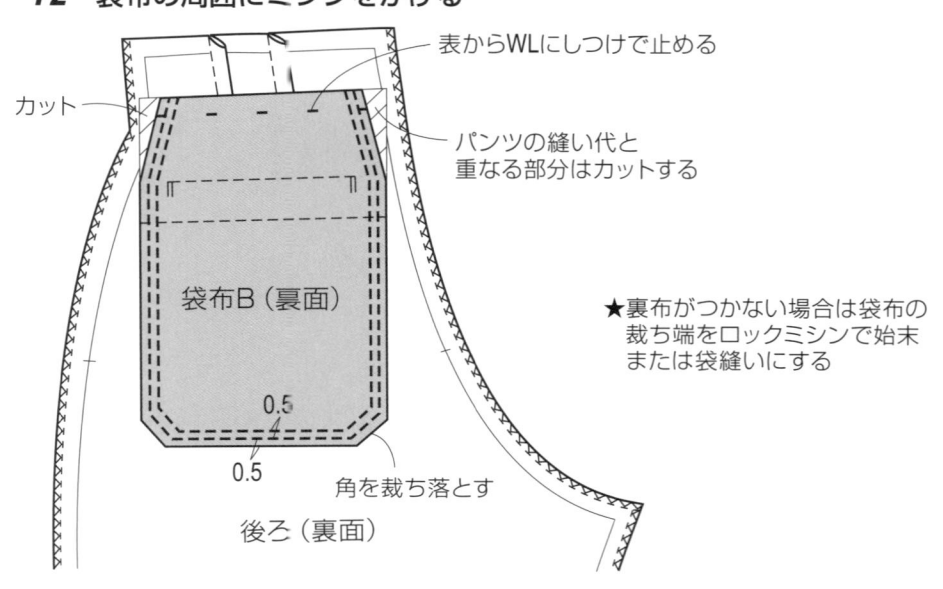

表からWLにしつけで止める

パンツの縫い代と重なる部分はカットする

カット

袋布B（裏面）

0.5
0.5

角を裁ち落とす

後ろ（裏面）

★裏布がつかない場合は袋布の裁ち端をロックミシンで始末または袋縫いにする

ハイウエストの前あきの作り方

ハイウエストの場合、ファスナーはウエストラインまでとし、ベルト部分はボタン掛けにする。

この場合は、あきの作り方は左が上前になっている。ただし、スーツの場合は身頃の上前と合わせる。

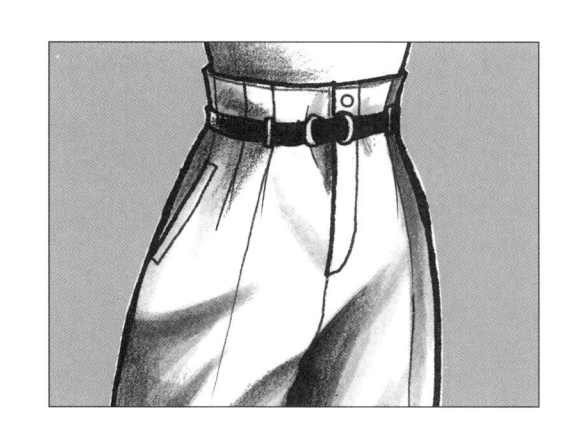

1 見返し、持出しの裁断

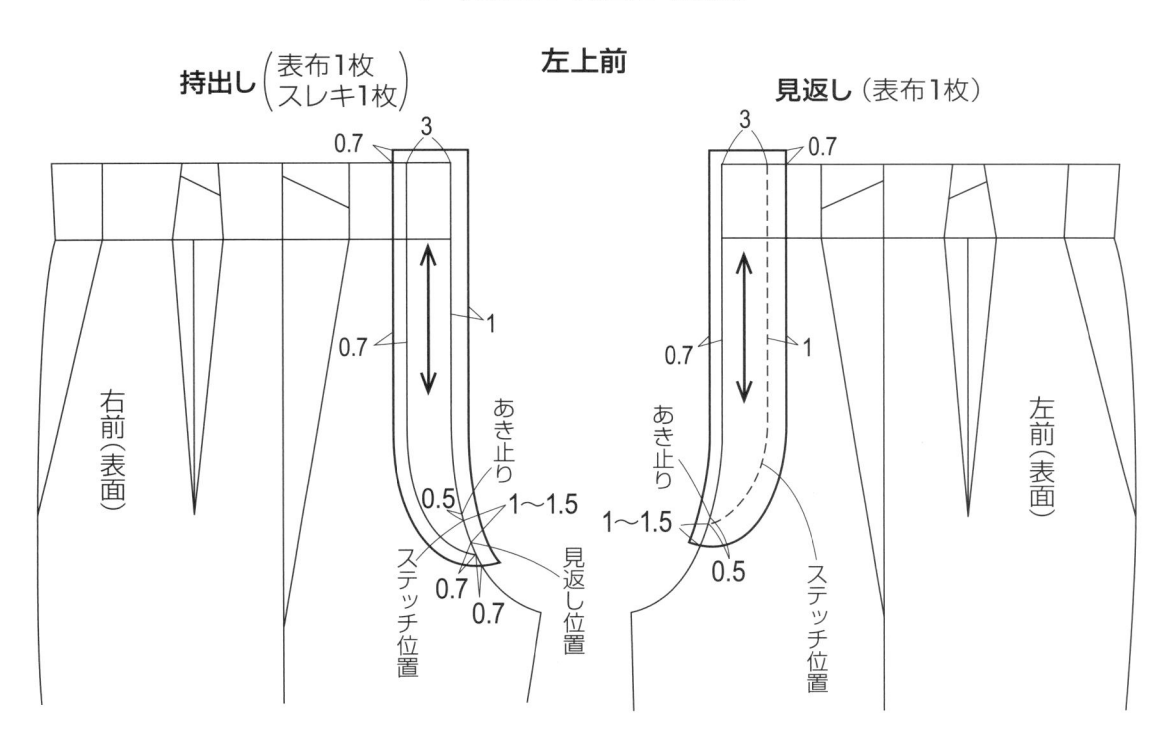

持出し（表布1枚／スレキ1枚）　左上前　見返し（表布1枚）

2 見返し、表持出しに芯をはる

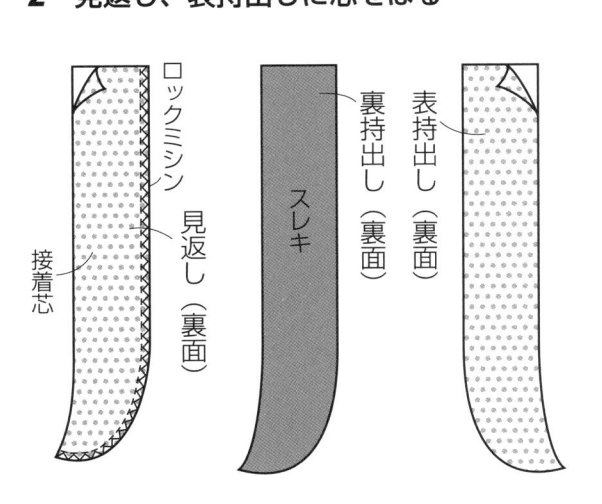

3 持出しを縫う

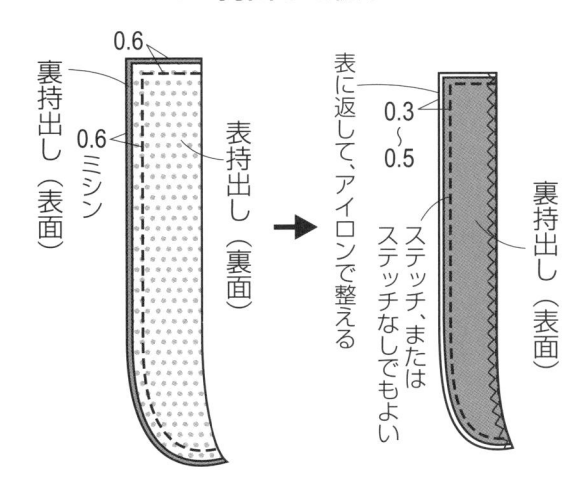

表に返して、アイロンで整える
ステッチ、またはステッチなしでもよい

9　部分縫い　197

4 右前に見返しをつけ、持出しにファスナーをつける

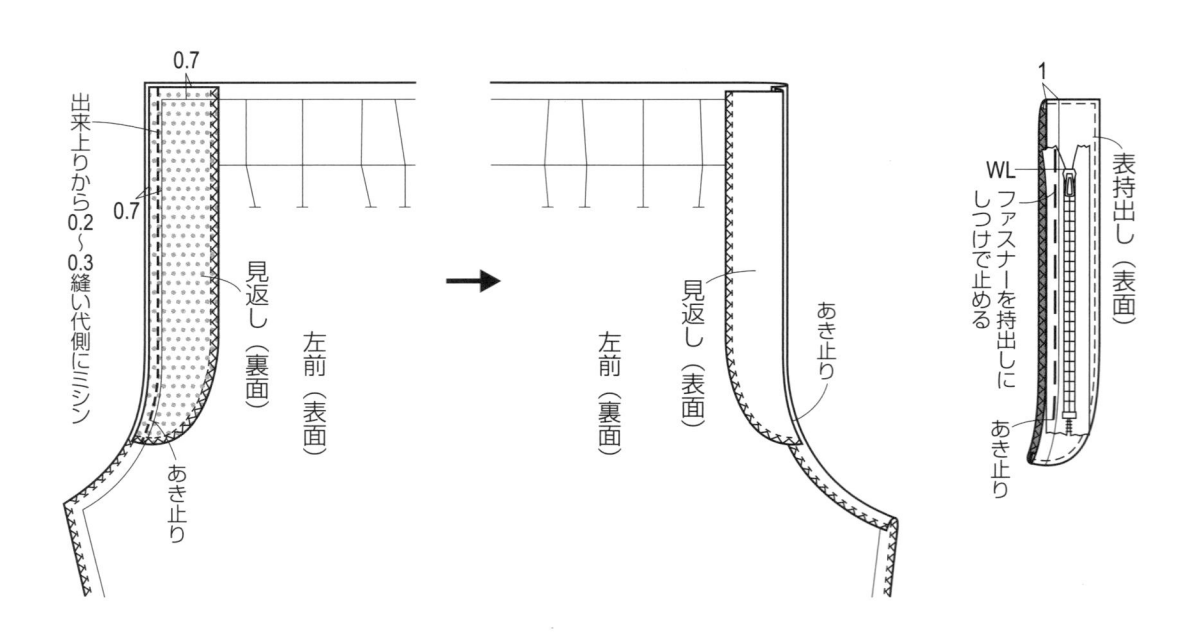

5 股ぐりを縫う

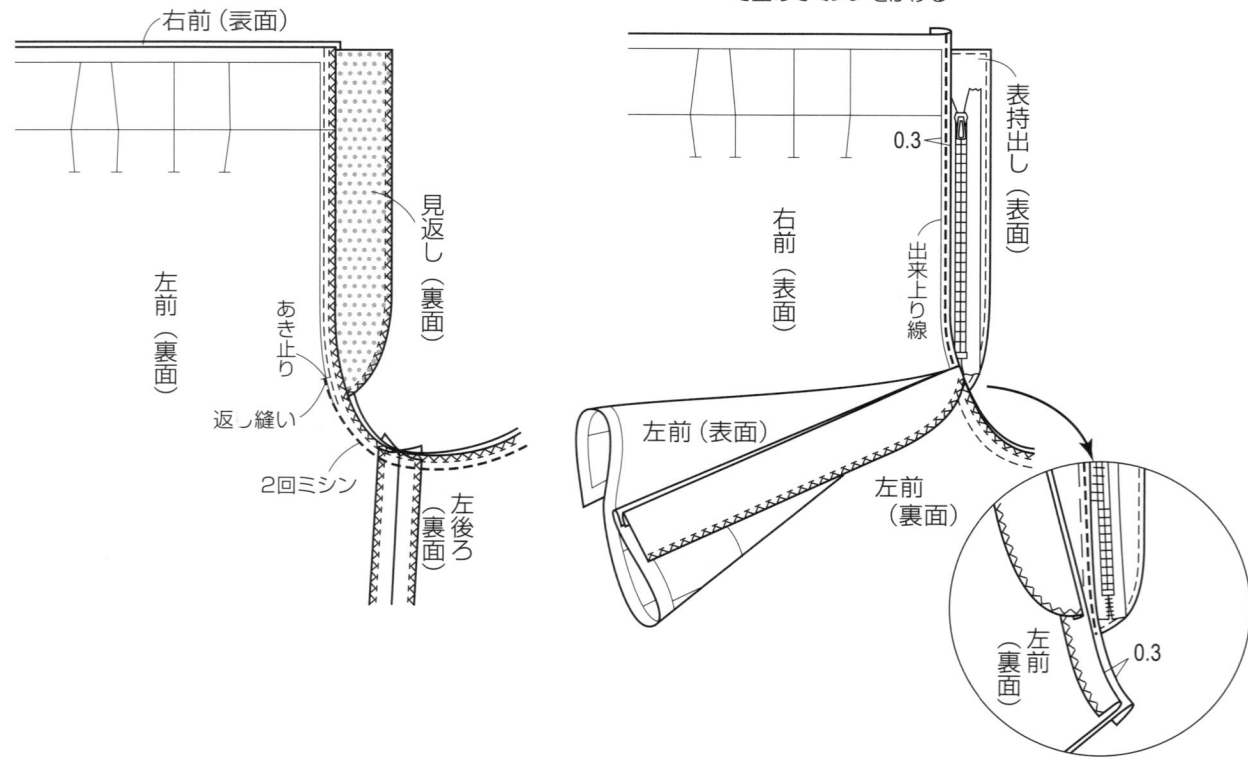

6 右前にファスナーをつける

右前中心は0.3cm出して折り、持出し上部をハイウエストラインに合わせて重ね、しつけで止めてミシンをかける

7 左前の見返しにファスナーをつける

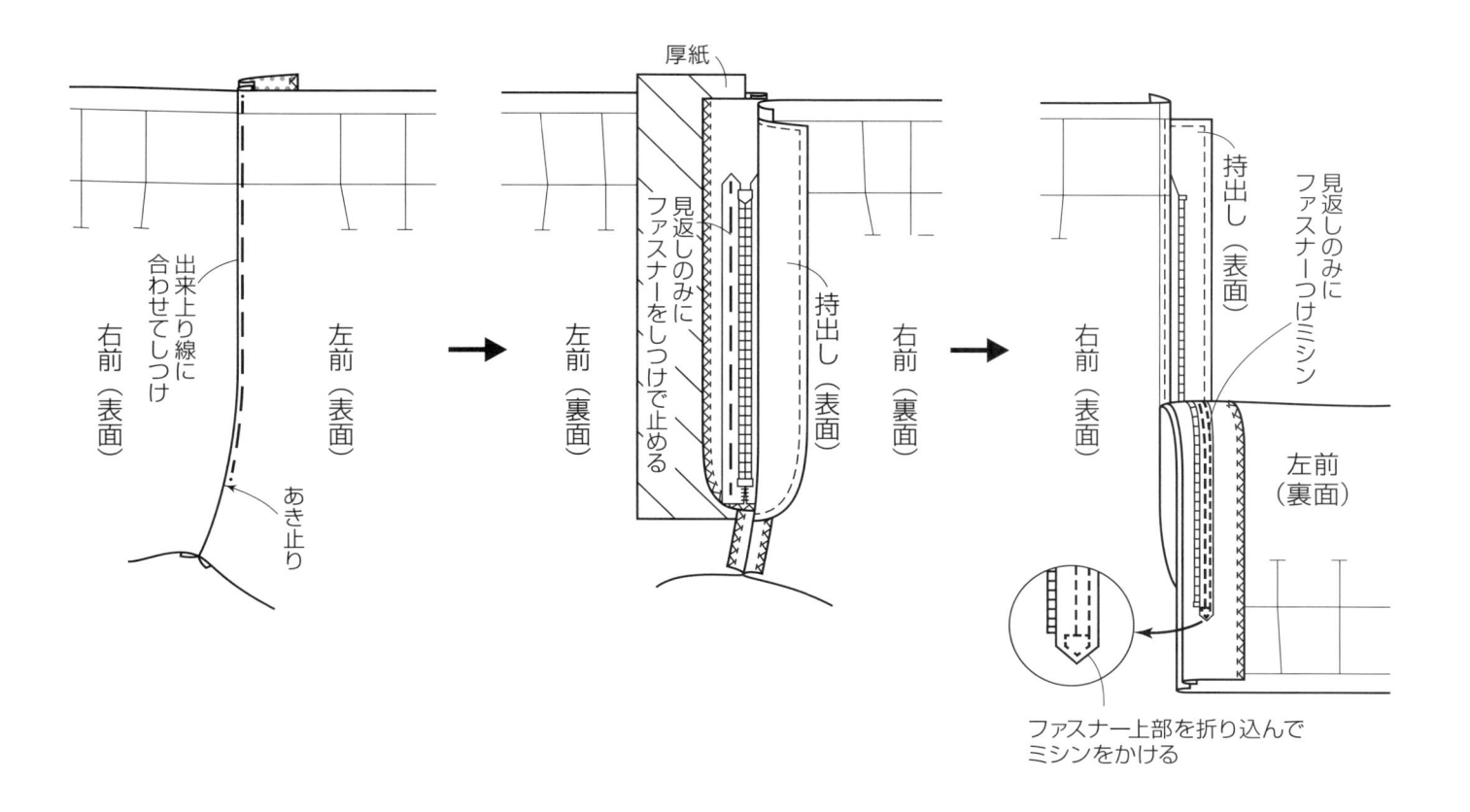

右前（表面） / 出来上り線に合わせてしつけ / あき止り / 左前（表面）

厚紙 / 左前（裏面） / 見返しのみにファスナーをしつけで止める / 持出し（表面） / 右前（裏面）

右前（表面） / 持出し（表面） / 見返しのみにファスナーつけミシン / 左前（裏面）

ファスナー上部を折り込んでミシンをかける

8 ハイウエストの見返しのパターンを作る

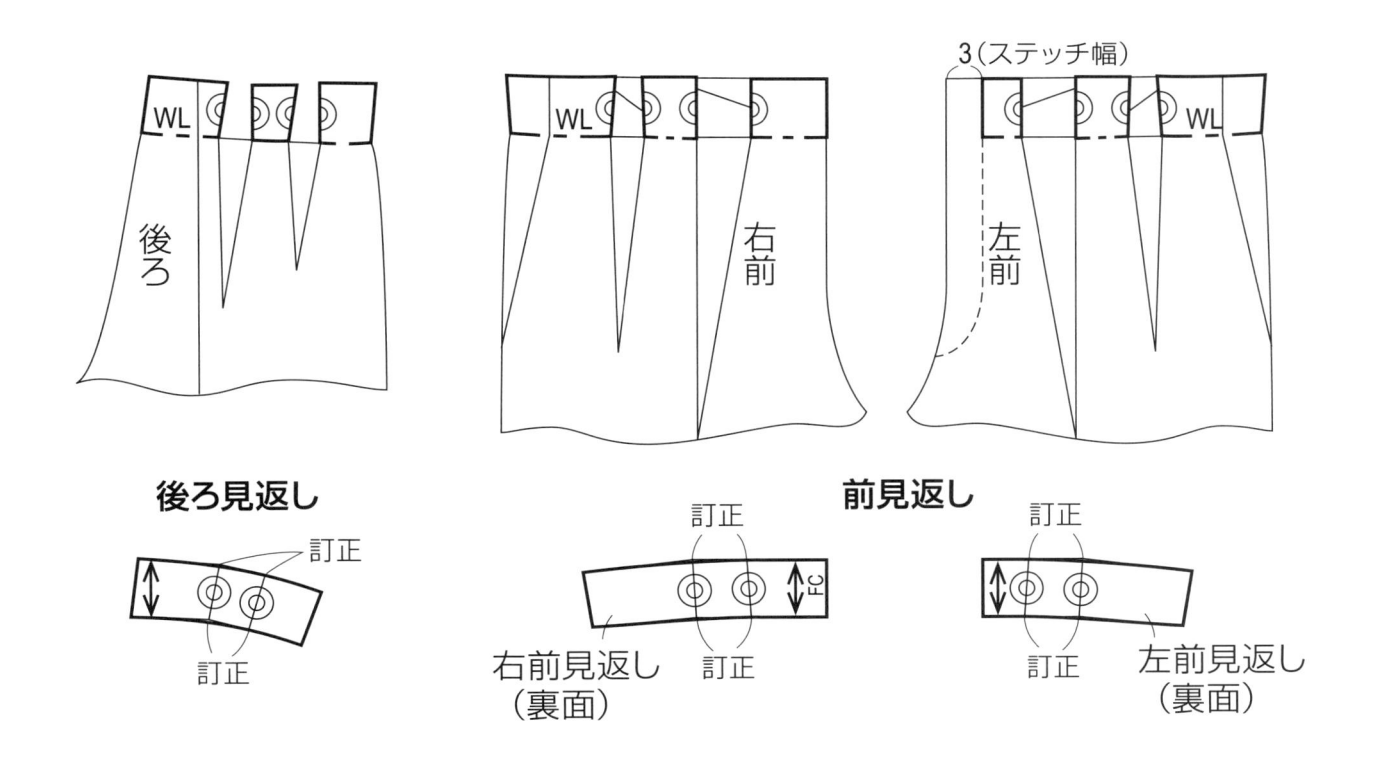

WL / 後ろ

WL / 右前

3（ステッチ幅） / WL / 左前

後ろ見返し
訂正 / 訂正

前見返し
訂正 / FC / 右前見返し（裏面） / 訂正

訂正 / 訂正 / 左前見返し（裏面）

9 見返しを裁断し、接着芯をはる

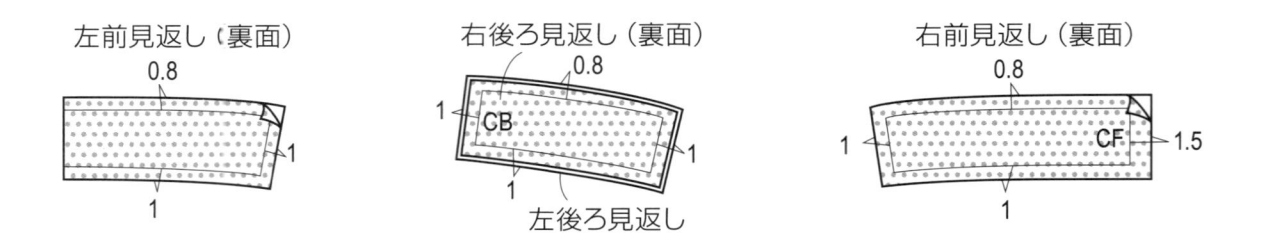

左前見返し（裏面）　　　右後ろ見返し（裏面）　　　右前見返し（裏面）

10 ウエスト見返しの後ろ中心、脇を縫い、縫い代をアイロンで割る

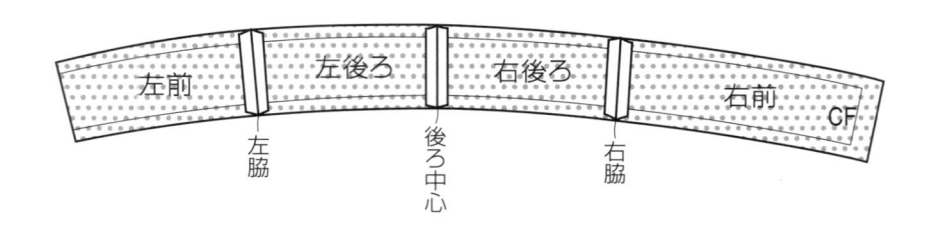

11 ウエスト見返しをつける

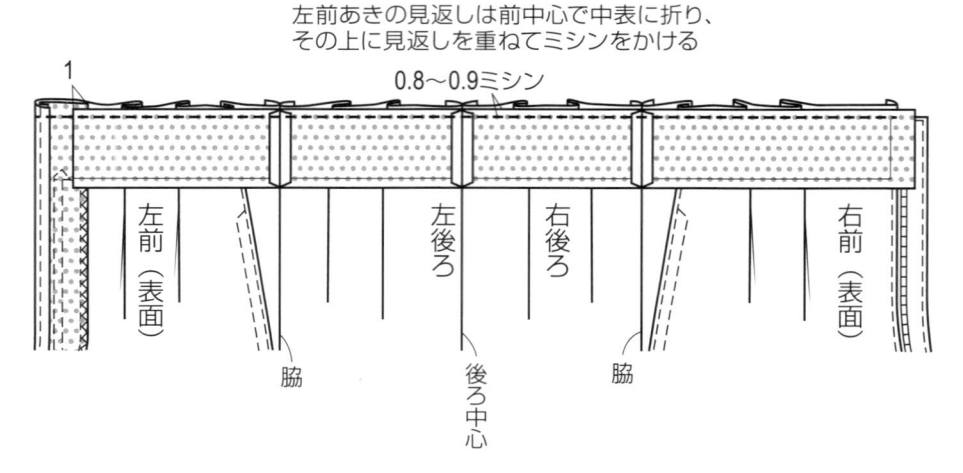

左前あきの見返しは前中心で中表に折り、
その上に見返しを重ねてミシンをかける

0.8〜0.9ミシン

12 見返しを表に返してアイロンで整え
ステッチ位置をしつけでしるす

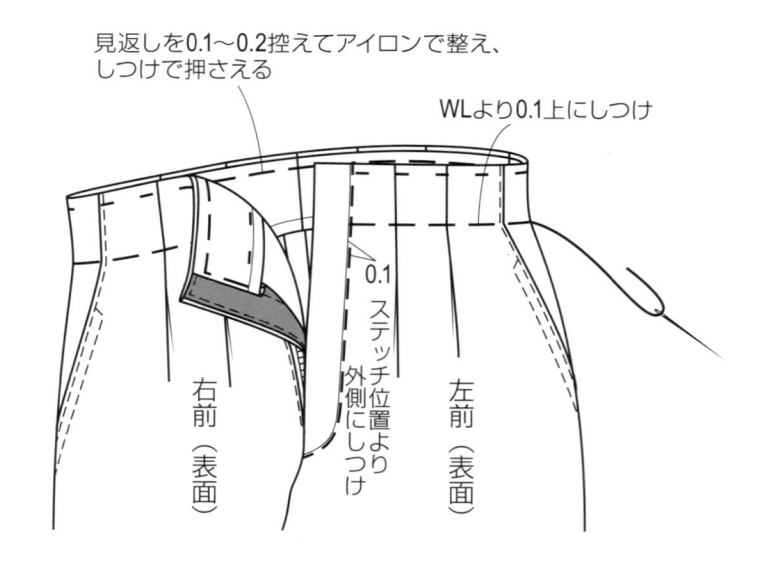

見返しを0.1〜0.2控えてアイロンで整え、
しつけで押さえる

WLより0.1上にしつけ

13　ステッチをかける

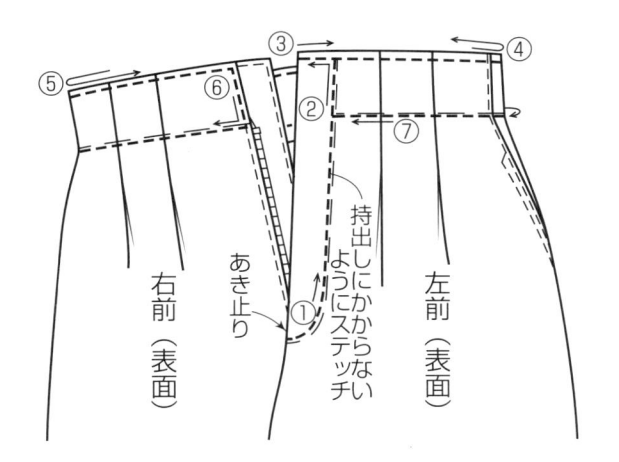

右前（表面）／あき止り／持出しにかからないようにステッチ／左前（表面）

14　表布と裏布を合わせ中とじをし、ウエストとあきの位置にまつって止める

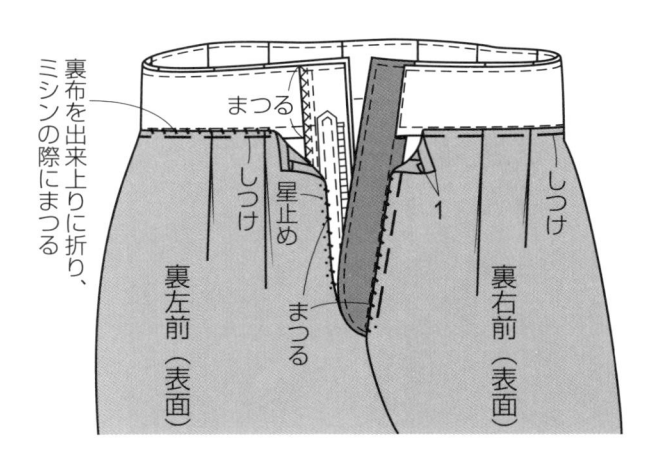

まつる／裏布を出来上りに折り、ミシンの際にまつる／しつけ／星止め／まつる／しつけ／裏左前（表面）／裏右前（表面）

★中とじの方法、裏布のあきの縫い代の折り方は181ページを参照

15　かんぬき止めミシンをしてベルト通しをつけ、左上前にボタンホールを作り、右下前の持出しにボタンをつける

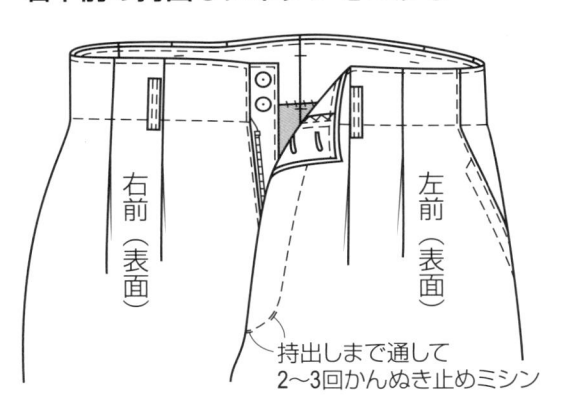

右前（表面）／左前（表面）／持出しまで通して2～3回かんぬき止めミシン

★ベルト通しのつけ方は203ページを参照

カーブしたウエストベルトのつけ方

ヒップボーンのウエス、ベルトはヒップラインに美しくそい、形くずれしないように丈夫に作る。

1 表、裏ベルト布それぞれに接着芯をはる

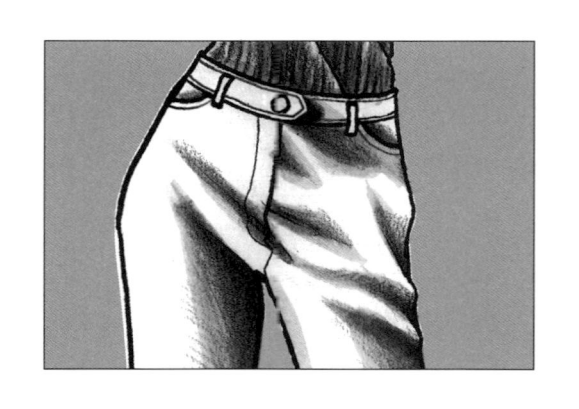

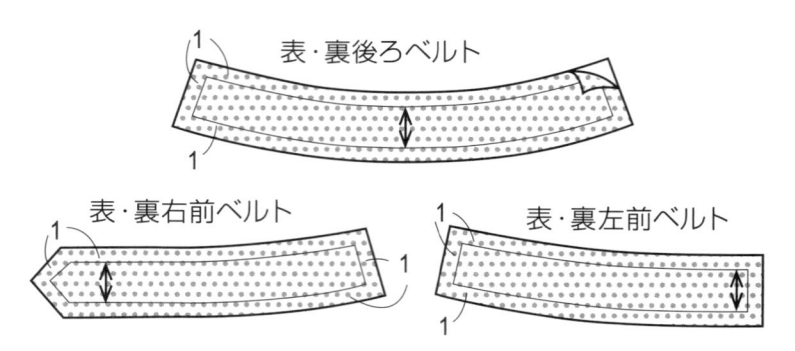

表・裏後ろベルト

表・裏右前ベルト　表・裏左前ベルト

2 ベルトを縫う

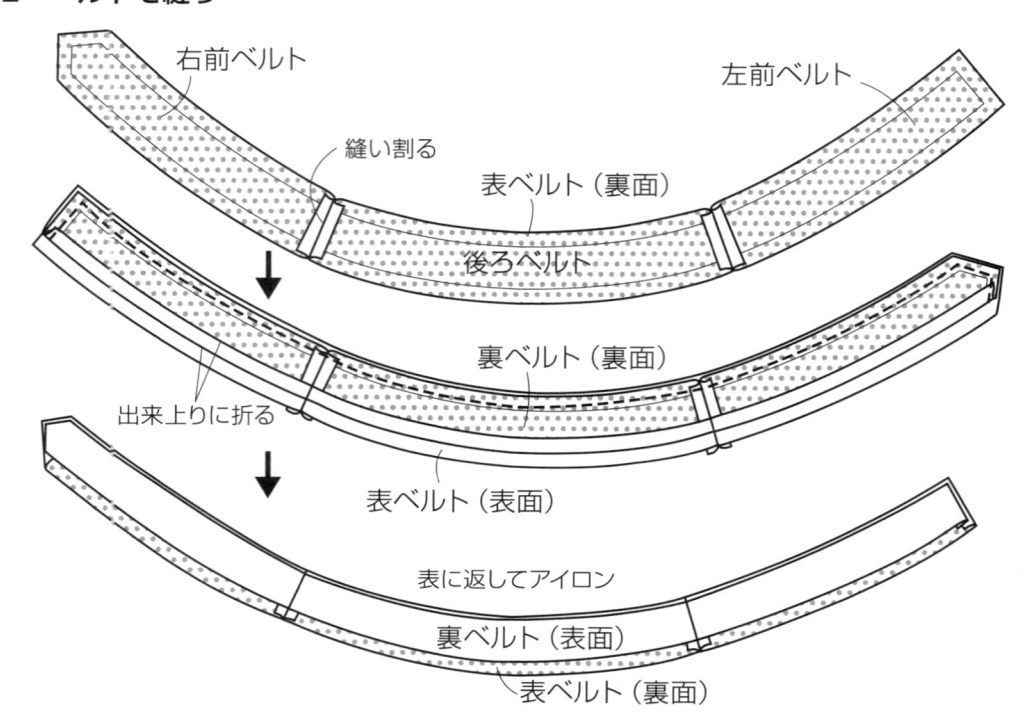

右前ベルト　左前ベルト
縫い割る
表ベルト（裏面）
後ろベルト

裏ベルト（裏面）
出来上りに折る
表ベルト（表面）

表に返してアイロン
裏ベルト（表面）
表ベルト（裏面）

3 ベルトをつける

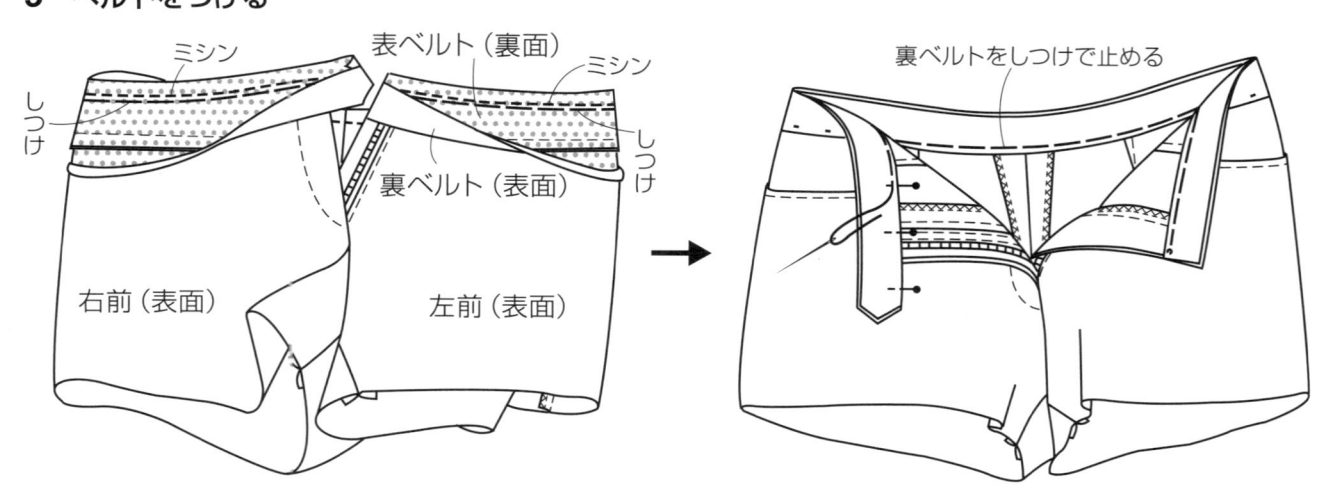

ミシン　表ベルト（裏面）　ミシン
しつけ　　　　　　　　　　しつけ
裏ベルト（表面）
右前（表面）　左前（表面）

裏ベルトをしつけで止める

4 ベルトにステッチをかけ、ベルト通しをつける。ボタンホールを作り、ボタン、ホックをつける

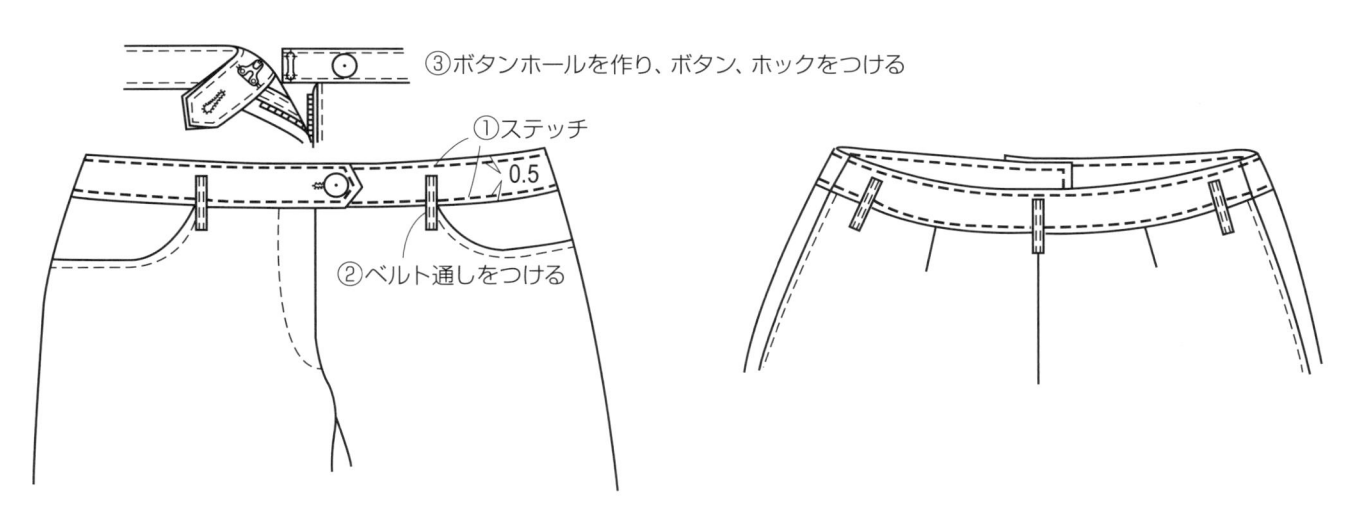

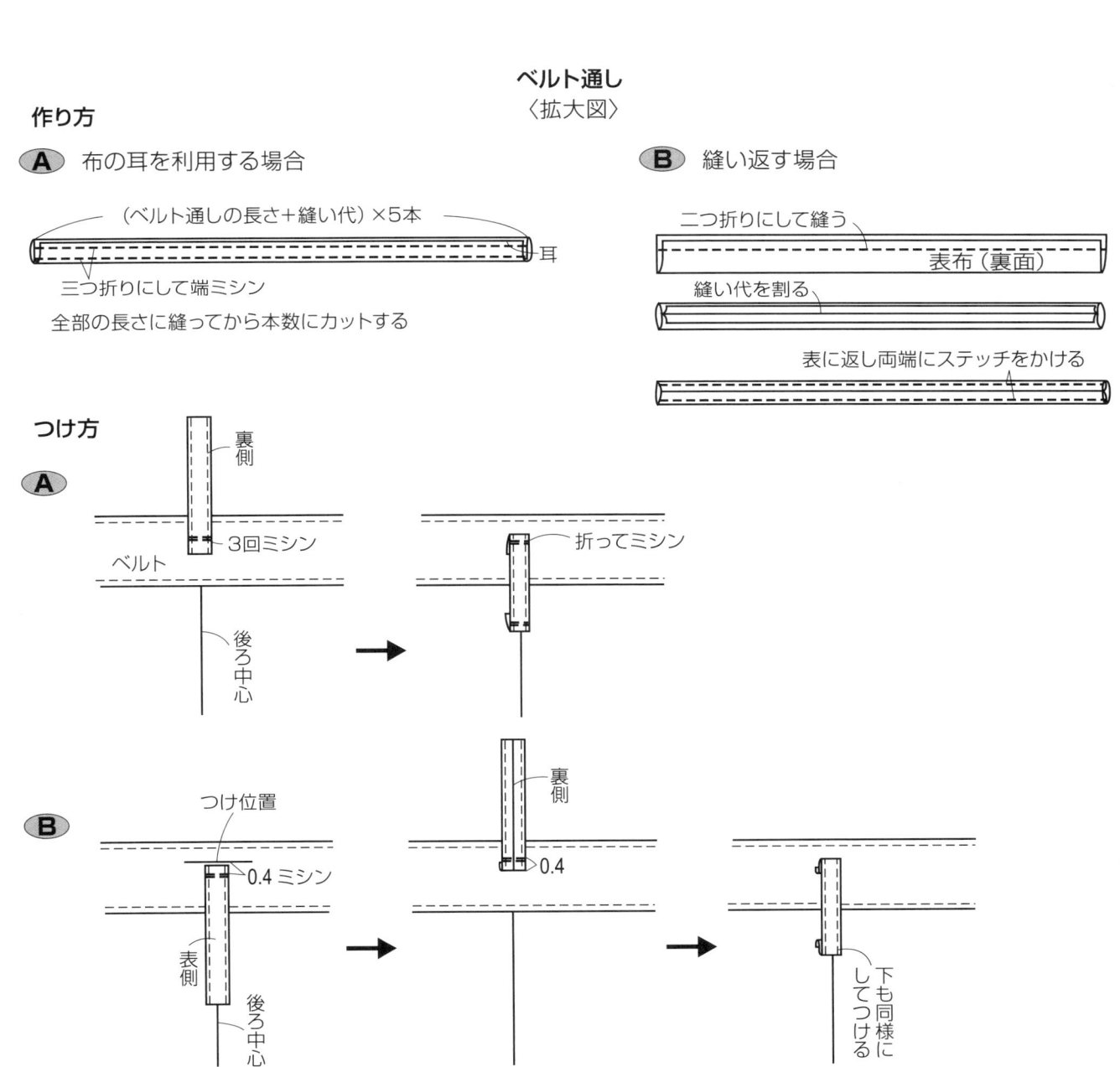

③ボタンホールを作り、ボタン、ホックをつける
①ステッチ
0.5
②ベルト通しをつける

ベルト通し〈拡大図〉

作り方

Ⓐ 布の耳を利用する場合

（ベルト通しの長さ＋縫い代）×5本
耳
三つ折りにして端ミシン
全部の長さに縫ってから本数にカットする

Ⓑ 縫い返す場合

二つ折りにして縫う
表布（裏面）
縫い代を割る
表に返し両端にステッチをかける

つけ方

Ⓐ
裏側
3回ミシン
ベルト
後ろ中心
折ってミシン

Ⓑ
つけ位置
0.4 ミシン
表側
後ろ中心
裏側
0.4
下も同様にしてつける

ダブルの裾の始末

裾をダブルに折り上げる場合は、折返し分を加えなくてはならない。

裾の折り代のつけ方

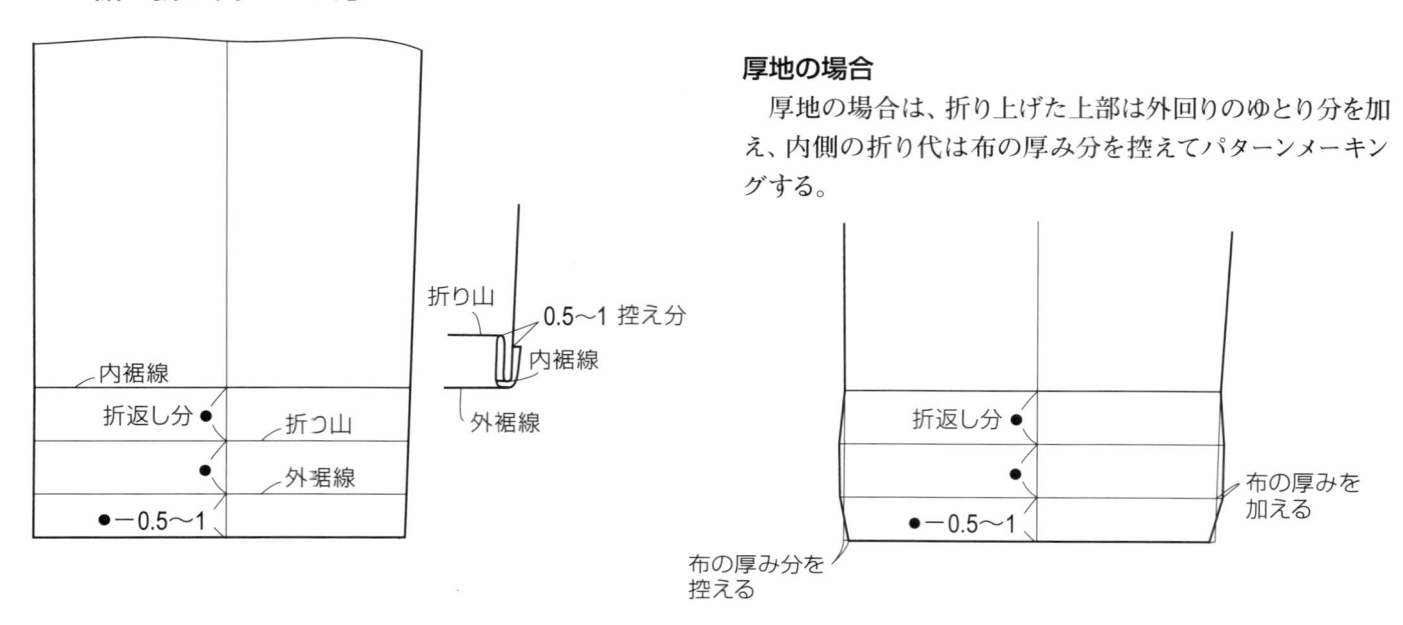

- 内裾線
- 折返し分
- 折つ山
- 外裾線
- ●-0.5～1
- 折り山
- 0.5～1 控え分
- 内裾線
- 外裾線

厚地の場合

厚地の場合は、折り上げた上部は外回りのゆとり分を加え、内側の折り代は布の厚み分を控えてパターンメーキングする。

- 折返し分
- ●-0.5～1
- 布の厚みを加える
- 布の厚み分を控える

1 脇を縫い、折返しの山にアイロンをかける

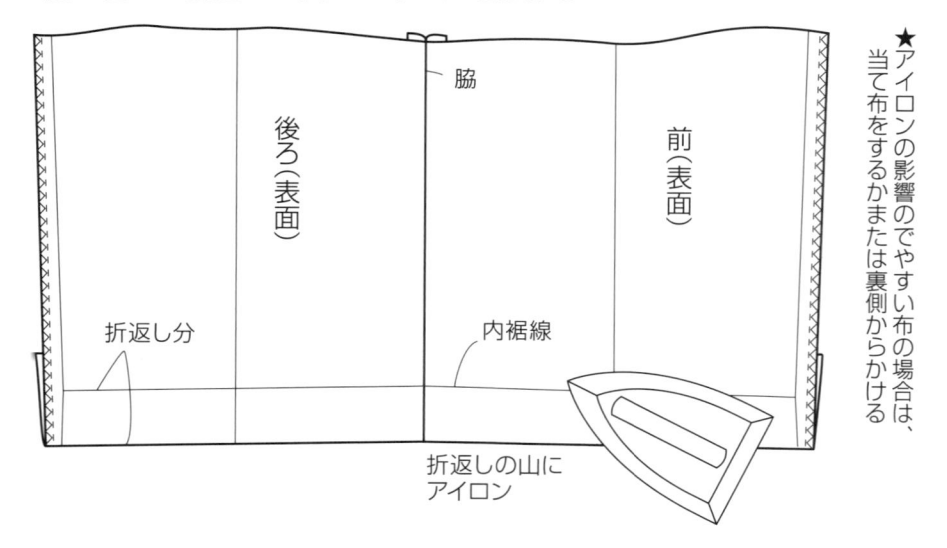

- 脇
- 後ろ（表面）
- 前（表面）
- 折返し分
- 内裾線
- 折返しの山にアイロン

★アイロンの影響のでやすい布の場合は、当て布をするかまたは裏側からかける

2 折返し幅を確認し、アイロンで裾線に折り目をつける

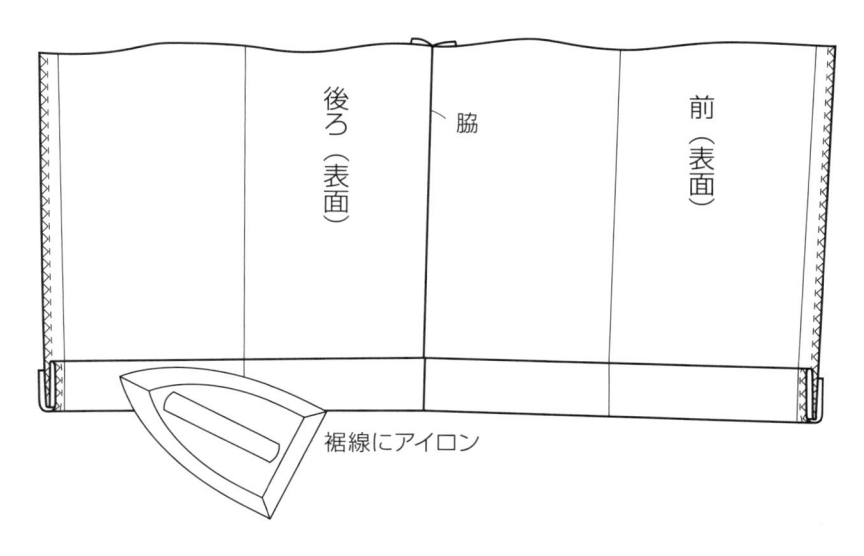

裾線にアイロン

後ろ（表面）　脇　前（表面）

3 股下を縫い、裾にロックミシンをかけて裾をまつる

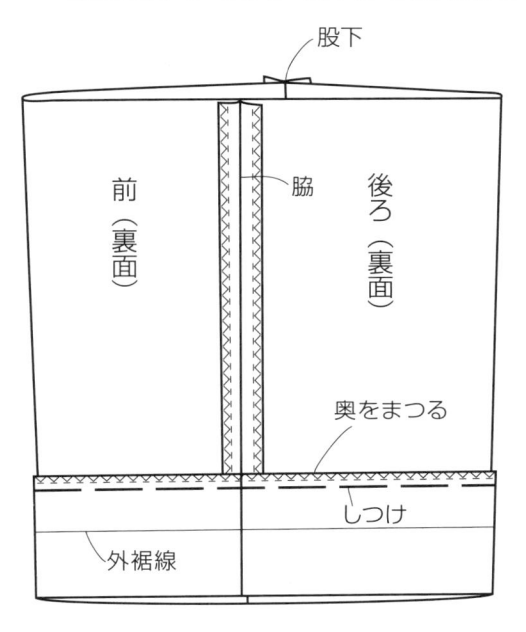

股下

前（裏面）　脇　後ろ（裏面）

奥をまつる
しつけ
外裾線

4 折返しの奥を止める

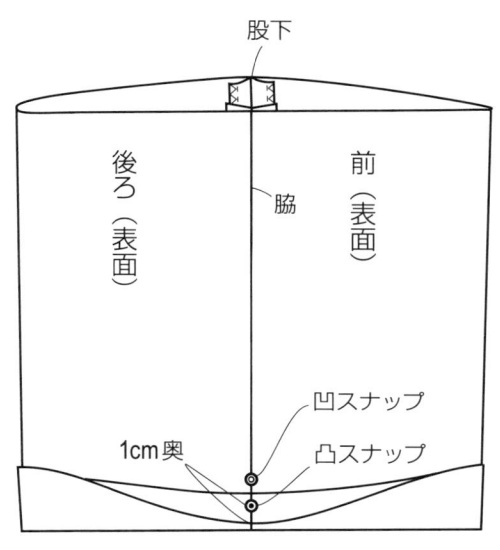

股下

後ろ（表面）　脇　前（表面）

凹スナップ
1cm奥
凸スナップ

脇、股下縫い目にスナップ
または糸ループをつける

9　部分縫い　205

作図表示の記号（文化式）

平面作図をわかりやすく表示するための約束事である。

表示事項および表示記号

表示事項	表示記号	摘要	表示事項	表示記号	摘要
案内線	———— / - - - -	目的の線を引くために案内となる線。細い実線または破線で示す。	線の交差を区別する印		左右の線が交差することを表わす。細い実線で示す。
等分線		一つの限られた長さの線が等しい長さに分けられていることを表わす線。細い破線または実線で表わす。	布目線 地の目線	↑↓	矢印の方向に布の縦地を通すことを表わす。太い実線で示す。
出来上り線	——— / — — —	パターンの出来上りの輪郭を表わす線。太い実線または破線で示す。	バイアス方向	↗↙	布のバイアス方向を表わす。太い実線で示す。
見返し線	— · — · — · —	見返しをつける位置と大きさを表わす線。太い一点鎖線で示す。	毛並みの方向	なで毛 ↓ 逆毛 ↑	毛並みや光沢のある布の場合、毛並みの方向を表わす。太い実線で示す。
わに裁つ線	— — —	わに裁つ位置を表わす線。太い破線で表わす。	伸ばす印		伸ばす位置を表わす。
折返し線 折り山線	— — — —	折り目をつける位置および折り返す位置を表わす線。太い破線で示す。	いせる印		いせる位置を表わす。
ステッチ線	- - - - - - - -	ステッチの位置と形を表わす線。細い破線で示す。ステッチの縫始めと縫終りにだけ示してもよい。	追い込む印		追い込む位置を表わす。
バストポイント（BP）	×	バストポイント（Bust Point）を示す印。細い実線で示す。	たたんで切り開く印		型紙をたたみ、その反動を切り開くことを表わす。
直角の印		直角であることを表わす。細い実線で示す。	別々の型紙を続けて裁つ印		布を裁つときに型紙を続けることを表わす。

表示事項	表示記号	摘要	表示事項	表示記号	摘要
ノッチ		合い印。2枚の布を縫い合わせる場合、ずれないようにつける印。	タック		裾方向を下にして1本の斜線を引く。高いほうが低いほうの上にのることを表わす。
片返しプリーツ		裾方向を下にして2本の斜線を引く。高いほうが低いほうの上にのることを示す。	ボタンの印		ボタンの位置を表わす。
インバーテッドプリーツ		上と同じ。	ボタンホールの印		ボタンホールの位置を表わす。

作図の略称

B	Bustの略	MHL	Middle Hip Lineの略	BNP	Back Neck Pointの略
UB	Under Bustの略	HL	Hip Lineの略	SP	Shoulder Pointの略
W	Waistの略	EL	Elbow Lineの略	AH	Arm Holeの略
MH	Middle Hipの略	KL	Knee Lineの略	HS	Head Sizeの略
H	Hipの略	BP	Bust Pointの略	CF	Center Frontの略
BL	Bust Lineの略	SNP	Side Neck Pointの略	CB	Center Backの略
WL	Waist Lineの略	FNP	Front Neck Pointの略		

参考寸法

日本産業規格（JIS）のサイズ

成人女子用衣料のサイズ（JIS L 4005-2023）

体型区分表示
体型区分の基本は、日本人の成人女子の身長を142cm、150cm、158cm及び166cmに区分し、かつ、バスト74cm～92cmを3cm間隔で、92cm～104cmを4cm間隔で区分したとき、それぞれの身長とバストとの組合せにおいて出現率が最も高くなるヒップのサイズで示す人の体型である。

サイズの種類と呼び方
体型区別のサイズの種類と呼び方は、次のとおりとする。

R	身長158cmの記号で、普通を意味するレギュラー（Regular）の略である。
P	身長150cmの記号で、小を意味するPはプチット（Petite）の略である。
PP	身長142cmの記号で、Pより小さいことを意味させるためPを重ねて用いた。
T	身長166cmの記号で、高いを意味するトール（Tall）の略である。

成人女子用衣料のサイズ（身長区分別のバスト及びヒップによる体型区分表示）

身長142cm / 身長150cm （単位 cm）

呼び方			5PP	7PP	9PP	11PP	13PP	15PP	17PP	19PP	3P	5P	7P	9P	11P	13P	15P	17P	19P	21P
身体基本寸法	バスト		77	80	83	86	89	92	96	100	74	77	80	83	86	89	92	96	100	104
	ヒップ		85	87	89	91	93	95	97	99	83	85	87	89	91	93	95	97	99	101
	身長		142								150									
参考人体寸法	ウエスト	年代区分 10	61	—	—	70	73	76	—	—	58	61	64	64	67	70	73	76	80	84
		20		64	67				80	—										
		30												67	70	73	76	80	84	88
		40	64	67	70	73	76	80	84	88	61	64	67							
		50												70	73	76	80	84	88	
		60																		92
		70	67	70	73	76	80				64	67	70	73	76					

身長158cm / 身長166cm （単位 cm）

呼び方			3R	5R	7R	9R	11R	13R	15R	17R	19R	3T	5T	7T	9T	11T	13T	15T	17T	19T
身体基本寸法	バスト		74	77	80	83	86	89	92	96	100	74	77	80	83	86	89	92	96	100
	ヒップ		85	87	89	91	93	95	97	99	101	87	89	91	93	95	97	99	101	103
	身長		158									166									
参考人体寸法	ウエスト	年代区分 10	58	61	61	64	67	70	73	76	80	61	61	64	64	67	70	73	76	80
		20																		
		30	61		64	67	70	73	76	80	84		64		67	70	73	76	80	
		40		64																
		50	64		67							—	—	—		73				—
		60	—	—		70	73	76	80	84	88				70					
		70				—	76				—					—				

208

文化服装学院女子学生参考寸法

衣服製作のための計測項目と標準値（文化服装学院　1998年）

（単位 cm）

区分	計測項目	標準値
回り寸法	バスト回り	84.0
	アンダーバスト回り	70.0
	ウエスト回り	64.5
	ミドルヒップ回り	82.5
	ヒップ回り	91.0
	腕つけ根回り	36.0
	上腕回り	26.0
	肘回り	22.0
	手首回り	15.0
	手のひら回り	21.0
	頭回り	56.0
	首つけ根回り	37.5
	大腿回り	54.0
	下腿回り	34.5
幅寸法	背肩幅	40.5
	背幅	33.5
	胸幅	32.5
	BPの間隔	16.0
丈寸法	身長	158.5
	総丈	134.0
	背丈	38.0
	後ろ丈	40.5
	前丈	42.0
	乳下り	25.0
	袖丈	52.0
	ウエスト高	97.0
	腰丈	18.0
	股上丈	25.0
	股下丈	72.0
	膝丈	57.0
他	股上前後長	68.0
	体重	51.0kg

監修

文化ファッション大系監修委員会

大沼　淳	石井　雅子
田中　源子	川合　直
松谷　美恵子	瀬戸口　玲子
坂場　春美	
相原　幸子	平柳　直子
徳永　郁代	富樫　敬子
鈴木　洋子	野中　慶子
深沢　朱美	

執筆

笠井　フジノ
高橋　澄子
長瀬　瑛侃子
青木　征子
佐藤　啓子
北村　幸子

朝日　真
（西洋服装史）

表紙モチーフデザイン

酒井　英実

イラスト

吉岡　香織
高橋　隆典

写真

藤本　毅

文化ファッション大系　改訂版・服飾造形講座②
スカート・パンツ
文化服装学院編

2009年3月7日　　第1版第1刷発行
2025年1月17日　　第7版第2刷発行

発行者　清木孝悦
発行所　学校法人文化学園　文化出版局
　　　　〒151-8524
　　　　東京都渋谷区代々木3-22-1
　　　　TEL03-3299-2474（編集）
　　　　TEL03-3299-2540（営業）
印刷所　株式会社文化カラー印刷

©Bunka Fashion College 2009　Printed in Japan

本書の写真、カット及び内容の無断転載を禁じます。
・本書のコピー、スキャン、デジタル化等の無断複製は著作権法上での例外を除き、禁じられています。本書を代行業者等の第三者に依頼してスキャンやデジタル化することは、たとえ個人や家庭内での利用でも著作権法違反になります。
・本書で紹介した作品の全部または一部を商品化、複製頒布することは禁じられています。

文化出版局のホームページ　https://books.bunka.ac.jp/